TOMATOES
トマト オランダの多収技術と理論
100トンどりの秘密

エペ・フゥーヴェリンク—編著
中野明正・池田英男 他—監訳

農文協

TOMATOES

Edited by Ep Heuvelink

Copyright © CAB International 2005.

Japanese translation rights arranged with
CAB INTERNATIONAL
through Japan UNI Agency, Inc., Tokyo.

オランダの多収品種と特徴

① 収穫中のトマト（品種：Roterno）

② Roternoの果実

③ Triciaの果実　（①～③斉藤章）

④ Geronimoの果実
（昔のDe Ruiter Seeds）
（松永啓）

⑤ 形態の特徴

日本品種は葉がタコの足のように下垂し，内側に巻き込んでいるのに対して，オランダ品種は水平方向にピンと伸びていて，受光態勢が大きく異なる。左が桃太郎ヨーク，右がオランダ品種のGRACE　（中野明正）

トマト果実の成熟に伴う外部と内部の色と組織の変化

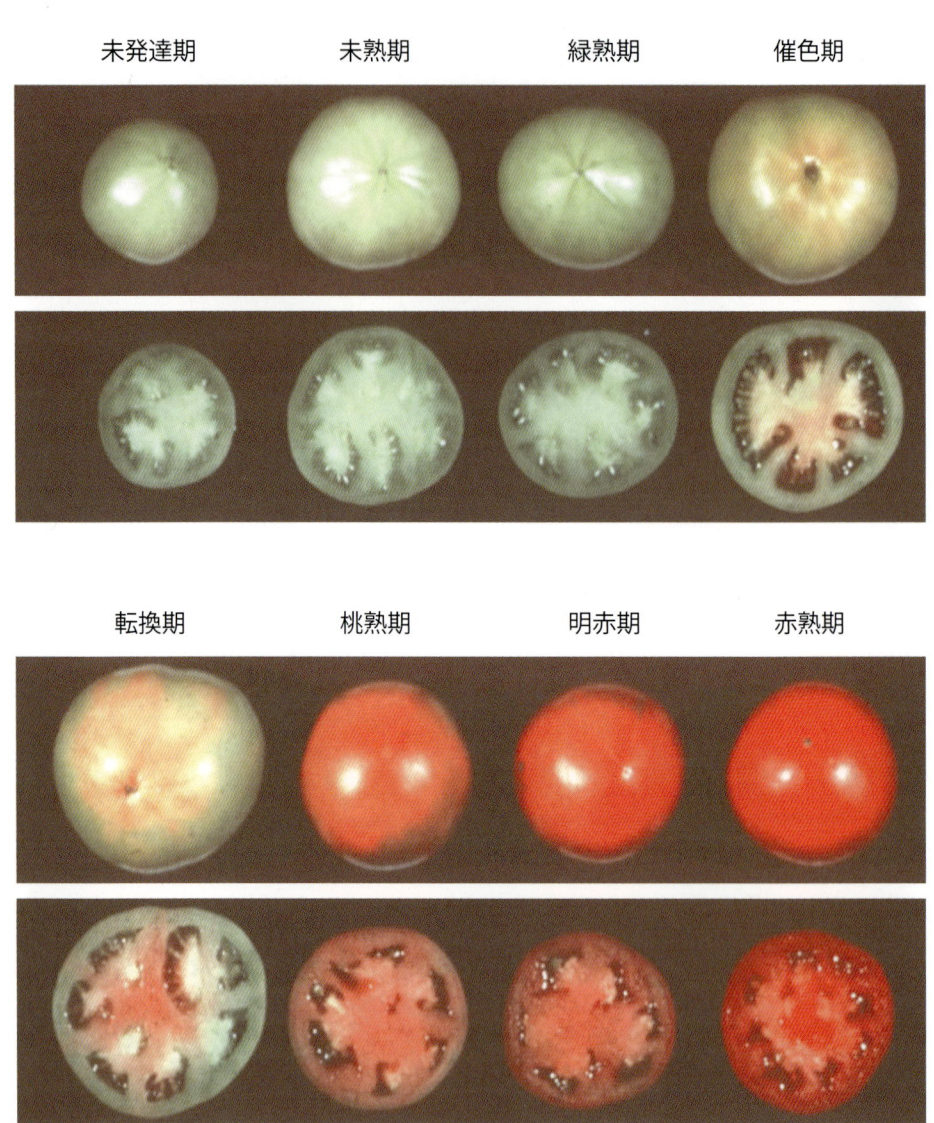

序文——日本語読者のために

　トマトは，生のままでも，加工品としても，世界で最も多く生産され，消費されている野菜である。ヨーロッパでは，トマトは果実だけではなく，植物体も含めて飾りとしても使われる。最も驚くべき使われ方としては，"戦いの道具"であろう。毎年トマトのシーズンにスペイン・バレンシア州の小さな村ブニョールで開かれる"ラ・トマティーナ（別名，トマト祭り）"と呼ばれるトマトを投げ合う祭りがある。この祭りでは，トマトの豊作を祝い，赤く熟したトマトの実を参加者同士が投げ合い，街の通りがトマトジュースの川のようになるほどである。

　トマトについては，経済的に重要であるために多くの文献があるが，植物遺伝学や生理学，病理学的な作物モデルに関する文献は見あたらない。1986年に，Jeff Atherton（ジェフ・アサートン）とJehoshua Rudich（ジェホッシャ・ルディッチ）は，露地とグリンハウスのトマト栽培に関する基礎的かつ実用的な知識を，661ページからなる1冊の本"トマトのバイブル"に初めてまとめるという偉大な業績を残している（Atherton・Rudich, 1986）。

　それからおおよそ25年が過ぎた現在，私たちのトマトに関する知識は大幅に増え，遺伝子組換えや生物的病害虫防除などの全く新しい研究領域も展開されている。本書は，園芸に関するCABI出版社の*Crop Production Science in Horticulture*（園芸分野における作物生産科学シリーズ）に合うよう，最新のもので，しかも凝縮した内容とすることを試みた。このシリーズの書籍の多くでは，テーマごとに，2～3人の著者によって書かれている。しかし本書では，編集担当は1人だが，ほかの10人の著者がひとつ，あるいはそれ以上の章の執筆を担当している。トマトはあらゆる分野で膨大な情報があり，1人の著者だけではカバーしきれないためである。本書の著者は世界各国の各分野の専門家たちであり，国際色豊かなものになっている。

　各章を担当した著者の皆様が，自分の本を書く時と同じように心を込めて，この本のために時間を費やしてくださったことを感謝す

る。また，私に本書の編集をする機会を与えてくれたCABI出版社に，とりわけTim Hardwick（ティム・ハードウィック）には感謝する。彼の忍耐と励ましの言葉がなかったら，本書の英語版は決して出版には至らなかったであろう。

　それから7年を経た今，本書は日本語に翻訳されることになった。中野明正博士，福田直也博士，池田英男博士を始めとして翻訳や監修に携わってくださった日本の優秀な研究者の方々に心から感謝する。私の素晴らしい日本人共同研究者の東出忠桐博士が日本語版を出版する機会を与えてくださったことを光栄に思う。また，日本の出版社「農山漁村文化協会」とCAB Internationalの協力に感謝する。皆様のお力添えがなければ，日本語版の本書は決して出版には至らなかった。

　日本の読者の皆様へひとこと。"本書を購入してくださいましてありがとうございます"。この本の中から読者の皆様が求めていた情報が見つかり，楽しんでくださることを祈っております。そして，今後の改善のために皆様からのご意見をお待ちしております。

　最後に，英語版は私の恩師ヒューゴ・シャラ名誉教授に捧げたが，日本語の本書は私の妻，麻里子に捧げる。

　　　　　　　　　　　　　　2011年4月　ワーヘニンゲンにて
　　　　　　　　　　　　　　　　　　　エペ・フゥーヴェリンク
　　　　　　　　　　　　　　　　　　　ep.heuvelink@wur.nl

〔参考文献〕

Atherton, J.G, and Rudich J. (eds); The Tomato Crop. A Scientific Basis for Improvement. Chapman & Hall. London, 1986

訳者　序文

　本書は，トマトを愛する，そしてトマトを深く知りたいすべての人におすすめの最新情報が満載の学術・実用書である。著者兼編者のエペ・フヌーヴェリンク氏は，世界的にも著名なトマト栽培生理学研究の第一人者であり，オランダ・ワーヘニンゲン大学准教授でもある。その他の著者も，M. E. Saltveit, M. M. Peet, A. A. Csizinsky, G. W. H. Welles氏など，著名な研究者が名を連ねる。

　内容は，世界的なトマトの生産状況，育種，生産から加工まで，トマトという野菜の高生産技術に関する最新の情報が遺漏なくまとめられている。網羅的に解説されてはいるが，高度な生産に取り組む上で必須となる栽培生理学の知識に重点が置かれている。また，実際の増収に結びつくような詳細な知見が随所にちりばめられている。また，本書では，例えば「飽差」などのキーになる用語には注釈をつけて理解が進むように工夫をした。さらに，これらオランダ技術の日本での応用事例も含めて解説を付け加え，理解が進むような構成に配慮した。

　ご存じのとおり，オランダは世界のハウス園芸をリードしてきたし今後もそうであろう。本書のタイトル"トマト"について言えば，日本の生産レベルが20t/10aなのに対し，オランダでは安定して70t/10aを達成し，さらに実験的には100t/10aも可能になっている。日本農業の国際競争力を高めるためには，いつの間にか開いてしまったこの収量差を少しでも縮める努力が必要である。実際，オランダの生産者に聞くと，「栽培生理学などの科学的な知識なくしては，高度なトマト生産はできない」との意見である。本書を通読すれば，オランダのハウス栽培の先端技術を学ぶことができ，日本の生産者の生産性向上のためのきっかけをつかむことができるのではないかと期待している。さらに言えば，本書を理解して栽培すれば，トマト収量が50％は増加するのではなかろうか。少なくとも随所に示される多収のためのコツを栽培に活かせること，請け合いである。

その昔，オランダ語の医学書『ターヘル・アナトミア』が翻訳され，日本の近代医学の礎となった．本書は日本のトマト生産を飛躍的に増加させる，高収益グリンハウス生産の礎となる知識を提供する．トマトは言うに及ばず，グリンハウス生産全体の『解体新書』となると期待している．

2011年12月
監訳者を代表して
農業・食品産業技術総合研究機構
中野明正

目次

カラー口絵 …………………………………………………………………… 巻頭
序文――日本語読者のために ……………………………………………… i
訳者　序文 …………………………………………………………………… iii

オランダのトマト生産の現在

オランダの最新のトマト生産と本書の意義 …………………… 3
- 1　急上昇している収量と生産性 ………………………………………… 3
  - （1）施設園芸面積と生産者数の推移 …………………………………… 4
  - （2）30年間で2倍になったトマトの生産性 …………………………… 5
- 2　急成長の要因と最近の動向 …………………………………………… 7
  - （1）多収品種と高密植栽培 ……………………………………………… 7
  - （2）生産性の高い栽培施設 ……………………………………………… 9
  - （3）環境制御技術 ………………………………………………………… 10
    - ①光合成と統合環境制御　10／②光――1％理論　10／③CO_2施用　12／
    - ④湿度――飽差の考え方と活用　12／⑤温度――変温管理の活用　13／
    - ⑥養水分管理　15
  - （4）半閉鎖型ハウス ……………………………………………………… 15
  - （5）CHP …………………………………………………………………… 16
  - （6）補光 …………………………………………………………………… 16
  - （7）コンピュータの利用――統合環境制御システム ………………… 17
  - （8）病害虫防除 …………………………………………………………… 19
  - （9）光合成を最大に活性化させる植物体管理 ………………………… 19
- おわりに …………………………………………………………………… 19

TOMATOES　本文

第1章　作物としてのトマトとその産業
J. M. Costa・E. Heuvelink　23

1　作物としてのトマト　24
　(1) トマトの分類　24
　(2) 起源と歴史，利用　24
　(3) 生食・加工用トマトの一般的な性質　25
2　現時点における世界のトマト産業概況　26
3　トマト産業の将来展望　27

第2章　トマトの遺伝資源と育種　P. Lindhout　31

はじめに　32
1　トマト属の遺伝的多様性　32
2　トマト近縁種の多様性と活用　33
3　遺伝資源の収集と保存　36
4　細胞遺伝学の成果　37
5　分子生物学的な連鎖地図　38
6　DNAマーカーの育種への応用　40
7　連鎖地図に基づくクローニング　43
8　育種のあゆみ　44
9　育種目標　45
　(1) 病虫害抵抗性育種　45
　(2) 環境ストレス耐性育種　48
　(3) 多様な栽培システムに対応した育種　51
　(4) 品質育種　52
　(5) 単為結果性　55
10　種子生産　56
　(1) 受粉から採種まで　56
　(2) F_1品種の種子生産　57
　(3) バイオテクノロジーと遺伝子組換え生物　58
おわりに　59

第3章　発育過程　E. Heuvelink ... 61

はじめに ... 61
1　発芽 ... 62
　（1）種子の形状と発芽の機構 ... 62
　（2）水と塩類の影響 ... 64
　（3）温度の影響 ... 64
2　葉の出現と生長 ... 66
　（1）葉の出現・展開の速度 ... 66
　（2）同化産物の供給の影響 ... 66
　（3）葉のつき方と形の変化 ... 68
3　茎の発育 ... 69
　（1）トマトの茎は仮軸 ... 69
　（2）茎の生長を決める要因 ... 70
　（3）節間長，側枝の生長 ... 72
4　根の発育 ... 72
5　花芽分化と発育 ... 73
　（1）第1花房の分化と要因 ... 73
　（2）第1花房下葉数に影響する要因 ... 74
　（3）トマトの花芽分化に関する仮説——同化産物の必要量説 ... 75
　（4）花房の分化と出現速度 ... 77
6　花の発育——受粉と着果 ... 78
　（1）花房の大きさと花芽の発育・停止 ... 78
　（2）受粉 ... 79
　（3）花粉粒の発芽と受精 ... 81
　（4）着果と果実の形成開始 ... 81
7　果実の発育 ... 83
　（1）果実の形態と構造 ... 83
　（2）果実の発育速度 ... 85
　（3）果実の大きさと重さの変化 ... 87

第4章　トマトの生長と収量　E. Heuvelink・M. Dorais ... 93

はじめに ... 94
1　乾物生産 ... 96

（1）トマトの生長パターン ……………………………………………………… 96
　（2）葉面積と受光 ………………………………………………………………… 97
　　　①受光量を高めるさまざまな方法　97／②光　102／③二酸化炭素　103／
　　　④温度　104／⑤湿度　105／⑥塩類ストレス（サリニティ）　105
　（3）個葉と個体の光合成 ………………………………………………………… 106
　　　①トマトの光合成活性と特徴　106／②光利用効率　110／
　　　③補光と光周期　110／④二酸化炭素　112／⑤温度　116／⑥湿度　117
2　作物と果実の生長 …………………………………………………………………… 118
　（1）生長解析での注意点 ………………………………………………………… 118
　（2）光──1％理論 ……………………………………………………………… 120
　（3）二酸化炭素 …………………………………………………………………… 125
　（4）温度 …………………………………………………………………………… 125
　（5）湿度 …………………………………………………………………………… 129
　（6）塩類ストレス（サリニティ） ……………………………………………… 130
3　乾物の分配 …………………………………………………………………………… 131
　（1）果実に分配された乾物だけが収量に寄与 ………………………………… 131
　（2）ソース強度は同化産物の分配に直接には影響しない …………………… 132
　（3）輸送系──葉から果房への同化産物の供給は局所的 …………………… 133
　（4）シンク強度 …………………………………………………………………… 135
　　　①シンク強度と果実への分配　135／
　　　②果実に分配される割合の計算方法　136
　（5）地上部／地下部比──機能平衡モデル …………………………………… 137
　（6）生育条件と栽培管理の影響 ………………………………………………… 138
4　果実の発育と乾物含量の変動 ……………………………………………………… 141
5　作物生長モデル ……………………………………………………………………… 143
　（1）TOMSIM：トマトの生長・発育と収量のモデル ………………………… 144
　　　①このモデルの考え方と方法　144／
　　　②乾物生産と乾物分配の相互作用　145
　（2）2つのケースによるシミュレーション …………………………………… 147
　　　①それぞれの条件　147／②ケースⅠ：果房あたりの最適果実数　148／
　　　③ケースⅡ：塩類ストレスの収量への影響をLAIによって軽減する　151
おわりに ……………………………………………………………………………………… 153

第5章 果実の成熟と品質　M. E. Saltveit ... 155

　はじめに ... 155
　1　成熟の分類 ... 156
　2　果実成熟度の測定 ... 158
　3　呼吸とエチレンのクライマクテリック ... 160
　　（1）クライマクテリックとノンクライマクテリック ... 160
　　（2）エチレン処理と効果 ... 162
　4　品質と熟度，温度 ... 162
　　（1）加工用と生食用での収穫時の熟度 ... 162
　　（2）温度による食味など品質の変化 ... 163
　　（3）成熟に伴う組成成分の変化 ... 164
　5　品質を左右する要素 ... 164
　　（1）色素 ... 164
　　（2）大きさと形 ... 167
　　（3）表面 ... 167
　　（4）硬さ ... 167
　　（5）食味とその組成成分 ... 168
　　（6）揮発性香気成分 ... 169
　6　ビタミン ... 170
　7　生理障害と果実の品質 ... 172
　　（1）葯の傷跡（チャック果） ... 172
　　（2）水ぶくれ ... 172
　　（3）着色不良果 ... 172
　　（4）尻腐れ果 ... 173
　　（5）裂果 ... 174
　　（6）グリーンショルダー（肩に緑色が残る果実） ... 174
　　（7）形が悪い果実（空洞果，乱形果） ... 174
　　（8）ラセッティング（さめ肌，つやなし果，クチクラ裂果） ... 175
　　（9）シートピッティング（表面の小さなへこみの広がり） ... 176
　　（10）日焼け果 ... 176
　8　遺伝的改良 ... 176

第6章　灌水と施肥　M. M. Peet … 179

はじめに … 179
1　水質 … 180
　（1）pH … 180
　（2）塩類濃度 … 180
2　給液の指針 … 182
　（1）播種時 … 182
　（2）定植後 … 182
　　①消費水量 182／②日射比例による灌水 183／
　　③液肥の濃度と灌水の頻度 185／④排液情報に基づいた灌水 185
　（3）蒸散に対する湿度の影響——飽差（VPD）の考え方と活用 … 187
3　施肥 … 188
　（1）施肥の原則 … 188
　（2）環境への配慮 … 189
　（3）作物の要求量に基づく施肥 … 191
4　養分の欠乏と過剰 … 193
　（1）窒素（N） … 193
　（2）リン（P） … 194
　（3）カリウム（K） … 195
　（4）カルシウム（Ca） … 196
　（5）マグネシウム（Mg） … 196
　（6）K：N比 … 197
　（7）Nの形態と各養分の相互作用 … 198
5　灌水と施肥による生育調節 … 198
　（1）葉面散布 … 198
　（2）有機物の施用 … 199
6　灌水と施肥に関連した生理障害 … 200
　（1）尻腐れ果（Blossom-end rot, BER） … 200
　（2）ゴールドスペック（銀粉果） … 201
　（3）裂果とつやなし果（ルセッティング，クチクラ裂果） … 202
　（4）イディーマ（水腫，Oedema） … 204

第7章　病害虫管理
A. A. Csizinszky, D. J. Schuster, J. B. Jones and J. C. van Lenteren ………… *207*

はじめに ……………………………………………………………………………………… *207*
1　雑草防除 …………………………………………………………………………………… *209*
　（1）雑草のタイプと防除プログラム ………………………………………………………… *209*
　（2）作付前の管理で防除 …………………………………………………………………… *209*
　（3）除草剤使用のポイント ………………………………………………………………… *210*
　（4）除草剤以外の防除法 …………………………………………………………………… *211*
2　線虫 ………………………………………………………………………………………… *212*
　（1）トマトでの被害 ………………………………………………………………………… *212*
　（2）種類 ……………………………………………………………………………………… *212*
　（3）生物的，耕種的防除 …………………………………………………………………… *213*
3　昆虫とダニ ………………………………………………………………………………… *215*
　（1）トマトでの被害 ………………………………………………………………………… *215*
　（2）複数の手法を総合的に組み合わせる防除戦略 ………………………………………… *216*
4　食害する害虫 ……………………………………………………………………………… *217*
　（1）育苗時に問題になる害虫 ……………………………………………………………… *217*
　　　①コオロギ類　*217*／②ネキリムシ類　*218*
　（2）葉を食害する害虫 ……………………………………………………………………… *218*
　　　①ノミハムシ類　*218*／②ハモグリバエ類　*219*／③ウワバ類　*220*
　（3）果実と葉を食害する害虫 ……………………………………………………………… *220*
　　　①ヨトウムシ類　*220*／②タバコガ類　*221*／③スズメガ類　*222*／
　　　④ジャガイモガ　*222*／⑤トマトピンウォーム　*223*
5　吸汁する害虫 ……………………………………………………………………………… *224*
　（1）果実を吸汁する害虫 …………………………………………………………………… *224*
　　　①カメムシ類　*224*／②ヘリカメムシ類　*224*
　（2）葉や花を吸汁する害虫 ………………………………………………………………… *225*
　　　①アブラムシ類　*225*／②ダニ類　*226*／③アザミウマ類　*226*／
　　　④コナジラミ類　*227*
6　トマトの病害 ……………………………………………………………………………… *230*
　（1）糸状菌病害 ……………………………………………………………………………… *230*
　　　①炭疽病　*230*／②疫病　*231*
　（2）*Pythium* 属菌による病害 ……………………………………………………………… *232*
　　　①輪紋病　*232*／②萎凋病　*233*／③斑点病　*234*／④灰色かび病　*234*／

⑤葉かび病　*235*　／⑥白絹病　*236*　／⑦半身萎凋病　*236*
　　（3）細菌性病害 ·· *237*
　　　①かいよう病　*237*　／②斑葉細菌病　*237*　／③斑点細菌病　*238*　／
　　　④青枯病　*238*
　　（4）ウイルス病 ·· *239*
　　　①キュウリモザイクウイルス　*239*　／②Curly top 病　*240*　／
　　　③タバコ etch ウイルス　*240*　／④黄化えそ病　*241*　／⑤黄化葉巻病　*241*　／
　　　⑥ペピーノモザイクウイルス　*242*
　7　ハウス栽培トマトで発生する病害虫の総合的管理 ··· *242*
　　（1）ハウス栽培で IPM が導入しやすい要因 ·· *242*
　　（2）加温で周年栽培する場合 ·· *243*
　　（3）ハウス栽培での IPM プログラムの実際 ·· *244*

第8章　露地栽培　A. A. Csizinszky ··· *247*

　1　栽培温度と期間 ··· *247*
　2　圃場の準備 ·· *248*
　　（1）耕起 ··· *248*
　　（2）施肥・畝立て ·· *248*
　3　育苗と定植 ·· *249*
　4　マルチと被覆 ·· *249*
　　（1）マルチ ··· *249*
　　（2）被覆 ··· *250*
　5　施肥と栄養管理 ··· *251*
　　（1）窒素 ··· *251*
　　（2）リン ··· *251*
　　（3）カリウム ··· *251*
　　（4）その他の要素 ·· *252*
　6　灌水 ··· *252*
　　（1）トマトの水要求量と灌水 ·· *252*
　　（2）灌水システム ·· *253*
　7　栽培管理のポイント ··· *253*
　8　収穫と調整の流れ ··· *254*

第9章　グリンハウストマト生産
M. M. Peet・G. Welles（故人） 255

1　産業としての重要性 255
2　生産コスト 257
3　生産性の高いハウスの構造 259
　（1）骨材のタイプとハウスの向き 259
　　①ハウスと骨材のタイプ　259／②ハウスの向き　260
　（2）被覆資材 261
　　①種類と光透過率　261／②波長選択性資材　261／
　　③1％の光量減少は1％の収量減少につながる（1％理論）　262／
　　④硬質プラスチックと2重被覆　262
　（3）ハウス内の設備 263
4　作型と栽培計画 264
　（1）生産停止期間の短縮 264
　（2）有機栽培 265
5　苗の生産 266
　（1）最適な大きさと質 266
　（2）播種から定植まで 266
6　栽植密度と光強度に基づく側枝利用 268
7　品種 268
8　栽培管理 270
　（1）誘引法 270
　　①ハイワイヤーシステム　270／②つる下ろし誘引法　271／
　　③インタークロッピング　271
　（2）腋芽の発生と腋芽かき 272
　（3）受粉 273
　（4）摘葉 275
　（5）摘果による果実のサイズ，品質の確保 276
　（6）作付の最後の摘心 277
9　固形培地とそれを利用した生産システム 277
10　養分と給液 280
　（1）無機要素 280
　（2）生育制御 281

（3）培養液の循環利用 ·· 284
　　（4）給液の方法 ·· 285
　11　環境制御 ·· 287
　　（1）コンピュータの活用 ·· 287
　　（2）相対湿度と飽差 ·· 287
　　（3）温度：加温と冷房 ··· 289
　　（4）温度制御による植物の生長調節 ····························· 291
　12　二酸化炭素（CO_2） ·· 292
　13　光強度と補光，遮光 ·· 293
　14　空気中の汚染物質 ··· 294
　15　病害虫管理 ·· 296
　　（1）問題になる病害虫 ··· 296
　　（2）生物的防除 ·· 296
　　（3）生物農薬 ··· 298
　　（4）化学合成農薬依存から総合的病害虫管理（IPM）へ ··· 299
　　（5）病害虫の耕種的防除 ·· 299
　　（6）地下部の病害 ··· 300
　　（7）接ぎ木 ··· 301
　16　収穫と販売 ·· 302
　　（1）収穫適期 ··· 302
　　（2）収穫後の箱詰めと貯蔵 ··· 303
　17　年間単収100tの可能性も ··· 304

第10章　ポストハーベストの生理学と収穫作業
　　　　　　M. E. Saltveit ·· 307

はじめに ··· 308
　1　収穫 ··· 309
　　（1）利用目的に対応した収穫適期 ································ 309
　　　①加工用トマト　309／②ハウスのトマト　309
　　（2）収穫の方法 ·· 310
　　（3）求められる品質と育種 ··· 310
　　　①加工用トマト　310／②ブッシュタイプの生食用トマト　311
　　（4）グリンハウスでの収穫と運搬のシステム ················· 312
　　（5）収穫時の注意点 ·· 312

2 パッケージング（包装） … 313
  (1) 選別と等級分け … 313
  (2) 外観品質の測定 … 314
  (3) パッケージング時の CO_2 の濃度の維持 … 314
3 成熟制御 … 315
  (1) 成熟の過程と果実の取扱い … 315
  (2) 低濃度エチレン処理 … 316
    ①エチレンの作用機作と使用法 316／②エスレルの利用 318／
    ③処理後の注意点 319
  (3) 温度管理 … 319
    ①圃場で受けた熱の除去と温度の維持 319／②低温による障害と対策 320／
    ③エチレン処理後の最適な輸送・貯蔵温度 321／
    ④高温による障害と対策 321
  (4) 空気組成の制御 … 321

著者一覧／監訳・執筆・翻訳者一覧 … 325

監訳者注：日本語の"温室"という言葉は，green house の訳語として定着してきた感があるが，現在の施設生産を考えた場合，必ずしもこの"温室"という言葉の意味する，暖かくするための施設とは言いがたい。それは，暑い夏においては，細霧冷房などにより冷やす操作もするからである。すなわち，今後の日本の施設生産の展開を考えた場合，高度に環境を制御できる場としの機能が前面に出て表現される訳語が適切と考える。そこで，本書では，植物（グリン）の機能を最大限に引き出す施設（ハウス）ということで，グリンハウスという訳語の導入を試みた。

本書で言う"グリンハウス"とは，今後の日本の施設生産の"ロールモデル"となるような，「高度な環境制御が可能な植物生産施設」という意味である。本書の中では，総合的に判断して"グリンハウス"を訳語としてあてている箇所がある。しかし，従来の温室という意味合いが強いと思われる箇所については"温室"という訳語をあてることとした。

用語解説　目次

第2章

DNA	*33*
ゲノム	*33*
突然変異	*33*
連鎖地図	*33*
自家不和合性	*33*
F₁雑種	*35*
自殖種子	*35*
他殖性	*35*
RFLP	*35*
エピスタシス	*39*

第3章

BBCHスケール	*63*
アブシジン酸（ABA）	*63*
フィトクロム（Pfr）	*65*/*102*
ジベレリン（GA）	*65*
合成オーキシン	*65*
有効積算温度	*65*
温度休眠	*67*
無限花序	*67*
同化産物	*67*
シンク/ソース比	*69*
有限花序	*71*
DIF	*71*
オーキシン（auxin）	*75*
同化産物の必要量による生長相転換仮説（The nutrient diversion hypothesis）	*75*
光周期（photoperiod）	*77*/*110*
仮軸分枝	*70*/*77*

光合成有効放射（Photosynthetic Active Radiation ; PAR）　*79*/*99*/*106*

Tm-2遺伝子	*79*
エチレン	*54*/**85**/*160*/*177*/*294*/*302*

第4章

乾物	*67*/**95**/*131*/*141*/*145*
光同化産物をひきつける能力（シンク強度）	*82*/*89*/**95**/*131*/*135*
比葉面積（SLA）	*69*/**97**/*118*
維持呼吸	*97*/*125*
相対生長速度（RGR）	*97*
指数的生長期	*97*
心止まり（有限花序）型のトマト	*97*
無限生長型のトマト	*97*/*146*
純光合成速度（Pgc）	*99*
半有限生長タイプ	*101*
クリプトクロム	*103*
UV（紫外線）Bレセプター	*103*
補光（SL）	*103*/*110*
炭水化物	*103*/*160*
飽差（VPD）	*105*/*129*/*172*/*187*/*287*
塩類ストレス（サリニティ）	*105*/*130*/*151*/*185*
ルビスコ	*107*
暗呼吸	*107*
Fv/Fm比	*107*
気孔コンダクタンス	*107*/*288*
SPS	*109*
ローディング	*109*
リブロースビスリン酸（RuBP）	*109*

スクロース合成，スクロースシンターゼ活性	*109*	ステロイド配糖体	*165*
SPS形質転換植物	*109*	β-カロテン	*165*
ヒステリシス	*113*	滴定酸	*169*

第9章

カルボキシル化	*113*	1％理論	*263*
C_3植物	*117*	CHP	*265*
硝酸還元酵素（NR）	*117*	コジェネレーションシステム	*265*
V字型システム	*123*	ロックウールスラブ	*267*
インタークロッピング	*123/264/271*	ハイワイヤーシステム	*271*
連続生長型のトマト	*127*	吊り下げ式栽培ベッド（ハンギングガター）	*260/271*
NAR（純同化率）	*129*	ヤシ殻（ココナッツコイア）	*281*
機能平衡モデル	*137*	非イオン性界面活性剤	*285*
^{14}C同化産物，^{14}Cラベルされた炭素	*143*	パッド＆ファン冷却	*291*
酸性インベルターゼ	*143*	HID	*295*
ADPG-Glc Ppase活性	*143*	ニームオイル	*299*
TOMSIM	*143*		

第10章

律速段階	*153*	ポストハーベスト処理	*309*

第5章

クロロフィル	*157*	ブレーカーステージ	*309*
リコペン	*54/**157**/164/171/314*	ピンクステージ	*309*
カロテノイド	*157*	1-MCP	*311*
クライマクテリックとノンクライマクテリック	*161*		

注）**太字**のページはキーワード用語が記載されているページ，細字は関連するページ

オランダの
トマト生産の現在

オランダの最新のトマト生産と本書の意義

要約

　なぜ，オランダにおいてトマトの高生産が達成されたのか。近年，オランダにおけるトマト栽培技術への関心が高まっている。規模の大きさや工場のように機械化・自動化された施設構造体が注目されるが，むしろ，なぜ大規模化したのか，そのような施設や設備が必要になったのか，それらの施設をどのように利用しているか，という点に注目したい。

　トマト栽培の中心は植物であり，植物生理や環境工学を理解して高度な手法で制御し，光合成速度を増大させることが重要なのである。植物生理に基づいた理論的な栽培技術は，わが国のトマト生産のさらなる発展に欠かせない基盤的な知識である。

1　急上昇している収量と生産性

　オランダは，九州とほぼ同じ国土面積と人口を有する小国だが，施設園芸の高度化が着実に進展している。その成果として象徴されるのが，年々増加している単位面積あたりの収量である。その要因として，①多収品種の育成，②栽培施設の高度化，③環境制御技術の向上などが挙げられる。本書には，試験研究により科学的に裏付けられた，これらに関する理論がわかりやすく解説され，オランダのトマト栽培で実践されている技術情報が随所にちりばめられている。わが国のトマト栽培で何が足りないのかを映し出す鏡となるものと考える。

(1) 施設園芸面積と生産者数の推移

　オランダの野菜と花卉の施設園芸面積は，長きにわたって順調に増加していたが1999年を境に微減し2007年では10,374haになっている。生産者数は2007年には7,399人と，約30年間で半分にまで減少した（図0-1）。

　図0-2と図0-3はトマトの規模別の施設面積と生産者数である。施設面積は，近年増加傾向にあり，2007年には1,545haとなっている。これは大規模生産者の増加によるもので，総施設面積の58％が6ha以上の施設規模の生産者で占められている。他方，生産者数は年々減少し，2007年には430人と1995年の半分以下になっている。つまり，オランダのトマト栽培では6ha以上の大規模施設を保有するわずか18％相当の78人の生産者が，総施設面積の58％を担っていることになる。

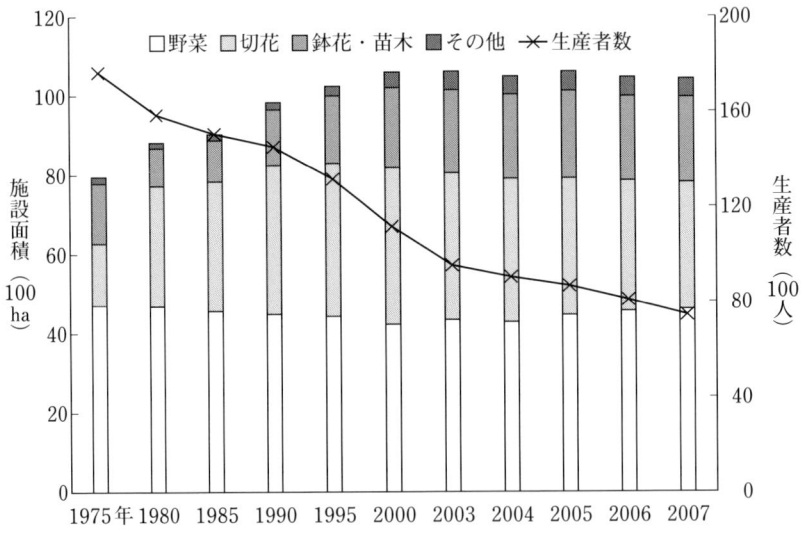

図0-1　オランダにおける施設園芸面積と生産者数の推移　　　　（オランダ統計局，2008）

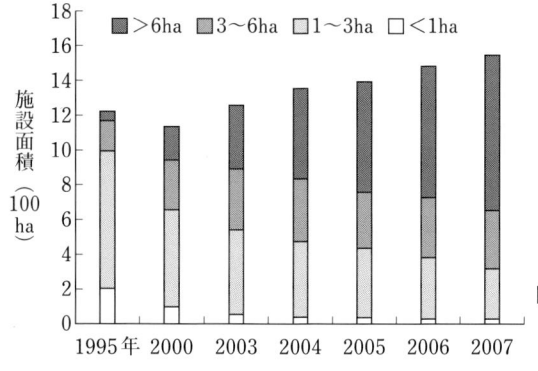

図0-2　オランダのトマト栽培における施設規模別施設面積の推移
（オランダ統計局, 2008）

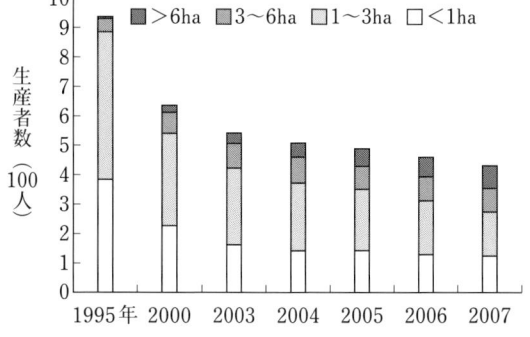

図0-3　オランダのトマト栽培における施設規模別生産者数の推移
（オランダ統計局, 2008）

(2) 30年間で2倍になったトマトの生産性

　表0-1は，オランダのトマト栽培における収量とエネルギー使用量，労働時間の推移である。収量は，1980年からの約30年間で2倍の60kg/m^{2}に増加した。エネルギー効率，労働生産性ともに向上し，生産性は年々高くなっている。近年もトマト収量は増加しており，2010年には65～70kg/m^{2}の多収を達成している生産者も多い。試験レベルでは，空調によって換気回数を可能な限り減らす半閉鎖型ハウス（Semi-Closed Greenhouse）と，補光ランプを利用したインタープランティングでの連続栽培によって52週（周年）にわたってトマトを収穫することで，収量100kg/m^{2}という驚くべき収量が現実のものとなった（写真0-1）。

表0-1 オランダのトマト栽培における収量, エネルギーおよび労働時間の変化

(Bakkerら, 1995から一部改定)

年	収量〈A〉(kg/m²)	天然ガス使用量〈B〉z (m³/m²)	エネルギー効率〈A/B〉(kg/m³)	労働時間〈C〉(時間/1,000m²)	労働生産性〈A/C〉(kg/時間)
1950	7.7	43	0.18	—	—
1960	9.5	54	0.18	—	—
1970	20.0	70	0.29	680	30
1980	29.0	46	0.63	720	40
1990	44.0	65	0.67	930	47
2000 y	55.0	55	1.00	950	58
2008	60.0	45	1.33	990	61

z：1950年から1970年は石油使用量を天然ガス使用量に換算している
y：2000年と2008年の数字は筆者の現地聞き取り調査による

写真0-1 収量100kg/m²が現実となった栽培試験
(Improvement Centre)

これに対してわが国のトマト生産は，高収量生産者でも25～30kg/m²とオランダの半分以下である。オランダと日本とは，社会的，気候的な違いがあり単に単位面積あたりの収量で技術を評価することは難しい。しかし，わが国のトマト生産では，計画的で安定的な生産ができていない場合が多く，収量を年々増加している生産者はまれである。

では，なぜオランダでは，トマトの収量を約30年間で2倍に増加させることができたのであろうか。これはひとつの特殊な技術や資材によって達成されたものではない。品種や栽培施設，栽培技術など多くの要因の積み重ねによる成果であり，この手法や考え方に注目することが重要である。本書には，これらが理論的にわかりやすく書かれている。以下に，主だった要因と近年の動向について要約する。

2 急成長の要因と最近の動向

(1) 多収品種と高密植栽培（第2章）

　オランダのトマト栽培は1990年ごろまで，大玉トマト（Beef tomato）や個どり中玉トマト（Loose tomato）が栽培品種の中心であった。その後，100～150gの果実が果房に5～7果着果する房どり中玉トマト（Truss tomato）の栽培面積が急速に増加した（写真0-2）。これは食味と収量，作業性が優れ収益性を高められるためで，現在，作付面積の90％以上を占めている。

　オランダにおける栽植密度（主枝本数）は，わが国の約2倍の3.5本/m²程度で，これが多収栽培の要因のひとつになっている。高密植栽培では，栽植密度を高めても収量が低下しない品種特性が求められる。オランダの多収品種は，わが国の品種と比べて①葉長が短い，②小葉が小さい，③複葉が水平になる，④節間が長い，といった草姿のため，ハウス内空間を効率的に活用できて光利用効率が高いのである。

　オランダの1950年から2000年までの品種は，形態的変化による光利用効率の向上と群落吸光係数の低下，生理的変化による個葉光合成速度の増大により，収量を年0.9％ずつ増加させることができている（Higashide・Heuvelink, 2009）（図0-4）。つまり，ここ50年の品種改良で収量が約1.5倍になったことになる。

　また，Matsudaら（2011）は果実収量の制限要因が，果実が光合成産物を引くシンク強度なのか，もしくは葉が光合成産物をつくるソース強度なのかを日本とオランダの品種を用いて比較し，オランダ品種はソース強度によって制限されていると報

写真0-2　収穫と同時に箱詰めされる房どり中玉トマト

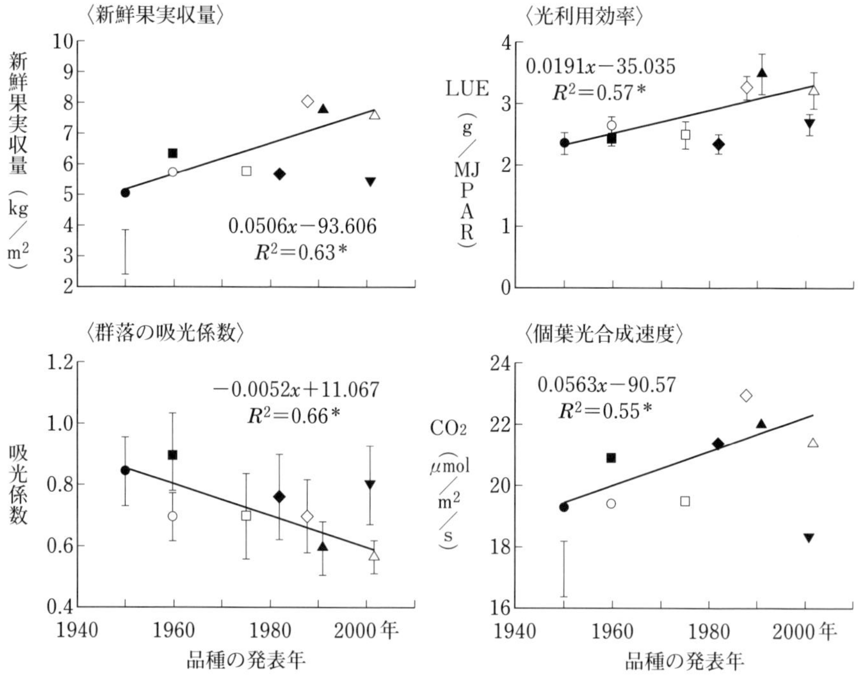
〈新鮮果実収量〉
新鮮果実収量（kg/m2）
10
9
8
7
6
5
4
3
2
0.0506x−93.606
R2=0.63*
〈光利用効率〉
LUE（g/MJ PAR）
4
3
2
1
0
0.0191x−35.035
R2=0.57*
〈群落の吸光係数〉
吸光係数
1.2
1.0
0.8
0.6
0.4
−0.0052x+11.067
R2=0.66*
1940
1960
1980
2000年
品種の発表年
〈個葉光合成速度〉
CO2（μmol/m2/s）
24
22
20
18
16
0.0563x−90.57
R2=0.55*
1940
1960
1980
2000年
品種の発表年

図0—4　トマト品種の発表年と形態的，生理的変化（Higashide・Heuvelink, 2009）
品種名　オランダ：●Moneymaker　○Premier　■Extase　□Sonatine　◆Calypso
◇Liberto　▲Gourmet　△Encore　日本：▼桃太郎ファイト

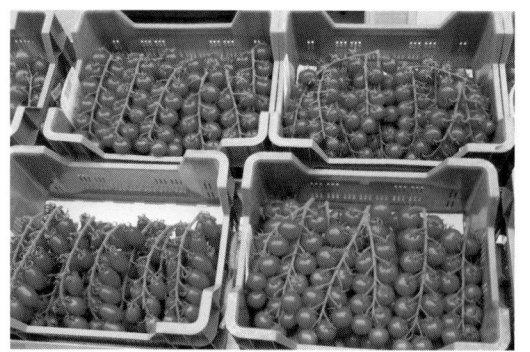

写真0—3　さまざまな特徴を持った房どり小玉トマト

告している。つまり，オランダ品種は光合成速度が果実収量に強く影響している。しかし，日本品種はシンクとソースのいずれにも制限されている可能性があり，高ソース/シンク比となる高CO_2濃度条件下では，果房あたりの着果数を増やすか，育種の過程でシンク強度の高い品種を選抜する必要があるとしている。これらの試験結果は，多

収穫培を実施する上で大変興味深い。わが国でもこのようなことを意識した品種育成を期待したい。

オランダの生産者は多収栽培のために品種の選択を重視している。生産者の多くはハウス内の一画で新品種の試作を行なって品種選択の参考にしている。種苗会社は収量増加を達成できる品種育成に積極的に取り組んでおり，房どり中玉トマトについては毎年新品種を発表し，生産者は約3～4年で栽培品種を更新している。

写真0－4　ダッチライト型ハウス

他方，最近では，収量は少ないが食味，形状や機能性物質（例えばリコペン含有量）などの特徴を持った，房どり小玉トマト（Cocktail tomato）や房どりもしくは個どりミニトマト（Cherry tomato）の栽培面積も増加している（写真0－3）。食味を重視した品種に関しては，現地で試食すると日本の品種と比べて決して味では劣らないものや，それ以上の品質のものもみられる。

写真0－5　トマト栽培ハウスの概略図

(2) 生産性の高い栽培施設

オランダのトマト栽培施設の基本構造は，ここ20年以上大きく変わっていないが，機能は年々向上している。ハウス形状は，外被材にガラスを用いた小屋根連棟のダッチライト型ハウスである（写真0－4）。間口は，1990年ごろまでは6.4m幅に2屋根がのっている構造であったが，現在は8.0m幅に2屋根の構造になった。

外被材のガラスの幅は，年々大きくすることで垂木による光遮蔽を少なくして内部への光透過率を高めている。軒高は，ハウス内空間を大きくして換気時の急激な環境変化を避けるために年々高くなり，現在は5.5mもしくは6.0mが標準になっている。

写真0-5は一般的なトマトハウス内の様子である。栽培方法は，ロックウールを用いたバック式の養液栽培が90％以上を占める。培地は，ハウス構造のトラスから吊り下げられ，地上0.5～1.0mほどの高さの栽培ガター上に設置される。この高さの配置により，定植から第1，2果房収穫ごろまでの作業効率を向上させている。畝間には，暖房と各種作業台車のための走行レールを兼用した温湯パイプが設置されている。また，一部のトマト生産者では，高圧ナトリウムランプによる補光技術が普及している。

(3) 環境制御技術

①光合成と統合環境制御（第3章，第4章）

オランダの多収栽培では，ハウス内の環境制御技術の向上が特出しており，わが国と大きな差がある。植物生理に基づいた綿密な環境制御は特筆に値する。

地下部の環境制御については，1970年代後半から普及が始まったロックウール栽培が技術革新を起こした。地上部の環境制御については，それまでのアナログ制御に変わり，1990年代前半に出現したコンピュータによる統合環境制御システムが，地上部と地下部を関連付けた環境制御技術を飛躍的に進歩させたといえよう。

突き詰めれば，オランダの環境制御理論の基本原則は，植物の光合成を高め，その産物である糖の転流を生長点や果実，根に効率よく促すための制御方法である。

ハウス栽培では，植物の生育を最大化させるために，光，CO_2，湿度，温度，風，養水分などの環境要因を統合的に判断してハウス内の各種機器を制御し，最適な環境を創造する統合環境制御の考え方が重要である。この制御方法では，植物の光合成速度を最大化させることはもちろんだが，化石燃料や水・肥料などの投入資源利用効率も考慮することが重要である。

②光──1％理論（第3章，第4章）

オランダには1980年代から，いわゆる「1％理論(ルール)」というものがあ

る。これは「1％の光の増大は1％の増収となる」という考え方で、光合成や収量増にはハウスの被覆材と構造体およびカーテンなどの内部装置による光遮蔽を少なくし、光透過率を向上させることが重要であることを示している。これは、わが国より日射量の少ないオランダだけでなく、光を唯一の制限因子として光合成速度を増大させる統合環境制御を実施する過程で重要となる。

写真0-6　光透過性を重視したハウス構造

オランダのハウス構造は、光透過率を高められるように年々改良されており、1980年ごろの光透過率は65％であったが、現在では78％まで向上している（写真0-6）。生産者は、被覆材の汚れによる光透過率の低下を起こさないために、

写真0-7　建設中のハウス
ほとんどの資材に白色のものが利用されている

ハウスの屋根には可動式ガラス洗浄機が設置され、年に数回の洗浄が行なわれている。

　ハウス内に入射した光を乱反射させるため、ハウス内資材には白色のものが積極的に利用されている。ハウス内全面に敷かれたグラウンドマルチは、畝間に到達した光を乱反射させるために白色のものが利用されている。ハウス内の柱は、高温期の蓄熱防止と乱反射のために白色の粉体塗装が施されている。温湯レール、栽培ガターや循環扇など、ほとんどの内部資材も白色に塗装されている（写真0-7）。いずれも些細なことと思われるが、これらの積み上げにより光を有効活用し植物の光合成速度を高められるハウス内環境を創造している。

③ CO_2 施用（第3章，第4章）

　CO_2 濃度を大気の3〜4倍にすることで，光合成速度が増大することが広く知られている。オランダでは，積極的な CO_2 施用が必要とされている。特に，土壌からの CO_2 供給が見込めない養液栽培や，葉面積指数が高くなる密植栽培では重要になる。

　CO_2 施用は，育苗期から栽培終了期を通して，明期には連続的に行なわれている。畝ごとに配置された一定間隔で小さな穴の開いた燃焼ガス放出管からハウス内に均一に施用される。

　目標 CO_2 濃度は，生育やハウス内外の環境などをもとに逐次変更され効率よく施用される。例えば CO_2 濃度は日射に比例して高める必要があるが，同時にハウス内気温も上昇して換気回数が増加してしまう。そのためコンピュータ制御により，ハウス外の風向と風速をもとに風上と風下の天窓の開度を調整しながら CO_2 施用を行なう。

　多くの生産者は，CO_2 源として，天然ガスを温湯ボイラーで燃焼させたときに発生する燃焼ガスを利用している。同時に発生する熱は，水に蓄熱され主に夜間の暖房や除湿に利用される。この方法では，夜間に必要な熱を日中に少しずつ蓄熱して，発生する CO_2 を植物に供給しており，環境負荷の少ない栽培方法といえる。また，オランダ国内における時間帯ごとの天然ガス使用量の平準化にも貢献している。

④湿度──飽差の考え方と活用（第3章，第4章）

　ハウス内の湿度を制御することは，病害発生の予防と蒸散および養水分吸収の促進の点から重要である。オランダでは，コンピュータによって除湿制御が積極的に行なわれている。高湿度環境になる夜間や低温期は，ハウス内相対湿度を80〜85％以下にするため，透湿性の内張スクリーンの利用や天窓の開閉，さらには暖房によって除湿が行なわれている。そのため，高湿度を好まないトマト生産者では，年間使用される天然ガスのうち約20％が除湿のために利用されている。

　ハウス内湿度の制御では，蒸散と養水分吸収の促進には，空気中にあとどれだけ水蒸気が入る余地があるかを示す飽差（VPD）が利用されている。トマトでは，3〜7g/m³程度がよいといわれ，植物に水分ストレスを与えないための湿度と給液

管理が行なわれている（本文第6章の表6-2）。例えば，高温低湿度環境では飽差が大きくなり蒸散量が増大してしまう。このような環境では植物の気孔開度が小さくなり，蒸散とCO_2取り込み量が減少して光合成速度が低下してしまう。外気が低湿度環境になる高温期にはコンピュータ制御によって，換気時に乾燥した風がハウス内に入り込まないように，風向と風速を測定して風上側と風下側の天窓開度を調整したり，ミスト装置により積極的な加湿を行なっている生産者もいる。

また，ハウス内の露点温度を把握することは，生長点や果実への結露を防ぎ，病害の発生を予防できる。生産者は，施設栽培における湿度と温度の関係を理解し，コンピュータによって積極的な制御を行なっている。

このようにオランダの生産者は，ハウス栽培で必要な湿度の単位である絶対湿度，飽和水蒸気量，相対湿度，飽差，露点などの意味を植物栽培と関連付けて理解し，収量向上を目指している。

⑤温度──変温管理の活用（第3章，第4章）

温度を制御することで，トマトのさまざまな生長と発育過程を制御することができ，温度は1日の時間帯によっても異なる作用をもたらす。そのため温度は，昼温，夜温，日平均温度で分けて考える必要があり，変温管理という方法で温度制御が行なわれている。植物栽培において，温度が光合成に及ぼす影響は比較的限定的で，光合成産物の転流と分配に及ぼす影響の方が大きいといわれている。そのためオランダの気温管理は，これらを意識した管理方法になっている。

その一例を図0-5に示す。この管理方法は，温度管理に関する3つの重要な原則，①気温は日射に

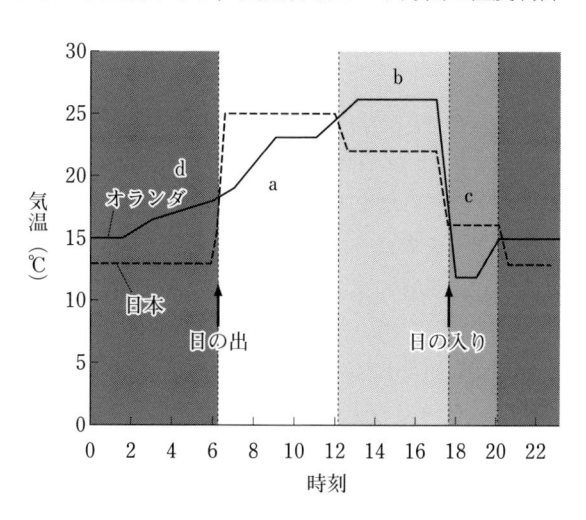

図0-5　オランダにおけるトマトの変温管理のイメージ図

写真0-8　パプリカハウス内で植物体温を測定する赤外線カメラ

比例して設定値を変化させる，②光合成と転流はほぼ同時に起きている，③光合成の原料となるCO_2と養水分を制御した上で気温を制御する，に基づくものである。

　まず，日の出後，午前中の気温は日射強度の増大に比例して高める。曇りの日は晴天日より設定を下げる（図0-5a）。最大日射強度になる13～14時ごろに，1日の中で最も高い気温になるように制御して，その気温を日の入りごろまで維持する。光合成産物の転流の適温は光合成の適温より高いため，午後の気温を午前より高くして，葉から生長点や果実，根への転流を促し，午後の日射も活用して日の入り直前まで光合成速度を増大させる。この管理方法では，糖が葉に蓄積し昼間に光合成速度が低下する「昼寝現象」を軽減することができる（図0-5b）。

　その後，日の入りとともに1日の中で最も低い気温に一気に下げる。気温を下げると，ハウス内の飽差が低くなり気孔からの蒸散は減少する。しかし，根圧によって養水分の吸収は継続され，葉や果実先端などの養分が移行しづらいところにもカルシウムなどを容易に送ることができる。気温を一気に下げると，葉温は同時に下がるが果実や根圏の温度は高いまま維持される。光合成産物は温度の高いところに多く分配されるため，葉温より果実温と根圏温度を高くすることで転流と分配を制御する（図0-5c）。

　夜中から気温を少しずつ上昇させ，日の出とともに最適な気温条件で光合成を開始させる。日の出前から徐々に気温を上げることは，日の出後に果実が露点温度以下にならないような管理が可能になり，灰色かび病の原因になる果実の結露を抑制できる。気温は，1時間に3℃（できれば2℃）以上，上昇させないことで果実への結露は回避できる（図0-5d）。

　実際の栽培管理では，温度はハウス内の気温だけでなく，赤外線カメラによって生長点付近の植物体温も測定されている（写真0-8）。理由は，気温と植物体温度

には5～6℃程度の差があり，気温だけでは必ずしも植物の状態を正確に把握できないからである。植物体温を測定することは，水分ストレスを原因とする葉やけや萎れ，植物体への結露による病気の予防に効果的で，省エネにも有効である。

⑥養水分管理（第6章）

1980年ごろから急速に普及したロックウール栽培は，トマト栽培においてひとつの革命を起こしたといってよいだろう。地下部制御が土耕栽培より格段に容易になったロックウール栽培では，植物体の地上部と地下部を関連付けたより正確な制御が可能になり収量が飛躍的に向上した。

つまり，最近の養水分管理方法は，蒸散に影響する日射，湿度，温度やCO_2などの地上部環境と関連付けているのが特徴である。特に植物体からの蒸散を理解するためには飽差（VPD）が利用され，植物に水分ストレスを与えない給液管理が行なわれている。

(4) 半閉鎖型ハウス

最近のオランダでは，さらなる高度な環境制御を実現するために，半閉鎖型ハウスが注目を集めている。これにより，強日射によってハウス内の気温が上昇して換気が必要なときにヒートポンプなどで冷房をすることに象徴されるように，できる限り天窓の開閉による換気回数を少なくできる栽培方法（写真0-9）を導入することができる。

強日射条件下でハウスを閉鎖型にできることは，換気回数が増加した場合には制御が困難であった湿度とCO_2を最適な条件に管理できることを示す。その結果，光合成の制限因子を光のみにすることが可能になり，究極的に高い光合成能力を実現し，飛躍的に収量を高められる可能性を秘めている。

写真0-9 ヒートポンプを利用した半閉鎖型ハウス
ガター下のダクトによって空調を行なう

(5) CHP

通常，オランダのグリンハウスには温湯ボイラーと蓄熱タンクが設置されており，天然ガスを燃焼させることでハウス内にCO_2と熱を供給している。現在では，天然ガスの使用量が多いトマト，パプリカ，バラなどでハウスを新設するときには，通常のボイラーとは別にCHP（Combined Heat and Power）が導入されている（写真0-10）。また，既設のハウスでも，約5ha以上の生産者で導入が進んでいる。

CHPはガスエンジンによって，電気と熱を供給することができる熱電併給設備である。施設栽培では，天然ガスを燃焼させたときに生じるCO_2を光合成促進のためにハウス内に施用できるので，トリジェネレーションシステムとも呼ばれている。

CHPは，導入コストが約20ユーロ/m^2と高額で，通常の温湯ボイラーと比べてメンテナンスのための維持コストも高く，耐久年数も短いという欠点がある。しかし最近の天然ガスの高騰により，CHP稼働時の発電をハウス内の補光へ利用したり，電力会社に売却したりしたときの利点が大きいため急速に普及した。生産者は，高額なCHPの償却を早めるために積極的にCHPを稼働させて売電を行なっている。そして，ハウス内では今まで以上にCO_2と熱，さらには補光を利用できる環境になった。現在のオランダのハウス園芸においてCHPは，省エネと生産性向上の両面から大変重要になっている。

写真0-10　CHPのエンジン

(6) 補光（第4章）

CHPによって発電した電力は，ハウス内での補光電力の50％程度を賄うことができるので，生産者は安価に補光を実施することができる。最近は，低日射時や明期延長のために高圧ナトリウムランプを用いた補光栽培が普及

している（写真0-11）。その面積は，トマトでは約200〜250ha，バラでは施設面積の95％に相当する約500haで実施されている。トマトでの補光ランプを導入する目的は，収量向上と作期の前進による市場への周年供給のためである。

高圧ナトリウムランプを用いた補光栽培の普及は，ランプの光がハウス外へ漏れ，近隣環境が夜でも明るくなってしまうという問題を抱えている。また，光強度と補光時間の増大により電気代が増加するという問題がある。解決策として，発熱量の少ないLEDを用いて，光源を天井側からではなく群落内（条間）に設置する補光方法（Inter Lighting）の試験栽培が実施されている（写真0-12）。

写真0-11　高圧ナトリウムランプを利用したトマト栽培

写真0-12　LEDを利用した群落内補光

(7) コンピュータの利用──統合環境制御システム

オランダでは，1960年代に暖房と換気を制御する最初のアナログ式の環境制御システムが導入された。それはハウス内の気温と湿度を最適値にするもので，今日のデジタルコンピュータの先駆的なものであった。1960年代にはCO_2施用が始ま

った。1970年代には暖房燃料が石油から天然ガスに変わったことで，同時にボイラーやミキシングバルブなど暖房のための機器や制御方法も変わり，地上部環境制御のための設備や方法が複雑化した。1980年代にはロックウール栽培が急速に普及し，土耕栽培より地下部の環境制御が容易になり，地上部と地下部の両方の環境が制御できるようになった。一方では，環境制御が年々高度で複雑になって，それに対応するコンピュータ制御の性能と技術も向上していった。

その後，オランダの環境制御技術を一気に向上させたのが，1990年代前半に利用が始まったコンピュータによる統合環境制御システムである。現在のオランダでは生産者の95％が統合環境制御システムを導入し，新設のトマトハウスではほぼ100％導入されている。

統合環境制御システムの構成は，各種センサー，制御用コンピュータのソフト，そしてデータ解析と各種ハウス内機器を制御するコンピュータ本体からなる。各種センサーは，ハウス外の気温，湿度，日射，風向，風速，降雨やハウス内の気温，湿度，CO_2，植物体温，培地水分量，排液EC・pHなどを測定する。コンピュータは，それら測定値をもとに，天窓，カーテン，循環扇，暖房機，CO_2施用，CHP，補光ランプ，給液装置などの各種機器を統合的に判断して制御する。統合環境制御システムは，作物の光合成能力を最大にするハウス内環境を最もエネルギー効率がよい方法で制御することを可能にする。

このシステムでは，ハウス内の各種機器を作動させるために，初期設定に約500項目，制御に約500項目を数値で入力する必要がある。最新の施設ではCHPや補光装置の導入により，これらの項目数は2倍以上に増えている。統合環境制御システムは，ハウス内環境を創造するだけでなく，データの蓄積と解析を容易にする。しかし，環境データを見るだけでは植物にどのような影響を及ぼしたかはまったくわからないため，生産者は生育調査を並行して実施している。

生産者は，ハウス内環境と生育調査のデータおよび植物の観察力と経験を踏まえて自身のハウス管理の方向性を決定したり，仲間同士や栽培アドバイザーとの打ち合わせの資料として利用したりして，常に収量とエネルギー効率の向上を目指している。

(8) 病害虫防除（第7章）

　多収栽培では，病害虫の発生による収量減を起こさないことが重要である。特に大規模ハウスでは，一部で発生した病害虫がハウス全体に蔓延してしまう危険性がある。そのためオランダのトマト栽培では，化学農薬に依存しないIPM（総合的病害虫管理）によって防除が行なわれている。

　トマト栽培で重要な病害である灰色かび病や葉かび病は高湿度条件下で発病する。その対策としてハウス内が高湿度になりやすい低温期には，特に積極的な除湿制御が行なわれている。害虫には主に天敵が利用され，その種類はわが国より多く利用しやすい環境にある。IPMによる病害虫防除は化学農薬の使用量を減らすだけではなく，化学農薬の散布労力の削減や化学農薬による収量低下の軽減にも重要である。

(9) 光合成を最大に活性化させる植物体管理（第9章）

　栽培管理の基本は，ハウス内植物をひとつの群落として見たときに最大の光合成活性になるようにすることである。その方法として，ハウス構造体の光透過率を高めて，適切な葉面積指数により光利用効率を高めることが重要である。

　オランダの房どり中玉トマトでの事例を示す。苗は本葉5〜7枚の購入苗が利用され，長期長段栽培での草勢維持の目的で接ぎ木苗が用いられる。通常1月上旬に定植され，盛夏を越して12月上・中旬まで栽培される。結果，トマトは播種から13カ月以上栽培され，本圃での収穫期間は9〜10カ月となる。

　定植時は低日射のため，株間は広めに定植され（2.3本/m^2），日射量が増加する2月上旬から数主枝に1本の割合で側枝を伸ばし，単位面積あたりの主枝数を増やす（2.9本/m^2）。品種によっては，その後もう一度側枝を伸ばし，最終的な主枝本数は3.5本/m^{2}とわが国の2倍程度の密度で栽培を行なう。群落草姿は，主枝数と摘葉により葉面積指数（m^2/m^2）で管理され，3〜4程度が最適とされている。

おわりに

　近年，わが国ではオランダにおけるトマト栽培への関心が高くなっている。そ

の場合，規模の大きさや工場のように機械化・自動化された施設構造体に注目が集まる場合が多い。しかし，重要なことは，なぜ大規模化になったのか？ なぜそのような施設や設備が必要になっているのか？ それらの施設や設備をどのように利用しているか？ に注目することである。つまり，トマト栽培での中心は植物であり，植物生理や環境工学を理解して高度な手法で制御し光合成速度を増大させることである。本書で解説されている植物生理に基づいた理論的な栽培技術は，わが国のトマト生産のさらなる発展に欠かせない基盤的な知識である。

斉藤　章（株・誠和）

引用文献

Bakker, J. C., Bot, G. P. A, Challa, H. and Van de Braak, N. J. 1995. Greenhouse climate control: an integrated approach. Wageningen Pers, Wageningen. The Netherlands. 279pp.

Higashide, T. and E. Heuvelink. 2009. Physiological and morphological changes over the past 50 years in yield components in tomato. *Journal of the American Society for Horticultural Science* 133（4）: 460-465.

Matsuda, R, A. Nakano, D. Ahan, K. Suzuki, K. Yasuba and M. Takaichi. 2011. Growth characteristic and sink strength of fruit at different CO_2 concentrations in a Japanese and a Dutch tomato cultivar. *Scientia Horticulturae* 127: 528-534.

斉藤章. 2010. オランダの栽培システムと統合環境制御. 農業技術大系野菜編第2巻. 基615－624. 農山漁村文化協会.

※本章は，頻繁にオランダを訪問し情報収集に努めている筆者が，訳書の理解を深めるために書きおろした章であり，原著にはない。

TOMATOES

本 文

第1章

作物としてのトマトとその産業

J. M. Costa・E. Heuvelink

要約

　植物学者リンネは，トマトを *Solanum lycopersicum* と名付けたが，Philip Miller は *Lycoperisicum esculentum* とした（Taylor, 1986）。最近，分類学者たちは，リンネが唱えた元々の学名のように，*Solanum lycopersicum* とすることを提唱しているが，本書では，トマトの学名として一般的に受け入れられている *Lycopersicum esculentum* とする。

　トマトの野生種は，南米アンデス地方にその起源があるとされる。16世紀初頭にはスペイン人によってヨーロッパに導入された。ヨーロッパ人たちは，トマトを17世紀には中国や南，東南アジアに，18世紀には日本とアメリカに紹介した。

　トマトの生産と消費は19世紀のアメリカで急速に広がり，19世紀末にはスープやソース，ケチャップなどの加工品として日常的に消費されるようになった。

　現在，トマトの3大生産地は中国，アメリカ，トルコである。中国は，全世界のトマト生産量の25%と，生産面積の30%を占めており（2008年現在），最大の消費国でもある。アメリカ，イタリア，スペイン，トルコは，世界の加工トマト産業を支配している。

　オランダは，ハウスにおける集約的な生食用トマト生産において世界のリーダーであり，年間収量は55kg/m^{2}を超えるまでになっている。そして，今後も技術革新やエネルギー，農薬使用において持続的な生産をめざし，世界の主導的な役割を担っていくだろう。

1 作物としてのトマト

(1) トマトの分類

　トマトは*Solanaceae*科（第2章を参照，ホオズキの仲間としても知られる）*Lycopersicum*属であり，その亜属には*Solanoideae*属と*Solaneae*属がある（Taylor, 1986）。*Solanaceae*科は，トウガラシやピーマン（*Capsicum* spp.），ジャガイモ（*Solanum tuberosum*），ナス（*Solanum melongena*），オオブドウホオズキ（食用のホオズキ，*Physalis ixocarpa*），タバコ（*Nicotiana tabacum*）など，他の重要な野菜を含んでいる。トマトの分類には，まだ議論の余地がある。1753年にスウェーデンの植物学者リンネは，トマトを*Solanum lycopersicum*と名付けた。しかし，15年後にはPhilip Millerが，この学名を*Lycopersicum esculentum*に変更した（Taylor, 1986）。最近，分類学者たちは，リンネが唱えたそもそもの学名である*Solanum lycopersicum*を再び提唱し始めた（Heiser・Anderson, 1999）が，本書では，一般的に受け入れられている*Lycopersicum esculentum*を用いることにする。

(2) 起源と歴史，利用

　トマトの野生種は，チリ，コロンビア，エクアドル，ボリビア，ペルーを含むアンデス地方に起源があるとされている（Sims, 1980）。最も有力な先祖は*L. esculentum* var. *cerasiforme*（チリトマト）であり，熱帯・亜熱帯アメリカにその起源がある（Siemonsma・Piluek, 1993）。トマトは，16世紀初頭にスペイン人がヨーロッパに導入したとされている（Harveyら，2002）。ヨーロッパでは，栽培作物としても，料理などに取り入れられるようになるにも比較的時間がかかった。

　トマトは，当初，食用ではなくて観賞用の植物としてだけ栽培された。それというのも，トマト果実が，ホオズキ科の有毒植物（*Solanum dulcamara*）と極めて似ていたため，毒があると思われていたのである。その後トマトは，16世紀中ごろに，南ヨーロッパで栽培・消費されるようになった。しかし18世紀おわりになっても，トマト栽培は北西ヨーロッパまでしか広がらなかった（Harveyら，2002）。その一方で，ヨーロッパ人たちは，トマトを17世紀に中国や南，東南アジアへ

と，続いて18世紀には日本とアメリカに紹介した（Siemonsma・Piluek, 1993）。トマトの生産と消費は19世紀のアメリカで急速に広がり，19世紀末にはスープやソース，ケチャップなどの加工品が日常的に消費されるようになった（Harveyら, 2002）。

(3) 生食・加工用トマトの一般的な性質

栽培されているトマトは，多年生の2倍体双子葉植物である（2n＝24）。トマトは，温暖な気候では1年生作物として栽培されるが，12℃以下の低温にさらされると，植物体，果実ともに障害を受ける。

加工用と生食用トマトの品種では性質が異なる。加工用トマトは，心止まり性があり，草丈が低く，密集して均等に着果して成熟し，果皮が硬く，可溶性固形物含量が高い，というような特性がある（George, 1999）。また加工用トマトは露地で栽培され，畑に直接播種されることもあるが，苗を移植栽培する方がより進んだ栽培法として一般的である。加工用の粗放栽培の場合，支柱で誘引されずに機械で収穫される。

生食用品種は一般的には心止まりとならずに，ハウスで誘引して栽培される。ただし，露地で栽培される生食用品種には，心止まり型のものがある。ハウス，露地ともに，栽培は苗の移植から始まる。そして，病害の原因にもなる土壌から植物を遠ざけるために，支柱の誘引は有効である。トマトの種類はさまざまで，小さくて甘いチェリートマト（訳者注：ミニトマトともいわれる）から，大玉トマト（大果系のトマトで，Beef tomato，ビーフステーキトマト，ビフテキトマトともいわれる）まで，それぞれ色や棚持ち特性，香りなどが異なる（Doraisら, 2001）。主に以下の5つのタイプに分けられる。

● 標準的な丸型トマト

最も一般的な品種。丸型の果実で，2～3個の子室を持ち，平均果重70～100g，直径5～7cmとなる。サラダにも使われる。焼いたり，炒めたりして，スープやソースの材料としても使われる。

● チェリートマト，カクテルトマト

標準的な丸型トマトよりも果実が小さく，1果重は10～20gで，果実直径も2～3cmである。チェリートマトはカクテルトマトよりも小さいが，いずれも甘い食

味を持つ。チェリートマトは，一般的には赤いが，金色やオレンジ，黄色の品種もある。生食したり，オーブンで焼いたりして食べる。カクテルトマトは，2等分してサラダに入れたり，串に刺して焼いたりする。最近では，ほとんどのカクテル品種は，果房についたまま売られている（房どりトマト；アメリカにはあまりない）。

●プラムトマト，ベビープラムトマト

　プラムは典型的な砲弾型トマトであり，ベビープラムはさらに果実が小さい。生では果実が硬く，果実中心部には汁気が少ない。バーベキューに使われたり，ピザやパスタ用に加工されたりする。

●大玉トマト（ビフテキトマト）

　標準的な丸型トマトよりも大きく，1果重は180～250gある。子室は5またはそれ以上である。詰め物料理や焼き物，スライスしてサラダやサンドイッチに用いるなど，その用途は広く，形や色（赤やピンク），食感，食味は，品種によってさまざまである。

●つるトマト，房トマト

　これは先に述べた房どり系の品種であるが，果実がついているうちに，果実そのものより茎から独特の香りが出るものがある。

2　現時点における世界のトマト産業概況

　トマト産業は，最も進んだ，そしてグローバル化した園芸産業のひとつである。生食用と加工用のトマトを併せた世界のトマト生産は，過去40年間で約3倍に増加した。2008年の世界の年間トマト生産量は，480万haの圃場面積で，約1.4億tと推測される（表1－1）。しかし，この数値は，実際の栽培面積と量を過小評価していると考えられる。なぜなら，トマトは狭い面積や庭でも生産でき，熱帯から亜熱帯の地域で営まれる。このような零細な生産まで含めるとかなりの栽培面積と生産量になると考えられるからである。

　トマトの3大生産地は，中国，アメリカ，トルコである。中国は全世界のトマト生産量の25％，耕地面積の30％を占める。アメリカ，イタリア，スペインならびにトルコは，世界の加工トマト産業を支配している（表1－1）。一方，オランダは，ハウスでの集約的な生食用トマト生産で世界のリーダーであり，年間収量は

表1-1 FAOの情報に基づく，2008年のトマト生産量ベスト10

順位		万 t	万 ha	t/10a
1	中国	3,391	145.5	2.3
2	アメリカ	1,372	16.3	8.4
3	トルコ	1,099	30.0	3.7
4	インド	1,030	56.6	1.8
5	エジプト	920	24.0	3.8
6	イタリア	598	11.5	5.2
7	イラン	483	13.2	3.7
8	スペイン	392	5.5	7.1
9	ブラジル	387	6.1	6.3
10	メキシコ	294	10.2	2.9
24	日本	73	1.3	5.9
26	オランダ	72	0.2	48.0
世界全体		13,623	483.8	2.8

FAO STAT 2008のデータをもとに訳者が作成

$55kg/m^2$を超えている。

　トマトの生産地の多くは温暖な地域に位置し，夏季が長く，主に冬季に降雨がある地域である。栽培管理や，加工と生鮮品の消費割合，産業と市場組織の構造などは，国によってさまざまである。

※世界各国の個別の情勢については，紙面の都合上割愛した。

3　トマト産業の将来展望

　世界的に見てトマト生産量は，生食用ならびに加工用ともに拡大している。加工産業への投資や，生産システム・品種の改良などを通じて，中国がこれらの増加を牽引している。オランダなどのように，より産業化された生産をする国々での生産コストが上昇していることと併せて，中国のように相対的に安価に生産できる地域の広がりは，特に加工用トマトを生産している農家にとって関心事になっている。

　スペインやオランダは，ヨーロッパ市場に対して生食用トマトの供給国であり続けるであろうが，ヨーロッパ以外のほかの国々もヨーロッパ市場には強い関心を示している。トルコや地中海沿岸のアフリカ諸国でも生食用トマトの生産が増え，

写真1-1　オランダのハイワイヤー方式で栽培されるハウス内の作物の誘引と
　　　　腋芽除去
　　　　　　　　　　　　　　　　　　　　　　　　（原図：斉藤章）

オランダとそして特にスペインと競合するようになるだろう。例えば，2003年10月初めごろからモロッコはEUとの取り決めで，EUからの穀類の輸入自由化をうけられる見返りとして，EUとの穀類自由化の見返りとして，より多くのトマトをEUに出荷できるようになった。そのような状況下でも，スペイン（アルメリアとムルシア）は，今後も施設生産品質制御技術や市場を活発に開発し続けるであろう（Goméz-Escolar, 2002；Wijnands, 2003）。

　一方，オランダはエネルギーや農薬の投入を減らして，より持続的な生産をめざすために，今後も技術革新や品質制御（例えば，閉鎖型ハウス生産システム，効率的な物流，トレーサビリティーシステムなど）において，その主導的な役割を担い続けるであろう。水，肥料，農薬の使用について，持続的な生産を増加させるには，有機栽培や農産物の品質（安全性），そしてさらに効率的なサプライチェーン（原材料の調達から生産・販売・物流を経て最終需要者に至る，製品・サービス提供のために行なわれるビジネス諸活動の一連の流れのこと）が必要であり，このことは，ヨーロッパにおける将来のトマト生産を考える上で最も重要な事項となるで

あろう（写真1－1）。

　北米の生食用トマト市場の展開には，メキシコでの増産が将来的に重要になる。アメリカやカナダの大規模トマト生産者は，投資家でもあり，現在は彼らの生産スケジュールを補完するために，メキシコでの施設生産能力を拡大させている。今後，アメリカの自由貿易地域が拡大されると，生産者，加工業者，市場関係者間で競争は激化するが，消費者に対し，より安価なトマトが供給されることになる。そして，消費者の食品の安全への関心から，適切な管理がされていないと思われるものについては，その取引が制限されるようになるであろう。

　例えばカナダでは，食の安全性や香り，栄養価などの果実品質，そして環境にやさしい農産物かどうか（持続的な生産システムかどうか）を調査している。それは，カナダの農産物に対する消費者の信頼を高めるためである。そして，市場の要求に合わせ，それに応えるためでもある。同じような傾向は，アメリカにもある。そして安全，安心の象徴として有機農産物への関心はより強くなるだろう（M. Dorais，私信）。品質に対する要求は年々高まり，北米市場へのトマト供給の競合国は，メキシコではなく，スペインになるであろう（Cantliffe・Vansickle, 2003）。

　ヨーロッパ市場は，しばらくの間は遺伝子組換え（GM）トマトについては閉ざされたままであろうが，GMトマトは，アメリカや中国，他の国々で，徐々に重要になっていくであろう。

　ヨーロッパやアメリカのトマト市場は，多国間合意に基づいて開放されるとしても，保護的であり続けるであろう。現在，ラテンアメリカからEUへの輸出は，トマトソースでは，生食用トマトと比べて5倍も高い関税がかかっている（Whiteら，2002）。また，EUとACP（アフリカ，カリブ海，太平洋諸国）との合意により利益を得ているラテンアメリカやアフリカ（モロッコ）諸国からの，EUへの生食用トマトの輸入は年数カ月程度，関税で輸入が制限されている（Watkins・Von Braun, 2003）。これは，EUであるイタリアやスペインのトマト生産者を守るためである。さらに，輸出国に対して，高い安全性など高品質のトマトを要求するという形で，新しい保護主義が登場するかもしれない。

（翻訳：中野明正）

第2章

トマトの遺伝資源と育種

P. Lindhout

要約

　トマトの育種研究は20世紀の間に飛躍的に進み，多数の優れた品種が育成された。しかし，まだまだ大きな遺伝的多様性が残されており，21世紀のトマト育種はさらに飛躍するであろう。20世紀のトマト育種を振り返ると，前半は古典的な育種法により，後半には細胞遺伝学の発展から分子連鎖地図が作成され，QTL（量的遺伝子座）解析も進み，優良系統の選抜に利用できるDNAマーカーが開発された。

　究極の育種目標は，高品質な果実を低コストで多収生産できる品種の育成である。実際に，病虫害抵抗性ではトマトモザイク病（ToMV），黄化葉巻病（TYLCV），萎凋病，葉かび病，半身萎凋病などに抵抗性を持つ品種が開発され，ストレス耐性では耐冷性，耐暑性，耐干性などに関する研究が進んでいる。また，果実品質面では，食味や色に関する研究が進んでおり，イスラエルでは日持ち性の優れた品種がすでに育成されている。

　以前のトマト品種は固定種が多かったが，現在はほとんどF1品種になっている。F1品種は，種子生産に多大な労力を要するなどの欠点があるものの，形質が均一で果実品質が優れるなど多くの利点がある。

　トマトの遺伝資源には大きな多様性があり，今後も育種素材として利用されるであろう。急速に進められているトマトゲノムの解析によって，これからはゲノム情報を駆使した研究も進展すると考えられる。また，遺伝資源の膨大なデータを活用するためにはコンピュータの活用は不可欠である。つまり，今後の育種研究は，圃場での育種だけではなく，コンピュータによる育種，つまりバーチャル育種へと展開するであろう。

はじめに

　トマトの育種は，変化に富む世界中の環境下での栽培を可能にしただけでなく，優れた収量性と果実品質，また，多くの病虫害への抵抗性を持つ品種を作り出すなどの成功を収めてきた。育種の方法は，これまでは優良形質を持つ素材を探索し，交配と選抜を繰り返し，優秀な品種を育成するという，古典的な手法が一般的であった。最近，**DNA**マーカーや遺伝子組換え技術が発達してきて，**ゲノム**分野でも新しい知見や技術が築かれている。今後のトマトの品種改良は，古典的な技術にゲノミクス（ゲノミクス：ゲノムや遺伝子の情報を総合的に取り扱う研究分野）という新しい技術が融合して飛躍的な発展を遂げるものと考えられる。

1　トマト属の遺伝的多様性

　トマトは，長い歴史を経て，人類の食生活に欠かせない作物になった。自然界にあった野生のトマトを食用にし，徐々に良いものを選択し，栽培するようになったと推測される。

　ところでトマトは自殖性植物だが，自殖性植物は自殖を進めると遺伝的多様性が減少してしまう。トマトは過去500年の間に，新大陸の中南米からヨーロッパへ伝播し，そこで改良され，再び北米へ戻るという経路をたどっている。しかし，その間に，トマトの遺伝的多様性は大幅に縮小した。20世紀のトマトの品種改良では，近縁種をほとんど利用していなかったが，近縁種をもっと利用していれば，遺伝的多様性を維持できたのかもしれない。

　精度が高くなったDNA技術で解析すると，ジーンバンクなどで保有するトマト遺伝資源の豊富な形態的多様性と比べて，トマト栽培種（本章では，以後，トマト栽培種は *Lycopersicum esculentum*〈現 *Solanum lycopersicum*〉をさす）のDNA多型（DNA多型：同じ生物種の中でも個体によりDNAの塩基配列が異なるが，その差異の大きさ）は非常に小さい。このことから，トマト栽培種の遺伝的多様性は非常に乏しいと考えられる。遺伝的多様性が乏しい中では，**突然変異**は貴重である。そのためトマトで発生した突然変異は詳細に調査され，実用的および学術的に重要

な突然変異体は，増殖され，保存されてきた。このような突然変異は，DNAのたったひとつの塩基が置換したことによる変異が多く，劣性遺伝することが多い。

　突然変異体は，遺伝的多様性に富む遺伝資源と同様に品種改良に利用されるが（Rick, 1991），トマトのDNAは約10億塩基対もあるので，たったひとつの塩基が置換した変異は見つけにくく，遺伝資源の中には素材として利用されていない突然変異体も多く含まれているであろう。1950～1980年代に，大量の突然変異体が詳細に研究され，その連鎖解析からトマトの表現形質による**連鎖地図**が作成された。最新の連鎖地図に関する情報はナス科ゲノムネットワークデータベースを参照されたい（http://www.sgn.cornell.edu/）。

2　トマト近縁種の多様性と活用

　トマト近縁種には多様な変異が含まれており，特に**自家不和合性**の近縁種における種内変異は非常に大きい（写真2-1）。「1　トマト属の遺伝的多様性」で述べたように，トマト栽培種の遺伝的多様性は小さいが，近縁種の利用によって，トマト育種の可能性は広がる。トマト近縁種には，トマト栽培種に最も近縁とされ，自殖性で完熟すると果色が赤くなる *L. pimpinellifolium*（現 *S. pimpinellifolium*）から，より遠縁とされ自家不和合性で，完熟しても果色が緑色の *L. pennellii*（現 *S.*

DNA…デオキシリボ核酸の略称。染色体を形成する化合物で，生物の遺伝情報を司る。DNAはアデニン（A），グアニン（G），シトシン（C）およびチミン（T）の4種類の塩基を持つが，この塩基の配列により，遺伝情報が決定される。染色体が傷つくと，DNAの塩基配列が変化し，異常な細胞が増殖する可能性がある。

ゲノム…もともとは生殖細胞（半数体）が持つ染色体の一組を意味したが，近年では，生物がその生物たる特徴を表わすための必要最小限の遺伝子（染色体）セットという意味で使用される場合が多い。

突然変異…遺伝子の構造や配列に何らかの変化が生じることを突然変異と呼ぶ。突然変異が起こると，遺伝的にほぼ同一の生物集団の中に，他の個体と明らかに異なる形質の個体が発生する可能性があり，この形質は遺伝するので，生物にとって有益な変異であれば新たな育種素材となる。ただし，有益な突然変異が起こる可能性は極めて小さく，また，悪影響をもたらす場合もある。

連鎖地図…遺伝子地図，遺伝地図ともいう。染色体上の遺伝子座やDNAマーカーの配列順序を図示した地図。地図に図示される遺伝子座やDNAマーカーが多くなると，形質間の連鎖関係の解明や特定の形質に連鎖したDNAマーカーの作成が進み，品種改良に関する研究が活発になる。

自家不和合性…雌しべも花粉も正常で受精能力があるにもかかわらず，同じ植物体のもの同士が受粉しても受精しない特性のこと。自家不和合性を示す植物は，自身で種子を得ることができないので他殖性となる。

写真2-1 トマト属の果色，果形およぶ果実の大きさの遺伝的変異
上3列は栽培種，最下列は近縁種

写真2-2 L. pimpinellifolium（左）とL. parviflorum（右）

pennellii）やL. peruvianum（現S. peruvianum）などがある。これらの近縁種には有用な形質を持つものが多く，その遺伝的特性については多くの研究事例があるので，トマト育種に利用することが可能である。

　なお，トマト栽培種とL. pimpinellifoliumやL. parviflorum（現S. neorickii）（写真2-2）との交雑は容易である。一方，トマト栽培種とL. chilense（現S. chilense）やL. peruvianumとの交雑は難しく，**F_1雑種**を得るためには胚培養などの手法が必要であるが，こうして得られたF_1雑種も**自殖種子**が得られないことが多く，その場合はトマト栽培種への戻し交配が必要になる。

先にも述べたが，自家不和合性などによって**他殖性**となる近縁種は，自殖性の栽培種や近縁種より大きな遺伝的多様性を有している。Miller・Tanksley（1990）はこの遺伝的多様性の大きさを**RFLP**（Restriction Fragment Length Polymorphismsの略）の多型の大きさで類推した（図2－1）。その結果，驚いたことにトマト全体の多型より大きな多型がひとつの自家不和合性系統で観察された。なお，*Lycopersicum*属内の種に加えて，*S. lycopersicoides*や*S. sitiens*も育種に利用できる（Jiら，2004）。トマト育種に利用できるトマト近縁種群がカリフォルニア大学の遺伝子貯蔵センターで準備されており，以下のホームページにアクセスすれば利用可能である（http://tgrc.ucdavis.edu; e-mail:tgrc@vegmail.ucdavis.edu）。

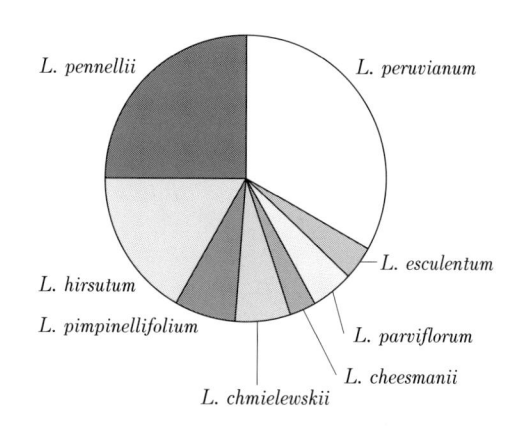

図2－1　トマト属における遺伝的変異の割合
（Miller・Tanksley, 1990を一部改変）

このように，トマト栽培種の遺伝的多様性は限られているが，近縁種には大きな遺伝的多様性が存在している。近縁種は，種により栽培種との交雑の難易度に差があるものの，育種に利用できる。これまでのトマト育種は，栽培種同士の交雑によることが多かったが，これからは，遺伝資源の中で簡便性，効率性，迅速性の点で

F_1雑種…遺伝的に異なる両親間で交雑したもの。通常，F_1品種は，両親が固定系統（遺伝的にホモの系統）同士のF_1雑種で，F_1品種自身は形質が固定しているが，その自殖後代は形質が分離するため，F_1品種からF_1品種を増殖することはできない。

自殖種子…同じ植物体の花粉が雌しべに受粉して形成された種子。トマトは自殖しやすい花の構造をしているので，放任栽培でも自殖率が高いが，ハチなどの媒介虫により他殖する場合もある。

他殖性…異なる個体の花粉が雌しべに受粉して種子を形成すること。他殖性植物は自家不和合性である場合や雌しべと花粉の熟期が異なるなどの性質を有する場合が多い。他殖性植物集団では形質の固定が進まないので，遺伝的に多様な状態を保つことができる。

RFLP…特定のDNA領域について，制限酵素で認識される部位における塩基置換や，また制限酵素による認識部位に挟まれた部分での欠失や別の遺伝子配列挿入があると，このDNA領域を制限酵素で切断したときできるDNA断片に長さの差が生じるが，この長さの差を可視化したときの多型をRFLPと呼ぶ。

有利な近縁種が多く利用されるようになるであろう。

3 遺伝資源の収集と保存

　遺伝資源が持つ幅広い多様性をトマト育種に活用するためには，遺伝資源の収集やその特性評価，増殖および配布を可能にするシステムが重要である。20世紀後半に，トマト近縁種を収集するため，膨大な回数の探索がアンデス地域を中心に実施された。この分野では，当初から遺伝資源の重要性を説いていたカリフォルニア大学のRick博士が有名で，彼が収集し調査した多くの系統は，現在もカリフォルニア大学の遺伝子貯蔵センターで保存されている（Rick, 1991）。これらの遺伝資源は，科学的な研究や商業的な品種開発に自由に利用できる。なお，世界中にはこのほかにも，このようなジーンバンクがいくつもあり，そこで保存されている遺伝資源もトマト育種に利用することができる。

　ジーンバンクでは，保有する遺伝資源の特性が正確に記録されている。遺伝資源の採取地，採取地の植生，地理的および気象的特徴，種の分類などのほかに，葉

表2−1　トマト遺伝資源の特性評価項目（オランダ，ワーヘニンゲン，遺伝資源センター）（抜粋）

項目名	分級
未熟果色	＋＝緑色，0＝緑白色，1〜9＝緑色程度（1＝極淡い〜9＝極濃い）
完熟果色	A＝赤色，B＝オレンジ色，C＝ピンク色，D＝黄色，E＝黄緑色，F＝黄斑点を含む赤色，G＝淡緑色
着果性	0＝着果なし，5＝着果率50%，9＝着果率100%
裂果の程度	0＝なし，1＝非常に少ない〜9＝非常に多い
果形	1＝扁平〜9＝細長
横断面の形	1＝正円，3＝丸，5＝角張る，7＝凹凸，9＝激しい凹凸
肩部の緑色	＋＝有，0＝なし，1〜9＝肩部の緑色程度，1＝極淡緑〜9＝極濃色
子室数	2〜3果の平均
果実鮮度	1＝低い，3＝中，9＝非常に高い
果肉の厚さ	計測（mm）
果皮の厚さ	1＝極薄い，3＝薄い，5＝中，7＝新鮮，9＝極新鮮
ジョイントレス果柄	0＝なし，＋＝あり
収穫始期	2（早）〜9（遅）
尻腐れ果	0＝なし，＋＝あり，＋＋＝被害甚大

形，植物体特性，果実の大きさ，果形などの形態的特性の記録も残されている（表2－1）。遺伝資源の担当者は，保有する遺伝資源の各系統が持つ変異の幅を維持するように注意する必要がある。自家不和合性などによる他殖性系統の維持・増殖は，自殖性系統と比べてより多くの個体を必要とし，また，採種栽培においては，他の系統との交雑を避けるためそれぞれを隔離する必要もある。病虫害抵抗性や不良環境耐性に関する評価も重要だが，これらのデータを収集し，遺伝資源として特性を評価するには，多大な労力と時間，大規模な圃場や施設が必要になる。そのためジーンバンク機関は，恒常的な資金不足に悩まされている。また，このような遺伝資源の特性に関するデータには欠落している部分があったり，研究者が遺伝資源として登録した後に，そのデータを集めなければならなかったりすることがある。

　トマト近縁種の中には，品種改良に利用できる有用な遺伝子が潜在している可能性がある。例えば，*L. pimpinellifolium*は小さな果実をつける近縁種であるが，栽培種に導入されると果実を大きくする作用のある遺伝子を持っている。Tanksleyは，このような遺伝子の検出方法や栽培種に導入するための手法を論文にまとめている（Monforte・Tanksley, 2000）。

4　細胞遺伝学の成果

　トマトの細胞遺伝学的研究は，20世紀初頭から開始されている。トマトは12対の染色体からなる2倍体作物で，約900Mbの核ゲノムDNAを持つことが明らかにされている。トマトの各染色体については，減数分裂の第一分裂前期太糸期にはその長さや形態的特徴により，それぞれはっきりと確認することができる。また，トマトでは，減数分裂中期の染色体全長が約50μmとなる。受精前の花粉へのX線照射などにより，頻度は低いが半数体を得ることができる。半数体は不稔性だが，半数体を倍加したホモ型の2倍体は稔性を持つ。通常，形質を固定させるには何世代も自殖を繰り返す必要があるが，半数体を利用すれば，倍加させることにより速やかに形質を固定できるので，育種年限の短縮に役立つ。しかし，一般にトマトでは半数体の作出が難しく，倍加半数体法はほとんど利用されていない。

　通常のトマトは2倍体で12本×2対の染色体（二価染色体）を持ち，2倍体個

体と4倍体個体との交雑から3倍体個体を得ることができる。3倍体個体では染色体数が12本×3対ある三価染色体の個体が多いが，その後代では二価染色体や一価染色体の個体の出現頻度が高い。一般的に，コルヒチン処理により4倍体個体を得ることができるが，4倍体個体は組織培養や細胞培養でも高い頻度で発生する。4倍体のトマトは，葉が厚く，色が濃く，節間が短く，茎が太くなるが，受精能力が低下し，着果率や果実品質も低下するので，栽培品種の育種素材としての利用は難しい。

また，通常の染色体数より1本または数本の染色体の欠失もしくは，過剰染色体を持つ個体を異数体と呼ぶが，この異数体は，3倍体個体の後代から得られることが多く，連鎖地図を作成するための材料として重要である。1960年代には，多くの異数体が作出され，ゲノム保存センター（Genetic Stock Center）で保存されている。

特定のDNA配列の位置は，FISH法（fluorescent in situ hybridization）により顕微鏡で確認することができる。特定のDNA配列の連鎖地図上の位置がわかれば，遺伝子マーカー間の物理距離を測ることが可能になり，トマトゲノム上の物理距離と遺伝距離との関係が解明されると期待されている（Budimanら，2004）。

5 分子生物学的な連鎖地図

現在トマトの連鎖地図はかなり整備されてきているが，元々，トマトの連鎖地図の作成には形態的な特性が利用されていた。通常，連鎖地図の作成には，分離集団における複数の特性の出現頻度により，それら特性間の連鎖解析を行ない，この情報が利用される。また，異数体のうち，通常より1本だけ染色体が多い場合は，連鎖地図を作成する材料として便利で，近縁種の分類では主要な手法になっている（Tanksley・Mutschler, 1990）。アイソザイム解析も連鎖地図の作成には重要である。アイソザイムはDNAマーカーの一種であり，このようなDNAマーカーの利点は，①共優性であること，②表現型が明解であること，③**エピスタシス**や雑種強勢などの影響を受けないことなどが挙げられる。しかし，アイソザイムは利用できる数が限られているので，それだけでは密度の高い連鎖地図が作成できないという欠点がある。

その後，DNAマーカーの出現により，一組の交雑分離集団から完全な連鎖地図が作成できるようになった。1991年にTanksleyら（1992）によって最初の高密度連鎖地図が作られた。この地図は，主にRFLPマーカーにより構築されている。
　これらRFLPマーカーの染色体上の位置を明らかにするために，いくつかの形態学的特性も利用されている。Tanksleyら（1992）の地図は，1,030のRFLPマーカーを含んでいる。連鎖地図にはトマトに共通の染色体部位があるので，その部位に位置するマーカーはトマトの他の交雑集団で作成される地図にも利用できる可能性がある。さらに，ジャガイモ，ピーマンおよびナスなどの他のナス科作物とトマトとは遺伝的には近い関係にあるので，これらの作物間で同じRFLPマーカーが利用できる場合もあり，そのマーカーを通じて作物間の連鎖地図を比較することも可能である。なお，トマトの連鎖地図はジャガイモと非常に似ているが，ピーマンとは異なる部分が多い。ピーマンをトマトと同じマーカーで解析すると，本来12の連鎖グループに収束されるべきであるが，18のグループに分かれ，連鎖マーカーの位置も入り乱れている。
　ナス科作物はゲノムが類似しているので，共通している遺伝子があり，そのような遺伝子は連鎖地図上の位置を，作物間で比較することができる。トマトゲノムは，他のナス科作物との間に大きなシンテニー（シンテニー：2つのゲノム間でいくつかの遺伝子の染色体上の配列が類似している状態のこと）領域を持つことが明らかにされている。この情報はナス科作物の祖先が共通であることを示している。シンテニーを利用した遺伝子解析研究は急速に進展しており，数年後にはナス科作物間のより詳細なシンテニー地図が作成されることが期待される。また，トマトはシロイヌナズナともシンテニーを共有しているので，シロイヌナズナの情報をトマトの解析に利用することも可能である。
　RFLPによる解析は多大な労力と時間がかかったが，ごく少量のDNAで解析できるPCR法の開発により，実験はより簡便で迅速になり，連鎖地図のさらなる高密度化が進んでいる。Haanstraら（1999）は，トマト栽培種と $L.\ pennellii$ との2つの種間F$_2$集団を用いて1,078のAFLPマーカーと67のRFLPマーカーからなる連鎖

エピスタシス…ある遺伝形質について，それに関わるいくつかの遺伝子がある場合，ひとつの遺伝子が表現型に対してより支配的な効果を持つために，他の遺伝子の効果が観察できないような現象：上位性

地図を作成した。

トマトのDNAマーカーに関する情報は急速に増加している。大量の標識化された遺伝子の配列が同定され（Van der Hoevenら，2002），一塩基多型（SNPs）がDNAチップに利用できるようになった。また，トマトのタンパク質に焦点を絞った国際的な共同研究が実施されている。タンパク質の発現に関する研究がDNA配列の情報と組み合わされてゲノミクスと呼ばれている。ゲノミクスの発展によりトマトゲノム構造の解明が期待されている。今後は，これらの研究によって得た情報をいかに効果的に利用するかに焦点が絞られる。

6　DNAマーカーの育種への応用

　トマトの高密度連鎖地図は多くの用途に利用できる便利なものである。以前は，1～2の形態的形質の遺伝的距離を特定するため，F_2など形質が分離する世代の個体を大量に用いて検定していたが，その結果，連鎖地図に示すことのできるのは，質的形質だけであった。しかし，DNAマーカーによる連鎖地図があれば，DNAマーカーと遺伝子との連鎖関係を解析することにより，分離集団における形態的形質を調査しなくても，遺伝子の連鎖地図上の位置を決定することができる（Lindhout，2002）（写真2−3）。連鎖地図は，一般に次の3つの手法で作成される。

1）品種間の形質とDNA多型の関係の解析

　罹病性と抵抗性品種との間には抵抗性遺伝子近傍の領域でDNA多型がみられ，抵抗性遺伝子を含むDNA断片にDNAマーカーが連鎖している場合がある。Van der Beekら（1992）は，このアイデアをもとに，葉かび病抵抗性遺伝子*Cf-9*と，すでに連鎖地図上に配置されているTG301というRFLPマーカーが密に連鎖していることを発見し，*Cf-9*は第1染色体の短腕側に位置することを明らかにした。

2）種間雑種集団における分離解析

　病害抵抗性の遺伝解析のため，抵抗性の近縁種と罹病性の栽培種による種間雑種集団が利用されている。このような集団を用いた連鎖解析では，しばしば，特定のマーカーの有無と表現型による抵抗性との共分散（共分散：マーカーと抵抗性との間に遺伝的組換えが検出できない状態）がみられる。例えば，第6染色体の多

くのDNAマーカーは，うどんこ病抵抗性遺伝子の*Ol-1*と密に連鎖している（Huangら，2000）（図2-2）。また，半身萎凋病抵抗性遺伝子である*Ve*の染色体上の位置は，トマト栽培種と*L. cheesmanii*との種間交雑によって得られた種間RIL（recombinant inbred line：組換え近交系集団）の連鎖解析によって明らかにされた（Diwanら，1999）。

3）QTL解析

量的抵抗性を解析する場合には別の手法を用いる。DNAマーカーの多型の検出と病害抵抗性程度に関する検定試験を同じ分離集団で行なうとき，マーカーと病害抵抗性程度との関係を解析し，有意な相関が認められる場合，病害抵抗性の情報を連鎖地図上に量的遺伝子座（QTL）として配置できる（図2-3）。一方，戻し交雑を繰り返し，たった一個のDNA断片の有無により後代を選抜する方法がある。これはBIL（backcross inbred line）と呼ばれる集団で，表現型の違いが小さなDNA断片の有無と直接連鎖することが多いので，その形質を連鎖地図に記すことができる（Eshed・Zamir，1994）。このようなQTLの位置情報はマーカー選抜に活用で

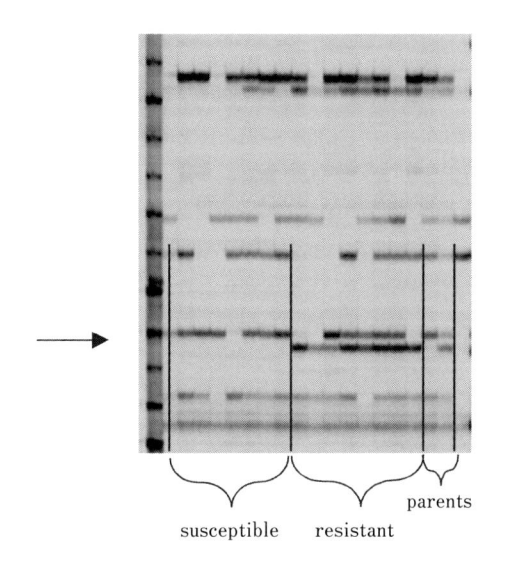

写真2-3 AFLPマーカーと連鎖する抵抗性遺伝子のマッピング
矢印は抵抗性に連鎖するマーカーを示す
susceptible＝罹病性，resistant＝抵抗性，parents＝親系統

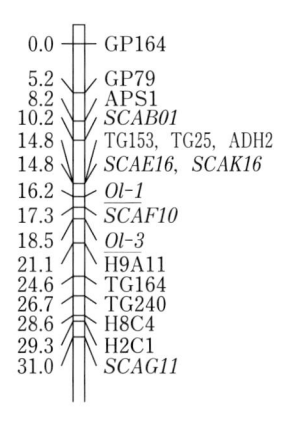

```
0.0  ── GP164
5.2  ── GP79
8.2  ── APS1
10.2 ── SCAB01
14.8 ── TG153, TG25, ADH2
14.8 ── SCAE16, SCAK16
16.2 ── Ol-1
17.3 ── SCAF10
18.5 ── Ol-3
21.1 ── H9A11
24.6 ── TG164
26.7 ── TG240
28.6 ── H8C4
29.3 ── H2C1
31.0 ── SCAG11
```

図2-2 うどんこ病抵抗性遺伝子*Ol-1*と*Ol-3*が座上したトマト第6染色体の連鎖地図（Huangら，2000）

き，また，QTLとマーカーの遺伝距離は染色体歩行（chromosome walking）やクローニング（クローニング：遺伝的に同一のDNA分子を作成・増殖させること）の研究に役立つ．なお，トマトでは数多くの病虫害抵抗性，耐冷性，耐塩性，可溶性固形物含量，果実品質に関する形質のQTLが同定されている（Van Heusdenら，

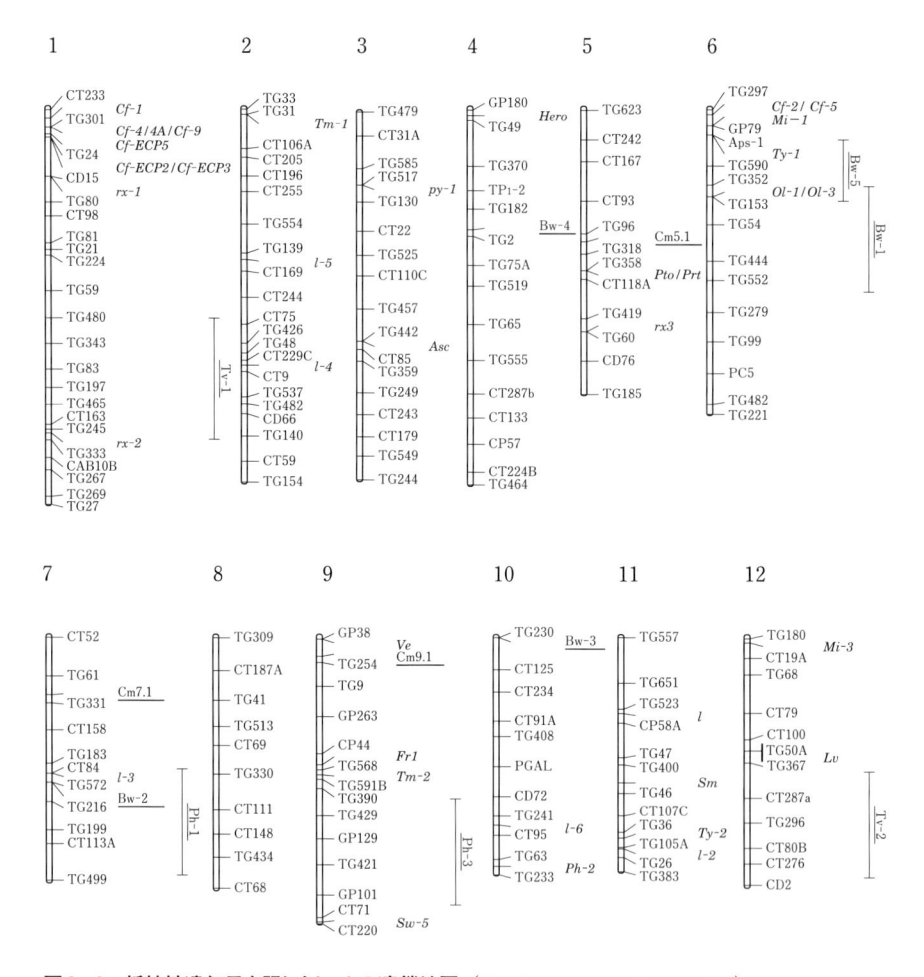

図2-3　抵抗性遺伝子を記したトマトの連鎖地図（Van Berloo・Lindhout, 2001）
マーカーはTanksleyら（1992）の地図と同じ位置に記した．
遺伝子記号は抵抗性遺伝子の位置に記した．
イタリックは単因子，下線は多数因子，領域を示している遺伝子は複数の因子を示す

1999)。

　特定の形質に関するQTLが同定されれば，選抜マーカーとして利用できるので，労力を要する選抜試験を実施しなくてもよい（Huangら，2000）。この手法による選抜は，MAB（marker-assisted breeding）やMAS（marker-assisted selection）と呼ばれている。

　PCRマーカーにより幼苗期での選抜が可能になり，ハウスのような狭いスペースで，より早い生育ステージで選抜できるようになった。DNAマーカーを活用したQTLの情報やMASの技術は，育種の発展に大きく寄与するであろう。

7　連鎖地図に基づくクローニング

　高密度連鎖地図が作成されれば，染色体ウォーキングや染色体ランディングなどの手法により個々の遺伝子を単離することができる。1994年に，*Cf-9*のクローニング（単一の細胞や菌に由来する均一な細胞集団を得ること）を目的とした連鎖地図の情報に基づくクローニング（map-based cloning）により多くの抵抗性遺伝子が単離された。驚くべきことに，ほとんどの抵抗性遺伝子はNBS（nucleotide binding sites）やLRR（leucine-rich repeats）を共有しており，トマトではひとつの遺伝子クラスターにいくつもの相同遺伝子を有している場合がある（Dangl・Jones，2001）。トマトにおける*Cf*遺伝子は複雑で，第1染色体の短腕に5つのクラスターが同定されており，各クラスターはいくつかの相同性のある*Cf*遺伝子を含んでいる（De Kockら，2005）（図2-4）。最近では，果実の大きさや収量性といった量的形質に関する遺伝子もクローニングされている。

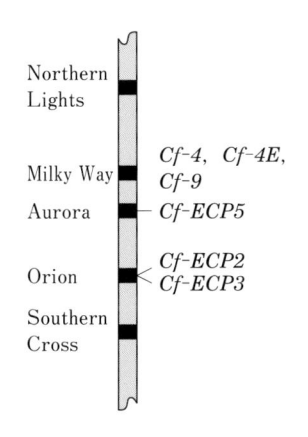

図2-4　トマト第1染色体の短腕側には，*Cf*遺伝子に関与する5つのクラスターが同定されており，各クラスターは*Cf*遺伝子を含んでいる

8 育種のあゆみ

　トマトは，ヨーロッパ大陸に伝えられてからその食用価値が認められ，栽培地域はヨーロッパ南部から北部までに広がった。そして，改良されたトマト品種が移住者とともに，今度は北米に持ち込まれた。このころ，種子を専門に扱う業者が現われ，活発に品種改良が行なわれ，改良品種の種子を商品として扱う種苗会社を設立した。

　20世紀前半には，これらの種苗会社は比較的簡便な方法で自社育成品種を開発していた。しかし，栽培面積が増えるにつれ，病気や害虫による被害が増え，病虫害抵抗性品種に対する要望が強くなった。そのため，病虫害抵抗性を持つ新品種が主流品種となり，抵抗性を持つ近縁種と栽培種との交雑も行なわれた。1934年に *L. pimpinellifolium* から葉かび病抵抗性が栽培種に導入された。これが近縁種の病害抵抗性を栽培種に導入した最初の事例である。

　種苗会社は，これら新品種に対する知的財産を保護するために育成者権を得た。しかし，この当時はほとんどが固定品種であったため，誰でも容易に種子を増殖することができた。また，種苗会社は，値段が高いと生産者が種子を購入せずに自ら増殖することを恐れ，種子の値段を低く抑えていた。

　第2次世界大戦以降，各国の国立研究機関がトマトを育種するようになり，これら研究機関で得られた遺伝学的知見は，品種改良をより科学的なものにした。1946年に，トマトでは初めてのF_1品種となる'Single Cross'が育成された。両親のよい特性を組み合わせたF_1品種はその自殖後代では形質が分離するので，生産者はF_1品種の種子を増殖できない。固定品種では種子の増殖が容易であったため種子の価格を安く抑えていたが，F_1品種は種子の増殖は難しいので，それからは高く販売するようになった。また，F_1品種の種子生産にかかるコストが高いこともあり，F_1種子の値段は徐々に高騰した。現在，生食用品種はほとんどがF_1品種であり，加工用品種でもF_1品種が増加している。種苗会社はより優れた品種の開発を進め，収量性，不良環境適性および果実品質が優れ，複数の病害抵抗性を保有する新品種が次々と発表されている。

9　育種目標

　公立および民間種苗会社の育種目標は，目的とする栽培地の気象環境，生産者および消費者のニーズ，各社が保有する遺伝資源などによって大きく異なる。品種開発の成功のポイントは，低コストで，高品質・多収生産が可能かどうかである。そのため，育種目標では，低コストまたは高品質・多収生産を可能にする病虫害抵抗性，不良環境耐性および果実品質などの改良に焦点があてられる。

(1) 病虫害抵抗性育種

　トマトに被害を及ぼす病原菌や害虫は200を超えるといわれている。これらの病原菌や害虫は殺菌剤や殺虫剤などの農薬によって防除されるが，農薬による化学的防除は，価格が高いこと，使用回数が限られること，薬害の危険がつきまとうことなどから，完全な防除法とはいえない。そのため，病虫害抵抗性品種の開発が強く要望されている。

　トマトの育種に利用できる抵抗性素材は，自然界に豊富に存在している（Van Berloo・Lindhout, 2001; Lindhout, 2002）（図2－3）。その多くの抵抗性は単純な遺伝性を示す。これまで多くの病害抵抗性を栽培種に導入しており，その結果，最近の品種はいくつもの抵抗性遺伝子を持つものが多い。これらの遺伝子が抵抗性を示す病原体は，種類によりウイルス，細菌病，糸状菌病，その他に分けることができる。

ウイルス抵抗性

・タバコモザイクウイルス（TMV）のトマト罹病系統（ToMV）に対する抵抗性遺伝子である $Tm\text{-}2^a$ は1950年代に $L.\ peruvianum$ から導入された。ほとんどすべての生食用品種がこの遺伝子を保有しており，50年以上も抵抗性を維持し続けている。

・熱帯地域で猛威をふるっている黄化葉巻ウイルス（TYLCV）は，タバココナジラミによって媒介され，タバココナジラミを防除することによって被害を軽減することができる。TYLCVに対する抵抗性は，$L.\ peruvianum$ から得られ，その抵抗性遺伝子は第6染色体にある。

- グリンハウスなどで発生する黄化えそウイルス（TSWV）は，宿主範囲が広く，アザミウマによって伝染する。TSWV抵抗性遺伝子のSw-5は*L. peruvianum*から導入され，いくつかの抵抗性品種が育成されている。
- キュウリモザイクウイルス（CMV）は，亜熱帯および熱帯地域での発生が多く，アブラムシによる媒介や接触により伝染する。自然界に十分な抵抗性を示す素材はないが，ウイルスの遺伝子を導入した遺伝子組換え体は高いレベルの抵抗性を示す。
- ペピーノモザイクウイルス（PepMV）は1999年にヨーロッパでみつかった新しいウイルスで，急速に被害が広がっているため，ハウス栽培における新たな脅威のひとつになっている。すべての品種は物理的伝搬に対して極めて感受性で，近縁種にも抵抗性の報告はない。本ウイルスに感染すると，病徴は目に見えないが，生育が遅れ，収量も低下する。

細菌病抵抗性
- 青枯病は，熱帯地域におけるトマト栽培で最も被害の大きな細菌性病害で，*Ralstonia solanacearum*により引き起こされる。この病害に対して十分な抵抗性を示す素材はみつかっていないが，部分的に抵抗性を示すいくつかの遺伝子が同定されている。
- かいよう病に対する抵抗性素材も，青枯病と同様に十分な抵抗性を示す素材はみつかっていないが，部分的に抵抗性を示す系統が*L. peruvianum*でみつかっている。
- 斑点細菌病に対する抵抗性遺伝子の*Pto*が最近発見された。本遺伝子を保有する系統の斑点細菌病菌に対する反応は，植物の防御反応のモデルとして研究されている。

糸状菌病抵抗性

　トマトに被害を及ぼす糸状菌病は種類が多く，そのうちいくつかの病害については抵抗性遺伝子が明らかにされている。トマトの糸状菌病害に対する抵抗性育種では，単因子支配の抵抗性やレース特異的抵抗性を優先的に利用してきた。しかし，このような抵抗性は，病原菌の分化により簡単に抵抗性を失うことがある。
- 葉かび病はそのよい例である。現在，少なくとも*Cf-2*，*Cf-4*，*Cf-5*および*Cf-9*の4つの遺伝子が利用されている。しかし，これら抵抗性遺伝子には，葉かび病のすべてのレースに抵抗性を示すものはなく（Lindhoutら，1989）（表2−2），

まだ利用されていない抵抗性遺伝子を保有する品種の開発が検討されている（Haanstraら，2000）。
- トマト育種の中で半身萎凋病抵抗性の導入は最も成功した例のひとつといえる。半身萎凋病レース1に抵抗性を示す*Ve*遺伝子は50年以上も抵抗性を保ち続けている。
- 萎凋病抵抗性遺伝子の*I*, *I-2*, *I-3*はレース特異的抵抗性である。萎凋病の病原菌*Fusarium*は土壌伝染性病原菌だが，新しい病原性を持つ新規レースの広がりが遅い。そのため萎凋病レースの変遷が遅く，*I*遺伝子は20年以上も抵抗性を保ち続けている。
- *Alternaria solanii*は輪紋病を引き起こす病原菌で，広い地域で被害が報告されている。輪紋病の病原菌を葉で抑えて茎を守るタイプの抵抗性遺伝子が栽培種に導入され，すでに抵抗性F_1品種が育成されている。
- トマトに被害をもたらすうどんこ病菌は*Leveillula taurica*と*Oidium neolycopersici*の2種類がある。*Leveillula taurica*は熱帯および亜熱帯地域で発病し，その抵抗性遺伝子は*Lt*である。一方，*Oidium neolycopersici*によるうどんこ病は，露地でも発生するが，温室での発生が多い。本病害は世界中で発生しているが，すでに抵抗性を示す*Ol*遺伝子を保有する抵抗性F_1品種が育成されている。
- 露地栽培のトマトでの発生が多い疫病は，*Phytophthora infestans*による病害で，ジャガイモによって各地に広がった。強度抵抗性遺伝子が*L. pimpinellifolium*および*L. hirsutum*（現*S. habrochaites*）でみつかっており，近い将来，抵抗性品種が育成されると期待される。
- 灰色かび病を引き起こす*Botrytis cinerea*に感染するとトマトの生育が衰える。本病害に対する抵抗性素材の探索は懸命に実施されているが，十分な抵抗性を示す素材はみつかっていない。今後も引き続き抵抗性素材を探索する必要がある。

虫害抵抗性

虫害抵抗性の研究報告は，病害抵抗性と比べて少ない。これは，1950～1970年代に虫害に対する防除の基本を薬剤散布にしたこと，虫害抵抗性では単因子の遺伝子がみつかっていないことなどによる影響が大きく，現在まで虫害抵抗性品種は育成されていない。一方，*Bacillus thurigensis*の遺伝子を導入した遺伝子組換え体は，数種類の虫害に対して抵抗性を示したことから，虫害抵抗性品種は遺伝子組換え体

表2-2 オランダ，フランスおよびポーランドで発生した葉かび病菌の菌レースと抵抗性遺伝子型との

品種・系統名	抵抗性遺伝子型	オランダ							
		2	4	5	2.4	2.4.11	2.4.5	2.4.5.11	2.4.5.9.11
Monetymaker	Cf-0	S	S	S	S	S	S	S	S
Vetomold	Cf-2	S	R	R	S	nd	S	nd	S
Purdue 135	Cf-4	R	S	R	S	nd	S	nd	S
Vagabond	Cf-2, Cf-4	R	R	R	S	S	S	S	S
Ontario 7717	Cf-5	R	R	S	R	R	S	S	S
Ontario 7818	Cf-6	R	R	R	R	R	R	R	R
Ontario 7522	Cf-8	R	R	S	nd	S	nd	S	
Ontario 7719	Cf-9	R	R	R	R	R	R	R	S
Ontario 7716	Cf-11	R	R	R	R	S	R	S	S

S：罹病性，R：抵抗性，nd：未検定
記：Cf-2, Cf-4, Cf-5, Cf-9を持った品種はすでに育成されている

が中心になる可能性がある。一方，L. pennelliiやL. hirsutumなどのトマト近縁種には，忌避物質による虫害抵抗性を示す系統があり（Rodriguezら，1993），将来的には，これらの植物由来の虫害抵抗性を持った品種の育成が期待される。

(2) 環境ストレス耐性育種

トマトは，高温や低温，過湿や乾燥，塩類過剰やアルカリ性土壌など，さまざまな環境下で栽培されている。広範な遺伝的多様性を示すトマトの遺伝資源から，これら不良環境条件に適応する素材をみつけ，その素材を利用して不良環境に適した品種を育成すれば，大きな経済効果をもたらすであろう。

耐寒性

トマトの栽培適期が短い寒冷地では，古くから，耐寒性に関する研究が進められている。一方，温室栽培の多い地域では，1973年のエネルギー危機によりエネルギーコストが増大したため，耐寒性や低温伸長性に対する要望が強くなった。また，耐寒性や低温伸長性が付与されれば，温室暖房によるCO_2の放出量を減少させることができるので，地球温暖化を緩和する技術としても注目されている（写真2-4）。

トマトは，13℃以下で生育が妨げられ，長い間6℃以下で放置されると枯死する。また，耐寒性については近縁種を用いた研究が多く，例えば，3,000m以上の

関係		(Lindhoutら, 1989)	
フランス		ポーランド	
2.5.9	4.11	2.4.11	2.4.9.11
S	S	S	S
S	R	S	S
R	S	S	S
R	R	R	R
S	R	R	R
R	R	R	R
R	S	S	S
S	R	R	S
R	S	S	S

高地で生育していた*L. hirsutum*や*L. peruvianum*は低温条件下でも良好に生育した(Venemaら, 2000)。

耐寒性の指標として，発芽勢，生育速度，着果性などの形質がよく用いられる。低温による着果性の低下は，葯の裂開能力や受精能力の欠如に起因することが多い。また，生育ステージにより低温に対する反応は異なるが，生育ステージと耐冷性に関する研究は十分に行なわれていない。これまでの研究で多くの耐冷性素材が報告され，育種にも利用されている。耐寒性の遺伝的特性は複雑だが，着果性は劣性因子により制御されていることや低温下で発芽に影響を及ぼす遺伝子の存在が明らかにされている。今後は，DNAマーカーの技術を活用し，耐寒性に関する遺伝子の連鎖地図上での位置の解明が期待される。また，グリンハウス栽培では，トマトに適した温度設定が可能なので，適温条件で高い収量性を発揮する品種の育成が望まれる。

耐暑性

世界中のほとんどの地域では，夏にトマトを栽培するのは難しい。その最も大きな原因のひとつとして高温期の着果性低下が挙げられる。湿度，地温などにもよるが，ほとんどの品種は40℃に4時間以上，または日中34℃，夜間20℃以上の日が続くと着果せずに落花する。耐暑性についての研究報告は多く，育種に利用されている耐暑性素材もある。耐暑性に影響を与える特性としては，光合成活性，転流，

写真2-4 低温寡日照下でのトマトの生育
品種Premierは生育が旺盛であるが着果しない（左）。
一方，早生性で選抜した育成系統は着果性が優れるが生育は劣る（右）

花成，花の形（長花柱花など），葯の裂開，花粉稔性および花粉発芽力などが挙げられる。花数は劣性，着果性は相加的，長花柱花は部分優性および相加的な各遺伝子によって支配されている。耐暑性に関わる生理学的因子は非常に多く，それぞれを制御する遺伝子はひとつ，または数個であると考えられることから，多数の遺伝子が耐暑性に関与していると考えられる。このような形質を持つ品種を育成するためには，DNAマーカーを利用した選抜育種が有望であろう。

耐干性

一般的な栽培を対象とした品種育成では，耐干性を主目的にすることはほとんどないが，栽培適地の拡大を目的とした研究が進められている。その結果，近縁種の L. pennellii, L. cheesmanii および L. pimpinellifolium に耐干性素材が見出されている。また，乾期のある地域では，これを避けて栽培できる極早生品種に関する研究が進められている。

耐湛水性

湛水により土壌が嫌気状態になり，植物ホルモンの一種であるエチレンの生成を促す。また，地温が高いほど湛水による被害は大きくなる。いくつかの品種では耐湛水性が認められている。

耐塩性

　土壌の塩類濃度が高いとトマトの生育は劣り，果実が小さくなり，収量が減少する（第4章）。そのため，土壌の塩類濃度が高い圃場では多めに灌水している。近縁種では，*L. cheesmanii*，*L. peruvianum*，*L. pennellii*に耐塩性素材が見出されており，耐塩性系統はナトリウムイオンの吸収能力が高い。

生理障害

　トマトの生理障害には，尻腐れ果，窓あき果，裂果などがあり（第5章），これらの障害は果実品質を低下させる。施用する肥料成分の調整により生理障害を軽減できる場合もある。また，最近では，収穫後数週間以上も品質を保持できる日持ち性の優れた品種も育成されている。

(3) 多様な栽培システムに対応した育種

　ケチャップやペーストの原料を生産する加工用トマトは，一般的に機械で一斉収穫するのに対し，生食用トマトは手取りで長期間収穫する。このようにトマト栽培システムは多種多様であり，求められる品種の特性も異なる。

　機械収穫を行なう栽培では，支柱への誘引をしないため，一般的に心止まり性品種が用いられる。一度に収穫するため果実が同時に成熟する品種が望ましい。また，主目的が加工品の原料用なので，果色がよく可溶性固形物含量（Brix）が高いことも重要である。また萼は不要であり，果実に果柄部や茎が付着していると輸送や貯蔵中に他の果実を傷つけるため，果実が萼から簡単にはずれる特性（ジョイントレス）を有することが好ましい。

　一方，生食用トマトの栽培では，非心止まり性品種を支柱などの支持具に誘引して栽培するのが一般的である（第3章）。北部ヨーロッパの国々では，トマトを温室で周年栽培し，3〜11月に収穫している。以前は，果実の大きさ，色，形がほぼ同じであったが，最近では，大きさではミニから大果系，色では赤色のほかにピンク色，黄色，オレンジ色などさまざまな品種がある。果形も，やや扁平形や球形のほかに洋ナシ形など，多様な品種が栽培されている。また，日持ち性の優れた品種も栽培されている。

(4) 品質育種

トマトの果実品質に対する消費者の要望は強い。品質は，果実の大きさ，形，色などの視覚的要素と糖度，酸度，食味などの味覚的要素とのバランスによって構成される（図2-5）。また，環境保全型農業か，樹上完熟させたか，さらには遺伝子組換えかどうかに対する関心も高い。大手のスーパーマーケットでは，消費者の要望に従い，品種，栽培システム，流通を含むトマトの生産体系全体を管理しているところもある。また，異なる品種でも類似した形質を持つ品種であれば，商品名を統一して販売する「ブランド化」の動きが活発になっている。

食味

食味は，主に糖，酸，揮発性物質から構成され，生食用トマトでは特に揮発性物質が重要である（Thakurら，1996）。糖の指標である可溶性固形物の濃度（Brix）は屈折率で測定できる。しかし，トマトの食味はひとつの要素で決定されるのではなく，たくさんの要素が集まり総合的に形成されているので，新品種の食味評価をする場合，被験者による評価が重要である。品質に関与するQTLは，

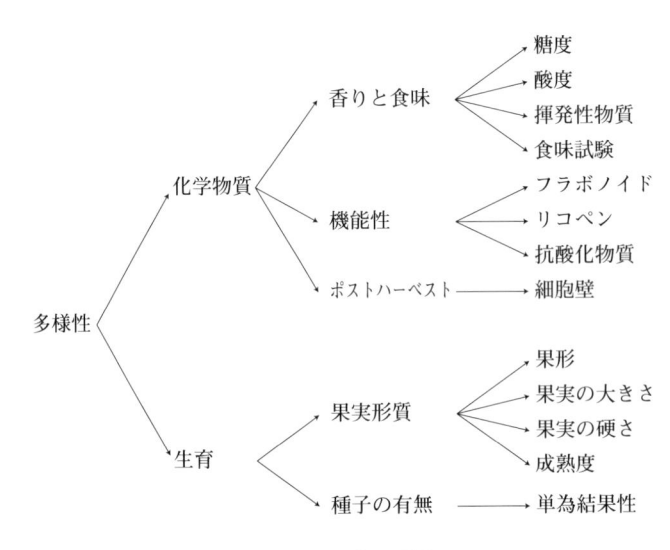

図2-5 トマト品質に関する特性や要素の関係

L. pimpinellifolium，*L. pennellii*，*L. peruvianum*や*L. hirsutum*で見出されている（Causseら，2003；Lecomteら，2004；Yatesら，2004）。Brix，果実の硬さ，pH，果実の粘性，ゼリー部の充実度（子室内の空洞），果色および果形に関するQTLは，すでに連鎖地図上の位置が特定されている。

また，トマト近縁種には，品質にプラスに働く遺伝子とマイナスに働く遺伝子を同時に有しているものがある。例えば，成熟しても果実が緑色の*L. hirsutum*では，果実の赤色化を抑えるQTLと，促すQTLをともに有している。このような場合は収量に関わる形質でもみられ，*L. pimpinellifolium*，*L. peruvianum*や*L. pennellii*などの果実の小さな近縁種には，栽培種では果実を大きくする働きのあるQTLが認められている。上記の4つの近縁種では，多収性に関与するQTLやBrixを高めるQTLが認められている。しかし，植物個体全体の可溶性固形物の総含量を増加させるQTLは，*L. pimpinellifolium*，*L. pennellii*や*L. hirsutum*でわずかに認められているだけである。

食味の定義には糖度やpHも含まれるが，この2つの形質はこれまでに大きく改善されている。一方，揮発性物質については，この形質を改良した品種はなく，食味や香りと揮発性物質との関係の解明も進んでいない。揮発性物質を改良した品種を育成するためには，多数の遺伝資源から優れた育種素材を検索する必要があるが，揮発性物質の測定に膨大な研究コストがかかる。トマトの果実にはおよそ400の揮発性物質があるといわれているが，食味や香りに関与する重要な物質はアルデヒド類やアルコール類などの一部である。アルデヒドをアルコールに変える酵素であるアルコール脱水酵素（Adh）は，トマトには2種類が見出されているが，そのうちAdh2は成熟果実で観察されている。遺伝子組換え技術によりAdh2の発現量を増大させた実験用トマトは，ヘキサノールやZ-3ヘキサノールが増加し，成熟果の食味が強い。

色

トマトの果色は果皮と果肉の色によって決まる。果皮の色は黄色か透明であるのに対し，果肉の色はカロテン系とキサントフィル系の2種類からなるカロテノイド色素の量によって緑色から赤色になる。このうちキサントフィルの量は未熟果と完熟果との間の差は小さいが，カロテンの量は果実の成熟に伴って増加し，特にリコペンの量は大きく増加する。成熟果のリコペン含量は未熟果と比べて約500

倍に増え，トマト果実の総色素量の90〜95％を占める。リコペンは癌の発生を抑制するとされる抗酸化作用があり，この抗酸化作用によりビタミンAの前駆物質であるβ-カロテンの分解も抑制するため，消費者の関心も高い。なお，栽培種と*L. pimpinellifolium*との交雑後代を用いた試験でリコペンの含量に関与するQTLが同定されている。

　これまでに，果色に関与するいくつかの遺伝子が明らかにされており，その主なものはカロテノイド生合成経路や果実成熟に関与する遺伝子である。og^c遺伝子はカロテンを増加させるとともにリコペンからβ-カロテンへの生合成経路を遮断するので，結果的にリコペン含量が増加する。*hp*遺伝子には2種類あり，双方ともに劣性形質だが，リコペンやβ-カロテンだけでなく，葉緑体やフラボノイドなどの色素を増加させる作用を持ち，グルコースやフルクトースからのショ糖生成も助長する（Van Tuinenら，1997）。

成熟と日持ち性

　成熟は，色，食味，可溶性固形物含量などに影響を与える特性であり，研究も多い（Giovannoniら，1999）。

　生食用トマトの重要な形質のひとつとして日持ち性がある。成熟が進んだ果実は貯蔵期間が短い。ポリガラクツロナーゼやエチレン生成酵素など果実の成熟に関わる遺伝子を導入した遺伝子組換えトマトは，日持ち性が優れる。

　第2次世界大戦後，食物は大幅に増産され，消費者の生活レベルは向上した。この間にトマトの増産も進み，1980年代にはヨーロッパのトマト市場は飽和状態になった。このころから，消費者の品質に対する要望も高くなり，土耕栽培のトマトよりハウスで養液栽培されたトマトを求めるようになった。

　トマトを完熟させると品質は向上するが，日持ち性は低下する。生産者や流通業者は流通時での品質の低下を防止しようとしたが，よい方法はみつからなかった。そんな中，イスラエルのKedar博士は，non-ripening遺伝子（*nor*）やripning inhibitor遺伝子（*rin*）を保有する日持ち性の優れたトマト品種を育成した。この品種は'Daniella'と名付けられ，公表されて25年が経過している。'Daniella'は，果実の成熟速度が遅く，日持ち性は，通常のトマトが約2週間であるのに対して，約2カ月である。

'Daniella'の育成は，ヨーロッパのトマト生産に大きな衝撃を与えた。スペイン，モロッコ，チュニジア，イタリアなどの比較的温暖なヨーロッパ地域の生産者は，北部ヨーロッパの国々に販売するため，この品種に変えた。一方，北部の国々では，低価格で日持ちのよいトマトが新たな競争相手となった。'Daniella'は，食味は劣るが消費者からの苦情は出なかった。その当時の消費者は，品質よりも生産方法への関心が高かったためである。その後，ベルギー，オランダ，イギリスなどの北部ヨーロッパの国々の生産者は，消費者が求める生産方法を取り入れ，高品質なトマトを大量に生産できる体制を確立した。

(5) 単為結果性

トマトは，通常，雌しべに受粉しないと果実に種子が形成されず，種子が形成されなければ着果しない。低温，高温，日照不足などの不良環境下では，花粉の受精能力が低下するため，受粉や受精がうまくいかず着果しないことが多い。このような状況下でもトマトを生産することは多く，そのため受粉しなくても果実が着果して肥大する単為結果性は，重要な育種目標になっている。

トマトの育種に利用できる単為結果性に関する遺伝子は，*pat*，*pat-2*および*pat-3/pat-4*の3種類である。これらの遺伝子は，果実肥大に関与する植物生長調節物質のオーキシンやジベレリンの量を増加させ，その結果，単為結果すると考えられている。この中の*pat*遺伝子は，生育，収量および着果率の低下を同時に引き起こす欠点があるため，本遺伝子を保有する単為結果性品種の開発は遅れている（訳者注：日本で育成された単為結果性品種'ラークナファースト'や'ルネッサンス'は，*pat-2*遺伝子を保有している）。

近年，オーキシンに対する反応を増大させる*Agrobacterium rhizogenes*由来の*rolB*遺伝子により形質転換した単為結果性を持つ組換えトマトが作出された。この遺伝子は，子房，幼果および胚で特異的に発現するTPRP-F1プロモーターを使用している。この遺伝子組換え技術は，優れた単為結果性トマト品種を育成するために有望だが，消費者は遺伝子組換えに否定的であるため，この分野の大きな進展はあまり期待できない（Gorguetら，2005）。

10　種子生産

(1) 受粉から採種まで

　トマトは基本的には自殖性作物だが，風やハチなど訪花昆虫によって他の株と交雑することがある。また，ハウス栽培では季節によっては花粉の飛散が悪く，受粉しない場合があり，このような場合，機械的に花を振動させるか，放飼したハチなどの訪花昆虫によって受粉させる。

　作物を自殖すれば形質の固定が進み，自殖を何回も続けると，形質は完全に固定し，その植物体から得た種子は遺伝的に親と同じになる。

　1946年まですべてのトマト品種は遺伝的にホモの固定種で，その子孫は遺伝的に親と同じであった。そのため，生産者は自身が栽培しているトマトから種子を採るだけで，種子の増殖・維持が可能であった。トマトのひとつの果実には100粒以上の種子が含まれ，ひとつの果房には10果前後の果実がつき，ひとつの植物体には5～25個の果房がつくので，生産者は1株から大量の種子を簡単に得ることができた。

　トマト果実の生産と同様に，種子の生産も日射量，土壌条件，栄養条件などの環境要因の影響を受ける。ストレスのかかる環境で栽培された株から採種した種子は，発芽や幼苗の生長が異常になる可能性が高い。また，採種が遅くなり，完全に熟した果実から採種すると，種子の保存期間や発芽力が劣ることがある。

　トマトの一般的な採種方法は次の通りである。まず，収穫した果実から種子が含まれる果実のゼリー部を取り出し，常温で発酵させる，または0.7％の塩酸に浸漬し，種子とゼリー部を分離させる。そして，種子だけ濾し採り，種子伝染性病害のTMV対策のため，炭酸ナトリウム溶液で処理した後，水で洗浄し，20～30℃で2～4日間かけてゆっくりと乾燥させる。急いで乾燥させると，胚周辺の種皮が収縮し，種子の品質を損なうことがある。トマトの種子は，常温では数年間は保存でき，温度マイナス20℃，湿度20％以下であれば20年間以上は保存可能である。

(2) F₁品種の種子生産

雑種個体にみられるヘテロシス（雑種強勢）は，親と比べて草勢がより強く，不良環境などに対する適応能力に長け，果実の生産性も高くなる生物学的な現象である（写真2-5）。F₁以降の世代では，ヘテロシスは次第に衰えていく。ヘテロシスは超優性で相加的な現象と考えられるが，遺伝子とヘテロシスの関係は未解明である。また，F₁は形質の均一性が安定している。もし，生産者がF₁品種を増殖しようとしても，その後代のF₂では特性が分離し，F₁品種と同じ特性の個体を得ることはほぼ不可能である。そのため，F₁品種の種子は両親系統を保有している種苗会社にしか生産できない。このようにF₁品種では品種保護が容易であるため，種苗会社はF₁品種の開発に力を入れてきた。

写真2-5 トマトの雑種強勢
左：栽培種（*L. esculentum*），中央：種間雑種（*L. esculentum*×*L. parviflorum*），右：*L. parviflorum*

優れたF₁品種を作出するためには，親系統の組合せが重要であり，優れた親系統を選抜するためには，組合せ能力検定などを実施する必要がある。選抜された親候補系統は，可能な限り多くの形質や他の系統とのF₁での特性が評価され，その系統のデータベースに保存される。このように集積した情報を利用すれば，よりよい組合せのF₁が選抜できる。得られたF₁は標準的な品種と比較評価し，その情報をさらに集積しデータベースをより充実させる。

F₁品種の欠点として，種子生産にかかるコストが高いことが挙げられる。トマトは自殖性作物なので，種子親系統を除雄し花粉親系統の花粉を受粉しなければならない。この作業は熟練を要し，多大な労力が必要である。この労力の軽減のため，自家不和合性や雄性不稔性を利用した交配技術に関する研究が実施されて

いる。トマトでは雄性不稔性を引き起こす遺伝子が同定されているが，受粉が不十分であったり，自殖種子が混入したりするなどの理由によりその利用は難しい。最近では，細胞質雄性不稔性（CMS）を持つ L. peruvianum に L. pennellii を戻し交雑したBC10系統（戻し交配を10回行なった系統）が得られている。このCMS-pennellii は，L. esculentum（栽培種）と L. pennellii との交雑F₁に戻し交雑された。今後は，F₁種子生産に利用できるCMSを利用した採種技術の構築が期待される。

(3) バイオテクノロジーと遺伝子組換え生物

　バイオテクノロジー技術の発展によって，ひとつの細胞から植物を再生することができるようになった。そして，遺伝子組換えトマトの作出により，農業的に価値のある遺伝子をトマトに導入することが可能になった。また，細胞融合技術の発達により，交雑できなかった異種作物へ遺伝子を導入することが可能になった。このような，バイオテクノロジーの発展によって，これまで利用しにくかった近縁種の遺伝的変異を利用した品種改良が簡便になり，育種の新たな可能性が見えてきた。遺伝子組換え体の果実を商業的に最初に利用した作物はトマトである。最初のトマト遺伝子組換え品種は1994年に発表された'Flavr Savr'だが商業的には成功しなかった。'Flavr Savr'は日持ち性をよくした品種だが，日持ち性以外の形質がよくなかったことが成功しなかった原因と考えられる。ひとつの形質だけを改良してもよい品種にならないことの例である。また，当時のアメリカでは遺伝子組換え体が社会的に許容されていなかったため，その生産物の販売が難しかったことも失敗の大きな原因と考えられる。

　トマトは，遺伝子組換え体の作出が容易な作物で，古典的な育種技術では導入できなかった重要な形質を組み込むことが可能である。例えば，成熟や果実品質に関わる生合成遺伝子や除草剤，ウイルスおよび虫害抵抗性などの農業上重要な形質である。

　種苗会社はバイオテクノロジーに関する研究を積み重ねているが，トマトの遺伝子組換え品種はほとんど発表していない。その理由は，①遺伝子組換え体の安全性評価に多大な労力を要すること，②トマトの遺伝資源には膨大な遺伝変異が含まれているので遺伝子組換え技術を利用しなくても目標達成の可能性が高いこと，③遺伝子組換え作物にかかる社会問題，などが挙げられる。1980年代後半に，大手化

学会社が遺伝子組換えを利用した産業に多大な投資をしたが，20年経った今でもトマトの遺伝子組換え品種は増えず，全体的には減り始めている。おそらく，この会社は，想定した利益が上がらず，種子産業に興味を失っていると想像される。

アメリカでは，厳しい規則は緩和される傾向があるので，生産者と消費者の要望が合致した新しい特性を持った遺伝子組換え品種が数多く発表されるかもしれない。しかし，ヨーロッパでは遺伝子組換え品種の本格的な導入は，10年以上先になるであろうといわれ，国際的なマーケットで遺伝子組換え体やその生産が制限されると，アメリカでの遺伝子組換え体の利用も制限されると考えられる。遺伝子組換え体については日常的に議論されており，その進展は，育種による視点ではなく，社会的，政治的そして商業的な視点により左右される。

おわりに

本章では，20世紀におけるトマト育種研究の成果と基礎的および応用研究の発展について概観した。また，トマト近縁種が保有している大きな遺伝的な多様性についても述べたが，トマト遺伝資源には未知の部分が多い。これまでの研究から，多くの近縁種には農業的に重要な遺伝子を保有していると考えられる。これらの重要な遺伝子を利用するためには，それらを含むDNA断片を栽培種に移入し，研究することが有効である。しかし，ジーンバンクに登録されているトマト遺伝資源やアンデスで生息しているトマト近縁種は膨大な種類があるので，これらの遺伝資源の研究には，多大な労力が必要である。

現在，ゲノム解析時代を迎えており，膨大な遺伝子配列の情報が利用可能になった。近い将来，トマトの全ゲノム配列の解読が完了するといわれ，少なくとも連鎖地図の高密度領域は解読し終える見込みである。全ゲノム配列の解読が完了すれば，次にすべての領域の機能を解明する研究が進むであろう。また，他のナス科作物やシロイヌナズナとのシンテニー領域を利用して，トマト遺伝子の機能が徐々に解明されるであろう（訳者注：日本の「かずさDNA研究所」は2009年に，世界で初めてトマトのゲノム（全遺伝情報）の主要部分の塩基配列解読に成功したと発表した。解読は2004年から日本，アメリカ，韓国など10カ国の共同研究で行なわれた）。そして，トマト遺伝資源の遺伝的多様性をDNAレベルで表現することが可能になるかもしれない。

Eco-tilling（TILLING：Targeting Induced Local Lesion IN Genomes）のような手法は，近縁種の遺伝資源から有用な遺伝子を同定する研究として大きく貢献するであろう（Comaiら，2004）。

　育種研究者は遺伝資源を種子の形で保有しており，その種子に関する膨大なデータも保有している。そのため，コンピュータを利用すれば，新たな形質を持った新品種の最適な組合せが選択できる。このように育種研究の中心は圃場での選抜からコンピュータによる育種，言うなれば，バーチャル育種に移行するだろう。

謝辞

　Jair Haanstra氏とMartha Mutschler氏には，本章のご校閲をお願いし，多数のご助言をいただいた。ここに感謝を申し上げる。

（翻訳：松永　啓）

第3章

発育過程

E. Heuvelink

要約

　トマトの葉や花の出現速度には，温度の影響が大きく，着果負担，葉の除去，栽植密度のような同化産物供給に関係した影響はほとんどない。第1花房の下の葉数は"同化産物の必要量説"で説明でき，生長点が感受性を持つ時期に，必要量の同化産物が生長点に蓄積していれば花芽分化が開始する。不着果の原因には，花粉の量および受精能力，受粉，花粉の発芽，花粉管や胚珠の発達障害などがある。受精しても，環境条件の不良や他の果実との競合によって果実肥大に至らない場合もある。果実の生育期間は主に果実の温度によって決まり，生育速度に対する温度の効果は，果実の生育期間中に変化する。ポテンシャル果実生長とは，生長速度がそれ以上増加しない最大限の果実生長であり，同化産物の供給に制限がない場合の果実の生長速度である。ポテンシャル果実生長によって，果実の同化産物をひきつける能力（いわゆるシンク能）がわかる。ポテンシャル果実生長は果実の発育ステージで決まり，果実サイズには関係がない。

はじめに

　環境要因に対する作物の反応を理解するためには，「生長」と「発育」とを区別して考えるとよい。ここでは「生長」を，「植物体・組織の質量あるいは面積や容積が増加すること」，すなわち量的な変化とする。一方，「発育」は，状態の変化や進行を示し，「順序づけられ，高位な状態あるいはより複雑な状態に向かうこと」

とする（Bidwell, 1974）。発育の例としては，幼苗から成木への転換や新しい組織の形成が挙げられる。

通常，生長と発育は同時に進行するが，両者の間には相関はない。例えば，2つの植物体が同じ数の葉を分化していても，2つの個体の重量や葉面積は大きく異なる場合がある。また，同じ50gのトマト果実であっても，成熟した場合もあり，開花から成熟に至る過程の場合もある。

個々の器官と同様に，植物全体も，発育期間中に時間とともに不可逆的に変化している。発育の過程には，発芽や葉の形成，開花，着果，果実成熟などがある。これらの過程は連続したものだが，それぞれの過程を指標によって定義できる。また，その指標によって，発育の定量化ができる。発育を詳細に記述できる指標として**BBCHスケール**がある（Merier, 1997）。

これらの発育の過程は，すべてトマトの収量に大きく影響し，果実の数や重さとして収量を左右する。本章では，発芽や葉，茎，根の発育の過程について取り上げる。

1　発芽

(1) 種子の形状と発芽の機構

市販のトマト品種の種子は，長さ5mm，幅4mm，厚さ2mm以内の平らな卵形で，主に胚，胚乳，種皮からなる。種皮は柔らかい毛で被われ，他の種子と付着しやすい。トマト種子の貯蔵は容易で，5～25℃の間であれば，相対湿度がかなり広い範囲の条件であっても，発芽力を長期間維持できる。ちなみにJamesら（1964）は，15年間貯蔵した場合，トマトの発芽率は90％，30年では59％になると報告している。

発芽とは，種子から幼根が発生し，目に見えるまでの期間である（Bewley・Black, 1994）。一般に，種子のロット単位での品質は，実験室内で理想的な環境条件のもとで行なう標準発芽試験によって調べる。生態学者による発芽の基準は幼根の発生だが，種苗会社などが種子を調査する場合は，発芽の状態はもちろん，発芽後の苗が正常かどうかまで評価されている。

最終発芽率と発芽の斉一性（発芽勢）のどちらも種子の重要な特性である。最終

発芽率が高いことは，必ずしも実用上で出芽（土壌中で種子が発芽し，地表面に幼芽あるいは本葉が出ること）が高いことを意味しない。特に，圃場が適当ではなく不安定な条件のときには，この点が重要である（Atherton・Rudich, 1986）。露地の畑で直播をする場合には，種子の活性が高いこと，つまり「圃場の広範な条件で，速く斉一に出芽し，正常な苗に生育する潜在能力を決める特性」（AOSA, 1983）が不可欠である。つまり，種子の活性は発芽率とは異なる。活性の場合は，実験室での成績よりも，発芽勢（速やかに，そろって発芽する性質）と，圃場での出芽予測のためにその結果を活用できることが重要である。

　なお，ハウス生産では，種子は，環境制御によって最適条件に設定された人工気象室内で催芽している。トレイに播種して手で移植する場合は，ある程度選別することができるが，種子をセルトレイなどに播く場合，発芽率はほぼ100％で，かつ正常な苗になることが求められる。

　種子の発芽成績は，種子自身の特徴や種子の大きさ（小さな種子ほど速く発芽する。その理由は胚乳の厚みが薄いためと考えられている）に左右される。未熟なトマトを収穫して採種した場合には，種子の発芽力が低く，その後の発芽はよくない（Kerr, 1963）。栽培品種のトマトでは種子は非休眠の状態であるが，野生型を用いた調査では，**アブシジン酸**（ABA）がその浅い休眠に関与していると報告されている。発芽はある程度遺伝的に調節され，低温また高温での発芽力には品種間差がある。なお，*Lycopersicum pimpinellifolium*（訳者注：最近では学名*Solanum pimpinellifolium*とされる）を片親として*Lycopersicum esculentum*（訳者注：最近では学名*Solanum lycopersicum*とされる）と交雑したところ，*Lycopersicum esculentum*を両親とした後代よりも発芽が早くなることがあった。

　環境要因は種子の発芽に強く影響を及ぼす。トマト種子は暗黒下で最もよく発芽

BBCHスケール（BBCHは「Biologische Bundesanstalt für Landund Forstwirtschaft, Bundessortenamt und Chemische Industrie（農業及び森林に関する連邦生物学研究所，連邦品種局および化学工業に関する連邦事務所）」の略，ドイツの研究・行政機関のワーキンググループによって作成された）…生物季節学的発育ステージを区別するために用いる基準。作物種ごとに一連の基準が開発されている。数桁のコードを用い，主要および二次的な生長ステージに分けられる。例えば，花房着生＝5Xまたは5XXと表記し，第1花房の出現＝51または501となる。

アブシジン酸（ABA）…高等植物に広く分布する植物ホルモンの一種。乾燥などのストレスによって合成量が増加し，植物のさまざまなストレス応答を誘導する。気孔の閉鎖，落葉や休眠，養分の蓄積の促進，種子休眠の誘導など，生長を抑制する作用を持つ。

し，光によって発芽が阻害される品種もある。これらの反応は**フィトクロム**（Pfr）の作用による。遠赤色光は発芽を妨げ，赤色光は（37℃では）発芽を促す。これは，種子中のPfrの存在が発芽に欠かせないことを示している。光感受性を持つ品種の暗黒下での発芽能力は，乾燥種子中に高いレベルでPfrが存在することによるものである。

　水や塩類，温度がトマト種子に与える影響についてはこの後に述べる。なお，生長調節剤による種子の播種前処理によって発芽の速度を促進できる。**ジベレリン**やさまざまな**合成オーキシン**による発芽の促進効果が確認されている。

(2) 水と塩類の影響

　水がないと発芽は起こらない。種子による吸水は，3つの段階に特徴づけられる。第1段階の吸水では，種子が生きているかどうかにかかわらず，水は急速に吸収される。第2段階では，子葉に水が浸透してきて，種子の水分含量は見かけ上一定になる。水分吸収が再開するのは，生長が進む最後の第3段階である。このとき，種子から幼根が出て，それに引き続いて生長が起こる。

　発芽時に吸収する水の量と吸水速度は，環境条件のうち，土壌の温度や水分含量，塩類濃度に影響される。一般に，トマトの種子は，土の水ポテンシャルが永久萎凋点から圃場容水量までの範囲で発芽するが，発芽に最適な条件は圃場容水量の50〜75%である。トマトの発芽は，低酸素条件下で著しく低下することから，土壌の水分過剰による発芽率の低下は，種子の利用できる酸素が減少するためと考えられている。

　土壌塩類濃度が増加すると水ストレスが起こることが多く，発芽に対して，①吸水を妨げる浸透ポテンシャルの上昇や，②有害なイオンの種子への侵入，といった影響を与える。その結果，高塩類濃度はトマトの発芽を低下させる。また，塩類耐性は，発芽時（訳者注：幼根が出る直前までのところ）の方が発芽後の生育期間よりも高い。このため高塩類濃度の場合には，発芽できたとしても生育できないことになる。

(3) 温度の影響

　発芽に対する温度の影響は，いわゆる**有効積算温度**（Heat units: HU）の概念で

説明できる．

$$DVS_t = \sum_{i=1}^{t}(T_i - T_{min}) / HU$$

ただし，$T_i < T_{min}$　のとき，$T_i - T_{min} = 0$　　　　　(3.1)

ここで，DVS_t は t 日後の発育ステージ，T_i は i 日目の平均温度，T_{min} は最低必要温度（ほとんど発育がみられない温度）とする．またHUは，その発育ステージに到達するために必要な有効積算温度であり，℃日という単位で表わされる．なお，ここで定義したDVS_tは，対象とする発育過程を直線式として表わし，発芽の開始（$DVS_0 = 0$）と終了（$DVS_f = 1$）の間の途中状態を示す．温度Tが一定である場合，式3.1は次のように書き直すことができる．

$$t = HU / (T - T_{min})　　　　　(3.2)$$

ただし，tは50％の種子が発芽するまでの時間，HUは50％の発芽に要する有効積算温度，T_{min}は発芽に必要な最低温度である．式3.1と式3.2は，発育速度と温度とが直線関係にあることを示している．トマト種子の発芽に適する温度は20〜25℃と報告されているので，直線関係にあるというのは意外に思うかもしれない．しかし，13〜25℃の範囲で直線関係にあることが確認され，トマトの発芽のT_{min}（最低必要温度）は8.7℃，50％発芽には88℃日の積算温度が必要

フィトクロム（Pfr）…高等植物や真菌，細菌に含まれる色素タンパク質の一種．赤色光吸収型（Pr型）と遠赤色光吸収型（Pfr型）があり，光を受けて相互に可逆的に変換することによって，光感知の信号となる．花芽形成や光発芽など，さまざまな応答に関わることが知られている．

ジベレリン（GA）…ある種の植物ホルモンの総称で，136種類が確認されている．細胞伸長の促進，種子の発芽促進や休眠打破の促進，老化の抑制に関わっている．また，オーキシンの作用を高め，アブシシン酸とは拮抗的な作用をする．

合成オーキシン（synthetic auxin）…ナフタレン酢酸，ナフトキシ酢酸，フェニル酢酸，2,4-ジクロロフェノキシ酢酸（2,4-D），2,4,5-トリクロロフェノキシ酢酸（2,4,5-T）などがある．細胞伸長・分裂の促進，発根の促進，腋芽の生長の抑制，落葉・落果の抑制，果実の生長・成熟の促進などの作用を持つ．天然オーキシンを抽出して用いるのは手間がかかるため，合成オーキシンが広く用いられる．

有効積算温度…植物の発育に対して有効な最低温度以下の温度を無効として除去し，それ以上の温度だけを積算したもの．温度と日数を掛け合わせるため，単位は℃日となる．わが国では，積算温度1,000℃のように日が省略されることも多い．生態系区分，植物の栽培条件，作物の収量の分析などに使用される指標．

であると報告されている（Bierhuizen・Wagenvoort, 1974）。また，彼らの続報（Wagenvoort・Bierhuizen, 1977）では，13℃が「実質的な」発芽の最低必要温度としている。低温での発芽能力の品種間差には，膜脂質の変化が関わっていると示唆されている。一方，高温での不発芽は，温度とフィトクロムの相互作用に関連するとされる**温度休眠**に原因があるとされている。

2　葉の出現と生長

(1) 葉の出現・展開の速度

葉の出現速度あるいは葉の展開速度（Leaf unfolding rate：LUR）は，必ずしも生長点における葉原基の分化速度と等しいというわけではないが，長期的にみれば両者は等しいと推測される。他の多くの作物と同様に，トマトの葉の出現速度には温度の影響が大きい（De Koning, 1994）。

無限花序型のトマトでは，花房と花房の間には3枚の葉があることから，葉の展開速度（LUR）は，単純に花房出現速度の3倍になる。展葉速度（LUR）の温度に対する反応は最適曲線タイプの反応（展葉速度は温度の上昇とともに速くなるが，ある適温域でほぼ最大になり，それ以上高温になっても展葉速度は速くならない）を示す。しかし，温度範囲を限れば，温度（T）と展葉速度（LUR）との間には直線的な関係がみられる。De Koning（1994）は，品種'Counter'では以下のような関係式があるとしている。

$$\text{LUR (leaves day}^{-1}) = -0.871 + 0.436 \ln(T) \qquad (3.3)$$

温度と展葉速度との関係は，この関係式によると，温度が17〜23℃の範囲ではほぼ直線になり，20℃では1週間に3葉展開する。温度が17℃および23℃の場合，展葉速度はそれぞれ1週間あたり2.5葉および3.5葉になる。

(2) 同化産物の供給の影響

De Koning（1994）は，花房出現速度および展葉速度（LUR）に対して，着果負担，葉の除去，栽植密度の影響はみられないとしている。HeuvelinkとMarcelis（1996）も同様に，展葉速度には**同化産物**の供給はほとんど影響しないと報告して

表3-1 トマトの5つの実験における，着生葉数，総乾物重，茎葉乾物重，個葉の平均面積・乾物重，比葉面積への温度の影響 (Journal of Horticultural Science 71, p. 411, HeuvelinkおよびMarcelis, 1996)
後者3要素については，植物体についている葉のみを含む。実験内での同じ肩文字間は有意差なし（P＜0.05）

実験	処理	着生葉数	総乾物重 (g/個体)	茎葉乾物重 (g/個体)	葉面積 (cm²/葉)	葉乾物重 (g/葉)	比葉面積 (cm²/g)
1	1.6株/m²	59.5a	636a	256a	467a	3.17a	147a
	2.1株/m²	60.3a	512b	196b	396b	2.36b	169a
	3.1株/m²	57.8a	364c	141c	310c	1.61c	193b
2	1果/果房	68.6a	385a	294a	322a	2.67a	123a
	3果/果房	71.7a	536b	262a	352a	2.53a	140a
	7果/果房	69.4a	519b	176b	329a	1.58b	209b
3	1果/果房	64.8a	414a	341a	494a	3.37a	147a
	7果/果房	59.3b	444a	210b	503a	2.21b	232b
4	50%果房除去*	62.7a	471a	252a	419a	2.71a	155a
	対照区	62.3a	488a	182b	320a	1.91b	166a
5	50%葉除去	37.3a	221a	110a	331a	3.22a	104a
	対照区	37.0a	266b	136a	299a	2.54b	118a

*第1花房上1葉おきに（5cm長さで）除去

いる（表3-1）。

　展開葉への同化産物の供給は，栽植密度，摘果，展葉前の葉の除去などによって変化する。例えば，果房あたりの果実数を7個から1個に減らすことによって，植物体の栄養器官の乾物重は62～67％増加する。これは同化産物の分配が栄養生長に振り向けられたことを反映している。一方，果房あたりの果実数を7個から1個にしたときの葉数の増加はわずか9％であり，展葉速度には着果負担はほとんど影響していないことがわかる（表3-1）。

　栽植密度を低くするといった方法で，植物個体あたりの受光量が増加した場合，

温度休眠…種子が高温環境で休眠に入り，発芽しにくくなる特性。例えば，レタス種子は，温度が高い条件下（25℃以上）で発芽率が低下する。
無限花序…花軸の先端が生長しながら，上方に向かって花芽が作られていく花の配列の仕方。トマトでは頂花房の直下の腋芽が伸びるのではあるが，本書では一般的なトマトを無限花序型としている。⇔有限花序
同化産物…光合成色素を持つ生物が，光エネルギーを使って水と二酸化炭素から合成する炭水化物。本書では光合成産物と同じ。ショ糖，グルコースやデンプンの形で貯蔵・輸送される。

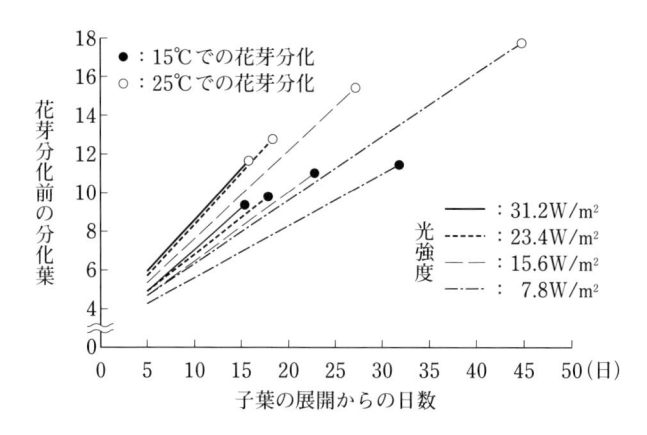

図3-1 葉の展開速度と花芽分化時期に及ぼす光と気温の影響
(*Journal of Horticultural* Science 34, p. 157, Calvert, 1959)

同化産物の供給は著しく増加するが，展葉速度に対する影響はほとんどない。しかし，トマトでも幼植物の場合，強光下では葉の形成が早まると報告されている（例えば図3-1）。幼植物は葉面積が小さく，受光量も少ないことから，同化産物の供給が展葉速度を制限していると考えられる。同化産物の供給が葉の展開に影響する現象が，幼植物でのみみられる理由はこのように説明できる。

(3) 葉のつき方と形の変化

トマトの複葉の大きさはさまざまだが，ハウス栽培で一般に用いられる品種では，葉長は0.5mで，葉幅はそれよりわずかにせまい（訳者注：日本品種の葉長，葉幅はもっと大きい）。複葉は，先端の大きな小葉と側方に向いた8つの大きな小葉から構成される。また，大きな小葉にはたくさんの小さな小葉がある。気孔は，通常，小葉の裏側にあり，表側では少ない（Gay・Hurd, 1975）。

葉の大きさ（面積と重量）は，生育条件の影響を受ける（表3-1）。同化産物の供給が多いと葉重は大きくなる。しかし，強光条件で育った場合，一般に個葉の重量は大きくなるが，面積は小さくなる。同様なことが高CO_2濃度条件でもみられる（Verkerk, 1955；Hurd・Thornley, 1974）。弱光条件の場合を除き，高温のときは個葉の拡大速度は増加する。しかし高温のために，葉の拡大に要する期間は大

幅に短くなり，結果として個葉の葉面積は小さくなる。一方，個体あたりの葉面積は，温度上昇にともない展葉速度（LUR）が増加して大きくなる。葉の拡大は膨圧が高い場合には促進される。膨圧が大きくなるのは，蒸散速度を抑えた場合である。実際には，湿度が高いとトマトの葉面積は増加するが，その影響は小さい。長期的にみると，高湿度条件はカルシウム欠乏を引き起こす可能性があり，カルシウム欠乏によって葉面積が50％低下した場合がある（Holder・Cockshull, 1990）。

葉の厚さは同化産物の供給に伴って増加し（**シンク／ソース比**の低下），比葉面積（SLA：葉の乾物重あたりの葉面積〈$m^2 g^{-1}$〉）は低下する。この現象について，表3－1に栽植密度の高い場合や着果負担を減らした場合の結果を示した。同様な影響は，光強度やCO_2濃度を増加させた場合にも認められる（Verkerk, 1955；Hurd・Thornley, 1974）。一般に高温は葉の厚さを減少させ，SLAを増加させる。詳細については，第4章の葉面積増加とSLAのモデルの説明で述べる。

24時間の連続光はトマトの葉の生長を阻害するが，その機構は明らかにはなっていない。連続光下では，葉からの同化産物の転流が減少して，葉にデンプンが高含量で蓄積し，その結果クロロシス斑が生じて枯死が始まる（Bradeley・Janes, 1985；Longendraら，1990）。

3 茎の発育

(1) トマトの茎は仮軸

主枝の先端は頂端分裂組織であり，新葉や花に分化する細胞が存在する。頂端分裂組織はドーム型の形状をしており，新葉によって保護されている。葉は2/5葉序で交互に配置され（葉序は，茎に葉がついている位置のズレを示す。2/5葉序は，葉が5枚展開すると真上から見て茎の周囲を2回転して，最初の葉と同じ位置に戻ってくることを示す），7～11葉が形成されると生長点は終端である花房を形成す

シンク／ソース比…光合成の場（主に葉）（ソース）と，光合成産物を材料として生長もしくは貯蔵が行なわれる場（生長点，子実など）（シンク）との比。ソースの光合成能は葉自体の生理状態のみでなく，シンクがソースから光合成産物を取り去る能力によっても支配されるという，いわゆるソース・シンク説の考え方に基づいて，植物の生産能の支配要因が調べられている。

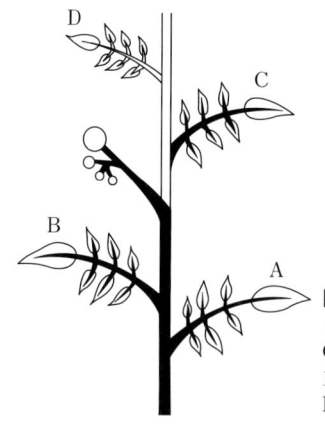

図3-2 トマトの花の着生と仮軸分枝の様子
(*National Agricultural Advisory Service Quarterly Review* 70, Calvert, 1965)
主軸は花序でおわる。A, B, C：花芽分化前の分化葉。
D：腋芽上の第1分化葉

る（「5 花芽分化と発育」を参照）。最後に分化した葉腋は，花房に代わって新しい頂部になり，元の軸に沿って生長する。この分枝の生長も花房が終端となって終了する。分枝が連続する形が継続して植物体が構成される（図3-2）。つまり，トマトの茎は実際には仮軸なのである。無限花序型の品種では，この過程が無限に繰り返される。ハウス栽培に適するのはこのようなタイプであり，栽培期間を延長することによって高い収量を得ることができる。無限花序型の品種を栽培する場合には，側枝は取り除く。花房直下の葉腋からの側枝の勢いが強く，主枝の生長点と大きく競合するためである。

一方，**有限花序**型の品種では，主枝につく花房の数は限られており，茎の下部側から強い腋芽が出てきてブッシュ状になる。このタイプは，植物体を支持しない露地栽培には理想的である。すべての葉腋から分枝が出て，分枝の元になった枝と同様に生長する。

(2) 茎の生長を決める要因

温度 茎の伸長速度は，一般に温度に伴って増加し，主に昼温によって茎長が決まる（最適温度＞28℃）（Langton・Cockshull, 1997）。12時間日長下では，26/16℃（昼温/夜温）の場合，40日苗の茎長は0.52mとなる。20/22℃の場合には，茎長は0.35mとなり（写真3-1），16/26℃ではわずか0.23mとなる。一方，展開葉数は，16/26℃条件で育った植物体で15％だけ減少した。これらの3つの

写真3-1 2つの温度範囲，30W/m²の光強度で人工気象室内で栽培したトマト（播種後8週，温度処理開始後40日）
D：昼温，N：夜温，日長は12時間

温度条件はいずれも日平均気温は21℃と等しい。茎長の大きな違いは主に節間長の違いによるものである。このように昼温と夜温の温度差，昼温－夜温がマイナスとなる条件は負のDIF（昼夜間温度差）と呼ばれる。温度によってジベレリン代謝が関与して茎伸長が調節されると報告されている（Langton・Cockshull, 1997）。しかし，根域温度に限れば，温度上昇による茎伸長への影響は比較的小さい。

積算日射 1日の積算日射が$2\mathrm{MJ\ m^{-2}\ day^{-1}}$以上の場合，植物体の高さは，乾物重が同じであれば一定になる。日射があるレベルより少なくなると，茎の伸長が促進される。この結果，背は高いが，弱く，細い茎ができる。

CO_2施用 一般に，CO_2施用によって作物の草丈が高くなるが，これは生長が促進されたためである。乾物重や新鮮重が同じ植物であれば，CO_2を施用したものの方が，茎長はわずかに短くなる。高湿度は茎の伸長を促進するが，その影響は小さい。

有限花序…まず花軸の先端に花芽が作られた後，順次その下方に向かって花芽が作られていく花の配列の仕方。本書では露地用，加工用の心止まりトマトを有限花序型としている。⇔無限花序

DIF…Differenceの略で，昼間の温度と夜の温度の差（DIF ＝ 昼温－夜温）。昼温より夜温が高い負のDIFでは，節間伸長が抑制される。切り花生産において，植物生長調節物質に代わる草丈制御法として利用されている。

湿度，塩ストレス　HolderとCockshull（1990）は，草丈に対して湿度（水蒸気圧飽差を0.1，0.2，0.4，0.8kPaとして28日間維持した場合）の影響はみられなかったと報告している。塩ストレス（根圏の高EC）については，ECが2〜6.5の範囲では茎の伸長に対する大きな影響はみられない。ECが6.5dS/mの場合，ECが2dS/mの場合と比べて，茎の節間長は2％短いことも報告されている（Li・Stanghellini，2001）。

(3) 節間長，側枝の生長

節間長はシンク/ソース比による影響を受ける。着果負担が減ると節間長が減少する（Heuvelink・Buiskool，1995）。一方，花の3分の2を取り除くと節間長が増加すると報告されている（Hurdら，1979）が，これは節間長に対するシンク/ソース比の影響ではなく，花を取り除いたことによるホルモンバランスの変化による可能性がある。

植物体が振動によってストレスを受けて丈夫になる現象は，茎の伸長が抑制されて生じる。これは接触形態形成という現象として知られる（Pickenら，1986）。

腋芽の生育は低温あるいは短日によって促進される。明期のおわりに5分間の遠赤色光を照射すると，側枝の生長が抑制されることが示されている（Tucker，1976）。側枝の除去は人手によって行なわれ，多くの労働力が必要とされることから，この現象はハウス栽培にとって興味深い。

4　根の発育

トマト苗は主根を生長させ，0.5m以上に伸びることがあるが，栽培中に損傷することも多い。トマトでは2m程度の深さまで根系が伸びるが，活性の高い根域は浅い部分にあり，根系の60％は表層0.3mの土壌中にある（Rendon-Poblete，1980）。不定根は側根と似た構造を持ち，条件が好適な場合に，茎（特に基部の付近）から発生する。不定根は茎の地上部分の下方からも発生し，根系の再形成が可能である。

最近のハウス栽培トマトでは，ロックウール，グラスウール，クレイボールなどの人工培地を用いることが多い。場合によっては培養液のみのNFT（nutrient film culture）もある。固形培地耕やNFTでは，根圏環境を高度に制御することができ，特にNFTでは根の生育を適宜調査できる。根に注目する研究を行なう場合，培養液に通気した容器で植物を栽培することがある。ちなみに，部分的にでも水中で生長した根は，土壌中で生長した根とは異なる組織と形態を持つ。

　水と栄養の供給は，根の環境における2つの重要な要素であり，植物の生長に大きな影響を及ぼす（第6章）。約14℃の地温で栽培した根は，これより高い地温の場合より，太く，白くなり，分岐が少なくなる。ただし，施肥条件がこの現象に影響を与える（Gosselin・Trudel, 1982）。乾物の生産と分配に及ぼす根温の影響については，第4章で述べる。高湿度は，空中に発生する不定根の生長と根系の拡大を促進する（訳者注：高湿度では根あたりの養水分吸収速度が低下することから，それを補うために作物が適応しようとすると考えられる）。

5　花芽分化と発育

(1) 第1花房の分化と要因

　一般に，第1花房が形成される前に出る葉の数（以下，「第1花房下葉数」とする）は，少なくとも6～8枚ある。この特徴の遺伝様式は単純で，単一遺伝子対によって第1花房下葉数が決定される。第1花房までの節数が多い形質に対し，節数が少ない形質の完全優性が示唆される。第1花房が主軸の生長を止め，続いて最後に分化した葉の葉腋からの側枝が主軸としてさらに生長する図3－2を参照）。

　花のつき方には，無限花序と有限花序と呼ばれる2種類がある（「3　茎の発育」を参照）。植物学的には，主軸の頂端にそれぞれ花房がつくので，どちらも有限である。トマトの種子は種子春化に反応しないので，吸水した種子に低温を与えても，第1花房下葉数が少なくなることはない。

　第1花房形成位置の決定に感受性の高い時期は，子葉の展開から数えて約10日間続く。品種によっては，この期間がさらに長い場合もある。トマトの開花を調節できる単独の環境要因はない。光，温度，二酸化炭素，肥料，水分，植物生長調整物質などの環境要因が直接的あるいは間接的に花の分化に影響を及ぼす。

　第1花房下葉数は，次の2つの過程の結果であると考えられる。そのひとつが栄

養生長段階で形成される葉数を決定する葉の分化速度であり，もうひとつが栄養生長のおわりが決まる第1花房の分化時期である。図3－1中の直線の傾きは葉の分化速度を示している。葉の分化速度が同じでも，第1花房の分化までの日数が異なれば，第1花房下葉数も異なる。葉の分化速度が速くても，第1花房の分化までの日数が短いと，第1花房下葉数は変わらない（図3－1）。

(2) 第1花房下葉数に影響する要因

トマト苗の第1花房下葉数は，感受性を持つ時期の昼あるいは夜の温度が低いほど少なくなる。日平均気温は，主に葉の展開速度に影響し，第1花房下葉数を決める。強光下では，温度は花房分化までの時間に影響しない（図3－1）。一方，弱光下では，花房分化に要する時間は，低温に比べて高温によって延びる。また，根温は第1花房下葉数にほとんど影響を与えないとみられる。

光強度

トマト苗の葉の展開速度は，光強度が高いほど増加する（図3－1）。一方，花芽分化日数は光強度が高いほど短くなり，これは葉の展開速度に及ぼす影響よりも強い。この結果，強光下では第1花房下の葉数は減る。光と温度が葉の展開速度と花芽分化日数に及ぼす影響，すなわち，第1花房下葉数に及ぼす影響は，相互的である（図3－1）。苗床で密植にすると第1花房下葉数が少し増えるのは，植物体あたりの光量が減少するためである（Saitoら，1963）。トマトの開花は，通常，日長による影響を受けないが，量的短日植物とみなされる品種もある。いくつかの報告によると，総光量が同じ場合であれば，短日で第1花房下葉数が少なくなる。

二酸化炭素（CO_2）の富化

CO_2の富化は，葉の分化速度をわずかに増加させるが，花芽分化日数がやや減少するので，第1花房下葉数に対して大きな影響にはならない。トマト苗の子葉を展開直後に除去すると，第1花房下葉数は増加する。このとき，子葉の除去面積が大きいほど，第1花房下葉数の増加程度は大きい。初めの本葉2枚を6日齢の苗から除去すると，第1花房下葉数が減る。一方，それより上位の本葉の除去では，第1花房下葉数はあまり変化しない（訳者注：第1花房の形成には，時期的に子葉の同化産物蓄積が大きく関与しているので，子葉を除去すると同化速度が低下，不足する。この結果，第1花房下葉数は増加する。子葉が展開していて，本葉第1～2葉を除去すると，そのぶんの

同化産物の消費が減る。その結果，同化産物の蓄積が速くなり，第1花房下葉数は減る。本葉第3葉以降の葉の除去は時期的に第1花房形成に関係しないので，上位の葉の除去は第1花房下葉数に関与しない）。一般に，施肥量（N, P, K）が多いほど，第1花房下葉数は減る。しかし，発育初期の段階で，高塩類または水ストレスがかかると開花は遅れる。

植物生長調整物質

植物生長調整物質は，処理方法および濃度，時期，環境条件や品種によって，第1花房下葉数に対して異なる影響を及ぼす。ジベレリンと同様に，**オーキシン**の葉面散布により，第1花房下葉数は増加するが，ジベレリン溶液の吸水種子への施与は第1花房下葉数に影響しない。オーキシンやジベレリン輸送抑制物質の施与は第1花房下葉数を減らす。例えば，オーキシン輸送を阻害する10^{-3}M TIBA（2,3,5-triiodobenzoic acid；3ヨード安息香酸）を葉面散布すると，第1花房下葉数は2.4と少なくなる。

(3) トマトの花芽分化に関する仮説——同化産物の必要量説

（2）で述べたことのほとんどは，開花に対するいわゆる「**同化産物の必要量による生長相転換仮説**（同化産物の必要量説）」で説明できる（Sachs・Hackett, 1969）。この仮説によると，花芽分化が開始するには，生長点が感受性を持つ時期に，生長点に一定の同化産物が蓄積されている必要がある。そのため，同化産物の生産が多くなると第1花房の分化までの時間が短くなると推測できる。

第1花房分化までの時間に及ぼす同化産物生産速度の影響が，葉分化速度に対する影響よりも強い場合，同化産物の生産が多いと第1花房下葉数はより少なくなる。実際，強光下では第1花房下葉数は減り，高栽植密度（植物体あたりの光量が

オーキシン（auxin）…ある種の植物ホルモンの総称で，インドール酢酸，ナフタレン酢酸などがある。茎・根の伸長，単為結実の促進，発根・組織分化などの促進などを起こす。天然のオーキシンは植物体内で不安定であり，また自然界では容易に分解するため，農業上は合成オーキシンが利用される。合成オーキシンに対し，天然のオーキシンを内生オーキシンと呼ぶことも多い。

同化産物の必要量による生長相転換仮説（The nutrient diversion hypothesis）…SachsおよびHackettによって提唱された説。生長点が受け取る同化産物量がある閾値を上回った場合に花芽が分化する（栄養生長相から生殖生長相に転換）とされる。本書では「同化産物の必要量説」とした。生長相転換，すなわち，花成についてはシロイヌナズナを用いた遺伝子研究で近年，飛躍的に進んでいる。

少ないことを意味する）では第1花房下葉数は増える。また，幼苗にとって同化産物の供給源である子葉を除去すると第1花房下葉数は増える。子葉と第1本葉が小さくなると受光量が少なくなる。子葉を除去した場合，同化産物が一定のレベルに達するにはより多くの葉が形成されなければならない。その結果として第1花房下葉数が増えるのである。

　同化産物競合の力が生長点で他の部位より小さい場合，第1花房分化に要する時間が増えるために第1花房下葉数は増える。第1花房下葉数が高温で増えるのは，このように（部分的に）説明することができる。

　高温で栽培した植物体から切除した葉には，低温で栽培した植物体の葉よりもジベレリン様物質が多い。このために，高温では葉に同化産物をひきつけるポテンシャルが高くなるのであろう。一般には，トマトの花成に対する植物生長調整物質の影響は，同化産物の分配に及ぼす影響として説明できる。日長が長くなった場合の

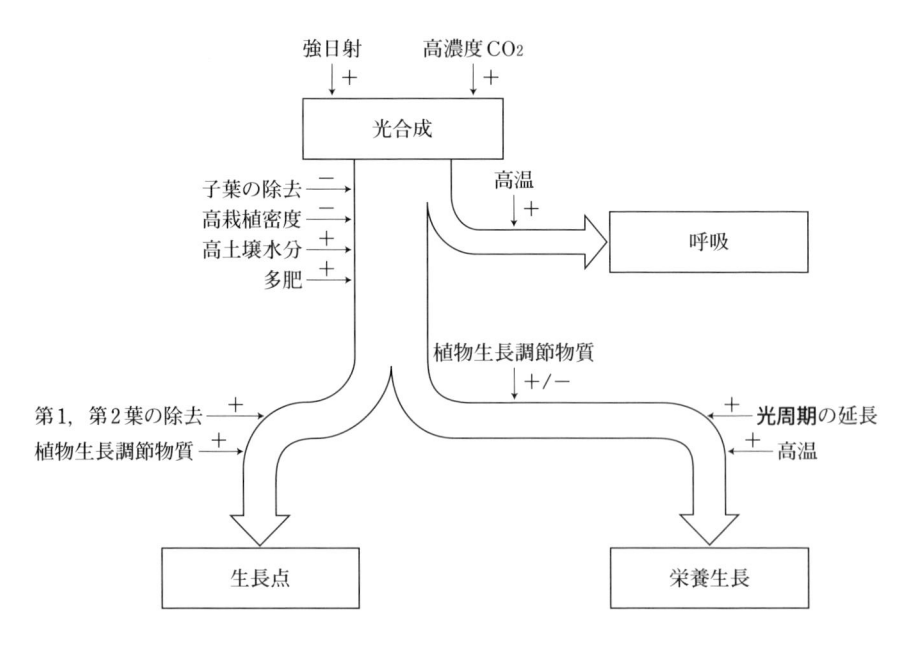

図3-3　若いトマト植物体において同化産物の生産と分配に影響を及ぼす要因
　　　（*Journal of Horticultural Science* 67, Dieleman and Heuvelink, 1992）
仮説：花芽分化には，生長点に必要量の同化産物がなければならない

第1花房下葉数の増加も,同じように説明できる。

　光と温度の第1花房下葉数に及ぼす相互作用(図3-1)は,同化産物の必要量説から以下のように推察される。強光下では,高温は,弱光下と同様に葉の展開速度を速める。しかし,この場合,植物体内の同化産物量が多く,生長点の同化産物必要量に到達するのも早いため,第1花房の分化日はほとんど変わらない。弱光下における高温は,呼吸速度が高くなるために植物体内の同化産物を減らし,葉と茎の同化産物に対する競合が大きくなるので,第1花房分化を遅らせる。したがって,弱光下では第1花房下葉数に対する温度の影響は,強光下よりも顕著になる。同様のことは,高温または低温下での第1花房下葉数に対する光の影響についてもいえる。

　トマトの開花は複雑である。生長点の同化産物競合の力を増大させる場合と同様に,植物体中の同化産物総量を増加させる要因があるとすると,その要因は第1花房下葉数を減少させることになる(図3-3)。ひとつの要素が,同化産物の生産と分配の両方に影響を及ぼすことがある。同化産物の必要量説が,トマトの第1花房下葉数に及ぼす環境要因と生長調整物質の影響を説明できる唯一の説であるという証拠はない。しかし,この仮説に明らかに矛盾する現象は,これまでの研究報告にはない。

(4) 花房の分化と出現速度

　多くのトマト品種では,3枚の葉と末端が花房という単位で生育する**仮軸分枝**構造をとる(図3-2)。したがって,第1花房出現後,主枝(仮軸分枝である)の花房出現速度,いわゆる開花速度は,葉の出現速度の3分の1になる(「2　葉の出現と生長」と図3-2を参照)。

　このことは,環境条件によって葉の出現速度が影響を受けると花房出現速度も同

光周期(photoperiod)(図3-3)…1日のうちの昼(明期)と夜(暗期)の長さ。一般的には日長と呼ばれることから,本書では光周期=日長とした。しかし,実際には,植物は日長よりも暗期の長さに反応している。光周期(日長の変化)を感知して生物が示す反応を光周性と呼ぶ。光周性は,植物が花芽形成を誘導する仕組みとして発見された。

仮軸分枝…側枝が生長し,側枝があたかも主枝のようになる分枝様式。一般の植物では,頂芽の生長点が生長を続けるが,仮軸分枝をとる植物は,ある程度生長すると頂芽の生長点が花芽に分化する。その代わり,直下の腋芽が新しい生長点となる。

様に影響を受けることを意味する。したがって，花房出現速度は，第1花房以降，主に温度によって決まる。De Koning（1994）は，17～23℃の温度範囲では，花房出現速度と温度との間にはほとんど直線的な関係があり，0.11～0.17花房/日であることを明らかにした。花房出現速度は昼温および夜温とも同様な関係であり，このために24時間の平均気温に反応する。一方，花房出現速度に対して，着果負担，葉の除去，栽植密度の影響はみられない（De Koning, 1994）。したがって，シンク/ソース比はトマトの花房出現速度に対して影響しない。根圏の温度およびEC，空気中のCO_2濃度および湿度も花房出現速度にほとんど影響しない。

6　花の発育——受粉と着果

　一度トマトが栄養生長期を終えた後，花房分化に続くいくつかの過程によって，果実の生長開始が決まる。その過程とは，花芽が花にまで発育し，その後受粉と受精がうまくいき，そして着果することを指す。AthertonおよびRudich（1986）の第4章・第5章とPicken（1984）の受粉と着果に関する総説に基づき，これらの過程について述べる。

(1) 花房の大きさと花芽の発育・停止

　ひとつの花房で分化する花数は，品種や環境条件によって異なる。花房は，栄養生長の生長点が大きな花で終端となる単出集散花序である（Pickenら, 1985）。日射量の増加や栽植密度の減少，温度の低下は，1花房に形成される花数を増やす。温度の影響は，日射が少ない場合に比べて，多い場合により大きくなる。花房分化中の低気温（10℃以下）は花序の分岐を促進し，多くの場合，花房あたりの花数を多くする。分枝と花数を制御しているのは，昼温あるいは夜温単独というよりも，日平均気温である（Hurd・Cooper, 1967）。気温と同様に，根温の低下によっても第1花房の花数は増加する。水分の供給を制限したり，少量の培地を詰めた小さなポットで栽培したりする場合，花房は小さくなる。日長とCO_2濃度は，花房に形成される花数には影響しない。

　分化後の花の発育は，主に温度による影響を受け，高温では花の発育が速くなる。昼温の上昇は，夜温の上昇と比べて，花の発育促進により効果的であると報告

されている。

特に光合成が少ない条件（弱光あるいは短日）では，温度の上昇は花芽の発育停止を助長する。**光合成有効放射**の増加や二酸化炭素の施用は花芽の発育停止を緩和する。高温は花芽の発育停止を助長するが，これは温度の直接的な影響というよりは，着果の失敗の結果であろう（下記参照）。以上のことから，花の発育期間中の同化産物の獲得量が少ないと，花芽の発育停止を引き起こす。さらに，同じ日積算受光量で栽培されている場合，花芽の発育停止は短日よりも長日下で顕著に現われる。

(2) 受粉

不着果には多くの理由がある。ここでは着果率を，開花数に対して商品価値のある大きさとなる果実数の割合として定義する。不着花や不着果率は，商品価値のある大きさの果実にならなかった花数の割合である。したがって，着果率は"1－不着花（果）率"として計算される。

トマトでは，花の発育停止は頻繁に起こるが，果実の発育停止は珍しい。果実の発育停止の主な例として，果房先端の果実が小さなまま生長を止めて熟さない場合がある。花粉の生産（量および花粉の受精能力），受粉，花粉の発芽，花粉管の伸長，胚珠の発育，栄養あるいは果実の肥大における失敗は，すべて着果を悪化させるものである。しかし，弱光条件下で着果率が低いのは，花粉生産量が少ないことや受粉の失敗によって引き起こされる場合が最も多い。

花粉粒数と質

花粉粒数の上限は遺伝的に決まっている。例えば，最近のタバコモザイクウイルス（TMV）抵抗性品種は**Tm-2遺伝子**を持つが，生産する花粉の数は少なく，花粉自身の受精能力はごく低い。花粉の発育は弱光によって悪影響を受ける。極度の炭

光合成有効放射（Photosynthetic Active Radiation; PAR）…太陽光のうち植物の光合成に有効な波長域の光エネルギー。実際に利用できる波長域は380〜710nmであるが，一般には光量子センサーで測定できる400〜700nmを用いることが多い。光量子センサーでは光合成有効光量子束（PPF）が測定されるが（単位：$\mu mol/m^2/s$），PARは日射から推定する場合が多い（単位：MJ/m^2）。

Tm-2遺伝子…トマトモザイクウイルスの抵抗性遺伝子のひとつ。Tm-1，Tm-2，Tm-2^2の3種類の抵抗性遺伝子が報告されている。

水化物不足では，花粉母細胞の減数分裂に異常をきたす。炭水化物不足が軽度な場合には，花粉の発育は変化しやすい。小胞子の発育が早い段階で停止すれば，花粉粒は縮んで変形する。小胞子の発育が有糸分裂後まで正常に進めば，形態的には花粉粒は完全になる。

弱光下でできた未熟な花弁や雄ずい，雌ずいを持つ異常花では，不稔花粉が生産される。高温（40℃）では花粉が損傷を受ける。花粉の発育で最も感受性の高い段階は減数分裂中であり，20℃の栽培条件下では開花約9日前に起こる。一方，低温は減数分裂には影響を与えないことがわかっている。このことは低温で花粉の質が低下したとするいくつかの報告と矛盾する結果となるが，花粉の質の低下は，光と根温との相互作用によるとみられる（訳者注：低温が花粉の質に対し，直接，影響することはないが，低気温に伴って根温が低下する。これによる養水分吸収の低下によって植物体に影響が現われ，間接的に花粉の質の低下につながったと考えられる）。

受粉の成功と促進

受粉，すなわち花粉粒の柱頭表面への移動が成功することは，花粉の放出，花の特性および花粉粒が柱頭に付着するかによって決まる。花粉は開花時には成熟して移動可能になり，柱頭は，その約2日前に受精可能となり，4日間あるいはそれ以上，この状態を維持する。現在の品種は自家受粉である。花は蜜を作らないので，昆虫が花に頻繁に訪れることはない。露地圃場では，風が吹くなどの空気の流動によって受粉は十分に行なわれるが，ハウス内では受粉に必要な風速が得られない。ハウスでのトマト生産では，振動器具で週に2,3回，各花房を機械的に振動させる必要がある。冬には正午前後に花を振動させるのが最も効果的である。おそらく，この時間帯がより高温で日射量が多いためであろう。トマトの花は夜に閉じて日中に開くことから，これも正午ごろに行なう振動処理の効果を増す要因になっている。最近ではマルハナバチを導入して受粉するのが一般的である。

高湿度では花粉は葯の内部にとどまる傾向があり，反対に低湿度では，柱頭に付着しない可能性が高い。相対湿度50〜90％の範囲であれば湿度の影響は小さい。

花の形態の影響

花の形態の異常が受粉に悪影響を及ぼす場合がある。自家受粉のためには，柱頭は葯の円錐体先端の範囲に位置しなくてはならない。柱頭が葯の円錐体より上部に突き出していると，花粉が柱頭に届くまでにそれてしまったり，柱頭表面が乾燥し

たりする。柱頭の長さは、遺伝的なものと栽培条件の影響によって決まる。弱光，高窒素濃度，高温によって柱頭の突出が増加することが明らかになっている。現在のハウス栽培では，温度と養分供給が厳密に制御されるため，柱頭の突出は珍しい。着果を抑制するその他の形態的な欠陥として，高温下での（裂開に欠かせない）内被（訳者注：葯の内腔にある細胞で，花粉粒の成熟に必要な栄養を補給する）の発育が悪いことや，弱光下で雄しべ円錐体が裂けること，およびまたは花柱の帯化（訳者注：花柱で異常が生じ，幅広の帯状になる現象）などが挙げられる。花粉が柱頭表面に付着するかどうかは，相対湿度（上記参照）だけではなく，温度によっても左右され，17～24℃が適している。

(3) 花粉粒の発芽と受精

　花粉の発芽は，発芽力と環境条件に左右される。花粉の発芽に要する時間は温度上昇に伴って短くなる。5～37℃の範囲外では，花粉の発芽率は大きく低下する。花粉管の生長速度は10～35℃の間で温度に伴って増加するが，この範囲外では低下する。このように花粉管の生長に対する温度の影響は大きいが，湿度や光の影響はごくわずかである。

　弱光は花を小さくし，胚嚢の形成前か直後の弱光によって子房と胚珠の発育が停止する。胚嚢母細胞の減数分裂期である開花5～9日前の高温（40℃）は，胚珠の受精能力に悪い影響を与える。受精は，花粉管からの核が受精能を持つ胚珠に貫入した時点で起こる。高温によって受精にかかる時間は減少する。これは，花粉管の生長速度が高温で増加するためである。受精は栽培条件による影響をあまり受けないが，高温（40℃）にさらされると，受精および直前直後の過程に悪影響が生じる。例えば，受粉後1～4日の高温により内胚乳が退化する場合がある。

(4) 着果と果実の形成開始

　受精の後に必ずしも果実が肥大するとは限らない。高温など環境条件が悪かったり，他の果実と競合したりするときには，果実が肥大しない場合もある。果実肥大に必要な種子数に閾値はなく，条件によっては単為結実が起こる。しかし，着果負担が大きい場合には，胚がわずかしかない子房が発育しないことは高い頻度でみられる。トマト果実の肥大開始における種子の正確な役割は明らかになっていない

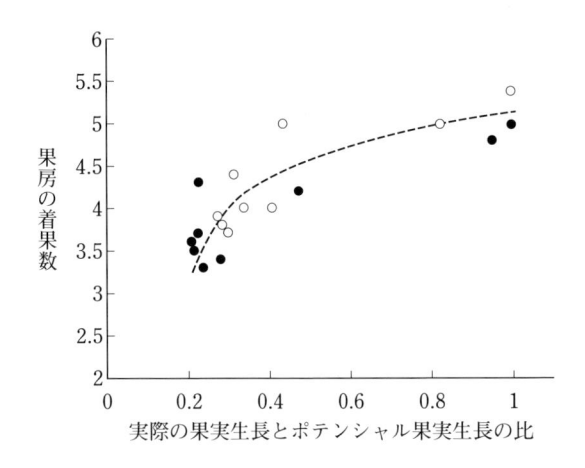

図3-4 大玉トマト（Beef tomato）'Capello'の第1〜9花房の着果数
(*Annals of Botany* 75, Bertin, 1995)
ポリカーボネートハウスでCO_2施与（○），CO_2無施与（●）で栽培した。
7花に摘花した各花房の着果において，実際の果実生長とポテンシャル果実生長の比の関数として計算

が，種子は果実肥大を促進するオーキシンの源であると考えられている。ジベレリンもまた果実の肥大開始に関与し，単為結実を示す品種では，子房中に高濃度の内生ジベレリンが観察される。ジベレリンやオーキシンを花に対し，散布処理などによって外生的に添加することによって，受精しなくても着果が可能になる。

　着果は，主に同化産物の供給による影響を受ける。同化産物の供給は植物体のソース／シンク比で示すことができる（図3-4）。De Koning（1994）は，果実の形成速度を予測する判断材料として，栄養生長速度を用いた。これは実質的には植物体のソース／シンク比を用いるのと同じである。栄養生長器官のシンク強度が一定である場合，栄養生長速度はソース／シンク比に比例するからである。しかし，これらの関係の一般化は容易ではなく，不着果を同化産物供給の不足で説明できない場合もある。

7 果実の発育

　果実の肥大開始後，正常に発育すれば，収穫可能な大きさにまで生長する。通常果実の肥大過程は，果実の生理的な成熟よりも早い。前節ではこの発育速度について述べた。ほとんどの発育過程と同様に，着果後に果実が成熟に向かって進む速度は，温度に左右される。ここでは果実の発育段階と果実の生長速度についても述べる。まず，果実の形態と組織について考える（Atherton・Rudich, 1986；De Koning, 1994）。

(1) 果実の形態と構造

　植物学上，トマト果実は，子房から発育した多肉質の果皮中に種子を含む液果である。栽培種（*Lycopersicum esculentum* Mill.）（訳者注：最近では学名*Solanum lycopersicum*とされる）の果実は，2個から数個の心皮を持ち，その果実重量は数グラムから数百グラムになる。心皮数によって品種は以下のように分類される。すなわち，ラウンドトマト（丸型トマト）では心皮数2, 3個，大玉トマト（Beef tomato）では心皮数5個以上，最近人気のある中間タイプでは心皮数3～5個である。

　トマト果実は，果肉（果皮壁と表皮）および軟らかい部分の果肉（種子を含む，胎座と子組織）から成る（図3−5）。一般的に，軟らかい部分の果肉は，果実の生体重の3分の1以下である。子房壁から発育した果皮は，外果皮あるいは表皮からなり，維管束を伴う柔組織の中果皮，子室を分ける単層の内果皮から成る。果皮壁は，外壁と放射状壁（中隔）に分けられ，隣接した子室，内側の細胞壁（コルメラ細胞層）を分ける。コルメラが，子房よりも着色が薄く大きな空隙を含む場合，組織は白く見える。子房内の細胞分裂のほとんどは，開花後10～14日以内に起こる。しかし，*L. pimpinellifolium*では，果実の発育期間を通じて細胞分裂が観察される。

　果皮，すなわち外果皮は，外側の表皮層と，厚角組織のような肥厚により厚い壁を持つ下皮細胞2～4層から成る。表皮を被うのは薄いクチクラである。

　果実の発育初期には，最初の10日間で胎座が種子を包み込むように子室の内部へ拡大し始め，その後の数日間で子室の空隙全体を占める。未熟な果実では，胎座

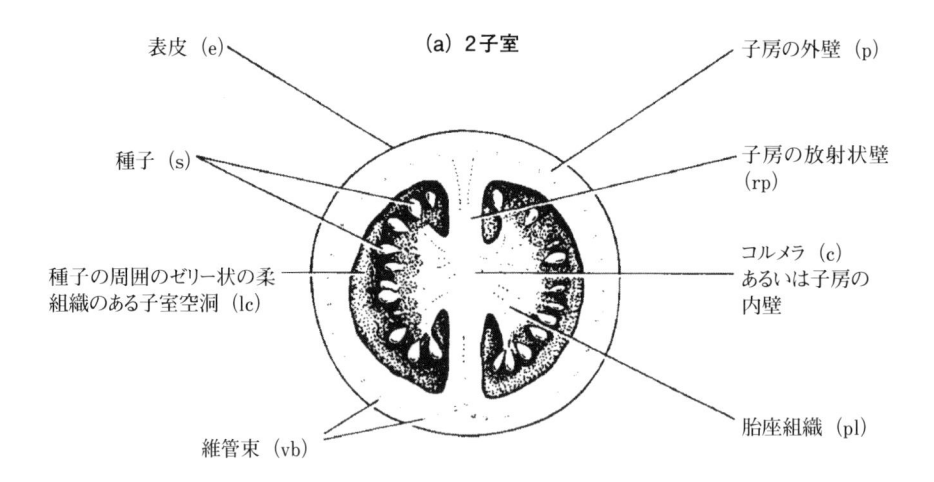

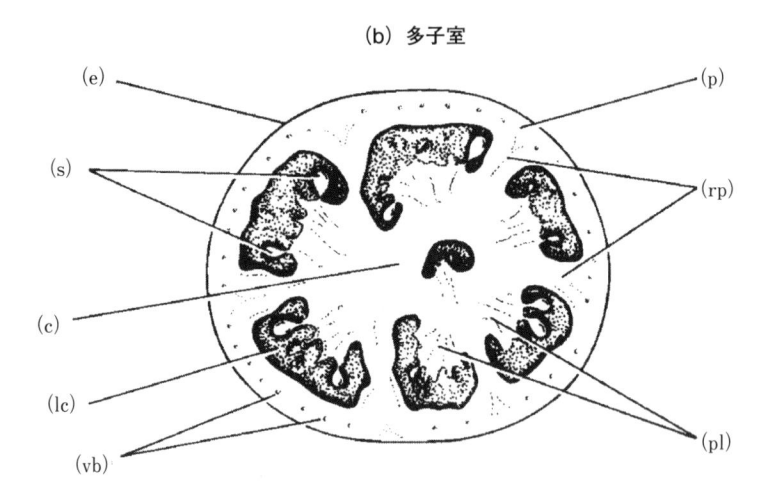

図3-5　横断面で示した2子室（a）あるいは多子室（b）のトマト果実の構造
（Glasshouse Crops Research Institute 著作権）

組織は硬いが，果実が成熟するに伴って細胞壁が分解し始め，緑熟果の子室組織はゼリー状になる。より後期の段階では，細胞間隙の液体が子室に蓄積する。このような変性にもかかわらず，通常，プロトプラストは損傷がないままである。

果実内には2つの主要な維管束系の分岐がある。ひとつは小果柄から子房の外壁に向かって伸び，もうひとつは内部と放射状壁を通過して種子に向かっている。一般的に，維管束系は，その終端がほとんど目に見えないくらいに微細になった閉鎖型の網状組織である。

(2) 果実の発育速度

トマトの果実の生長期間（開花から果実が成熟して収穫するまで）は約2カ月間である。この期間の長さは主に果実の温度によって決まる。例えば，気温が17℃から26℃になると果実の生長期間は73日から42日に縮まる。つまり，果実の生長期間は温度の逆数となり，果実発育速度と温度との間には直線関係があり（図3－6），積算温度が所定の値に達した時点で収穫可能になる（このような有効積算温度の概念は，発芽の節ですでに説明した）。品種'Counter'の場合，4℃を下限温度として積算温度が940℃日で収穫となる。この有効積算温度を利用すれば，果実の生長期間を高精度に予測することができる。

De Koning（1994）は，温度の異なる部屋に2週間植物を置いて，果実の発育ステージと気温の相互関係を調査した。その結果，果実の発育速度に対する温度の促進効果は，果実の発育期間中に変化した（図3－7）。果実の生長速度は，開花から収穫期の間の中間で最も大きくなるが，温度に対する果実の感受性はこの傾向とは逆の傾向を示した（次節）。この温度反応は，果実生長期間を決める一連の生理学的な過程の温度感受性を反映したものである。すなわち，この過程は，具体的には，開花直後では細胞分裂と種子の生長であり，成熟期に近づくと色づきや**エチレン**生成などである。これらの過程が温度によって促進される。

果実の温度は，光条件が弱い場合には気温と等しいが，光が強い場合には光のあ

エチレン…植物ホルモンの一種。種子の発芽促進，茎の伸長抑制，開花の抑制，果実の成熟・落花や落葉の促進などの作用がある。果実成熟期におけるエチレン生成制御機構については，トマトで研究が進んでいる。果実の多くは呼吸量の増加に伴い多量のエチレンを生成し，エチレンによって成熟が促進される。

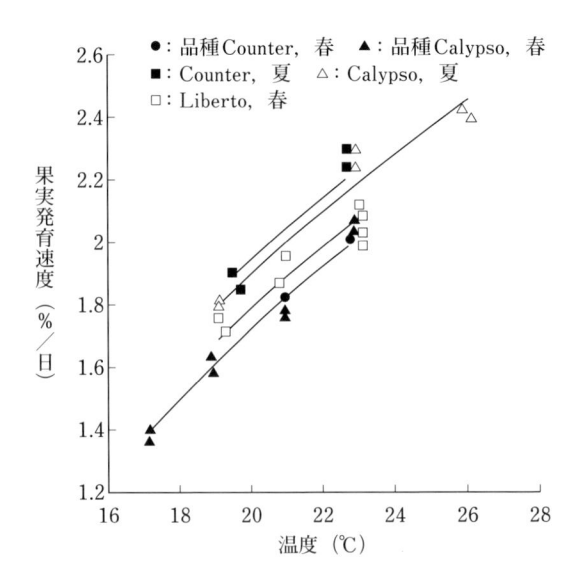

図3-6　5回の実験における温度とトマト果実の発育速度との関係
(De Koning, 1994)

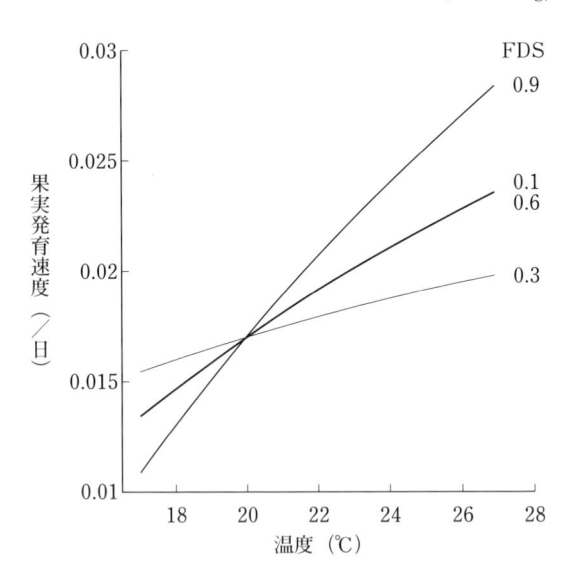

図3-7　果実発育ステージ（FDS：0＝開花，1＝収穫期）が0.1，0.3，0.6および0.9と異なる場合のトマト果実（品種：Calypso）の発育速度の温度感受性
(*Acta Horticulturae* 519, pp.92-93, De Koning, 2000)

たっている果実で気温より9℃くらい高くなることがある。このような気温と果実の温度の違いから，気温が同じでも果実の生長期間が季節によって異なる理由が説明できる（De Koning, 1994）。

品種によって果実の生長期間に違いがみられるが，同じ系統の品種ではその差は限定的である。栽植密度，光強度，CO_2，湿度，着果負担，植物体の齢および根圏環境などのような温度以外の要因は，果実の生長期間に対して影響がないか，あってもほんのわずかな影響しかない。水ストレスが厳しい場合，尻腐れが発生し，このために成熟は1〜2週間早まり，果実の生長期間は短くなる。果実の成熟については第5章で詳細に述べる。

(3) 果実の大きさと重さの変化

大きさと重さを決める要因

最終的な果実の大きさは品種によって大きく異なる。1果重は，小さいものでは約15gのチェリートマトがあり，大きなものでは約500gの大玉トマト（Beef tomato）がある。果実の積算生長はS字曲線で示すことができる（図3－8a）

開花直後には細胞分裂と始細胞の伸長拡大が同時に進行しているため，果実の生長は遅い。開花から約2週間後の3〜5週間には，細胞の伸長肥大により急速に生長する時期が続く。その後，ゆっくりとした生長期間が2週間続く。この間には代謝的に大きく変化している（訳者注：グルコースとフルクトースの増加，遊離酸の減少，カロテノイド系色素の増加など）が（第5章），果実重はほとんど増加しない。色の変化が始まってから約10日後，同化産物の果実への流入は完全に停止する。萼と果実との間に離層が形成されるためである。

1果重は，種子数と心室数（品種によって異なる）に強い相関がある。受粉が不十分な場合，種子の数が減少し，1果重も減少する。摘果によって果実サイズは大きくなる場合でも，種子の数には影響はない。また，植物体の果実／葉比が高い場合，種子の数が多くても果実は小さなままのときもある。これらは，同化産物が果実の大きさに影響することを示している。

Bertinら（2003）は，果実の大きさに関わる遺伝子と発育制御の関係について調査した。彼らは，果実重が異なる，同質遺伝子系統CF12-CとCD14-Lを用い，開花期と成熟期の花（果）房の先端部および基部の果実の特性を明らかにした。開

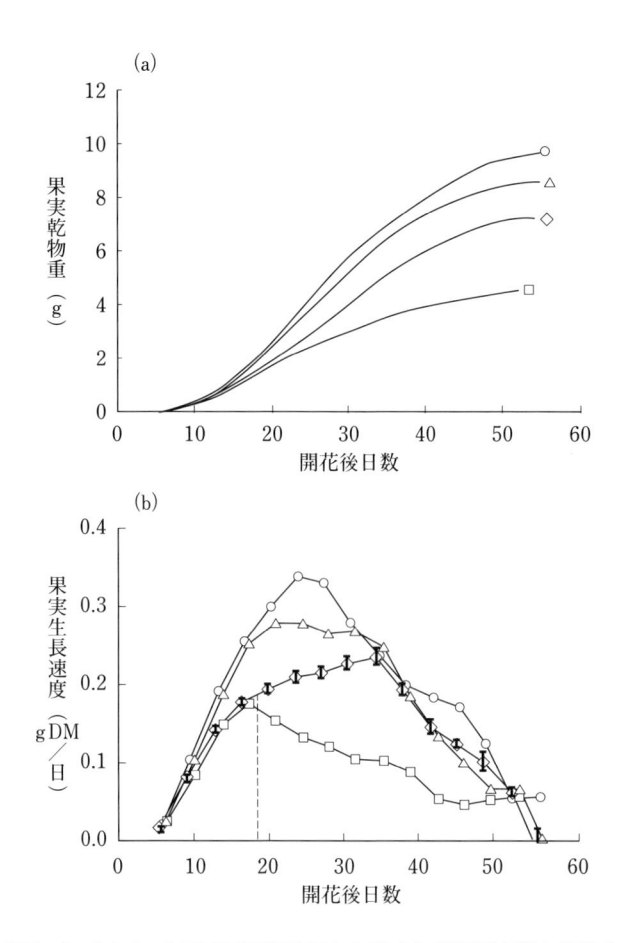

図3-8 (a) トマト果実の積算生長および (b) 開花後日数と果実生長速度との関係 （Heuvelink・Wubben, 1999, 未公表）
果房あたり1果（○），2果（△），8果（□）。開花18日後に8果ついた果房から7果摘果（◇）。生長は直径の測定から求めた。第4果房の第2～3果を測定

花期に花房の基部あるいは先端部の子房を取り除くことによって競合の影響を調べた。その結果，花房が完全な場合，CF12-Cの果実はCD14-Lよりも小さく，細胞の大きさは同じくらいだが，1.67だけ細胞層が少なくなった。つまり，系統間の果実の大きさの違いは，細胞分裂をコントロールする遺伝子が関与していると考え

られる。果房内の果実を摘果することにより，系統間の果実の大きさの違いは認められなくなった。これは主に細胞数の差が減少し，先端の果実の細胞肥大がうながされたためであり，このために両系統とも，また，先端部，基部ともに同じような果実の生長になった。つまり，果実間に同化産物の競合があるときのみ，細胞の数が最終的な果実の大きさに影響するという結論に達したのである。

種子数は果実が同化産物をひきつける競合能力を決める重要な要因である。一方，平均果実重は同化産物の量によって決まる。なお，トマト植物体における同化産物の分配において，果実の役割は突出しているが，詳細は第4章で述べる。

ポテンシャル果実生長

通常の条件では，トマト果実の生長はソースによって制限される。これは，摘果を行なうと残された果実の生長が促進されることからわかる。例えば，1果房あたり8果の場合，1果の乾物重は4.7gだが，同じ施設内の作物であっても果房あたり1果とした場合には1果重は9.9gになる（図3-8a）。しかし，1果房あたり2果あるときに1果を摘果した場合，残された果実の生長速度が大幅に増加することはない（図3-8a）。つまり，1果房あたり2果で果実の生長速度はほぼ最大に達している。それ以上，生長速度が増加しないときの果実生長をポテンシャル果実生長と呼ぶ。したがって，ポテンシャル果実生長は，同化産物の供給に制限がない場合の果実の生長速度を表わす。ポテンシャル果実生長によって，果実のシンク強度－同化産物をひきつける能力（第4章）を測ることができる。ソースが制限された条件で育つ果実に対し，摘果によってソースの制限を軽減すると，約2週間後にはポテンシャル果実生長に達する（図3-8b）。これは興味深い現象であり，ポテンシャル果実生長が果実の発育ステージで決まり，果実サイズには関係のないことがわかる。また，果実に分配された同化産物の履歴も反映している。つまり，相対生長速度は，開花後の1週間にソースの制限を受けた果実では，開花前から制限を受けていない果実よりも，ソース制限除去後にかなり高くなって，乾物重の蓄積が少ない2週間後には絶対的な生長速度が等しくなった。

ポテンシャル果実生長は果実の発育ステージで決まる

ポテンシャル果実生長は，植物内における果房の位置および果房内の果実位置の影響をある程度受ける。つまり，トマト植物体の第1果房の果実は果実重が抑制される（図3-9a）。そして，成熟時のポテンシャル果実重は，果実の肥大開始時の

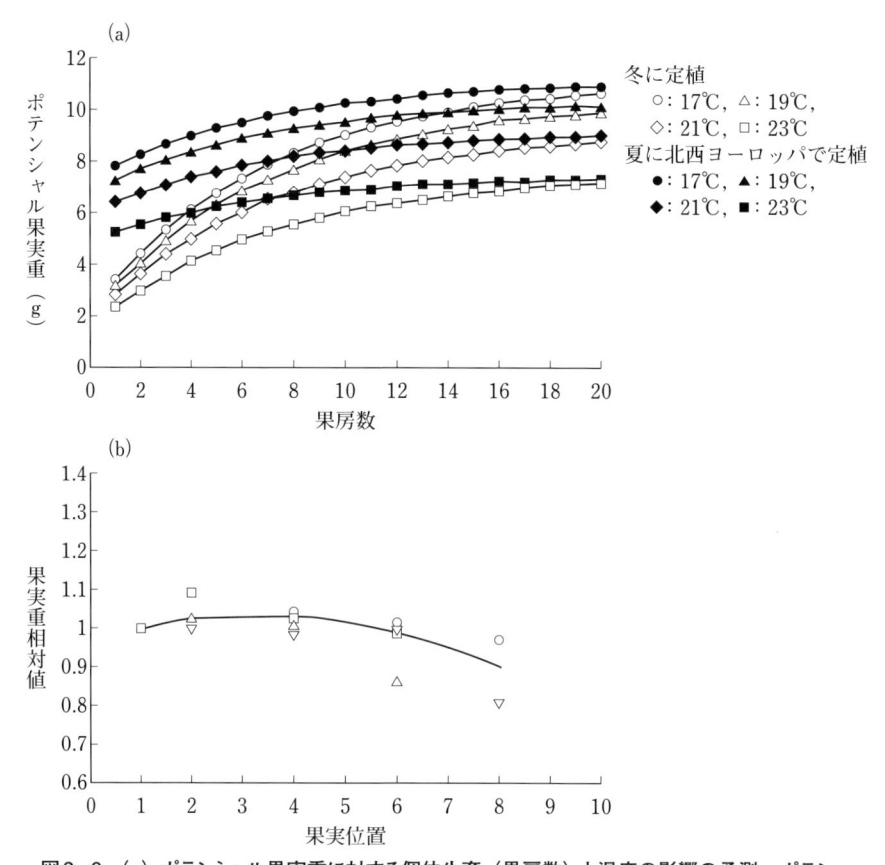

図3-9 (a) ポテンシャル果実重に対する個体生育（果房数）と温度の影響の予測。ポテンシャル果実重はその果房の第1果　品種：Calypso
(b) ポテンシャル果実重に対する果房内の果実位置の影響。第1果に対する相対値
(De Koning, 1994)

発育したシンクの大きさおよび果実生長中のシンクの活性によって決まる。

シンク強度を決める主要な要因は果実の細胞数である。果実の発育初期における細胞数の変化については，細胞増加の決定論的モデルによって解析されている（Bertinら，2003a）。果実の細胞数は，開花後2週間以内に最終的な数に達する。細胞数は，開花前の子房内における最初の細胞数およびその後の細胞分裂速度によって決まる。したがって，上位果房において最終的なポテンシャル果実重が増加す

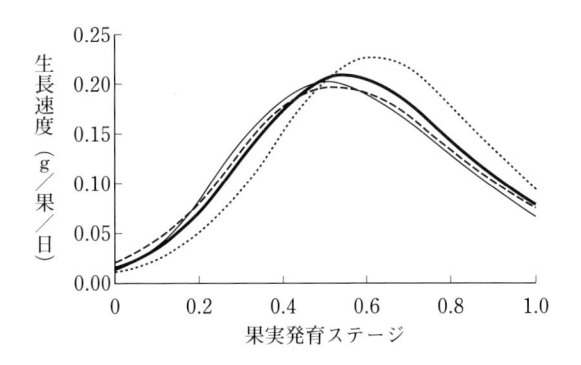

図3-10 トマトのポテンシャル果実生長速度
果実発育ステージの関数として17℃（………），21℃（-----）および25℃（──）の場合。果実発育ステージは開花以降の果実生長期間，すなわち開花から収穫ステージまでを区切ったもの。太線は3つの温度の平均。環境制御下で果房あたりの果実数を1果か2果とした（Heuvelink・Marcelis, 1989）

るのは，生長点の拡大およびそれに続く個体発生中における果実細胞数の増加によって説明できる。

第1果房の分化と発育

第1果房はトマト植物体の同化産物供給が不十分な状態で分化する。これは，植物の受光量が少ないためである。強光時には弱光に比べて同化産物の供給が多い。このような点から，ポテンシャル果実サイズに対する果房位置の影響が強光条件よりも弱光条件で大きいことが説明できる（図3-9a）。

果房末端の果実の果実重は，基部のものに比べて小さい場合があり，これは同化産物の供給が制限されている場合に顕著になる。このような果実位置による果実重の違いは，部分的には開花前の細胞数の違いに由来している。つまり，開花時の細胞数が，基部の子房で多く，末端の子房で少ないのである。細胞の分裂活性は，果実の発育初期10日間では両者で同様である。果房内で同時に受精が行なわれたときには，基部と末端の果実重の違いは小さくなる。この現象は図3-9bに示されており，ポテンシャル果実生長に対する果実位置の影響はあまりない。したがって，受精の順番とソースに近いかということが，植物体の中で，実際の果実生長を決める主な要因である。しかし，これらの要因は果実固有の特性ではなく，同化産物の供給が制限されない場合には発現しない。したがって，ポテンシャル果実生長

に対する果実の位置の影響は限られたものであり，少なくとも果房内の範囲に限られる。つまり，このような影響は大玉トマト（Beef tomato）のような果房が短い品種では小さく，チェリートマトのような20果以上の長い果房では大きい。

温度の影響

　同化産物の供給に加え，温度も最終的な果実サイズに強く影響する。温度が高くなると果実の発育速度は増す（図3-6a）。一方，果実発育ステージと果実生長速度との間の関係は温度の影響をほとんど受けない（図3-10）。つまり，高温は果実生長の期間を短くするため，収穫時の果実重が小さくなるのである。

　トマト果実への炭素移入と葉柄における光合成産物の移動速度は，温度によって促進される過程である。これらに関する研究成果に基づけば，果実生長速度に対する温度の影響は予想できる。多くの報告は短期的な温度反応を対象としたものであるが，図3-10は長期的な温度の影響を示したものである。De Koning（1994）は，温度に対する長期的な反応と短期的な反応の違いについて考えられる可能性を示した。一般に低温は生物化学的および生物物理学的過程の速度を抑制する。しかし，葉緑体の密度や組織中の酵素の量などは増大する。このような反応は，反応速度の低下を補うことになる。短期間では，高温は直ちにそれぞれの活性，すなわち，組織単位あたりの活性（例えば酵素濃度）が増加するが，長期的にみると，その果実は高い活性に馴化してしまい，組織内部の量は減少する。つまり，長期的な実験結果からみると，生長速度に対する温度の影響はほとんど認められないことになる（図3-10）。たとえ個々の活性が増加しても，組織内の量の減少で相殺されるからである。

（翻訳：中野有加／東出忠桐）

第4章

トマトの生長と収量

E. Heuvelink・M. Dorais

要約

　トマトの収量は，総乾物生産，乾物の分配および果実の乾物含量によって決まる。乾物生産にとっては，受光量が最も重要な要因であり，葉面積により大きな影響を受ける。受光量は群落構造によっても影響される。温度は葉の展開に重要であり，その結果，受光量に影響する。また，湿度は，葉の大きさに影響のある場合があり，水と無機栄養成分の吸収に影響して生長に関与する。光合成によるCO_2同化は乾物生産に重要であり，個葉の純光合成速度は飽和型の光反応曲線を示す。

　吸収した光量子あたりのCO_2固定で示される光利用効率は，CO_2濃度，湿度，光質，土壌水分によって変化する。

　CO_2濃度が高くなると拡散速度が増加して純光合成速度は増加する。CO_2濃度が大気濃度の2倍になれば，果菜類の生産量は11〜32％増加する。CO_2施用による光合成の増加は，施用当初の短期間に限られる場合がある。気温の光合成に対する影響は小さい。

　しかし，光合成に対する湿度の影響はわかっておらず，湿度上昇に伴って光合成が増加するか，もしくはほとんど影響がない。

　乾物生産と積算受光量は直線関係にあり，冬季の補光は収量を70〜106％増加させる。温度の生長に対する影響は，維持呼吸として現われる。果実生長速度には水の供給と果実の温度が強く関与している。短期の気温変化よりも長期間の平均気温がトマトの生長と収量に影響し，この温度反応がハウス栽培の省エネルギー化に利用できる。極端な低湿度では気孔が閉鎖し，そのため光合成が低下し，その結果，果実サイズや総収量も減少する。

高塩類条件下でも，高湿度により蒸散が低下し，尻腐れ果の発生は低下する。高塩類ストレスは，植物体内の水ポテンシャルを下げ，果実への水流入を減少させ，果実肥大速度が低下する。果実サイズの小さい品種では高塩類ストレスの影響を受けにくい。

トマトの総乾物生産と乾物分配は大きく異なる。

光とCO_2はソース強度に影響し，気温は主にシンク強度に影響する。ソース強度は同化産物の分配に直接には影響せず，CO_2濃度も乾物分配には影響しない。乾物分配はひとつの共通の同化産物プールから行なわれ，輸送経路の影響は小さい。分配はシンク強度に基づいており，シンク強度はポテンシャル生長で数値化できる。果実に分配される乾物の割合は果実のシンク強度を植物全体のシンク強度で割ったものとなる。果実の乾物含量は，品種や季節によって異なり，塩類濃度の増加に伴って増加する。

動的で複雑な作物生長を説明し，予測するには作物生長モデルを活用する。光合成をベースにしたトマトモデルTOMSIMではポテンシャル生長がシミュレーションでき，果房あたりの最適果実数や塩類ストレスの収量への影響がシミュレーションできる。

はじめに

トマトの収量は，総乾物生産，**乾物**の分配および果実の乾物含量によって決まる（図4-1）。これらは量的な影響だけでなく，生産物の品質，例えば果実のサイズや味にも影響し，その結果，生産物の価格にも影響を与える。露地トマトの収量は，一般的には4～10t/10aの間である。一方，ヨーロッパ北西部やアメリカ北部のハウスにおける周年生産では，収量は年間50t/10aをゆうに越え，70t/10aに達した報告もある。このような大きな違いの原因は，①栽培期間の長さ（11～12カ月，35果房以上の収穫）とその間の積算受光量と乾物生産，②CO_2，温度，湿度，光のような環境要素の制御と最適化，③集約的な栽培手法（養液栽培，施肥管理，栽植密度，仕立て法，株間定植，摘葉と摘果）である。

乾物生産は主に光合成によって行なわれる。光合成の大部分は受光量によって決まり，受光量は葉面積の影響を受ける。さらにいえば，多収のためには，植物体全体の乾物生産が必ずしも高い必要はない。なぜなら，経済的に重要なのは果実だからである。着果が少なく，そのため果実への転流が少ない場合，あるいは個々の果実の**光同化産物をひきつける能力（シンク強度）**が低い場合は，果実への分配は少なくなる。

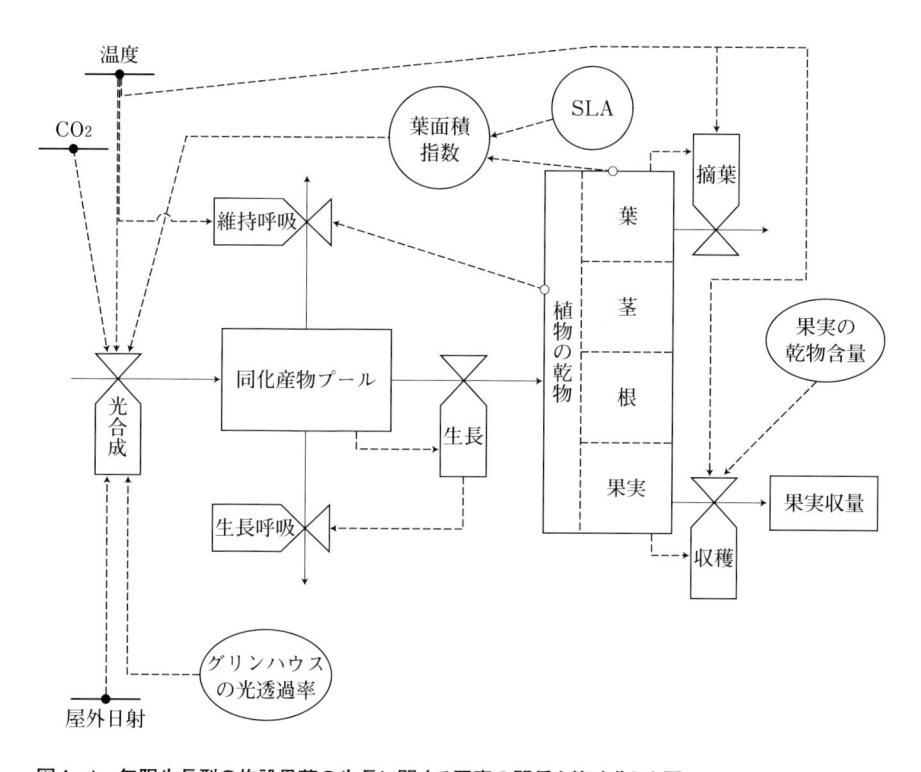

図4-1　無限生長型の施設果菜の生長に関する要素の関係を簡略化した図
ボックスは定数，丸はパラメータ，バルブ印は速度変数を示す。実線は炭素のフローを，破線は情報のフローを示す。SLA：比葉面積

　最後に，果実の乾物含量は，果実に分配された乾物重から新鮮重を決定するパラメータとして重要である。加工用トマトの場合，乾物含量は可溶性成分で表現され，糖の蓄積を示すだけでなく，食品産業上，味と加工性を決定する非常に重要な要素である。

乾物…植物個体あるいは器官から水分を除いたもの。乾物重は乾燥重量の意味。植物体を構成している乾物と貯蔵物としての乾物に分けられる。
光同化産物をひきつける能力（シンク強度）…光合成によって生産された同化産物は，葉，茎，果実，根などの各部位の生長に利用される。このうち同化産物をひきつける力が最も強いのが果実である。果実のように同化産物を利用する部位をシンクと呼び，その部位が同化産物をひきつける力をシンク強度という。シンクに対して，葉のように同化産物を生産する側をソースという。

本章では，上述のような，生長と収量を決定するメカニズムについて解説する。特に光，CO_2，温度，湿度のような環境要因や栽培法の影響である。作物の生長反応では，気象要因に対する葉の生長反応は遅いが光合成応答は迅速である。例えば温度の上昇によって**比葉面積（SLA）**は増加し，葉面積が増加するため，長期的には作物の生長は増加する。一方で，**維持呼吸**は温度変化に即座に応答する。これだけでなく，その時点の維持呼吸速度は乾物蓄積に対する環境要因の影響と組み合わさり，後になっても影響が残る。

1 乾物生産

(1) トマトの生長パターン

トマトの乾物蓄積パターンは，基本的にS字曲線を示す（図4-2）。すなわち，**相対生長速度（RGR）**が一定である**指数的生長期**（後の「2 作物と果実の生長」を参照）から，絶対的生長速度が一定以上，そして，一定以下の長い直線的生長期に徐々に移行する。果実成熟期には，**心止まり（有限花序）型のトマト**では，生長速度は減少し，葉の老化とシンク強度の低下の結果として，光合成も低下する（「(3) 個葉と個体の光合成」を参照）。**無限生長型のトマト**では，栽培終了まで直線的な生長が継続する。そのため，生長曲線は指数曲線を経て直線になる。しかし，このような生長パターンは実際には見ることができない。それは，実際の栽培では通常，栽培終了前に摘心してしまうからである。その結果，心止まり型のトマトと同様の反応を示すこととなる。さらに，晩秋期（10月，11月）には日射量が低下し，葉面積拡大

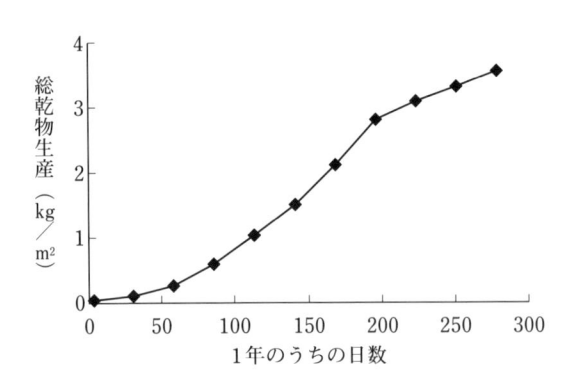

図4-2 S字曲線を示すトマトの生長パターン
商業生産グリンハウス，11月播種，12月定植，1月2週目第1花房開花

も減少する。その結果，全体的に作物の受光量が低下し，生長速度も低下する。

(2) 葉面積と受光

①受光量を高めるさまざまな方法

受光量は，トマトの生長と乾物生産において最も重要な要素であり，葉面積によって大きく影響を受ける。葉面積と受光量の関係は，葉面積指数（LAI：m^2葉面積/m^2圃場面積）を横軸にとると負の指数的関係となる（図4-3）。このときの指数係数は消光係数と呼ばれる。

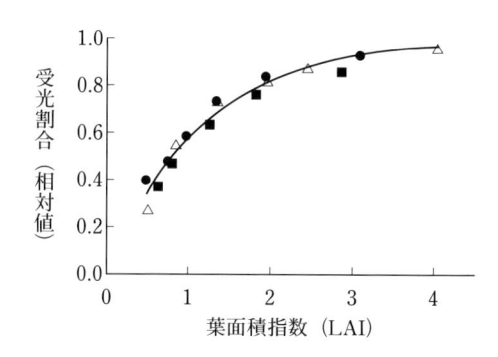

図4-3 若いトマト植物体における受光量
葉面積指数（LAI）を変えるために栽植密度を変えて実施。2月26日測定（●），3月18日測定（△），6月13日測定（■），実線は回帰式：$y = 1 - e^{-0.83x}$

摘心していないトマトの群落では，理論的にLAIが3のとき入射光の約90％の光が吸収される。ハウストマトの消光係数は，一般に，散乱光下で測定すると約0.75となる。一方，加工用トマトでは，LAIが4.5のとき，消光係数は約0.45になる（Caveroら，1998）。半心止まりの露地トマト消光の係数は定植初期には約1で後期には約0.2になり，果実の発育が最も旺盛な時期，つまり，LAIが4～5のときの受光量は50～60％であると推定される（Scholbergら，2000）。加工用トマトや

比葉面積（SLA）…葉の乾物重量あたりの葉面積。単位はm^2/g。

維持呼吸…植物の呼吸は，構成呼吸と維持呼吸に分けられる。構成呼吸は生長呼吸ともいい，生長速度に比例して増加する呼吸である。維持呼吸は生長に関係なく，個体重量に応じた呼吸である。

相対生長速度（RGR）…植物の生長速度を表わす。元の重量あたり時間あたりの重量増加。

$$RGR = \frac{dW}{dt} \qquad \overline{RGR} = \frac{\Delta W}{\Delta t} = \frac{W_2 - W_1}{t_2 - t_1}$$

W_1およびW_2：t_1およびt_2時点の地上部乾物重（g）

指数的生長期…植物が幼植物の間は，個体自身や他の個体による葉の相互遮蔽がないため，葉面積の拡大がそのまま生長につながる。この時期を指数的生長期と呼ぶ。

心止まり（有限花序）型のトマト…露地用・加工用で用いられる花房が心止まりとなるトマト。心止まりのため上方に伸びないので支柱やひも誘引の必要がなく，腋芽の花房も利用する。花房がそれ以上展開しないので，開花期と収穫期が異なる。

無限生長型のトマト…通常の連続的に花房が展開するトマト。連続生長型のトマト。

露地トマトの受光量は，基本的にハウストマトよりも低い。その理由はハウスの方が畝間や株間が広いためであり，圃場面積に占める作物面積は55％と低い（後述）。

幼苗期の作物では，作物同士の光の競合はほとんど起こらない。このステージでは，LAIが低く（＜1.5m^2 m^{-2}），作物個体あたりの**純光合成速度**（**P$_{gc}$**）はLAIの増加にほぼ比例する（図4－4a）。植物体自身の葉の遮蔽がほとんどないため，葉面積の増加により生長速度は増加し，葉面積がさらに拡大する。しかし，群落が閉じた状態（訳者注：群落上からみて圃場のほとんどを葉が覆っている状態）になると，葉面積増加の重要性は低下する。なぜなら，LAIが一定以上高くなると（＞3m^2 m^{-2}）入射した光のほとんどが吸収されてしまい，LAIがこれ以上増加しても増加した葉で利用できる光がないからである（図4－3）。したがって，この場合LAIの増加によるP$_{gc}$の増加効果はわずかしかない。

通路をなくして受光量を高められるか

受光量は，群落構造，つまり圃場面積に対する葉の分布や整枝方法によっても影響される。例えば，散乱光条件では，列の高さが列同士の距離よりも小さい場合，

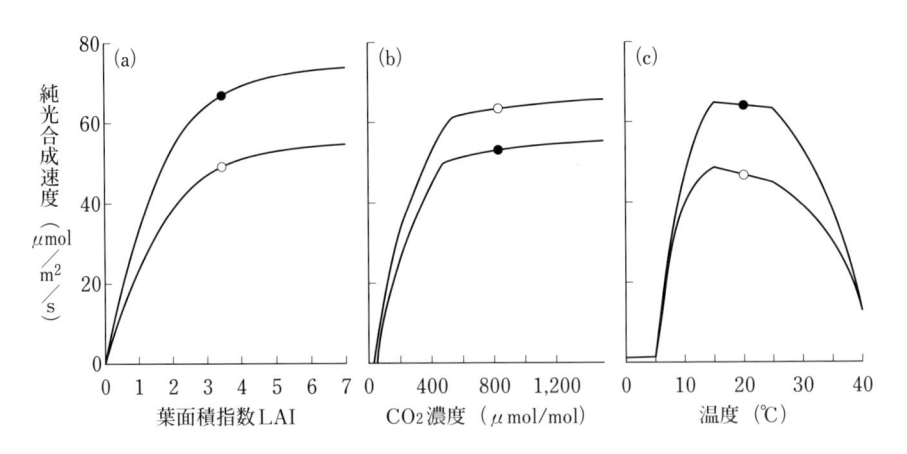

図4－4　1,500μmol/m^2/sの散乱光下における作物光合成のシミュレーション（TOMSIM，本章後半を参照）
(a)　葉面積指数（LAI）に対して（CO$_2$濃度　340μmol/mol（○），1,000μmol/mol（●））；
(b)　CO$_2$に対して（20℃（○），30℃（●））；(c)　温度に対して（CO$_2$濃度　340μmol/mol（○），1,000μmol/mol（●））。
CO$_2$濃度と温度の影響についてはLAIが3の場合，LAIの影響については温度20℃の場合

通路が作物の光合成にとって大きな影響を持つ。オランダの栽培条件でLAIを3，作物の高さを2.25m，列の幅を1.25m，列間を1.6mと想定した場合，この作物群落の1日のCO_2同化量は，同じLAIの閉じた群落に比べると平均して5％低いことがGijzen（1995）によって計算されている。そこで，ハウス上部に付けた移動式ワイヤーで作物を支持して，収穫や作物管理の必要がないときに通路をなくす試みが行なわれた。しかし，期待に反して増収効果は認められなかった。おそらく，作物を頻繁に動かすことによる物理的な刺激がマイナス効果として働いたのであろう。

地面被覆による光環境の改善

　白色のプラスチックシートやマルチを床面に敷き，そこからの反射光を利用して，作物に吸収される光量と光質を大きく増加，改善させることができる。土がむき出しの床面の場合には，光合成有効放射（PAR）（400～700nm）の10～20％が反射される。一方，土壌表面に白色プラスチックシートを敷いた場合，PARの50～80％が反射された。例えば，LAIが3の場合，シーズン全体でP_{gc}は少なくとも7％増加した（Gijzen, 1995）。地面被覆によるこのような光環境の改善は，特に幼植物（苗）の時期に重要である。この時期には，多くの光が，作物群落に遮られることなく作物間を透過して地面に到達するためである。

摘葉

　生産者は，個々の葉の寿命を決めることができる。葉を収穫果房の直下まで除去するか，葉/果実比を目標に摘葉するかを判断できるからである。Heuvelinkら（2005）は，トマト収量に対する葉面積の影響をシミュレーションと実験で評価した。7つのトマト農場の受光量の測定結果から，夏季（7～9月）には86～96％（平均90％）の光が吸収されていることが示された。目標のLAIとなるように摘葉するシミュレーションを行なうと，LAIが4までは収量が増加し，それ以上LAIを増加させても収量は増加しないことが示された。このときのLAIと収量の関係をグラフ化してみると，反応曲線は最適反応曲線というよりむしろ飽和曲線であった。しかし，実際の夏季のLAIは1.5または2.0と，低くなってしまう（De

---

純光合成速度（P_{gc}）…植物は光合成と同時に呼吸も行なっている。光合成の測定では，光合成と呼吸を区別することができないので，みかけの光合成速度を純光合成速度と呼ぶ。純光合成速度＝総光合成速度―呼吸速度。

Koning, 1993；Heuvelink, 1995）。このようなLAIの低下は，作物の光合成，収量（Heuvelinkら，2005）および果実品質の低下（Doraisら，2004）に結びつく。そのため，栽植密度を高く維持することによってLAIの不足を避けることができるが，1～2月の栽培開始初期の，光の弱い時期の高密度化は果実サイズや収量を低下させる。そのため，現在のグリンハウス生産では，栽培開始時には栽植密度をやや低くし（2.1～2.5個体/m^2），春先になると4個体の植物体につき1～2本の側枝を伸ばす。この方法により，茎密度が夏にかけて増加し，LAIを高く維持できる。その結果，株数を増やさなくても収量が著しく増加する。また，茎密度の増加は，シーズンを通して果実サイズを統一化する効果があり（Cockshullら，2001），果実品質も良くなる（Doraisら，2001）。なお，摘果のしすぎは，シンク/ソース比を低下させ（同化産物の過剰生産），葉長やLAIやSLA（cm^2葉/g葉）を減少させることがあるので注意が必要である。

草勢管理など

露地トマトでも，葉の生長や群落の特性は，品種の遺伝的形質と草姿管理によって決まる。有限生長タイプ（心止まり型）のトマトは，2m程度で直立してブッシュ状になり，開花期と果実生育期が分かれる。このタイプでは，生長点が頂花に転換するまでに5～11葉が形成され，さらに葉腋芽が生長する（Pickenら，1986）。**半有限生長タイプ**の露地トマトでは，LAIは，主茎の節数に伴い（0～20葉ぐらいまでは，平均発育速度0.5節/日）指数的に増加し，定植11週後に最大に達する（Scholbergら，2000）。定植後からの積算温度（10℃以上）が225℃日となる最初の遅滞（誘導）期の後，LAIは積算温度に従って直線的に増加し，最大LAIは平均3.8となる（図4-5）。露地トマトがほぼ最適な受光状態に到達するのは，列の幅が45cmおよび60cmの場合，それぞれ4週および6週である（Scholbergら，2000）。

実際の栽培では，列幅が1.8m未満になると薬剤散布や収穫作業が困難になるため，作物群落によって列間がふさがれることはない。圃場のうち作物に覆われる部分の割合は1m幅の群落の最大値を100％とすると，列幅が1.2m，1.5mおよび1.8mの場合，それぞれ83％，67％および55％となる（Scholbergら，2000）。露地トマトで栽植密度が1,000～6,000個体/10aの場合，果実収量を最大にするには，品種，土壌肥沃度，栽培および灌水の方法（隔離ベッド，マルチ，点滴灌水，

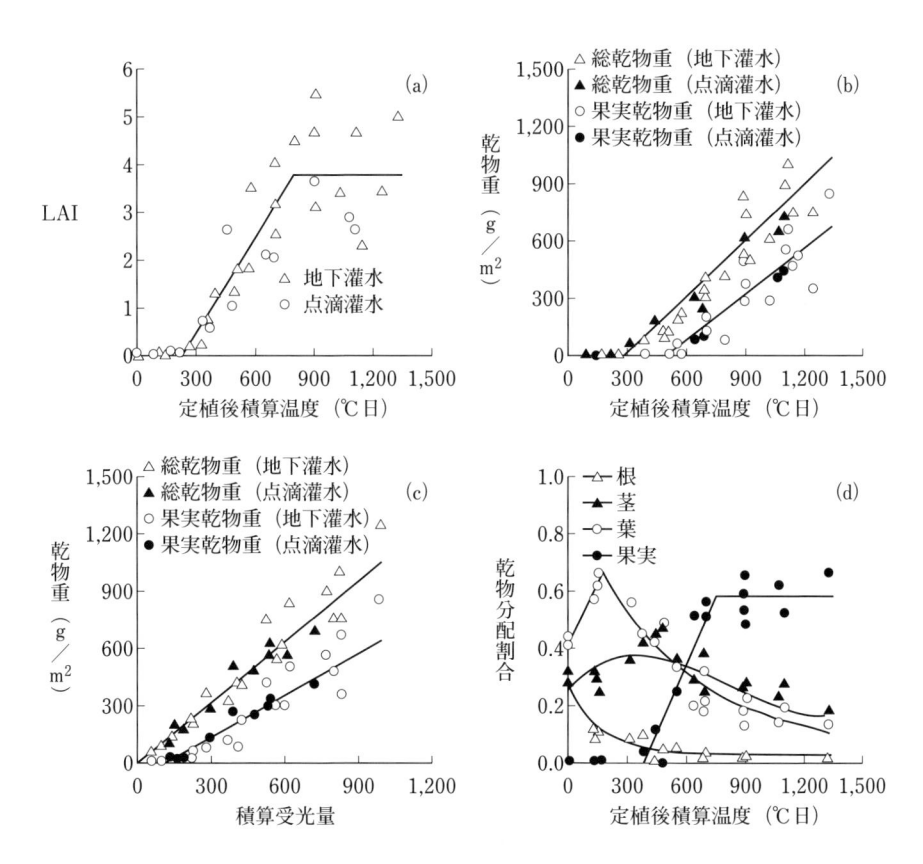

図4−5 積算温度の関数として示したアメリカのフロリダで育つ露地トマトにおける (a) 葉面積指数 ($r^2=0.74$);(b) 総乾物重 ($r^2=0.91$) と乾物果実重 ($r^2=0.79$);(c) 地下灌水と点滴灌水の場合の積算受光量 (それぞれ$r^2=0.92$と$r^2=0.84$);(d) 総乾物重に占める根 ($r^2=0.92$),茎 ($r^2=0.50$) 葉 ($r^2=0.93$) および果実 ($r^2=0.81$) の割合 (Scholbergら,2000, *Agronomy Journal* 92, pp152−159)

地下灌水) や有効日射にもよるが,LAIは4〜5にすべきである。LAIが低いと,受光量が減少し日焼けによる収穫物のロスが増加する。一方,LAIが高すぎると,果実収穫の開始時期が遅くなるほか,農薬が群落の中まで届かないため散布効果が低

半有限生長タイプ…ある程度,花房が展開すると心止まりとなるタイプのトマト。露地,加工用の品種に多い。無限生長型,すなわち,無限に花房が展開していく一般の施設トマトに対して用いている。

くなる（Scholbergら，2000）。

② 光
光量と光質の影響
　一般的に環境に対する生長反応は，光量（累積光あるいは積算光；光強度×光時間；単位時間，単位面積あたり光量子数）と光質（波長分布）両方の影響を受ける。さらに光の質および量と温度や栽培管理には相互作用がある。日長，太陽角度，大気の状態，栽植密度，群落構造が組み合わさって受光量に影響を与える。栽培ハウス内では，さらにその構造や被覆資材の影響も加わる。

　一方，光の波長分布は，受光点における太陽角度，大気の状態，群落の透過性，近隣の植物体や土壌のような他の物体の表面からの反射に影響される。植物にあるフィトクロム系（350～800nm）は，代謝経路を制御するセンサーとして働く。この結果，茎長，葉の形状や厚さ，植物の組織間での炭素分配を適応させる反応が生じる（「3　乾物の分配」を参照）。植物の光受容体にはこのほかにも**クリプトクロム**（320～500nm）と**UV（紫外線）Bレセプター**（280～350nm）の2種類がある。例を挙げると，トマトは強いUV-B（中波長紫外線）にさらされた場合，その10～19日後でも葉面積は縮小したままになる（Haoら，1997）。強日射もまたトマトの葉面積と比葉面積（SLA）を減少させる。これはいわゆる短葉症といわれ，シンク／ソース比が小さい場合（大量の篩管液が存在），生長点におけるCa欠乏と関係している。これを防ぐには，春夏季の栽植密度を高くするか，伸ばす茎数を増やせばよい。

補光のねらいと効果
　補光（SL）の利用は，作物に吸収される光量（光合成有効光量子束〈PPF〉と積算光；すなわち同化光）と光質（ランプの種類，調光設備）の2つの面から，葉の厚さのような特性に影響を与える。

　例えば，ハウストマトで高圧ナトリウムランプ（HPS）（PL 780/N 400, 120μmol m^{-2} s^{-1}）により明期を18時間あるいは24時間に延長した場合，葉面積には有意な影響はみられないが，葉の乾物重は増加する。メタルハライドランプ（GTE-Sylvania 400W, 350 μmol m^{-2} s^{-1}）を用いて高PPF条件とした場合，24時間明期で育てたトマトの方が14時間明期のものより葉面積は小さいが葉重は大きく

なる。補光による連続光によって，数日後から葉のクロロシスが現われる場合がある。3.5時間の暗期を2回に分けて1日あたり7時間の暗期を与えて，明期を17時間としたトマトでも，葉のクロロシスが報告されている（Dorais・Gosselin, 2002）。ところが，フィンランドの自然光による24時間日長条件ではこのような症状はみられない。

③二酸化炭素

CO_2施用により，葉面積が増加する場合もあるがほとんど変わらない場合もある。一方で，比葉面積（SLA）は減少する（Nederhoff, 1994）。高CO_2濃度は，葉内のデンプン濃度，葉および茎の乾物含量を増加させる。例えば，比葉重（SLW；単位葉面積あたりの重さ）は，CO_2施用から8週間後では施用しない場合と比べて51％まで増加する（Yelle, 1988）。これは葉面積あたりに蓄積される同化産物がより多いことを示す。

幼苗期のCO_2施用は定植時の葉面積および葉重を増加させ，その後の生長に有効な炭水化物の生産が増える（Tremblay・Gosselin, 1998）。第2果房の果実は，生育中の植物体ではCO_2施用によってSLWは45％増加するが，連続的に果実を生産している植物体の比葉重（SLW）にはCO_2施用の影響はほとんどない（Bertin・Gary, 1988）。これは，葉の生育中の同化産物の需要と供給の割合によって，構造物SLW（訳者注：同化産物は葉の構造物に用いられるものと単に貯蔵されるものに分けられる）が最大と最小の間で変化することを示している。構造物SLWが最小値になるような場合では，葉面積は同化産物の供給とは無関係である。構造物SLWが最大値に達したときには，同化産物の供給が多く需要が少なければ，貯蔵プールとして葉に蓄積されていく。

高CO_2条件下で報告されている葉の短葉化症状は，気孔の閉鎖と葉のカルシウ

クリプトクロム…青色光，320〜500nmの光を吸収する光受容体，色素タンパク。
UV（紫外線）Bレセプター…紫外線B，280〜350nmの光を吸収する光受容体，色素タンパク。
補光（SL）…冬季などの太陽光不足を補うため，人工光源を用いて光合成生産を促すこと。SLは，サプリメントライティングの略。光源には高圧ナトリウムランプが多い。
炭水化物…ここでは光合成によって生産される糖，すなわち，同化産物のこと。

ム欠乏と関連がある（Nederhoff, 1994）。葉面積に対するCO_2施用の副作用は，現在のところ，地上部環境や肥培管理，さらに果実/葉比を適切にすることで解決している。

④温度

若いトマトの場合，温度は葉の展開に重要であり，そのため温度が受光に対して果たす役割は大きい。一方，閉じた群落内では，温度の影響は生命維持呼吸に現われる。若いトマトの相対生長速度（RGR）に温度の影響が現われるのは，葉面積比（LAR）（単位乾物重あたりの葉面積；cm^2/g）に対して温度が影響するからである。これは生長解析によって確認でき，純同化率（NAR）（「2　作物と果実の生長」以下の節を参照）への影響は小さい（表4-1）。LARは温度と正の相関があり，これは主にSLAの変化によるものである。これに対し，LWR（葉重比）は温度に依存しない傾向がある（Heuvelink, 1989）（「2　作物と果実の生長」を参照）。

LARとSLAは，日平均気温に反応するだけでなく，昼夜の温度の差（DIF）にも反応する。トマトでは，SLAはDIFの増加に伴って増加する。一方，昼夜温度が逆になった状態（負のDIF：夜温が高い状態）では，若い植物体の生長は抑制される。これは主にSLAが低下するためである（「第3章　2　葉の出現と生長」）。これらの現象は，DIFの作用機構がフィトクロム反応に関係していることを示す。DIFと同様に，20時間日長の最後に12℃の低温を与えると，最も若い葉の葉長が減少する（Doraisら，未発表）。一方，この低温を明期の最初に与えると，トマト苗の

表4-1　若いトマト植物体における生長パラメータ（乾物重が20.1mgから2981mgまでの平均）間の相関

相関のデータは6つの処理区（12時間日長，昼/夜温：26/16℃, 24/18℃, 22/20℃, 20/22℃, 18/24℃, 16/26℃, 24時間平均気温：21℃（Heuvelink, 1989））から得た

	RGR※	NAR	LAR	SLA
純同化率（NAR）	0.469			
葉面積比（LAR）	0.810*	-0.131		
比葉面積（SLA）	0.838*	-0.034	0.946***	
個体重あたりの葉重（LWR）	-0.354	-0.273	-0.145	-0.455

＊$P<0.05$, ＊＊＊$P<0.001$
※相対生長速度（RGR）

葉数と葉柄長が減少する（Grimstad, 1995）。

⑤湿度

　冷涼な気候で栽培される露地トマトでは，極端な湿度条件になることがある。ハウス栽培では，高湿度および低湿度条件はそれぞれ冬と夏にみられることが多い。いくつかの果菜類では，葉の大きさに空気湿度の影響がみられる（Bakkerら, 1995）。また，高湿度により葉面積比（LAR）は増加するが，純同化率（NAR）は減少する（Grange・Hand, 1987）。

　短期の実験では，弱光条件で育つトマトの相対生長速度（RGR），LARおよびNARに対する湿度の影響はほとんどみられない（Hurd, 1973）。一方，湿度（数値は，湿度を**飽差**（VPD：kPa）で示している）が1.0kPaから0.2kPaに増加すると，葉面積が増加する（Suto・Ando, 1975）。ミスト（細霧）の利用によって強光条件では葉面積は増加する。これはプラスの影響だが，トマトでは，カルシウム欠乏により引き起こされるマイナスの影響（葉はより小さくなる）を挽回するほどである（Holder・Cochkshull, 1990；Bakkerら, 1995）。

　長期の実験（7カ月）では，高湿度（0.4kPa）で蒸散速度が800ml/日/個体になるようにVPDを調節した場合，対照区（0.97kPa）と比べて葉の乾物重，葉面積，第5葉と10葉の比葉重（SLW）が減少した。これは葉のカルシウム濃度が低いことによるものであった（Grange・Hand, 1987）。同じことが，VPDが0.1～0.4 kPaの場合にもみられた（Holder・Cockshull, 1990）。

　このように，作物の生長に対する湿度の影響は，水吸収とそれに伴う無機成分の吸収とそのバランスによって決まる。

⑥塩類ストレス（サリニティ）

　水質の良いことは，現在では「ブルーゴールド＝青い金」といわれている。多くの国では，灌漑水の質的および量的な低下が問題になり，塩類濃度の高い水でも灌

飽差（VPD）…Vapour pressure deficit（VPD）。ある温度における飽和水蒸気分圧と実際の水蒸気分圧の差で，VPDが大きいほど空気が乾いていることを示す。

塩類ストレス（サリニティ）…根圏の塩類濃度が高いことによるストレス。塩類濃度は，電気伝導度（EC）で表わし，単位はdS/m。通常の養液栽培では1.2～2.5dS/mの培養液を植物に与える。

潅水に利用している（Doraisら，2001）。園芸作物と塩類および無機養分の関係は極めて複雑である。

高塩類条件では，以下のように作物は負の作用を受ける。

まず，培養液の水ポテンシャルが低いために水分欠乏が生じる（浸透圧効果）。

次に高塩類によって栄養障害が生じる。これにはイオンの過剰吸収，養分の可給度の低下や吸収時の競合，植物内での輸送・分配による養分バランスのくずれ（イオニック効果）がある。高塩類濃度では，水ポテンシャルの低下により，水の可給度が低下し，水吸収が減少する。このため，根圧によって生じる水および溶質の木部への輸送が減少する。このような条件では，地上部への水および無機養分の供給速度は制限される（Doraisら，2001）。例えば，ECが6dS/m以上の場合，ECが1dS/m高くなるごとにトマトの個葉面積は8％小さくなる（Li・Stanghellini，2001）。SLAに対する高塩類濃度による影響は品種によって異なり，ECが1〜6dS/mの範囲では，ECが1dS/m上昇するごとにSLAが5％減少する品種もあるが，影響のない品種もある。

(3) 個葉と個体の光合成

①トマトの光合成活性と特徴

光合成によるCO_2同化は作物生産にとって重要な過程である。光合成有効放射（PAR）は作物に光合成エネルギーを供給する。**ルビスコ酵素**（RuBisCO：リブロース1,5ビスフォスフェイトカルボキシラーゼーオキシゲナーゼ）はCO_2の固定を触媒する。しかし，ルビスコは酸素（O_2）とも親和性を持ち，O_2が豊富な条件下ではCO_2を放出する（これは「光呼吸」と呼ばれる）。葉の全窒素の25〜40％はルビスコであり，葉内窒素と葉の光合成能力との間には強い相関関係がある。例えば，トマト葉の最大光合成速度（$P_{g, max}$）は葉の窒素含量と正の相関関係にある。一方，**暗呼吸**は$P_{g, max}$および葉の窒素含量によって調節されている（Osakiら，2001）。窒素欠乏は，トマトの$P_{g, max}$と光合成電子伝達系の能力を表わすクロロフィル蛍光（**Fv/Fm**）比を，**気孔コンダクタンス**と同様に低下させる（Guidiら，1998）。トマトの葉の窒素状態と光合成の関係については第6章で述べる。

個葉の光合成速度

個葉の純光合成速度の光反応曲線は以下のように一般化できる（Marcelisら，

1998)。

$$P_g = P_{g,max} \times f(x) \qquad (4.1)$$

ここで，$P_{g,max}$：個葉の最大光合成速度，x：無次元グループ$\epsilon H/P_{g,max}$，ϵ：初期の光利用効率，H：葉面積あたりの吸収日射，である。なお，入射した日射が光－光合成反応曲線においてしばしば利用されるが，ϵでは単位吸収日射あたりで表現する。トマトの葉が吸収するのは入射した日射の85％である。つまり，ϵは入射した日射よりも15％低い。関数$f(x)$の範囲は0（暗黒状態）から1まで（光飽和状態で$P_{g,max}$に達した状態）である。この関係の最も一般的な関数は以下の非直角双曲線である：

$$f(x) = \{1 + x - \sqrt{((1+x)^2 - 4x\Theta)}\}/(2\Theta) \qquad (4.2)$$

Θはこの関数曲線の形を決めるものであり，その範囲は0（丸みのゆるやかな直角双曲線）から1（曲線に肩がみられるBlackman反応）の間である。例えばΘの値が0.7のとき，この関数は負の指数関数として広く利用される以下の式に近似する。

$$f(x) = 1 - e^{-x}$$

個体の光合成もまた，式4.1で記述することができる。ただし，Hには個体による全光吸収を用いる（図4-6）。

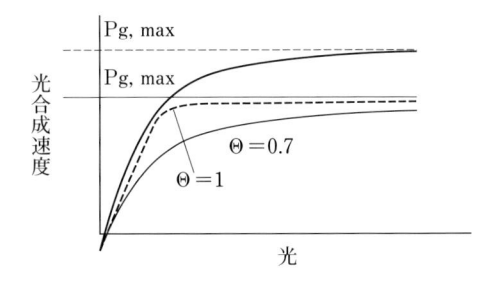

図4-6　光と光合成速度
$P_{g,max}$が光合成速度の上限を決めΘが曲線の形を決める

育てられた環境条件による速度の変化

育てられた環境条件が異なれ

ルビスコ…光合成におけるカルビン-ベンソン回路の炭素固定反応に関係する酵素。

暗呼吸…光がないときの呼吸。

Fv/Fm比…光化学系IIの光化学的効率を量的に測定したもの。クロロフィル蛍光において暗黒下の蛍光強度をF_0と呼び，フラッシュをあてた場合をFmと呼ぶ。FvはF_mとF_0との差である。植物のFv/Fm比は0.8〜0.83である。Fv/Fm比の反応は，炭水化物の蓄積に関連しており，強光などにより光阻害を受けると低下することから葉の状態の指標となる。

気孔コンダクタンス…CO_2や水蒸気などの気体が気孔を通る際の通りやすさ。抵抗の逆数。気孔が大きく開いていれば気体が通過する際の抵抗が少なく，気孔コンダクタンスは大きくなる。気孔が閉まっていれば気孔抵抗は大きく，気孔コンダクタンスは小さくなる。

ば，同じ条件で測定してもトマトの葉の光合成速度は異なる。この例として
よく知られた事例は，弱光に適応した葉では$P_{g, max}$は低いがϵには影響がほとんどないというものである（Ludeig, 1974；Hurd・Sheard, 1981）。これはトマト個体群落の中で弱光条件を経験した古い葉の$P_{g, max}$は，上部の若い葉に比べて低いことを意味する。無限生長タイプのトマトでは，生長点から数えて第10葉，15葉および18葉の$P_{g, max}$は，第5葉の$P_{g, max}$に比べて，それぞれ76％，37％，18％に減少し，それらの葉の純光合成速度は第5葉の50％，21％および7％である（Xuら，1997）。古い葉の$P_{g, max}$が低い理由は，ルビスコの活性低下よりもむしろ含量の減少に原因がある。光が増加した場合，純光合成速度は上位葉よりも下位葉で先に飽和する。しかし，実際には下位葉は弱光条件で働いているので，下葉の$P_{g, max}$（光飽和に達する個葉光合成速度）の低下は個体全体の純光合成速度にはほとんど影響ない。Acockら（1978）の計測によると，葉面積指数が8.6のトマト個体群落では，固定した純CO_2の66％が全葉面積の23％の上位葉によって同化されたものであった。個葉とは対照的に，トマトの群落や群落の一部である個体では$P_{g, max}$の光飽和は生じない。

糖代謝とデンプン蓄積

光合成によるCO_2同化速度がシンク器官の能力を超える条件（例えば強光条件や高CO_2濃度条件）では，葉に糖が蓄積し，ルビスコおよびチラコイドタンパクのようないくつかの光合成関連遺伝子群の発現を抑え，これが光合成を抑制する原因になる可能性がある。また，スクロースリン酸合成酵素（**SPS**）などの糖代謝酵素が関与する葉の糖代謝および篩部への**ローディング**が，強光条件や高CO_2条件による光合成を抑制する可能性がある。

このような条件で光合成速度を決めるのは主に**リブロースビスリン酸**（**RuBP**）の再生速度および無機リン酸（P_i）の再生に対する**スクロース合成**能力である。つまり，低P_iではクロロプラスト外のトリオースリン酸輸送が影響を受ける。その結果，デンプン濃度が高濃度となりすぎ，夜間に完全に糖が移動できないことになる。糖代謝および篩部ローディングがトマトの光合成を制限する証拠は**SPS形質転換植物**によって明らかにされた。形質転換によるSPS過剰トマトは，明期に高い光合成速度を示し（CO_2濃度550および750 μmol/molの場合），葉のデンプン蓄積は非形質転換植物と比べて2分の1から3分の1になる。明期のおわりにはSPS形

質転換植物の葉のデンプンは非形質転換植物の30～83％少なくなる。葉のSPS過剰は篩部へのローディングも増加させる。果実のSPSおよび**スクロースシンターゼ活性**は27％増加し，果実にアンローディングするスクロースは70％高まった。これらにより，この形質転換植物の収量が高く（30％），果実の可溶性固形物含量も高いことが説明できる（Doraisら，未発表）。

果実の乾物蓄積は葉の同化産物の移入による

　花房の花梗，小花梗，萼および未熟果実はかなり光合成活性が高く，作物の生長に大きく貢献している。花梗，茎および果実のクロロフィル含量と$P_{g.\,max}$との間には相関関係がある（Xuら，1997）。光飽和状態の花梗の光合成速度は，若い花房で5mgCO_2/h/g DW（乾物重）に達し，古い花房でも3.5mgCO_2/h/g DWである。また，緑色果の表面の純光合成速度は，葉の15～30％である（Czarnowski・Starzechi, 1990）。新鮮重10gの小果実の場合，$P_{g.\,max}$は0.0043 μmol CO_2/kg FM/sに達し，これは面積3cm^2の葉と同等である（Xuら，1997）。果実が大きくなるにつれて果実の$P_{g.\,max}$は減少して無視できるようになり，100gの果実では純光合成生産はみられない。さらにオレンジ色の果実になれば，光合成が内部の異化作用過程（訳者注：分解してエネルギーを取り出す代謝過程）を上回ることはなく，最適条件（高CO_2，高PPF条件）でも果実では光合成によるCO_2同化はみられない（Czarnowski・Starzechi, 1990）。未熟期，催色期，成熟期，過熟期のトマト果実では，CO_2同化の徴候はみられない。しかし，緑色果のクロロフィル蛍光のパラメータ値やルビスコ活性で表現される未熟果の有効電子伝達は葉と同様である（Carraraら，2001）。光合成有効光量子束（PPF）が185 μmol/m^2/sの場合，光合成電子伝達活性の29％が葉身よりも他の組織に存在しており，果実は15％を占める（Hetheringtonら，1998）。光合成活性は，萼，果実の肩の緑色部分，子房およ

SPS…スクロースリン酸合成酵素。ショ糖の生合成に関与する酵素で，植物のショ糖合成を律速していることが多い。

ローディング…光合成によって生産した糖を葉から他の器官への輸送経路（篩部）にのせること。逆に，果実などに到達した糖を篩部以外の部分に放出することをアンローディングという。

リブロースビスリン酸（RuBP）…光合成反応のカルビン回路における重要な中間物質。

スクロース合成，スクロースシンターゼ活性…糖合成と糖合成酵素の活性。

SPS形質転換植物…トウモロコシのSPS遺伝子をトマトに導入した形質転換植物。スクロースリン酸合成酵素が過剰に発現する。

び子室柔組織でみられる。したがって，これらの組織すべてが炭素同化において重要な役割を担い，果実の糖酸比と果実品質に影響を与える可能性がある（Simillieら，1999）。若い果実を除き，通常のトマト果実では，強光条件でも純光合成よりも呼吸が多い。したがって，果実の乾物蓄積は，もっぱら葉からの同化産物転流によるものである。

②光利用効率

多くの植物では，光利用効率（LUE；吸収した光量子〈mol〉あたりのCO_2固定〈mol〉）はCO_2濃度，湿度，光の波長組成および土壌水分によって変化する。モデルによる評価では，LUEが10％増加すると1日の作物の光合成は晴天日で5％，曇天日で8.8％増加する（Gijzen, 1995）。CO_2濃度が大気濃度の場合，葉のLUEはおよそ0.05 mol/molであり，CO_2濃度を高くした場合，最大で0.08 mol/molとなる。

トマトのLUEはCO_2施用によって増加し，CO_2濃度100 μmol/molあたり約6～15％増加する（Nederhoff, 1994）。高緯度地域の冬季のグリンハウス栽培ではCO_2施用と補光を併用する。これによってLUE自身の増加の効果とそれに伴った乾物生産に由来するLAI増加の相乗効果がある（De Koning, 1997）。

一方，高温は（光）呼吸を増加させ，その結果LUEは減少する。大気のCO_2濃度では，気温が15℃から30℃に上昇した場合にはLUEは約15％減少する。一般に，露地トマトのLUEはハウストマトと比べて低い。露地トマトでは紫外線からの防護のために表皮が発達しているからである。

③補光と光周期

光量子の波長と自然光

光量子の波長の違いは光合成に大きな影響を与えるものではない。しかし，補光を行なった場合のLUEは，自然光の場合よりも高い。これは，補光時の光について，光量子収率の高い波長と波長分布を備えていることによるものである。50 μmol/m^2/sの補光は，太陽光および陰になった葉でそれぞれ0.052および0.051mol/molの効果がある。この補光の効果は，自然光が加わると低下するが，CO_2濃度を700 μmol/molに増加した場合19％まで増加する（Gijzen, 1995）。理論的には，高圧ナトリウムランプ（HPS）による補光は自然光よりも光合成が34

％高くなる（Bakkerら，1995）。

冬のトマトの補光

　冬のトマト（6〜7月の定植の場合）は補光下で育つ。生長点から5葉目と10葉目の葉の光合成速度は，11月から1月の間は，入射した光量の推移に従う。群落上の光レベルが900 $\mu mol/m^2/s$ に達する3月には，この5葉と10葉の光合成速度は飽和に達する。5月には，これらの葉の光合成速度は早朝に最大になるが，光の増加に関係なく4時間後には低下する。この時刻には光が増加しているのにもかかわらずである。光合成活性のこのような変化が，デンプンやヘキソース類のような炭水化物の葉内への蓄積に大きく影響を受けることが原因である。

　Fv/Fm比は，光化学系IIの光化学的効率を量的に測定したものである。Fv/Fm比は，冬季は一定だが，春になると真昼に減少し，その後，その日の最初の値まで増加する。光の日内変化に対応したFv/Fm比の反応は炭水化物の蓄積に関連しており，トマトの葉が光阻害を受けていることを示唆する。しかし，この光阻害は可逆的なものであり，明期のおわりにはFv/Fmは回復する。冬季のトマトでは，補光を利用しても自然光が弱いためソースが制限されることになる（訳者注：光合成が抑制され，同化産物の生産速度が低い状態）。しかし，春になると光合成の下方制御と炭水化物の日々の蓄積から，作物がシンクに制限されている状況になる（訳者注：着果数が少ないなどの理由でシンクが小さいため，同化産物の利用場所が減り，光合成が抑制される）。冬のトマト（6〜7月定植）と春のトマト（11〜12月定植）とを比較した場合，生長点から5葉目のCO_2同化速度は，冬のトマトでは昼間に低下するが，春のトマトでは昼間でも一定である。冬季のCO_2同化速度の低下は，気孔コンダクタンスの低下によって葉内CO_2濃度の低下が生じるためである。このことから，冬季トマト栽培における光合成の低下に気孔開度が関与していることが示唆される。

気孔による制限の緩和

　気孔による制限を緩和する条件として，高CO_2濃度条件で個葉の最大光合成速度を測定すると，冬のトマトの個葉最大光合成速度は春のトマトの場合と同じになる。両トマトとも，PSIIの電子伝達系の有効光量子生産と蛍光消光係数（Q_p）は同じである。つまり，気孔開度が制限されていなければ冬の作物体の葉の効率は春のものと同じである。実際の生産場面からみると，この生理学的反応（訳者

注：気孔開度の低下）が収量低下に関与している。すなわち，補光時の冬のトマトの収量は，春のトマトの50％以下である。この生理学的反応（訳者注：気孔開度の低下）は，炭水化物の蓄積と結びついた葉の水分状態の制限（非効率な根系）から生じている。これらはどちらもトマト葉の光合成を低下させる（Dorais・Gosselin, 2002）。

接ぎ木の利用

現在では，前述のような問題は，よい根系を持つ接ぎ木の利用で解決されている。日射に対する**ヒステリシス**のような異常な光合成反応，そして，高日射や日射の激変による光合成の低下は，高塩類処理によっても発生し，促進される（Doraisら，2001）。このような問題も接ぎ木によって防止，あるいは軽減することができる。

日長の延長

補光下で育つトマトには最低6時間の暗期が必要である。日長を12時間以上にすると，純光合成が低下する（日長が18時間および24時間の場合，12時間日長の場合と比べてそれぞれ26％および29％低下する）。また，転流効率はわずか54～69％となり，葉に炭水化物が蓄積する。このときの暗呼吸によるロスは低いか，ないに等しい。実際，トマト葉におけるデンプン濃度は日長延長によって45％まで増加する。また，ヘキソース濃度は自然光のみの場合と比べて15％まで増加する（Dorais・Gosselin, 2002）。

④二酸化炭素

濃度と光合成速度

CO_2は光合成の基質である。CO_2濃度が高くなると拡散速度が増加し，葉へのCO_2流入は増加する。このために個葉と個体の純光合成速度は増加する。CO_2に対する光合成速度の反応も光と同様に飽和型（訳者注：光合成速度はCO_2濃度の上昇に伴い増加するが，上限があり，CO_2濃度がある濃度以上になってもそれ以上光合成速度は増加しない）を示す（図4－4b参照）。純光合成速度が0になるときのCO_2濃度をCO_2補償点（Γ）と呼ぶ。CO_2－光合成曲線の初期（Γ時点）の傾きはCO_2利用効率（τ）という。CO_2濃度が低い場合，**カルボキシル化側**（光呼吸）ではCO_2よりもO_2の親和性が高い。したがって，ルビスコのCO_2に対する親和性によって純光合成は

制限される。高CO_2濃度では，光呼吸は低下あるいは抑制され，曲線は飽和に至る。これはRuBPの要求が増加したことにより，RuBPの再生産が制限要因となるためである。さらにCO_2濃度がそれ以上高くなっても純光合成速度は反応しない。CO_2濃度が高い場合，最終合成産物の制限によって純光合成速度が減少することもある。このような反応は，強光，高CO_2濃度条件でみることができる。

かなり最近まで，弱光下ではCO_2施用の効果はほとんどないと思われていた。CO_2あるいは光のどちらかひとつの要因が光合成や収量を抑制すると誤解されていたためである。つまり，弱光下では光が制限要因となっているのでCO_2施用の効果がないと思われたのである。しかし，弱光条件でCO_2施用した場合も光呼吸の抑制によって純光合成速度は増加する。

光合成の相対的増加が計算できる

シミュレーションによると，CO_2濃度が350 $\mu mol/mol$から700 $\mu mol/mol$の2倍になると，個体の光合成はPAR（光合成有効放射）が500 $\mu mol/m^2/s$の場合には24％増加し，PARが1,500 $\mu mol/m^2/s$の場合には32％増加する。CO_2濃度が350 $\mu mol/mol$から1,000 $\mu mol/mol$に増加した場合，PARが500 $\mu mol/m^2/s$と1,500 $\mu mol/m^2/s$のとき，光合成はそれぞれ33％と44％増加する（Gijzen, 1995）。CO_2濃度が1,000 $\mu mol/mol$でPARが1,350 $\mu mol/m^2/s$のときの，トマトのP_{max}（最大光合成速度）の計算値は6.5 $g/m^2/h$になる（Nederhoff, 1994）。CO_2施用によりCO_2濃度（C，$\mu mol/mol$）を高めた場合の光合成の相対的増加（X，100 $\mu mol/mol$あたりの増加率％）は回帰式を用いて計算できる。通常（無限伸長タイプの施設トマト）のトマトでは，おおよそ以下のようになる（Nederhoff, 1994）。

$$X = (1,000/C) 2 \times 1.5$$

CO_2濃度と光補償点

光補償点はCO_2濃度の増加に伴って低下する。CO_2濃度が100 $\mu mol/mol$増加す

ヒステリシス…条件が変化した後に，前と同じ条件に戻しても反応が以前と異なること。すなわち，条件変化がその反応に影響を与えることを示す。これに対し，過去の履歴にかかわらず同じ反応がみられる場合を可逆的という。

カルボキシル化…カルボキシル基（–COOH）を持つ化合物がカルボン酸。カルボン酸を導入する反応をカルボキシル化という。

るとトマトの葉のコンダクタンスは約3％低下する。しかし，この低下による作物の蒸散に対する影響は小さい。また，非常に日射が低い場合を除いて，葉温に対するCO_2濃度の影響は，はっきりとはみられない（Nederhoff, 1995）。

CO_2施用による光合成の増加は施用当初の短期間に限られる

CO_2施用による光合成の増加は施用当初の短期間に限られ，長期間になるとその効果が小さくなる場合がある（Cure・Acock, 1986；Bestfordら, 1990；Bestford, 1993）。CureとAcock（1986）は，植物種と気象条件を広い範囲で調査し，以下のようにまとめている。つまり，CO_2濃度を大気濃度の2倍にした場合，CO_2ガス交換はいったん52％増加する。しかし，高CO_2条件に植物は順応し，シミュレーションによれば光合成速度は約29％に低下する。トマトにおいても，高CO_2条件による光合成組織の生化学および分子的な変化により，この順応を説明できる。無限生長タイプのトマトに900 μmol/mol のCO_2施用を1週間行なうと，葉の炭素交換速度はCO_2が大気濃度の場合に比べて37％増加する。しかし，炭素交換速度はその9週間後には大気濃度の場合と同じになる（Yelle, 1988）。気孔の部分的な閉鎖は炭素交換速度には関与していない。なぜなら，CO_2施用を行なっても気孔内のCO_2濃度（C_i）は減少していないからである（Yelle, 1988）。しかし，気孔の閉鎖によって蒸散と養分吸収はともに低下する。

高CO_2によるトマトの光合成効率の低下の仕組み

高CO_2によるトマトの光合成効率の低下は，デンプンの蓄積によるクロロプラスト（葉緑体）の微細構造の変化および糖の蓄積のどちらの面からも説明できない。ルビスコは空気中のCO_2のペントース（炭素原子5個を持つ単糖）への固定に重要な役割を持つことから，CO_2施用によるRuBP，光合成の低下およびルビスコの減少が報告されている。生長時のCO_2濃度の影響をみると，葉が十分に展開した場合には高CO_2で育った葉でも低CO_2で育った葉でもP_{max}は同じであることをBestford（1993）が確認した。一方，高CO_2条件で育った若い葉（展開葉の25～75％の展開状態）のP_{max}は低CO_2で育てた場合よりも高かった（図4-7）。このときのP_{max}は低CO_2条件では0.25展開時，高CO_2条件では，0.50展開時に得たものである。同様に，Van OostenおよびBestford（1995）は，葉の展開が60％および95％のとき，高CO_2で育った植物のP_{max}をそのCO_2濃度で測った場合，大気濃度CO_2で育った植物のP_{max}よりも高いことを示した。しかし，十分に展開した葉

では，高CO_2濃度時のP_{max}はCO_2濃度の上昇に伴い低下した。このように展開した葉では上昇したCO_2に対して順応しており，ルビスコ，クロロフィル（Chl），ルビスコ/Chl比およびChl a/bが低下する。光化学系Iのコアタンパク質，光化学系IIコア複合体のD1およびD2およびシトクロムfは，十分に展開した葉（31日齢）でのみCO_2濃度上昇によって低下した。一方，ルビスコの大小のサブユニットとルビスコ活性タンパクはCO_2施用22日後からすでに低下していた。これらに加え，生長CO_2濃度で測定した暗呼吸は高CO_2で育てたものの方が対照の場合に比べて小さかった。光合成，A/C_iカーブ，ルビスコ活性，さまざまなクロロプラストタンパク質，mRNAおよび糖含量の変化から，CO_2の影響は葉の齢に関係しており，核の光合成関連遺伝子のヘキソース発現（Van Oostenら，1994）がヘキソキナーゼ経由（Jang・Sheen, 1994；Van Oosten・Bestford, 1995；Daiら，1999）で生じていると，彼らは結論づけた。しかし，CO_2順応に対するヘキソナーゼの役割を証明するにはさらに多くの研究が必要である。

スクロースフォスフェイトシンターゼ（SPS）のような他の糖代謝酵素も，CO_2順応に対して重要な役割を持つ。例えば，SPSが過剰発現するトマトの葉（〜6倍）

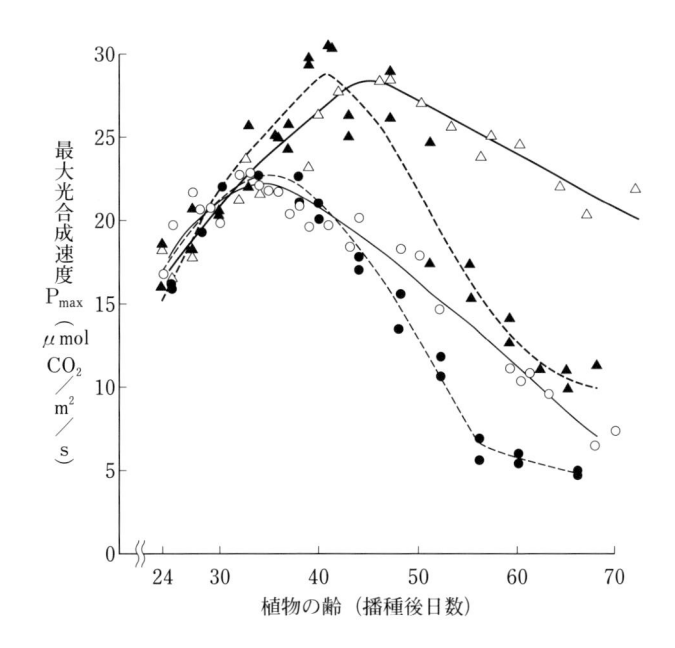

図4-7 光合成速度の光飽和, トマトのさまざまなステージにおける遮蔽されていない第5葉の最大光合成速度（Bestford, 1993, *Vegetatio* 104/105, 444. Kluwer Academic Publishers）
植物は，CO_2濃度，340 μmol/mol（○, △），または1,000 μmol/mol（●, ▲）で育てた。
測定は，CO_2濃度，300 μmol/mol（○, ●），または1,000 μmol/mol（△, ▲）

と果実（〜2.5倍）では，強光・高CO_2条件（800〜1,500 μmol/mol）で光合成は増加する（Foyerら，1999）。高CO_2で育てたSPS形質転換トマトでも最大抽出ルビスコ活性は減少する。しかし，高CO_2による葉のデンプン蓄積の増加は，形質転換でない普通の植物体を同じ条件で育てた場合の葉よりも少ない。つまり，葉のSPS活性の増加は，CO_2施用を長期間行なった場合のトマトの光合成の順応を防ぐのである。

⑤温度

光合成に影響を及ぼす温度範囲

　トマトの純光合成に対する気温の影響は，広い温度範囲にわたって非常に小さなものでしかない（図4-4c）。温度は主に果実による同化産物の要求には影響しているが（「3　乾物の分配」を参照），温度が15〜25℃の範囲では光合成速度には変化はない（De Koning, 1994）。強光・高CO_2条件の場合に限れば，P_{gc}（純光合成速度）は温度の影響を大きく受ける。温度の低下に伴って植物の光合成組織は肥大し，これにより酵素反応速度の低下は補われる（Berry・Björkman, 1980）。成熟葉の光合成組織が温度変化に完全に適応するには，少なくとも数日間は必要である。15〜35℃の範囲では，高温によって同化速度が低下しても，温度に伴い気孔コンダクタンスは指数的に増加する（Bunce, 2000）。この温度範囲以下では，温度による光反応とカルボキシル化速度の増加により，温度上昇に伴って光合成は増加する。しかし，純CO_2同化は暗呼吸と光呼吸の増加に伴って減少する。高PPF（光合成有効光量子束）・高CO_2条件では最適温度は上昇する。

　C_i（CO_2濃度）に対する同化速度の初期の傾きには，20〜30℃の範囲に最適温度がみられる。一方，高C_iでは，最適温度は25〜30℃の範囲に変わる。C_3植物を一定の温度条件で育てた場合，それが低温の場合にはCO_2濃度を高めても光合成は反応しない。しかし，低温では水欠乏やABA（アブシジン酸）に対する気孔反応の調節が和らぎ，補光によって明期を延長したトマト葉におけるクロロシスを防ぐ。高圧ナトリウムランプによる20時間日長で，低温にした場合，葉には病徴はみられなかった（Doraisら，未発表）。

低温による24時間周期リズムの乱れ

　集光性色素タンパク複合体遺伝子群発現にも温度の影響がある。露地作物では，

低温と強光が組み合わさると，しばしば，急速に，かつ甚大な光合成阻害が生じる。これはトマトだけでなく多くの植物種でみられる。この阻害に関係するいくつかの要素はすでに明らかになっており，最終的には光合成産物による酸素ラジカルからすべてが生じている。トマトのような低温感受性の作物では，24時間周期のリズムがSPSおよび**硝酸還元酵素（NR）**の活性を調節しており，調節のキーポイントとなるのが植物細胞内の炭素および窒素である。24時間周期のリズムは低温処理によって遅延する（Jonesら，1998）。トマトの光合成が低温感受性であることの根底にあるのは，SPSとNR調節のリズムの乱れおよび24時間周期調節でキーとなる他の代謝酵素であると考えられる。Byrdら（1995）は，光合成速度，ルビスコ活性化状態とRuBP濃度は低温条件遭遇後（4℃・6時間）のトマトで減少することを確認した。彼らは，低温に対するこの反応はチオレドキシン/フェレドキシン調節とルビスコアクチベーゼとの干渉であると説明した。なお，チオレドキシン/フェレドキシン調節はビスリン酸活性を抑制し，ルビスコアクチベーゼはルビスコ活性化状態を減少させる。さらに，低温（6℃・5日間）はトマトのクロロプラストの膜脂質組成を変え，グラナのチラコイドの数は減少するが，全体のタンパク含量に対する影響はない（Novitskaya・Trunova, 2000）。Somerville（1995）は，いくつかの植物種の低温感受性の要因として，膜脂質の変化の役割の可能性を解説している。

⑥湿度

　湿度の違いに対するトマトの光合成速度の反応については，ほとんどわかっていない。しかし，多くの植物では湿度（飽差〈VPD〉）が0.5〜2.0kPaの範囲では光合成にほとんど影響ないか，あるいは，湿度上昇に伴って光合成が増加する。湿度は，気孔コンダクタンスに対する影響を通じて個葉光合成速度に影響する。低湿度は，水ストレスと部分的な気孔閉鎖を生じさせる。Acockら（1976）は，CO_2濃度400 μmol/molでは，飽差（VPD）が0.5kPaのときの ϵ（個葉の初期

C_3植物…ルビスコを用いてCO_2を固定する植物。トマト，イネ，コムギなど多くの植物がこのタイプになる。C_3植物以外には，C_4植物，CAM植物がある。
硝酸還元酵素（NR）…硝酸イオンを還元して亜硝酸イオンにする反応に関与する酵素。

の光利用効率）は1.0kPaの場合に比べて18％高いことを示した。また，CO_2濃度1,200μmol/molでは$ε$は5％だけ大きくなった。湿度が0.2〜1.0kPaの範囲では，葉および個体の蒸散が水供給を上回るような水ストレスを生じていなければ，炭素同化自体には大きな影響はない（Grange・Hand, 1987）。

高VPD（訳者注：低湿度）条件（蒸散速度を800ml/日に調節した場合やVPD：0.97kPaの場合）で育てたトマト植物体の生長点から第5葉および第10葉目の光合成速度（最大酸素生産速度で表わされる）は，0.4kPa（訳者注：高湿度）で育てた場合よりも有意に高かった。第5葉および第10葉のみかけの光合成量は，高湿度区（0.4kPa）に比べ，それぞれ38〜41％および42〜48％増加した。第5葉の全色素含量も34〜40％増加した（Iraqiら, 1997）。

つまり，トマト葉の乾物蓄積は，湿度が0.8のときから1.0kPaに増加する（訳者注：湿度が低下する）のに伴って減少する（Adams・Holder, 1992）。一方，高湿度は，蒸散速度および水の要求を減らすため，根圏環境の高塩類の効果を軽減するのに利用される（Liら, 2001）。植物が水ストレスあるいは高ECストレスを受けている場合に限れば，低湿度によって光合成は低下する。

2 作物と果実の生長

(1) 生長解析での注意点

若い植物体は，葉の相互遮蔽があまりないために相対生長速度（RGR）は通常一定であり，指数的な生長を示す（Hunt, 1982）：

$$W_{t2} = W_{t1}e^{RGR(t2-t1)}$$

W_{t1}およびW_{t2}は，それぞれ$t1$および$t2$時点の植物の乾物である。RGRは，「光合成の項（訳者注：項は数学の用語。数式の中で光合成に関係する部分）」である純同化率（NAR）および「形態の項（訳者注：数式の中で形態を示す部分）」である比葉面積（LAR）に分けることができる（Hunt, 1982）：

$$RGR = NAR \times LAR$$
$$NAR = 1/A_t \, dW_t/dt$$
$$LAR = A_t / W_t$$

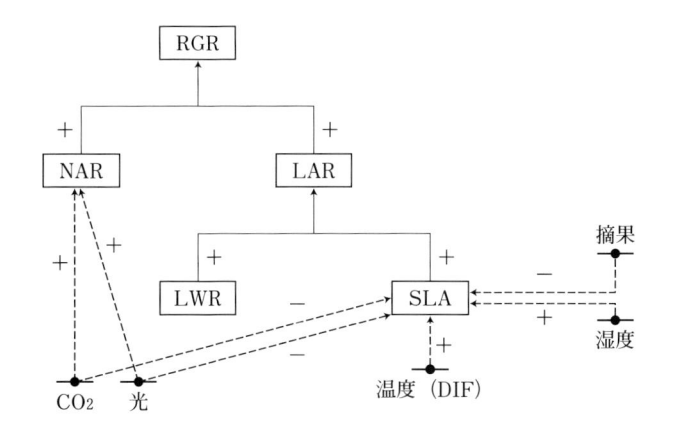

図4-8 トマト栽培に関わる気象要素,栽培要因および生長パラメータの関係図
実線は生長パラメータの関係を,破線は気象要因および果実成熟の影響によって正(＋)あるいは負(－)の作用があるかを示す。
LAR：葉面積比,LWR：個体重あたりの葉重,NAR：純同化率,RGR：相対生長速度,SLA：比葉面積

A_tはt時点の植物の葉面積である。

さらにLARは,葉重比(LWR：個体の全乾物重あたりの葉の乾物重の割合)および比葉面積(SLA：葉の乾物重あたりの葉面積)に分けることができる。通常の場合,LARの変化はSLAの変化による(Hunt, 1982)。

環境に対する作物の反応を研究する際に,生長解析は極めて効果的である(図4-8)。しかし,生長解析には制限があり,利用できるのは,発芽から2,3週間,葉の相互遮蔽が始まる前に限られる。これは,相対生長速度(RGR)と純同化率(NAR)がそれ以降に急激に低下するのが大きな原因である。生育シーズンを通してRGRやNARと環境との相関関係を調べても,成功することはほとんどない(Gourdriaan・Monteith, 1990)。さらにNARおよびLARはしばしば相互に関係しており,負の相関関係を示す(Thornley・Hurd, 1974；Bruggink・Heuvelink, 1987)。最後になるが,生長速度はサイズに依存することから(個体発生的効果；Heuvelink, 1989),時間平均した生長パラメータを比較しても誤解を招くおそれがある。このため,測定期間の乾物重の平均化が推奨される。

(2) 光——1%理論

着果と生長に必要な光と条件による変動

　トマトの着果および生長に必要な光は，最低でも4mol/m²/日（自然光PAR 1 MJ/m² = 4.6mol/m² = 71.9キロルクス時〈klxh〉= 6,640フィートキャンドル〈ft-c〉）であるとされる。高圧ナトリウムランプ（HPS）の場合，最低でも1MJ/m²PAR = 5mol/m² = 118klxh = 10,970ft-c必要である。なお，1J = 1W/sであり，1kWh = 3.6MJである。トマト苗の生産に必要な光量はこれよりも低い。しかし，苗生産に好適な1日の光量は一般に4.8〜6.0mol/m²/日であり，光強度83 μmol/m²/sで16〜20時間の日長に相当する。トマト苗の純同化率（NAR）が最大になるのは1日の平均積算光量が400J/cm²かそれ以上になったときであり，相対生長速度（RGR）が最大になるのは300J/cm²のときである。日射の変化に対する若いトマト植物のNARの反応は，強日射条件ではLARの適応によって一部相殺される。例えば夏の場合，NARが10％増加するとLARが4％低下するため，RGRの増加は6％だけになる。

　他の多くの作物と同様に，トマトでも乾物生産と積算受光光合成有効放射は直線関係にあることが報告されており（図4-5c），これはこれまでに公表されたデータからも推察できる（Heuvelink, 1995）。この直線の傾きが光利用効率（LUE）であり，積算受光PARに対する乾物生産（g DM/MJ）で表わされる。HeuvelinkとBuiskool（1995）は，CO_2施用を行なわない場合のLUEは2.8〜4.0g/MJ PARの範囲であることを実験で確認した。そして，CO_2施用を行なうと，同じ光強度における純光合成速度（P_{gc}）（図4-4b参照）と作物生長が増加するので，LUEも増加する。一方，De Koning（1993）は，トマト植物体に吸収されるPAR（2〜7MJ/m²/日）と生長速度との間には双曲線の関係があり，平均LUEは約2.5g/MJであることを確認した。ここでみられた非直線的な関係は，強日射と低CO_2および日射強度と拡散光の割合（直達光ではLUEは低い）との間にそれぞれ負の相関関係があること，また，夏季には一般にLAIが低いことに起因する。露地のトマトではLUEは2.1g/MJ PARであり（Scholbergら, 2000），加工用トマトのLUEの値は一般に2.4g/MJが使われる（Caveroら, 1998）。

1％理論（ルール）

　Cockshull（1988）は，積算日射とトマトの積算収量との間には直線関係がある

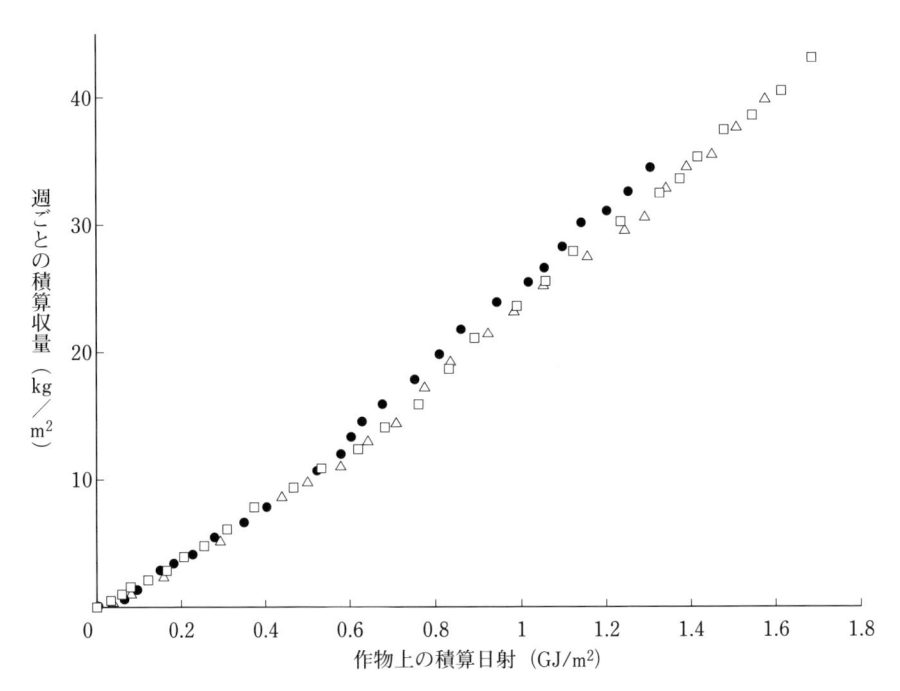

図4-9　積算収量（kg/m²）と作物に入射した積算日射（GJ/m²）の関係
(Cockshullら, 1992, *Journal of Horticultural Science* 67, 18)
遮光なし（□），軽度の遮光（△，-6.4%），重度の遮光（●，-23.4%）

と報告している。Cockshullら（1992）は，遮光により日射を6.4％および23.4％減らしたところ，収穫開始から最初の14週（2～5月）までは遮光処理にかかわらず，植物上の日射100MJにつき新鮮重で2.0kgの果実が収穫されることを確認した（図4-9）。

　作物生産に対する光の影響をおおまかに示す法則として，実際にしばしば使われるものが1％理論である。光が1％減ると生産量も1％低下するというものである。この理論は，非常に単純であるのにもかかわらず，光の低下による収量への影響をうまく説明している。Cockshull（1988）は積算光量と積算収量の比較によってこの関係を考察した。直線関係が常に成り立つのであれば光が1％低下すれば常に1％収量が低下するはずである。しかし，実際は1％にならない場合もある。生産者が施設設備に投資するかどうかの経済的判断には，設備導入によって収量が増

加（例えば補光の導入）するか減少（例えば被覆資材に2重の梨地ポリカーボネート板を設置）するかを正確に見積もることが必要である。

このような状況ではTOMSIM（「5　作物生長モデル」参照）のような機構的モデルが非常に有効である。栽培現場における対応策（例：補光下では個体間隔を狭くする，ポリカーボネート被覆下では果房あたりの果実数は少なめにする）もモデルによって予想できる。

弱光条件では，花房よりも葉の分化が進み第1花房の分化が遅れる。そして花の発育が抑制され，落花がみられる（Ho, 1996）。実際の生産現場では，弱光でも若い葉（同化産物のシンク器官として競合している）をいくらか取り除くことで，一時的に着果を改善できる。冬季の開花と着果を確保するために補光する際には，同化産物が増加して競合器官からの要求よりも多くなった場合に効果が大きい（「3　乾物の分配」参照）。

このため，補光はグリンハウストマトの作物生長と収量を増加させる手段として，カナダ（Dorais・Gosselin, 2002），フィンランドおよびノルウェーで利用されており，少数であるがオランダの生産者（約90ha）も導入している（訳者注：現在ではオランダでもかなりの割合で導入されている）。エネルギーや投入資源の集約的な生産を行なうためには，高い収量が確保されなければならない。実験的には，118～175 $\mu mol/m^2/s$の補光（高圧ナトリウムランプ：$1\ \mu mol/m^2/s = 85lx = 0.2W/m^2 PAR = 7.9ft\text{-}c$）によって年間の収量は$90kg/m^2$以上に達する。冬季の補光は自然光のみの場合に比べて70～106％収量を増加させ，11月から2月までの週間収量は$1.0kg/m^2$以上に維持される（Dorais・Gosselin, 2002）。補光を$100\ \mu mol/m^2/s$から$150\ \mu mol/m^2/s$に増加させると，収量はさらに20～36％増加する。この増加は1果重が大きくなることよりも，むしろ果実数が多くなることによる（Dorais・Gosselin, 2002）。カナダの場合，地域にもよるが，補光によって収量が最大となるのは光強度100～150 $\mu mol/m^2/s$の間であるとされる。この補光は全PARの10～45％に相当する。オランダではグリンハウス内の自然光PPFは6月には$24.55 mol/m^2/$日であるのに対し，12月には$2.3 mol/m^2/$日に減少する（$1\ \mu mol/m^2/s = 56lx = 0.217W/m^2$）。時期にもよるが，オランダでは，高圧ナトリウムランプにより$100\ \mu mol/m^2/s$で16時間補光した場合，その光量はハウス内（太陽光の45％がPARで，ハウス透過率が60％としたとき）の積算光量の19～71％に相

当する。北西ヨーロッパでは，トマトの苗生産で補光の利用がかなり多いが，経済的な理由から果実生産にはほとんど用いられていない。しかし，オランダでは，この2，3年でトマトの果実生産のための補光の導入が急速に拡大しており，他のヨーロッパ諸国，フランス，ハンガリー，ドイツ，ロシアなどでも広がっている。

V字型システムでのインタークロップ＋補光

　V字型システムによる誘引を用いて連続的な**インタークロッピング**を行ない，150 μmol/m^2/sの補光をすると，年間72kg/m^{2}のトマト収量が得られ，週間収量は冬季でも平均1.3kg/m^{2}以上になる（Dorais・Gosselin, 2002）。この栽培方法では，補光の光強度を100 μmol/m^2/sから150 μmol/m^2/sに増加させると収量が増える。尻腐れ果（BER）や奇形果の割合などの果実品質には補光の影響はみられなかった。しかし，1果あたりの果実重は有意に増加した。補光下では初期の栽植密度が低い（3.5個体/m^{2}に対して2.3個体/m^2）と，尻腐れ果の発生が増加する。トマト果実の糖含量およびアスコルビン酸濃度は，PPFの増加に伴って増加するが，滴定酸含量は低下した。

　連続光では数日後から生長の抑制がみられる。高圧ナトリウムランプによる光強度120 μmol/m^2/sの補光で日長を24時間にした場合，トマト植物体の地上部乾物重は10～33％増加し，葉は厚くなり，SLAは低くなる。しかし，総果実収量には影響はみられなかった（Dorais・Gosselin, 2002）。Longendraら（1990）は，20時間日長で7日間育てた若いトマトの葉にはデンプンが蓄積したことを示した。一方で，8時間や16時間日長で育った場合にはデンプンの蓄積が極めて低いことを示した（図4－10）。この結果から，20時間や24時間日長で育ったトマト植物体に生じる退緑症状は，デンプンの過剰蓄積によりクロロプラストが分離したことによると考えられる。しかし，自然光条件では，デンプン顆粒のサイズが大きくなっても，クロロプラストの構造やチラコイド膜が不完全になることはない（写真4－1）（Dorais・Gosselin, 2002）。補光による日長延長（18～24時間）に由来するトマトの障害は，光による直接的な抑制ではなく，むしろ，ソースとしての葉の炭水

V字型システム…1条に定植し，2条に振り分けてワイヤーに誘引する栽培方式。

インタークロッピング…栽培途中に次の作の定植を行なうこと。通常，定植からしばらくの間，果実収穫はできないが，栽培中の作物の間に次の作物を定植することにより，栽培期間の有効利用とともに，収穫期間をとぎれさせないことが可能となる。

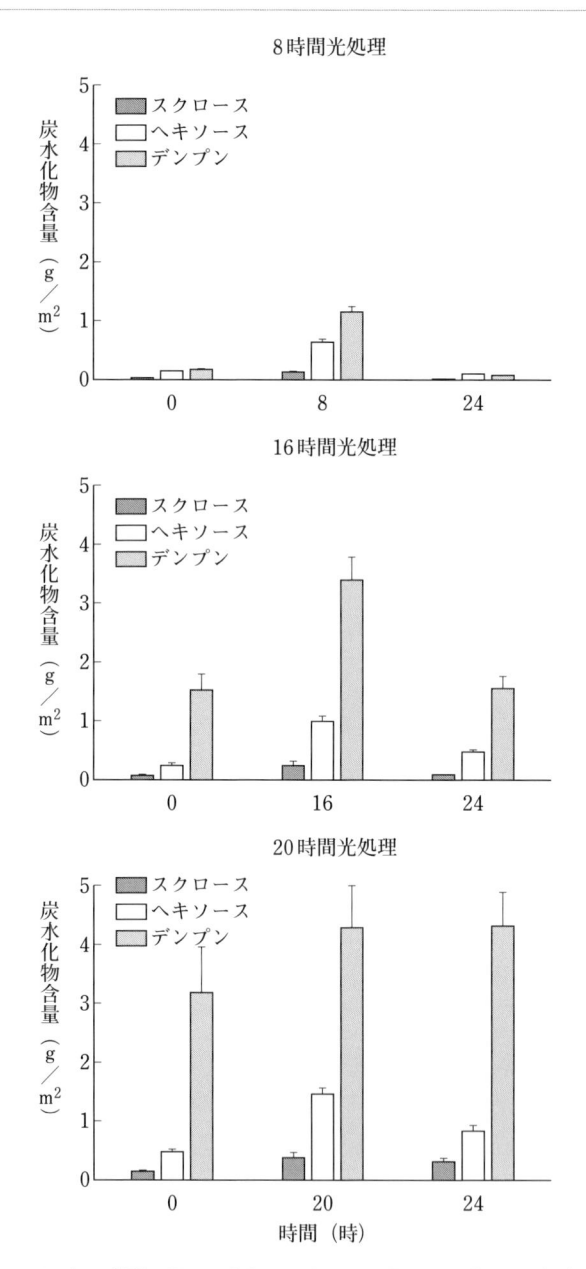

図4−10 8, 16および20時間の異なる光処理を行なった場合の明期開始時（0時間），暗期開始時（8, 16および20時間）および暗期終了時（24時間）における糖含量（*Scientia Horticulturae* 42, 80.）
エラーバーは標準誤差を示す

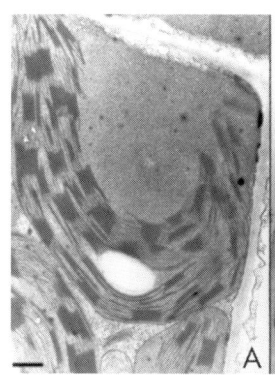

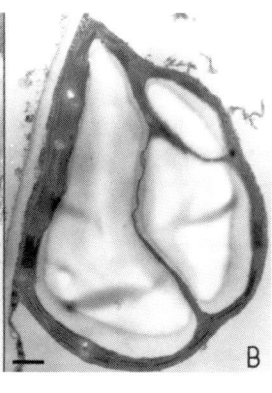

写真4-1 トマト（*Lycopersicum esculentum*, 品種：Trend）のクロロプラストの電子顕微鏡写真
自然光で8週間後（A），自然光＋24時間の補光（B）（120 μmol/m²/s 高圧ナトリウムランプ，PL780/N400）。スケールバー＝0.05nm

化物生産や篩部へのローディング・アンローディング（訳者注：炭水化物を篩部に移動させるのがローディング，篩部から果実などへの移動がアンローディング）とシンク器官における同化産物の利用・蓄積のバランスによるものと考えられる。

(3) 二酸化炭素

CO_2を大気濃度の2倍にした場合，果菜類の生産量は11〜32％増加すると計算される。トマトも含めていくつかの植物種では，CO_2濃度の上昇によるRGRの増加は，NARの増加と相関があり，SLA減少に起因するLARの減少によって一部抑制される。高CO_2濃度（330〜900 μmol/mol）を4週間続けた場合，トマトの収量は21％増加した（Yelle, 1988）。また，450 μmol/molで育てたトマトの20週間後の収量は350 μmol/molの場合に比べて16％増加した（Nederhoff, 1994）。光が弱い場合，CO_2施用によってトマトの着果は促進する。しかし，CO_2濃度は乾物の分配には影響しない。この理由は，葉および果房の出現速度にはCO_2濃度の影響はないからであり，同化産物の分配を決めるのはソース強度よりもシンク強度であるためである（「3 乾物の分配」を参照）。

(4) 温度

温度と維持呼吸

温度は植物の代謝に直接影響し，生長と収量に影響を与える。クローズドキャノピー（訳：閉じた群落。訳者注：LAIが十分に高い状態。通常の栽培で十分に育った，植えた

ばかりではないトマト群落)の生長に対する温度の影響は，主に維持呼吸として現われる。維持呼吸速度は，温度係数Q_{10}（反応温度を10℃上昇させたときの反応速度の増加倍数）を用いた指数関数として表わすことができる。Q_{10}はおよそ2であり，これは温度が10℃上がると呼吸速度が2倍になることを意味する。長期的にみた場合，作物の維持呼吸に対する温度の影響は小さい。低温では，乾物あたり維持呼吸速度が低くても，乾物が増加する分の呼吸も増え，低温で低下した呼吸速度は相殺される。一方，高温では乾物が減少するので，同様に乾物あたり呼吸速度の増加分が相殺される。

連続生長型のトマトの場合

　連続生長型のトマトでは，花の分化，花の発達，着果，果実生育が同時期に進行しているため，これらすべてに対して温度の影響がある（「第3章　7　果実の発育」)。また，この温度の影響は光条件と密接に関係している。温度条件は最適でも，光が十分でないときには花の発育は劣り，落花を生じる場合もある（Ho, 1996)。栄養生長に最適な温度は18℃から25℃である。一方，17℃から27℃までの温度範囲では開花速度は温度上昇に伴ってほぼ直線的に増加する（「第3章　7　果実の発育」)。開花に最適な温度は19℃であり，昼／夜温が26/20℃以上になると着果が抑制される。高温によって花粉の質は低下し，異常花が増加し，その結果，果実数は減少する（Doraisら, 2001)。一方，育苗時に夜温が低い（10～13℃)と花の数は多くなる（Ho, 1996)。花房分化初期の低温によっても花房の異常分岐や奇形花が発生する。これらについては「3　乾物の分配」で述べる。

水の供給・果実周辺の温度と果実の生長

　果実の生長速度（FGR)には水の供給と果実周囲の温度が強く関与している（Pearceら, 1993)。FGRの1日の変化をみると，明期初期には急速にFGRは増加し，真昼にピークに達し，その後，明期終了に向かって減少していく（Ehret・Ho, 1986)。植物に対する水分供給に制限のない場合，明期初期の生長速度の増加は温度上昇に関係している。Pearceら（1993)は，温度とFGRには有意な相関があり，その関係はおよそ5 μm/h/℃であると報告した。平均果実サイズは温度上昇に伴って減少する。これは，果房出現速度の増加と果実成熟の促進（成熟期間の短縮も含めて)に関係している。高温で果実への同化産物の分配が増加するが，同化産物の総量は低温時とほぼ同じである。この結果，平均果実重は減少する。このた

め，23℃の場合のポテンシャル果実重は17℃に比べて40％減少する（De Koning, 1994）。また，高温によって群落の蒸散が増加し，水ストレスが強まり，果実体積の生長も抑制される。生長期間のペルオキシダーゼ活性の発現が高温時での果実生長期間の短縮に関与している可能性もある（Thompsonら，1998）。

低温や高温がある期間で打ち消されることの活用

　短期間の温度パターンよりむしろ，長期間の平均気温がトマトの生長と収量を決定する（De Koning, 1988, 1990）。低夜温によって昼の高温の影響が打ち消される場合があり，またその反対もある（De Koning, 1988）。De Koning（1990）は，低温と高温の周期を3，6，12時間と変えた場合のトマトの発育を調査した。6，12および24時間のそれぞれの各周期の温度の合計は同じとし，温度較差（高温と低温の差）を3℃と6℃とした。ただし，24時間周期で6℃差のものは設けなかった。そして，中間温度で一定にしたものを対照区とした。その結果，温度処理開始が第1花房の開花10日後の場合には，生長および発育の抑制はみられなかった。処理開始を第1花房開花10日前にした場合，較差6℃で12日間たったもののみ対照区に比べてわずかに生長が抑制された。

　積算温度に対するトマトのこのような反応，つまり，低温や高温がある期間で打ち消されることは，ハウス栽培の省エネルギー化に利用できる。例えば，冬季に夜間の保温カーテンを利用すれば，少ないエネルギーで同じ平均気温に維持できる。このために加温のコストは安くなる。また，春季には，昼間は日射を利用して設定気温以上にハウスを温める。これにより夜間の加温温度を多少低くしてもその影響が打ち消され，エネルギーを節約できる。また，風速の強い（エネルギーロスが高い）ときには設定気温よりも温度を低くして，風速の弱いときに高くすることで，トータルのエネルギーコストを削減できる。実際の状況や温度変化にもよるが，これらの対応によって年間の暖房コストは10～15％削減できる。このようなコントロール能力は，現在の環境制御コンピュータのソフトウエアに含まれている。

低温耐性品種の可能性

　ハウストマト生産におけるエネルギー投入量は，経済的な面からもCO_2排出な

連続生長型のトマト…心止まりでないトマト。普通のトマト。加工用の心止まりトマトに対して用いている。

どの環境保全的な面からも重要である。トマトの温度反応の遺伝的変異幅はごくわずかであり，低温であっても生産性や品質が同等となるような品種の育種は困難である。これに対して野生種のトマト（*L. pennellii, L. hirsutum*）では低温耐性を持つものがある（図4－11）。'Moneymaker'のRGR（相対生長速度）は20℃に比べて16℃では17%低下する。一方，*L. pennellii*ではこのような低下はみられない。どちらの種も**NAR（純同化率）**には影響はみられないが，'Moneymaker'では低温でLARが21%低下するのに対し，*L. pennellii*のLARは16℃でも20℃でも同じである。温度低下による'Moneymaker'のLAR（葉面積比）の低下は，主にSLA（比葉面積）の低下によるとみられる。Venemaら（1999a, b）は，'Moneymaker'のSLAの低下は植物体構造以外の炭水化物（可溶性糖およびデンプン）の蓄積によるものであり，これが低温耐性のある野生種トマトに比べて著しく低いことを示した。根圏温度が低い場合の葉の炭水化物蓄積の種間差の大部分は，根のシンク能に対する阻害の差異に由来すると思われる（Venema・Dijk・Van Hasselt, 未発表）。野生種を用いた戻し交配による系統によって，近い将来，低温耐性が栽培品種にも導入されるであろう。MonforteとTanksley（2000）によって，*L. pennellii*および*L. hirsutum*の遺伝的背景を持つ準同質遺伝系統および戻し交配による組換え系統（RILs：Recombinant inbred lines）が，遺伝子マッピング，遺伝子発見のツールとして開発されている。

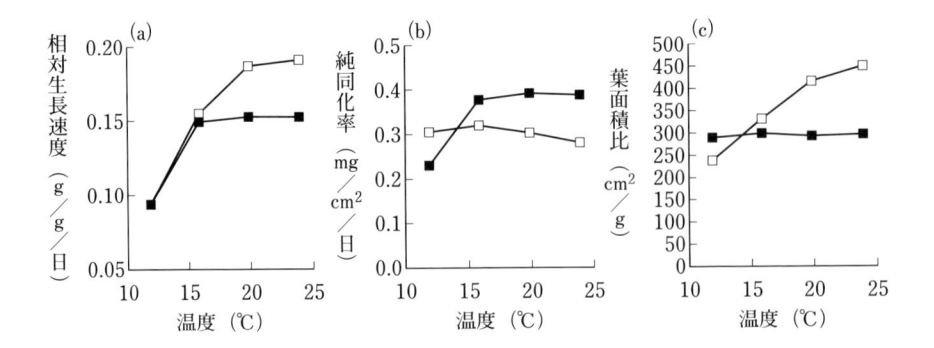

図4－11 トマト苗の相対生長速度（RGR）(a)，純同化率（NAR）(b) および葉面積比（LAR）(c) に対する温度の影響（J. H. Venema・A. Van der Ploeg・E. Heuvelink, 未発表）
L. esculentum 'Moneymaker'（□），*L. pennellii* 'LA716'（■）

(5) 湿度

飽差と生長

　GrangeとHand（1987）は，飽差（VPD）が1.0kPaから0.2kPaの間では，湿度は園芸作物の発育に対してほとんど影響がないと報告した。一方，いくつかの作物の生長はVPDが1kPaから1.8kPaに増加すると抑制されることがある（Hoffman, 1979）。一般的にはトマトの受粉および果実の発育はVPDが0.2〜1.0kPaの範囲では影響を受けない（Picken, 1984）。しかし，地中海地域では，1日のうちの暑い時間帯ではVPDは2kPaよりも大きくなり，果実の生長や新鮮重を抑制する。これは，おそらく果実と茎の間の水ポテンシャル勾配が減少することによるとみられる。極端な低湿度（1.5〜2.2kPaまたは10〜14g/kg）では，気孔が閉鎖し，そのため光合成が低下して生長が抑制される。このような条件では，果実サイズの減少（ただし，乾物含量は高いが）によって総収量も低下する。さらに，葉の蒸散が高いことにより果実への木部液の供給が抑制され，尻腐れ果数が増加する。

　Bakker（1990）は，VPDを0.2kPaから0.8kPaの範囲で変えた場合，高湿度で（すなわちVPDが低い場合），収量低下や果実サイズの抑制および果実の棚持ち時間の短縮がみられると報告した。VPDが0.5kPaの場合に比べて0.1kPa（高湿度）の場合には18〜21％の収量低下がみられた。この収量低下には，おそらく，葉のカルシウム欠乏による葉の減少が関与しており（Holder・Cockshull, 1988），果実生長速度の減少も関与している（Bakker, 1990）。トマトでは，高湿度条件が続くと生長点の生育抑制あるいは枯死，葉の損傷，茎の帯化（訳者注：通常棒状である茎が幅広の帯状になる現象）が生じる。また，花粉の放出が困難になるために胚珠の受精率も低下する。一方，トマト果実内へのカルシウム移行は，低VPD条件（高湿度），あるいは夜間に高湿度の場合に大きくなる。

塩類ストレスを緩和する高湿度

　ハウストマトの塩類ストレスに対する感受性が露地トマトに比べて低い理由

NAR（純同化率）…個体の葉面積あたりの重量増加。単位はg/m²。

$$NAR = \frac{W_2 - W_1}{\frac{(A_2 + A_1)}{2} \times (t_2 - t_1)}$$

W_1およびW_2：t_1およびt_2時点の地上部乾物重（g），A_1およびA_2：t_1およびt_2時点の葉面積（m²）

は，ハウスで保護されることによって空気湿度が高くなるためである。地中海地域の春夏季では，生長期のトマトが塩ストレスを受ける場合でも，ミスト（細霧）を利用すると，全葉面積は50％増加し，乾物生産は80％，収量は100％増加した（Romero-Arandaら，2002）。湿った空気はこのように培養液の塩類ストレスの影響を緩和する。高塩類濃度条件（EC：10dS/m）では，高湿度により，日射が同じでも植物の蒸散は35％まで低下し，尻腐れの発生率は20％から2％に抑制される。また，果実サイズが大きくなり，ゆえに果実品質と収量が改善する（Stanghelliniら，1998）。さらに，トマトの蒸散ポテンシャルを低下させる低VPD（高湿度）は，果実生長速度に対する塩類ストレス（9.5dS/m）の影響を軽減する。このとき，果実発育期間に対する影響はない（Li, 2000）。しかし，中程度の塩類ストレスでは，ECを1.8〜3.5から2.9〜5.6に増加させても，高湿度（VPD, 0.2kPaと0.4kPaを比較して）によって果実サイズの減少が緩和されることはなかった。

(6) 塩類ストレス（サリニティ）

　トマトの作物体と収量に対する塩類ストレスの影響に関する総説がDoraisら（2001）によって出されている。一般に，高塩類ストレスは浸透圧の効果によって果実生長速度と最終的な果実サイズを抑制する。高塩類ストレスは，植物体内の水ポテンシャルを下げ，果実への水流入を減少させ，結果として果実の肥大速度が低下する。温度，品種，塩類ストレスの程度と期間にもよるが，一般の露地やハウスの栽培条件でみられないような極度の高塩類ストレスでは，植物あたりの果房数および果房あたりの花数が影響を受ける。例えば，ECが4.6〜8dS/mでは，果実サイズの減少によって果実収量は減少するが，ECが12dS/mの場合，果実サイズだけでなく果実数も減少する。さまざまな研究および栽培条件によれば，塩類濃度が2.3〜5.0dS/mよりも高い場合には収量が低下し，ECが3.5〜9.0dS/mではトマト果実の品質は向上する（Doraisら，2001）。

　トマトの果実収量に対する塩類ストレスの影響は，品種によって異なっており，すべての品種で同じように果実サイズが減少するのではない。一般に，果実サイズの小さい品種の収量と1果重は，果実の大きい品種に比べて高塩類ストレスの影響を受けにくい。このため原水の塩類濃度が高いときには果実の小さい品種を栽培す

る方が有利である。露地栽培で根圏の塩類ストレスを関数としたトマト収量反応モデルが作られている。しかし，養液栽培の場合は培地や品種で異なるため，モデルのそれぞれの条件を検証する必要がある。それは，露地栽培では土壌に緩衝能力があるため，影響が出るような塩類蓄積に時間がかかるからである（Doraisら，2001）。一般に，養液栽培（ロックウール，パーライト）では，根圏の塩類ストレスは培養液の塩類ストレスと同じである。それは，通常，排液率が高く（10〜40%），日射および植物の水分要求量に基づいて塩類濃度が調節されるからである。

3 乾物の分配

(1) 果実に分配された乾物だけが収量に寄与

　トマトにおける総乾物生産と乾物分配はかなり異なる。例えばHeuvelink（1989）は，第1花房開花時のトマト植物体では総乾物生産の13%が根に分配されていることを確認した（データ略）。一方，KhanとSager（1969）は，果実生産中のトマトでは根への分配は4%であるとしている。長期間栽培する作物では，全収量は同化産物の分配とそれに基づいた栄養生長と生殖生長のバランスによって決まる。トマトでは，通常，同化産物の供給（ソース強度）が同化産物の要求（シンク強度）よりも低い。これは，初期段階に果実のいくつかを摘果することによってわかる。気象要因のうち光強度とCO_2濃度はソース強度に影響する一方，気温は主にシンク強度に影響する。De Koning（1994）は，同化産物の総要求量は，栽培期間全体を平均化すると同化産物供給の2倍になるとシミュレーションモデルによって試算した。Bertin（1995）は，トマトのソース強度とシンク強度の比を試算し，さらに低い0.3となることを示した（これらの研究者の使った品種は異なるので，この違いは遺伝的要因による）。シンク間の競合が，同化産物の分配を調整し，決定する要因になる。競合は，栄養生長器官と生殖生長器官との間でも，また，果房間でも果房内でも生じ，品種間差がみられる。

　トマトの収量に寄与するのは，果実に分配された乾物だけである（図4-1）。つまり，トマトでは乾物分配が作物生産に直接の影響を持つ。春，夏，秋に育つトマトでは，果房あたり7果実にした場合，第1果房の開花から約100日で総乾

表4-2 トマト作物体の初期における新鮮重・乾物重の器官構成
(De Koning, 1993)

	新鮮重		乾物重	
	kg/m^2	%	kg/m^2	%
果実	51.7	84.2	2.96	71.5
葉	6.6	10.7	0.76	18.2
茎	3.1	5.1	0.43	10.3
総量	61.4		4.15	

物生産の54〜60％が果実に分配される（Heuvelink, 1995b）。果実への乾物分配割合は，冬季には低光強度による着花・着果不良によって35〜38％に減少する。De Koning（1993）はトマトの周年長期栽培では総乾物の72％が果実に分配されると報告している（表4-2）。一方，Cockshullら（1992）は，トマトの収穫指数は69％（腋芽を除いた場合）であるとし，半有限花序タイプの露地トマトでは平均58％で53〜71％の範囲であり（Scholbergら，2000）（図4-5d参照），加工トマトでは57〜67％である（Hewitt・Marrush, 1986；Caveroら，1998）。収量の高いものでは，概して収穫指数（HI）は65％であり，収穫指数の高低は，収穫果房数や作物管理によって生じるとみられる。無限花序タイプでは，果実の新鮮重は植物全体重の約85％になる。これは，果実が他の器官よりも多くの水を含むことによる。受光と乾物生産を確保するためには，十分かつ多すぎない新しい葉を育て，栄養生長（生産ポテンシャル）と生殖生長（短期的な生産性）のバランスを維持する必要がある。果実の総乾物に対する栄養生長・生殖生長の影響に加えて，分配も個々の果実の乾物に影響する。

異なる器官へのリソース分配の機構は，理論的にも実用的にも非常に興味のあるところではあるが，理解されていることはわずかである。シンクが重要な役割を持ち，トマトの最も重要なシンクが果実であることは一般に同意されている。トマトの乾物分配は動的かつ複雑であり，ソースからシンクへの同化産物の移送が関与する。つまり，分配に影響するのはソース器官，輸送系およびシンク器官である。

(2) ソース強度は同化産物の分配に直接には影響しない

ソース強度（同化能力）は同化産物の分配に直接には影響しない。同化能力の違いはすべての器官で同じ割合で生長速度に影響する。例えば，栽植密度が高密度の場合に同化能力は大きく減少する（栽植密度1.6, 2.1および3.1個体/m^{2}の場合，総乾物生産は，それぞれ596, 478および340g/個体）が，乾物分配には影響はない（Heuvelink, 1996）。この実験では，シンクの数（シンク強度）を通じての間接

的な影響は摘果によって除外した。しかし，同化能力が極端に低い場合には，花の分化よりも生長点の方が優勢になるとわかっている。このような条件では花房や花の一部が不着花となるが，新葉の生長は継続する。

(3) 輸送系——葉から果房への同化産物の供給は局所的

多数の果房を持つトマトでは，葉から果房への同化産物の供給は局所的に行なわれており，果房へ続く3枚の葉が同化産物の主な供給源である。果房と果房直下の3葉がシンク・ソース単位とみなされるが，その関係は絶対的なものではない。果実が同化産物を局所的にひきつけることから，生長点や根へ供給される同化産物は主に上位葉と下位葉の2，3枚からのものに限られる（Ho, 1996）。それぞれの果房の中では，片側の果実が茎の同じ側の葉からの同化産物を多く受けるが，この分配も絶対的なものではない。

SlackとCalvert（1977）は，開花時の果房を除去すると，その果房に近い果房の収量が増加することを示した（図4－12）。このような結果は，輸送経路（篩部の抵抗）がトマトの乾物分配に重要な役割を持つことを示唆する。しかし，2本の茎を持つトマトの実験では，シンクとソースの距離が分配に及ぼす影響はみられなかった。この実験には2本の茎を持つトマトを用いた。ひとつの処理では1本の茎からすべての果房を開花時に取り除き，残った茎の果房は取り除かなかった（100—0）。もうひとつの処理では，両方の茎でひとつおきに果房を取り除いた（50—

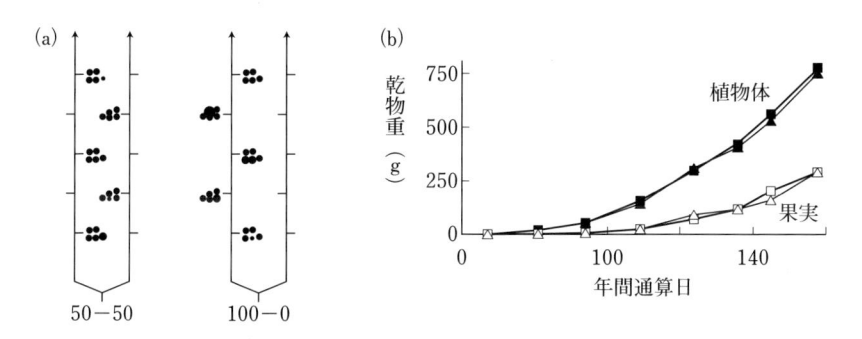

図4－12　2本の同等の茎を持つトマト植物体における2種類の果房除去処理
(a)：両方の茎ともに2果房ごとに開花時に果房を除去し（50－50），一方の茎では開花時にすべての果房を除去し，もう一方の茎は除去しない（100－0）。(b) 50－50処理（□, ■）および100－100処理（△, ▲）における総乾物重（■, ▲）および果実乾物重（□, △）

50)。その結果，乾物分配はどちらも同じであった（図4-13）。したがって，乾物分配はひとつの共通の同化産物プールから行なわれると考えてよい。これは，果房に供給される同化産物が近くの葉から優先される可能性を除外するものではなく，先のSlackとCalvert（1977）の観察結果とも矛盾しない。彼らの結果は，同化産物の分配に距離の影響を仮定しなくても簡単に説明できる。以下にその解釈を具体的に述べる。

　切り取られた果房の直下と直上の果房では収量増加が最も多い。そして，先に分化した直下の果房では，果房除去によって利益を得る期間は短く，後から分化した直上の果房では，除去された果房の生長期間がほとんどないことになる。つまり，除去した果房の開花日から一定の果実生育期間（20℃では約60日）の後では，果房除去の影響はもうない。さらに，果房除去が全体のシンク強度に最も大きな影響を与える期間には，除去された果房の上下の果房は最も高いシンク強度を示す。つまり，その期間は除去した果房のシンク強度が最も高くなるときである。要するに，輸送経路がトマトの乾物分配に対して持つ影響は小さい。これは，他の多くの

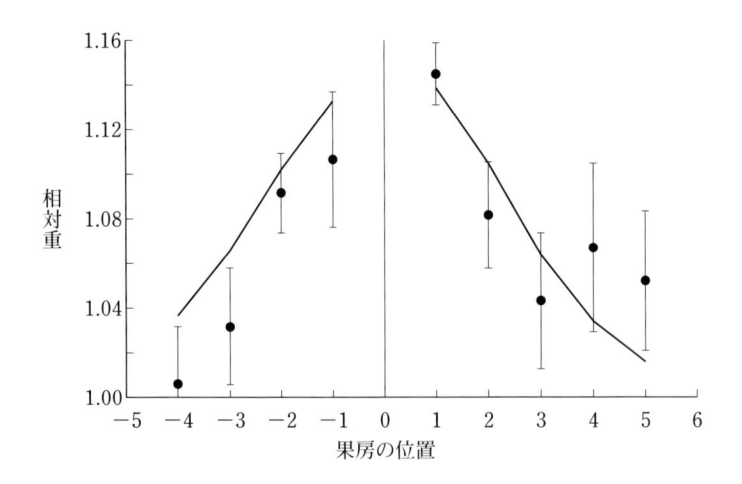

図4-13　トマト植物の果房の相対重
基準果房（0）より上の果房は正の数字，下の果房は負の数字で示す。
実測値（●）（SlackおよびCalvert, 1977, *Journal of Horticultural Science* 52, 312）
実線（TOMSIM（本章参照）によるシミュレーション）
果房あるいは栄養器官の位置によるシンク強度の影響はないと仮定。
エラーバーは平均値の標準誤差を示す

植物種の観察からも支持される（Marcelis, 1996）。

(4) シンク強度

①シンク強度と果実への分配

　物質分配はシンク強度の考え方に基づいて解析できる。シンク強度という用語は，植物の組織が同化産物をひきつける能力を比較するときに用いられる。シンク強度は，シンクのポテンシャル生長速度，すなわち，同化産物の供給に制限がない場合の生長速度によって数値化することができる（図3－8参照）。これはシンクの活性と大きさに左右される。シンク活性は篩部輸送，代謝などのような過程によって決まり，シンクのサイズは細胞数によって決まる（Ho, 1996）。

　同化産物の分配の優先順位は生育ステージによって変化する。開花期の植物では，根＞若い葉＞花であり，果実期では，果実＞若い葉＞花および根である（Ho, 1996）。花のシンク強度が低いのは，おそらく細胞分裂活性が低いためである。ホルモン処理（サイトカイニンとジベレリン酸）によって子房の細胞分裂活性が高まると，花のシンク強度は生長点のシンク強度よりも大きくなる。同化産物の供給が少ない場合，細胞分裂が果実生長の主な制限要因となるが，その後の果実発育期の細胞肥大においても細胞分裂の影響はある（Bertinら, 2002）。

　果実のシンク強度は，主に果実の生育ステージによって決まる。果実への分配割合は，果実の生育後期に飽和する（図4－5d，図4－14）。栽培初期では果実へ分配される割合はごくわずかであり，栄養生長と競合する果実は2, 3個である。収穫が始まると，果実への分配は定常状態となり，一定の割合に達する。なお，これは，収穫する果房より下の茎の生長を無視し，各果房の果実数が等しいと仮定した場合である。概して，果実は栄養生長器官と競合し，栄養生長器官の間では分配割合はほぼ一定になっている。

　Xiaoら（2004）は，連続した2果房間の栄養生長単位の2葉目を1〜3cmの時に除去し，その影響を調査した。予想通り，葉の除去によって栄養生長器官のシンク強度が低減し，果実への分配割合は66％から74％に増加した。しかし，この影響は収量にはほとんどみられなかった。摘葉によってLAIが低下し，受光量と総乾物生産が低下したためである。2葉目の摘葉処理とともに古い葉の摘葉を遅らせて，LAIを対照区と同じにした場合，収量は13％増加すると予測された。したがっ

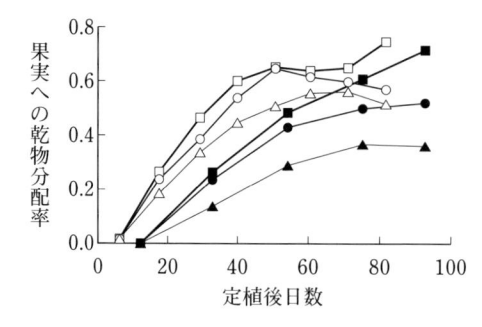

図4-14 果実への乾物分配率に対する摘葉処理の影響
果房あたりの果実数：2果（▲），3果（△），4果（●），5果（○），6果（■）および7果（□）。1月定植（▲, ●, ■）および4月定植（△, ○, □）

て，果房間の葉が3枚でなく2枚のトマト品種があれば，十分なLAIを確保しつつ栽培すれば増収が可能であろう。

②果実に分配される割合の計算方法

シンク強度が乾物分配を決めているのであれば，果実に分配される乾物の割合（F_{fruits}）は，生殖生長器官のシンク強度を植物全体のシンク強度で割ったものとして計算できる。植物全体のシンク強度は生殖生長器官と栄養生長器官とのシンク強度の合計となる：

$$F_{fruits} = SS_{gen} / (SS_{gen} + SS_{veg}) \tag{4.3}$$

果実の齢分布に関係なく植物体の全体の果実数が変わるとすれば，栄養器官のシンク強度は植物体の果実数（N_f）に比例する。

$$SS_{gen} = N_f \times SS_{fruit} \tag{4.4}$$

ただしSS_{fruit}はその植物の果実の平均シンク強度とする。式4.3および4.4を整理すると，

$$F_{fruits} = N_f / [N_f + (SS_{veg}/SS_{fruit})] \tag{4.5}$$

もし，N_fをその植物の果房数で割れば，また，各果房の果実数が同じであるとすると，

$$F_{fruits} = n_f / [n_f + (SS_{veg\,unit}/SS_{fruit})] \tag{4.6}$$

ここで，n_fは果房あたりの果実数とし，$SS_{veg\,unit}$は栄養生長単位（3葉および2果房間の節間）の平均シンク強度とする。また，ひとつの果房にある個々の果実のシンク強度は等しいと仮定する。しかし，実際には，果房あたりの果実数が多い場合，生殖生長器官のシンク強度は果房あたり果実数に比例することはなく，末端

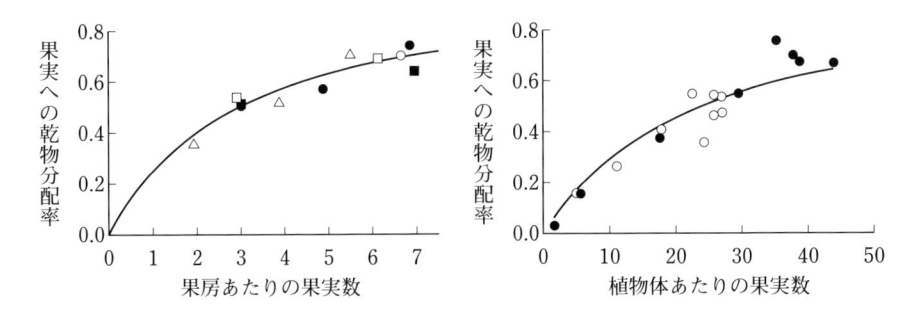

図4−15　各果房で着果直後の摘果処理を行なった場合の果実に対する乾物分配率（左）と一定期間に植物体に着果している果実数に対する果実に対する乾物分配率（右）
左：異なるシンボルは異なる実験であることを示す．実線は回帰曲線（式4.6：$y=x/(x+2.96)$，$n=12$，$r^2=0.87$，回帰曲線の標準誤差は0.04）を示す
右：果実に対する乾物分配率はその一定期間前後の破壊調査から得たもの．（●）摘果処理なし，（○）開花時に1果房おきに摘果，果房あたり7果．実線は回帰曲線（式4.5：$y=x/(x+24.2)$，$n=18$，$r^2=0.89$，回帰曲線の標準誤差は0.07）を示す

の果実ほどシンク強度は低い（De Koning, 1994）．図4−15左によれば，栄養器官単位の平均シンク強度と果実の平均シンク強度の割合は一定で2.96である（訳者注：式4.6を示す）．これは個体全体の乾物分配を示す式4.5でも同様に成り立つ（図4−15右によれば係数は24.2）．生長中のトマトの栄養生長器官単位の数はおよそ8であり（訳者注：生長中の個体には3葉＋1花房の単位が8単位ある．すなわち，24葉8花房が個体の分配に関係する），果実のシンク強度に対するトータルの栄養生長器官のシンク強度で乾物分配が表わされる（De Koning, 1994）．

(5) 地上部/地下部比──機能平衡モデル

地上部，地下部間の同化産物の分配を理解する概念として**機能平衡モデル**（Brouwer, 1962）がある．このモデルによれば，地上部と地下部の乾物分配は，根の活性（水あるいは養水分の吸収）と地上部の活性（光合成）が平衡するように調節される．

機能平衡モデル…根の働きは水や養分を吸収することであるが，この能力が地上部に必要以上にあっても無駄になる．反対に地上部は光合成によって乾物生産を行なうが，地上部が拡大しすぎても根の能力が不足すれば光合成も抑制されてしまう．個体としての生産性が最も高くなるように，根の働きと地上部の働きとがつり合うように分配が決められるとする説（モデル）．

$$Ws/Wr \infty Sr/Ss$$

ここでWrは根の量，Wsは地上部量，Ssは地上部の光合成速度，Srは根の吸収速度である。トマトの地上部/地下部比（SR比）に対する環境の影響はこのモデルにより説明できる。例えば，光強度が強いときには地上部の活性（Ss）が増加し，SR比は小さくなる。同様に，根圏温度を高温に，あるいは養分を改善した場合，根の活性（Sr）が改善され，SR比は高くなる。根圏温度を14℃から26℃に上げた場合，1日の水吸収は30％増加し，N，KおよびMgの吸収速度は21〜24％，CaとPの吸収速度は，それぞれ45％と64％増加する（Doraisら，2001）。

機能平衡理論は若い栄養生長期の分配を理解するのに有用である。しかし，果実をつけた植物体に対してこの理論を適用するのは難しい。植物が生長するにつれてSR比は増加し，果実生長期の初期では根の生長は完全に休止することがある。その後，根の生長は再開し，地上部の栄養生長器官に対する根の新鮮重の比率は基本的には一定（4：1）になる。

(6) 生育条件と栽培管理の影響

同化産物の分配は，全シンク器官の本来のポテンシャルシンク強度によって決まる。一方，実際のシンク強度は生育条件の影響を受ける。

光の影響

光は，生長中のトマトでの同化産物の分配に対して，直接，間接的にシンク-ソース関係を制御する。そのうち，トマトの受光する光強度は，使用できる同化産物量に影響し，これにより間接的にシンクの競合に影響する。GuanとJanes（1991）は，光は光合成だけでなく，他のメカニズムによってトマト果実の生長を刺激することを示した。これはトマト果実のシンク強度に対する光の直接的な影響として解釈できる。露地トマトで夏季の日光条件でマルチを使った場合の報告がある。地表面上方に反射するFR：R比（遠赤色光と赤色光の比）は生長中の植物に対するシグナルとして働き，このFR：R比が太陽光よりも高い場合，光合成産物は茎葉や果実の生長へ多く配分される。一方，FR：R比が太陽光より小さい場合，光合成産物は根に多く配分される（Kasperbauer・Kaul, 1996）（訳者注：これらの結果から同化産物の分配に光質が直接影響するというのには議論の余地が残る）。

CO_2濃度の影響

夏季には乾物分配に対するCO_2濃度の影響はほとんどない（Nederhoff, 1994）。しかし，間接的には影響があり，CO_2施用によってトマトの着果数が増え，その結果，果実への分配が多くなる。CO_2と同様に，湿度の影響は果実への乾物分配にはみとめられない。ただし，空気湿度と着果負担との間には相互作用がみられる（Leonardiら，2003）。葉／果実比が高い場合，湿度上昇に伴う反応は大きくなる（Gautierら，2001）。

温度の影響

商業ベースで生産されるグリンハウスにおいて乾物分配を制御するのに最も重要なのは温度である。個々の果実のシンク強度は温度による影響を直ちに受けるからである。高温では，トマト植物体は栄養生長を犠牲にし，初期の果実生長を促進させる。また，高温では植物の発育（葉の展開と果房の出現）が速い（第3章）。生長中の若い植物（第2，第3果房がついたとき）では，高温によって植物に着生する果実数が増加するため，果実への分配が増加する。高温時に生長する果実による同化産物の要求は強く，葉の生長を抑制するだけでなく，その後に着果した果実生長の遅延や落花を引き起こすこともある。この結果，しばらく経つと果実の全シンク強度が低下し，このために植物の栄養生長は回復して健康な花が発育する。その後，これらの花が強いシンクを形成し，果実生長が旺盛周期の2回目が始まる。これは，栄養生長と生殖生長の振れ幅をさらに大きくし，栄養生長と生殖生長が交互に変化する原因に結びつく（図4－16）。このような温度の影響は，乾物分配に対する直接的な温度の影響ではない。温度による分配に対する直接的な影響と間接的な影響を混同してはいけない。

「トマトの乾物分配に対して温度が直接的に影響するか？」について，これまでに発表された論文には決定的なものはない。Heuvelink（1995）は，2つのハウス区画でトマトを育て，収穫開始から3週間はひとつの区画を24℃に，もう一方の区画を19℃に維持した。その結果，果実への分配は高温側でもほとんど増加はなかった。De Koning（1994）は同様の実験を行ない，第6果房開花期の2週間に温度処理を行なったところ，果実への乾物分配の割合は，19℃および23℃で，それぞれ0.68および0.80となった。また，24時間の平均温度が同じ場合，一時的な低温を与えてもトマト果実の乾物分配には影響はみられなかった（Doraisら，未発

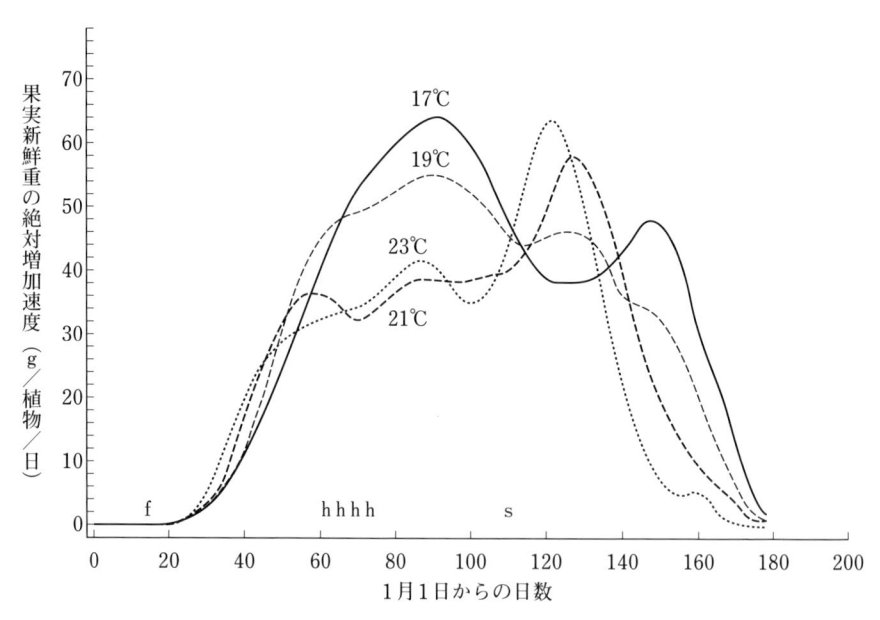

図4-16　14日目（1月14日）～70日目（3月11日）まで異なる温度においた場合の果実の新鮮重増加速度（De Koning, 1989, *Acta Horticulturae* 248, 335）
f：第1花房開花；h：23, 21, 19および17℃の場合の収穫開始；s：摘心

表）。

最も重要なのは果実数

　トマトの果実と栄養器官の乾物分配を決めるのは，主に果実数である。温度（19～23℃）や光（8～15MJ m^{-2} 日$^{-1}$）は分配にはほとんど影響しない（Heuvelink, 1995）。果実数が多いと果実への分配が多くなり，果房あたりの果実数を2個から7個にした場合，果実への分配はおよそ2倍になる。反対に，1果重は，植物体あたりの果実数が減るのに伴って増加する。これは果実同士の同化産物の競合が減るためである。果実生育に要する期間（開花から収穫成熟までの時間）は着果負担（植物体あたりの着果数）にはほとんど影響されないことから，1果重の増加は個々の果実の平均生長速度が高いことによる（「第3章　7　果実の発育（2）果実の発育速度」）。そこで，平均果実重をある一定の重量とするために，果実成熟を利用することができる。このとき全果実生長の予測が（主に受光量に影響されるが），温度と同様に重要になる。高温では果実の生長期間が短くなるため，

> (a) 果房出現速度×果房生長期間＝植物体あたり果房数
> (b) 植物体あたり果房数×栽植密度＝1m²あたり果房数
> (c) 全果実生長速度/1m²あたり果房数＝平均果房生長速度
> (d) 平均果房生長速度×果房生長期間＝収穫時最終果房重
> (e) 最終果房重/目標1果重＝果房あたり必要果実数
> (a), (b), (c)および(d)を(e)に代入すると
> 果房あたり必要果実数＝全果実生長速度/（果房出現速度×栽植密度×目標1果重）

図4-17　目標平均1果重を得るための果房あたり果実数を決める式（De Koning, 未発表）

他の条件が同じであれば果実重は小さくなる。

　図4-17に示すように，平均果実重を目標とするための果房あたり果実数は，全体の果実生長速度に比例し，果房出現速度（温度に影響される），栽植密度および目標果実重に反比例すると推定できる。

水と塩類ストレスの影響は？

　実際の栽培現場では，水や塩類によるストレスがトマトの生殖生長に有利に働くと信じられている。そのため，第1果房の果実生長を刺激するために若い植物にストレスをかけることがある。しかし，水や塩類ストレスが直接的に分配に影響する証拠はない。一方で，塩類ストレスによって着果が良くなるなどの間接的影響は知られている。図4-15右に示すように，着果の改善は果実の増加，植物あたり果実数の増加となり，結果的には，果実への分配が増加する。EC（電気伝導度）6dS/mでは，乾物生産や果実，栄養生長器官および根との間の乾物分配には塩類濃度の影響はみられなかった。EC 10dS/mでは植物体の乾物重は2dS/mに比べて19%減少したが，乾物分配には影響はみられなかった。EC 17dS/mでは果実の乾物分配がわずかに減少した（Doraisら，2001）。

4　果実の発育と乾物含量の変動

　果実の乾物含量（果実の新鮮重に対する乾物の割合）は果実の発育に伴って減少する。一般のトマトの乾物含量は5～7.5%であり，野生種では17%に達するものもある（Doraisら，2001）。De Koning（1993）は，収穫期のトマト果実の乾物含量には幅があり，春には5.2%で夏には6.0%であることを報告した。この乾物含

量の変化は，新鮮重収量に15％相当の影響を与える。E. Dayan（1995，私信）は，イスラエルのさまざまな条件でトマト果実の乾物含量は冬季には4％となり，夏季には8％に至り，広い幅で変化することを観察した。トマト果実の乾物蓄積速度は品種によって異なり（「1　乾物生産」を参照），乾物含量と食味には正の相関がある。一般にトマト果実の乾物含量の50％が糖であり，食味と糖濃度が高いことには相関がある（「第5章　5　品質を左右する要素」を参照）。同化産物の供給が制限されていない場合，収穫期のトマト果実の乾物含量は，わずかに高くなる。これはおそらく炭水化物の過剰蓄積によるものであり，乾物含量は温度によって増加する（図4-16，De Koning, 1994）。

　果実の乾物含量は根圏環境の塩類濃度の増加に伴って直線的に増加する（De Koning, 1994；Doraisら, 2001）。しかし，果実のシンク強度も果実へ移入される同化産物量も高塩類濃度による影響は受けておらず，乾物含量の増加は水吸収の減少によるものである（Doraisら, 2001）。一般に水分生理の実験からは，果実の新鮮重だけが変化し乾物重には変化はないことが明らかになっている（Ho, 1996）。つまり，果実への水流入だけが変化するのである。しかし，高塩類濃度で植物を栽培した場合，果実のデンプン蓄積と糖合成酵素の活性が強まっている知見もある（Ho, 1996）。EhretとHo（1986）は，炭水化物のデンプンと可溶性糖への分配は，果実の若いうちの浸透ポテンシャルに影響されると報告した。高塩類条件では果実のデンプン濃度は乾物含量の40％にまで至る。Gaoら（1998）は，NaCl濃度（0, 50, 100mM NaCl）が^{14}C同化産物導入葉から近傍の果実への輸送を高め，果実デンプン中に^{14}Cラベルされた炭素移入が増加したことを示した。また，果実発育中のデンプン蓄積の期間が長くなった。これらの研究が示唆しているのは，高塩類条件下で，篩管から発育中の果実への糖のアンローディングが，果実のデンプンの蓄積によって高まることである。また，この蓄積したデンプンは後に果実成熟時に可溶性ヘキソースに加水分解され，その結果，果実品質が向上する。したがって，塩類ストレスで成熟果実の糖含量が高まるメカニズムとしては，①葉におけるスクロース濃度が高まること（SPS活性が高く，**酸性インベルターゼ活性が低い**），②未熟果実の中のデンプン合成速度が速まる（**ADPG-Glc Ppase活性**が高い）こと，この両方の作用が貢献しているとみられる。

　加工用トマトでみられるような乾物含量の高い果実がトマト育種家たちの目標と

なっているが，残念なことに果実の乾物含量と果実サイズや総収量の間には負の相関関係がある。

5 作物生長モデル

　前節で述べたようにトマトの生長は複雑な現象で，このような場面にはシミュレーションモデルの利用がふさわしい。モデルには，作物生長のような動的で複雑なシステムの挙動を説明，予測するツールとしての実績がある。

　このモデルのうちの2つが，TOMGRO（Dayanら，1993；Garyら，1995）と**TOMSIM**（Heuvelink, 1996, 1999）である。これらのモデルにはこれまでに述べたたくさんのプロセス（個葉および個体の光合成，受光，維持呼吸，乾物分配）と3章で述べた発育プロセス（果房出現速度，果実生長速度）が含まれている。

　この節では，「TOMSIM」モデルを例に挙げて一般的な説明を行ない，いくつかのケースにこのモデルを適用してトマトの生長と収量形成に対する理解を深める。細かなモデルの説明はHeuvelink（1999）とその引用文献を参照してほしい。モジュールの構造，精度解析，検証においても，また，サブモデルレベルにおいても，TOMSIMはツールとして多くの目的に有用である。全体としては非常に複雑なシステムであるトマト作物の研究と解析がこのモデルによって可能である。コンピュータ管理による施設栽培においてTOMSIMのような作物生長モデルは非常に有効であり（Lenz, 1998），グリンハウス内気象コントロールの最適化にも利用できる（Challa, 1990）。

---

^{14}**C同化産物，^{14}Cラベルされた炭素**…炭素原子のほとんどは^{12}Cであるが，植物実験では同化産物の動きをみるために放射性同位体である^{14}Cを用いることがある。特定の部位に短時間，^{14}Cを吸収させた後，^{14}Cを含んだ同化産物を経時的に測定することで移動部位，経路などが解析できる。

酸性インベルターゼ…インベルターゼはショ糖をブドウ糖と果糖に加水分解する酵素。酸インベルターゼはβフルクトフラノシダーゼに同じ。

ADPG-Glc Ppase活性…デンプンの合成経路に関与するADP-グルコースピロホスホリラーゼの活性。

TOMSIM…光合成をベースにしたトマトの生育モデル。オランダ・ワーゲニンゲン大学のグループが開発。

(1) TOMSIM：トマトの生長・発育と収量のモデル

①このモデルの考え方と方法

　作物のポテンシャル生長とは，水と養分供給が十分で害虫や病害，雑草がない環境における乾物生産の蓄積を指す。TOMSIMでは一般的な気象条件におけるポテンシャル生長がシミュレーションできる。個体群落の同化速度は，積算葉面積の層別に，つまり，日陰の葉と日向の葉の葉面積でそれぞれ別に計算される。作物の日純同化速度（$P_{gc,d}$）は，その日の全葉面積に占める層別葉面積の割合を積算することによってコンピュータで算出する。作物の生長は$P_{gc,d}$から維持呼吸速度（温度，作物重および代謝活性を示す比生長率によって変化する，(Heuvelink, 1995)）を差し引いたものとなり，これに変換効率をかけると植物体を構成する炭水化物になる。

　乾物分配は，主要なシンクである果房および栄養生長器官のシンク（2つの果房間にある節間と3枚の葉）によって調節される。栄養生長器官の生長はその部位に着生する果房の3週間前から開始し，着生した果房の生長の終了と同時に栄養生長器官の生長も終了すると仮定する。すべてのシンク器官の生長に必要な同化産物は，ひとつの共通の同化産物プールから供給される（「3　乾物の分配」を参照）。1日に利用できる乾物は植物体あたりのシンク総数で分配され，それらの相対的シンク強度によって分配割合が決まる。シンク強度はそれぞれの器官のポテンシャル生長速度，すなわち，全シンク器官の全シンク強度に対する相対値として定義される。果房のシンク強度はその果房にある果実数に比例し，モデルでは果実数は後で入力する。

　栄養生長器官では，葉，茎および根に7：3：1.5の割合で乾物が分配される。利用可能な同化産物が総シンク強度と同量以上の場合には，その間はポテンシャル速度で生長する。生長に用いられなかった同化産物は貯蔵分として蓄えられ，翌日，新しくできた同化産物に加算される。光合成は時間単位で計算するが，分配に関するサブモデルは日単位で動かす。このサブモデルのタイムステップを短くしても分配への影響は予測できない。なぜなら，温度が分配に影響する唯一の気象要因であり，1日の温度の変化幅が大きすぎなければ，果房出現速度，果実生育速度のようなプロセスは温度に対してほぼ直線的に反応するからである（De Koning, 1994）。

モデルのパラメータ（表4-3）および初期設定（例えば，組織の最初の重量および最初の開花時の栄養器官のステージ）は，Heuvelinkが乾物生産の検証を行なったもの（1995）と乾物分配の検証を行なったもの（1996）と同じである。モデルは第1果房開花時からスタートする。

②乾物生産と乾物分配の相互作用

トマトの乾物生産と乾物分配の間の2つの重要な相互作用（フィードバック機

表4-3 TOMSIMにおけるパラメータと変数，定数の値（DM＝乾物） （Heuvelink, 1995a）

パラメータ	意味	値	単位
ε_0	無酸素状態での葉の光化学効率	0.084	mol CO_2/mol photon
$P_{g,max}$	光飽和，20℃および350 μmol mol^{-1}条件における葉の光合成速度	29.3	
Γ	CO_2補償濃度	変数	μmol CO_2/m^2/s
k	散乱光条件下の吸光係数	0.72*	―
σ	個葉の分散係数	0.15	―
f	維持呼吸に対する相対生長速度の関係を表わす指数式の回帰係数	33	day
$MAINT_{lv}$	25℃における葉の維持呼吸	0.03	g CH_2O/g DM
$MAINT_{st}$	25℃における茎の維持呼吸	0.015	g CH_2O/g DM
$MAINT_{rt}$	25℃における根の維持呼吸	0.01	g CH_2O/g DM
$MAINT_{fr}$	25℃における果実の維持呼吸	0.01	g CH_2O/g DM
$Q_{10,c}$	維持呼吸に対する温度のQ_{10}	2.0	―
WLV_i	初期重量（葉）	12.3	g DM/m^2
WST_i	初期重量（茎）	4.4	g DM/m^2
WRT_i	初期重量（根）	4.4	g DM/m^2
WSO_i	初期重量（果実）	0.08	g DM/m^2
ASR_{lv}	乾物（葉）の形成に必要な同化産物	1.39	g CH_2O/g DM
ASR_{st}	乾物（茎）の形成に必要な同化産物	1.45	g CH_2O/g DM
ASR_{rt}	乾物（根）の形成に必要な同化産物	1.39	g CH_2O/g DM
ASR_{fr}	乾物（果実）の形成に必要な同化産物	1.37	g CH_2O/g DM
$Q_{10,1}$	暗呼吸に対する温度のQ_{10}	2.0	―
$R_{d,20}$	20℃における葉の暗呼吸速度	1.14	μmol CO_2/m^2/s
r_b	水の拡散に対する葉の境界層抵抗	100	s/m
r_s	水の拡散に対する葉の気孔抵抗	50	s/m
r_m	CO_2移送に対する葉肉抵抗	変数	s/m

＊葉の角度分布を球状と仮定した場合の値

構）は以下のように分けることができる。

①ソース／シンク比が低いときの花および果実の落花と着果不良（De Koning, 1994；Bertin, 1995）。この結果，植物体あたりの果実数が少なくなるので，次に生じる状況では，シンク強度は減少してソース／シンク比が増加する。

②栄養生長器官への分配がLAIを決め，これによって将来の受光量と乾物生産が決まる。TOMSIMの乾物分配は，すべてが乾物生産によって決まることに注意しなければならない。落花や着果不良による間接的な分配への影響はモデルには入っていない。

葉面積は，葉の乾物重とSLA（比葉面積）をもとに計算される（図4-18）。葉の乾物重は葉の生長と葉の除去（摘葉）によって決まる。摘葉は，果房の発育ステージが0.9になったときに行なう（例えば，20℃では果房の生育期間は60日である。この場合，果房が収穫となる6日前に摘葉する）。SLAは，光強度，温度，CO_2濃度，培養液の養分濃度およびシンク／ソース比など，たくさんの要因の影響を受ける（「第3章　2　葉の出現と生長」）。これらの影響とその相互作用を基本原理とした量的な知見は限られるため，SLAのシミュレーションは困難である。実際のLAR（葉面積比）は葉面積と植物体の総乾物重（総乾物重は植物体の構造物部分と貯蔵部分に分けられる）で決まるのではあるが，ThornleyとHurd（1974）は構造物のLARは一定であると仮定してモデル化した。LWR（葉重比）はほとんど一定なので，このモデルの構造物のSLAは一定であることを意味する。実際のSLAは葉に同化産物が貯蔵されると減少する。

この仮説を実際のトマトのモデルに導入すると，SLAの予測

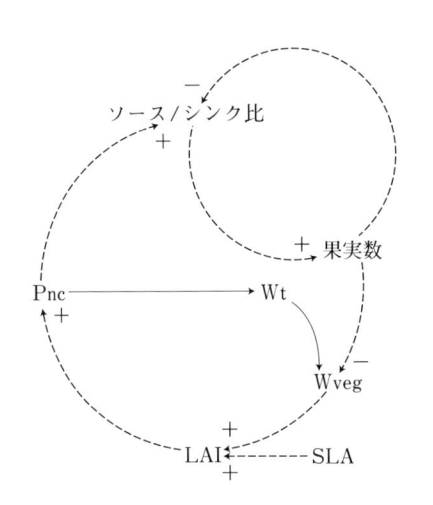

図4-18　無限生長型トマトにおける乾物生産と乾物分配との間の相互作用
（＋）正の影響；（－）負の影響
実線はCの流れ，破線は情報の流れを示す。LAI：葉面積指数，Pnc：作物純同化速度，SLA：比葉面積，Wt：作物の総乾物，Wveg：栄養生長器官の乾物

能力は向上する（Garyら，1993）。しかし，外的条件に対する葉の組織の構造的な適応は無視されている。Garyらは，主に温度と生理学的ステージの関数として葉面積を計算し，構造物SLAは最小（生長要求に十分達した）から最大（最小の葉の厚さ）まで変化すると想定した。Garyらは（1995）モデルのこの部分の検証はしなかったが，これによってSLAのシミュレーションが可能になり，葉の拡大のシミュレーションができるようになった。TOMSIMでは，SLA（cm^2/g）を，次のように日数（t：日，1月1日を1とする）による強制関数としている（Heuvelink, 1995）。

$$SLA = 266 + 88\sin[2\pi(t+68)/365]$$

これによりSLAに対する季節の影響（主に日射）が考慮される（Heuvelink, 1995b）。現在は，適合していない部分を実験的に検証したところ，SLAの予測は十分に有効であった。

(2) 2つのケースによるシミュレーション

①それぞれの条件

次の節では2つのケースを取り上げ，光合成によって駆動するトマト生長モデルTOMSIMが作物管理戦略の評価に持つ能力を説明する。シミュレーションでは，グリンハウス内気温と植物体温を20℃として，屋外日射については1971～1980年のオランダのDe Biltの気象記録から選抜したものを用いた（Breuer・Van de Braak, 1989）。ここで選抜した年の日射はDe Biltにおける30年の平均日射に等しく，変動やばらつきも再現されたものである。ハウスの光透過率は，拡散光の場合63％と設定し，ハウス内の光はBotのモデル（1983）にしたがって計算した。

ケースIではハウス内のCO_2濃度を夏季500 $\mu mol/mol$，冬季1000 $\mu mol/mol$とした。ケースIIではCO_2濃度は350 $\mu mol/mol$に固定した。シミュレーションは1月10日より開始し，その時点で第1果房が開花すると仮定した。終了は9月7日（250日）とした。これは，オランダの慣行法に準じて摘心を行ない，摘心時点で着果している果実の成熟まで考慮したためである。栽植密度は2.5個体/m^2とし，一般的な作物管理戦略として側枝は伸ばさず，各果房の果実数は7個とした。果房あたりの果実数はモデルに直接入力する。このため，不着花や着果不良はシミュレーションには入っていない。

② ケース1：果房あたりの最適果実数

果実収量は，総乾物生産と果実への分配割合の積となる。果房あたりの果実数が多いと果実への乾物分配が増加し（図4−15右），栄養器官に分配される同化産物は少なくなる。このため，果実数が多いとLAIが減少して圃場あたり受光量も減少し（図4−3参照），総乾物生産も減少すると考えられる。このような相反する2つの作用のため，果房あたり果実数に対する果実収量の反応曲線をみると最適値が生じることがわかる（図4−19）。果房あたり果実数が2個から7個の間では，果実の摘果は作物の総乾物生産には大きく影響せず，これは実際の実験データからも支持される（Heuvelink・Buiskool，1995）。ただし，これは十分にLAIが高い場合である（図4−19a）。果房あたり果実数がさらに増えるとLAIが減少し，これにより

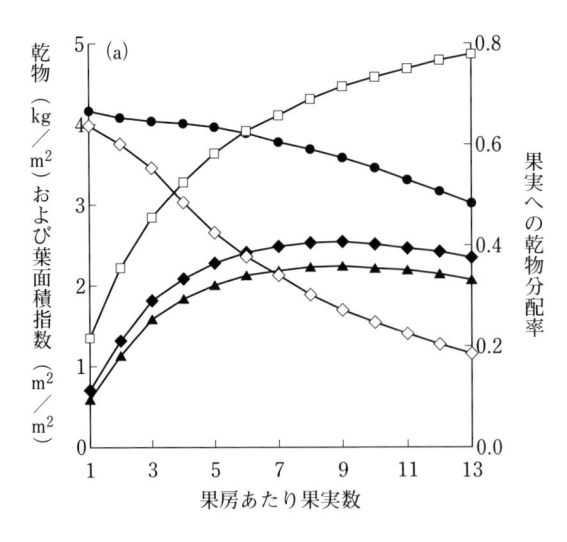

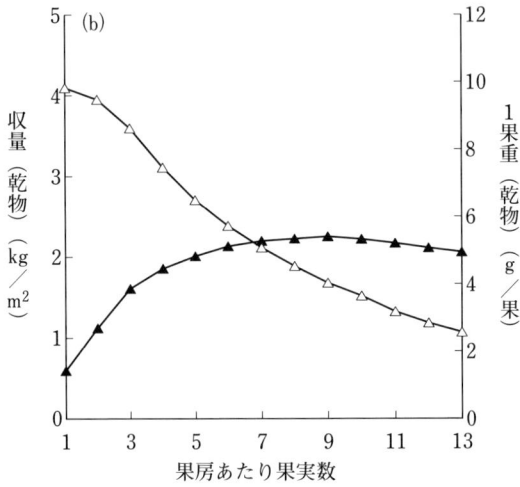

図4−19 （a）ラウンドトマト品種における葉面積指数（◇），果実への乾物分配率（□），果実乾物生産（未熟果も含む）（◆），収穫した成熟果実（▲）および総乾物生産（●）に対する果房あたり果実数の影響のシミュレーション
（b）収穫果実の平均1果重（△）

総乾物生産は減少する。この理由は受光量が減少するためである。1果重は果房あたり果実数が増加するのにつれて減少する（図4－19b）。

HeuvelinkとBakker（2003）によって，中玉丸トマトの果房あたり果実数に関係するいくつかの要因の影響がTOMSIMを用いて定量化されている。標準的な条件では果房あたり最適果実数は9個であり，果実の総乾物重は2.24kg/m^{2}である（表4－4）。これ以上に果房あたり果実数が多くなると果実総乾物重は大きく減少する。SLAが低いか，あるいは摘葉が著しい場合，平均LAIが減少し，その結果，果房あたり最適果実数も9個から7個に減少する（表4－4）。一方，摘葉を6日遅らせた場合，最大果実収量はわずかに増加して2.34kg/m^{2}となる。この収量を達成するには果房あたり10果にする必要がある。SLAが高いか，あるいは摘葉を遅らせた作物では，同じLAIに達するまでの葉への乾物分配が少なくてすみ，最大果実収量となる果房あたり果実数は多くなる。日射やCO_2濃度が減少した場合には，最大果実収量は減少し，果房あたり最適果実数も減少する（表4－4）。最適果実数はポテンシャル果実サイズによって決まることから，品種によって最適果実数が異なることになる。品種間でポテンシャル果実サイズだけが異なるとすれば，最適果実数はポテンシャル果実サイズに反比例する（表4－4）。

果房あたり最適果実数は，根圏の塩類ストレスによって直線的に減少する（図4－20）。TOMSIMでは，塩類ストレスについては，葉の拡大への影響だけが計算に入れられる（葉の拡大の詳細についてはケースⅡを参照）。図4－20の塩類濃度と最適果実数の関係における傾きは，－0.8果実/dS/mである。これらのシミュレーションによると塩類ストレスのレベルが6dS/mまでは総果実生産は果房あ

表4－4　中玉丸トマト品種の果房あたり最適果実数のシミュレーション（TOMSIM）とそれぞれの収量

シミュレーション設定	最適果房あたり果実数	収量（乾物，kg/m^2）
標準条件（本文参照）	9	2.24
CO_2濃度 350 ppm	6～7	1.56
全天日射20%減	8	1.78
SLA20%低下	7	1.95
ポテンシャル果実重2倍	4～5	2.24
摘葉6日遅れ	10	2.34
摘葉7日早め	7	2.05

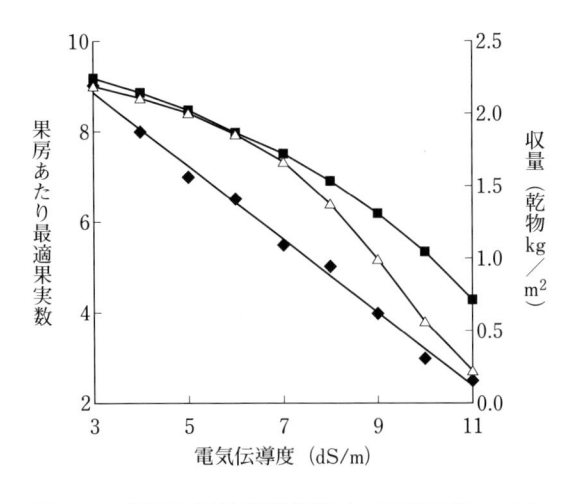

図4-20　果房あたり最適果実数（◆；回帰直線 $y=-0.8x+11.3$），最適果実数を維持した場合の果実収量（■）および果房あたり7果とした場合の果実収量（△）に及ぼす塩類ストレスの影響

たり果実数の影響を受けない。しかし，例えば，10dS/mの場合，果房あたり7果では果実の総乾物は0.57kg/m^{2}にしかならない。一方，この条件の最適果実数にした場合（このケースでは3果），果実乾物重はその約2倍の1.04kg/m^{2}となる（図4-19）。果房あたり果実数の減少は実験的にも報告されている（Cuarteri・Fernadez-Munoz, 1999）。

したがって，与えられた条件で最大の果実生産を得るためには，果房あたり果実数と作物管理方法を適合させることが必要である。特定条件での摘果実験からも，果実収量に対する塩類ストレスの影響を軽減できることが示唆されている。一見すると，摘果によって作物のLAIや総乾物生産が増加したため，摘果による果実分配の減少効果が相殺されたようにみえる。

この例で用いたモデルは，実際のトマトをいくつかの方法で要素をしぼって状況を単純化して想定したものである。

果房あたり12果ではソース/シンク比は明らかに低い。この標準シミュレーションではソース/シンク比は平均0.25と計算される。このようにソース/シンク比が低い場合には，トマトは落花と不着果を生じさせ，シンクとソースのバランスを取ろうとする（Bertin, 1995）。このケースのシミュレーションでは，生育期間を通じて果房あたり果実数を同じとした。ソース/シンク比が高いことによって生じるSLAの減少（Heuvelink・Buiskool, 1995）は，モデルではシミュレーションされない。したがって，LAIに対する果房あたり果実数の増加の影響は，予測よりも小さめになっていることに気付くであろう。これはSLAが同時に増加していること

が理由である。

　さらに，ハウスでは条件は一定でなく，果房あたり最適果実数も年間を通じて一定にはならない。例えば，強日射の夏季に比べて日射の少ない春季では果房あたり最適果実数は少ない。また，果房あたり最適果実数は，大玉トマトや丸形トマトといった品種によっても異なる。

　シミュレーションの結果は実際の観察でも支持され，基本的なプロセスが理解できる。ここで重要なのは，モデルによってさまざまな条件での着果負担と総乾物生産および果実収量との関係が定量化できることである。実験で確認できないような条件であってもモデルによって評価が可能であり，これは理論的な研究を進める上で重要である。

③ケースⅡ：塩類ストレスの収量への影響をLAIによって軽減する

　塩類そのものの毒性を除くと，塩類ストレスは以下のような水分生理的な影響を通して生長と収量を抑制することがある。具体的に述べると，①果実の乾物含量の増加，②葉面積拡大の抑制，③気孔の閉鎖がある。Heuvelinkら（2003）は，TOMSIMを用いたシミュレーション研究で，これらの影響やそれぞれの重要度を比較した。ポテンシャル収量の予測にTOMSIMを用い，塩類ストレスを次のようにモデルに導入した。①果実乾物含量（EC 2dS/mのとき5％）は0.2％/dS/mで増加する（Liら，2001）。②SLAの減少は3dS/mから始まり8dS/mまでとする（一部SchwarzおよびKunchenbuch, 1997に基づく）（この影響はSLAの季節パターンの正弦曲線の上部，式4.2に由来する。この結果，果房あたり7果としたシミュレーションの場合，平均LAIは傾き13％/dS/mで減少する）。③気孔抵抗（r_s）は1～10dS/mの範囲で要因F2あるいはF4によって増加する（表4－5）。

　シミュレーションの結果，葉面積の拡大に塩類ストレスが影響する条件で最も強い影響（dS/mあたりの収量低下）がみられた（表4－5）。収量に対する気孔抵抗の影響はかなり小さい。これはグリンハウス内では（低風速なので）境界層抵抗が気孔抵抗よりも2～3倍高いためである。なお，境界層抵抗と気孔抵抗は連続しており，CO_2の流入に関与して光合成速度に影響する。摘葉の遅延または栽植密度の増加は，収量に対する塩類ストレスの影響，すなわち，受光量が大幅に減少する影響を緩和する（図4－21）。受光量はLAIに対して飽和型の曲線を示すことから

表4-5　10日目（第1花房第1花の開花）から250日目（終了）までトマトを生産する場合の新鮮重果実収量のシミュレーション（TOMSIM；シミュレーションの設定は9条件，それぞれの条件につきシミュレーションは，塩類濃度，1, 3, 5, 7, 9および11dS/mの6回）

シミュレーション設定			生長反応			塩類耐性の分類[d]
DMC	SLA (dS/m)	r_s	閾値 (%/dS/m)	傾き (dS/m)	No yield	
No	No	F2	>11	ND[a]	ND	耐塩性あり
No	No	F4	6.3	1.9	59.7	耐塩性あり
Yes	No	No	3.3	2.8	38.5	耐塩性あり
No	T3	No	6.0	17.8	11.6	中程度
Yes	T3	F2	4.4	12.9	13.0	中程度, 耐塩性なし
Yes	T3	F4	2.9	12.4	12.1	中程度, 耐塩性なし
Yes	T3	No	4.0	13.2	11.6	中程度, 耐塩性なし
Yes[b]	T3	No	4.1	12.9	11.9	中程度, 耐塩性なし
Yes[c]	T3	No	4.0	11.7	12.6	中程度, 耐塩性なし

乾物含量：乾物含量に対するECの影響を含めるか含めないかを示す
比葉面積（SLA）：No, 影響なし；T3, スタートをEC 3dS/mとして塩類濃度によって1dS/mごとに8%）減少
気孔抵抗（r_s）：No, 影響なし；EC 10 dS/mで直線的に2倍, 4倍に増加（F2, F4）
閾値：収量の減少が最大時の90%に達するときのEC
傾き：閾値まであるいは閾値を超えるまでの回帰直線の傾き
No yield：収量が0となるときのEC。回帰直線から得られる値
a：閾値に達しないため未定
b：摘葉を約1週間遅らせたとき
c：栽植密度を2倍にしたとき
d：Shannon・Grieve（1999）による

（図4-3参照），葉面積の減少が収量に影響するのはLAI-受光量曲線の低い部分だけである。EC 7dS/mのとき，摘葉の遅延によって収量は10%増加する（22kg/m^{2}から24.2kg/m^{2}になる）。また，EC 9dS/mの場合，摘葉を遅らせることによる収量増加は25%（11.8kg/m^{2}から14.7kg/m^{2}になる）となる。栽植密度を2倍にすると，ECが7および9dS/mの場合，収量増加はそれぞれ11%（22kg/m^{2}から24.2kg/m^{2}に）および36%（11.8kg/m^{2}から16kg/m^{2}に）となる（図4-21）。

以上のようなシミュレーション結果から，LAI減少に由来する塩類ストレスの影響はLAIの増加，例えば，摘葉を遅らせることや栽植密度を増やすことによって軽減できる。このような影響はモデルによって定量化されたが，実験的に確認する必要がある。この軽減効果を報告した論文は，現在のところない。

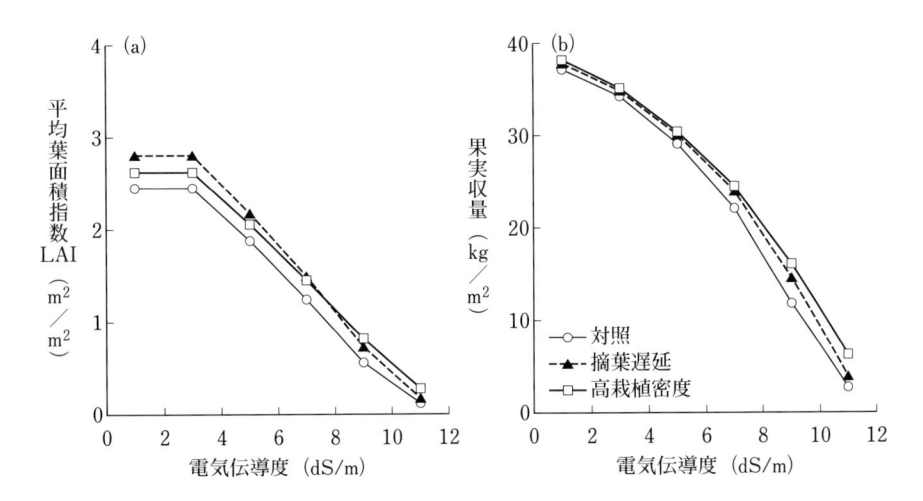

図4−21 塩類ストレスの影響についての3つのシミュレーション
(a) 平均葉面積指数（LAI）（60日目から250日目）
(b) 総果実収量
　対照：果房の発育ステージ0.9のときに摘葉。栽植密度2.5個体/m^2
　摘葉遅延：果房のステージが1.0（収穫時）のときに摘葉。栽植密度は対照と同じ
　高栽植密度：摘葉は対照と同じ。栽植密度5個体/m^2

おわりに

　遺伝，気象そして栽培に関連する多数の要因がトマトの生長と収量に影響を与える。果実の乾物は主に群落の光同化によって決まる。このため群落の光合成や同化産物の分配を果実生産に適するように改善すれば果実の乾物含量は高まる。つまり，果実の乾物含量は，直接，間接的に，光，CO_2，温度，湿度，そして水分管理によって操作できる。摘葉や摘果のような栽培管理や栽植密度も果実の乾物分配に影響する。トマト果実の乾物蓄積の**律速段階**を深く理解することは，生理学的に重要なプロセスの確認に結びつく。これは作物育種や遺伝工学によって発展する可能性がある。低温，高塩類ストレス，弱光のような条件での収量や品質の向上につい

律速段階…化学反応などではいくつかの反応が続いて起こるが，個々の反応によってその反応速度は異なる。そのうち最も反応の遅いステップを律速段階という。この反応速度によって一連の反応速度全体が決まる。

ては，長期的には育種が解決するであろう．最適バランスをとるような生長条件や栽培管理の積み重ねも収量や品質の向上につながる．この意味で，作物モデルは現在の園芸の主要なツールになっている．記述的，説明的な多数のモデルが開発された．これらのモデルは，収量と品質の予測，気象や作物管理のほか，経営的および政策分析，そして概念の教育にも利用できる．

　研究者や生産者は，環境や食の安全の面からのトマト生産を考えるべきである．世界中の消費者は，遺伝子組換えや補光のような新しい技術に対して不安を感じている．この観点からみて，近い将来，果実の乾物生産を最適にした持続可能な生産システム（閉鎖型生産システム）を開発してトマト産業に導入する必要がある．

（翻訳：東出忠桐）

第5章

果実の成熟と品質

M. E. Saltveit

要約

　トマトの成熟ステージは色の変化によって6つに分類され，緑のクロロフィルが分解され，赤いリコペンが合成される。緑熟果に0.08％含まれるステロイド配糖体のトマチンは，成熟果では約0％に減少する。成熟中にはエチレンの生産と呼吸が上昇するクライマクテリック上昇が起きる。生食用果実の品質としては色，大きさ，形，硬さ，香りが重要である。トマトの香りの主な構成物は糖と酸であり，400を超える揮発性香気成分の中で，特に重要なのは17種類に満たない。果実はビタミンAやCを含む。不良環境下では，軟果，少果汁，香りがしない，味が悪い，など品質が劣化する。環境による生理障害もしくは作業時に物理的に起きる障害は，品質に影響を与える。生理障害果には，尻腐れ果，裂果，ゴールドスペック，チャック果，水ぶくれ，着色不良果，グリーンショルダー，空洞果，乱形果などがある。品質を遺伝的に改良する取り組みも行なわれている。

はじめに

　トマトを温帯地域で栽培すると1年生の草本植物になる。品種によっても，かなり異なる生育パターンを示すことがある。この品種間における生育パターンの違いは，果実生長と栄養生長の関係によるものである。しかし，品種にかかわらず，発達中の果実は，近傍の葉から同化産物や養分などを吸収するシンクとして働く。果

実がたくさんついている場合，肥大中の果実は，栄養生長を停止させるまで植物体内の栄養分を独占的に吸収する。果実発達の早期にストレスを受けたトマトは，栄養生長と果実生長の両方を維持することは困難である。このように早期に生育が止まると，トマトの草姿は貧弱になり，収量は低くなる。また，すべての果実が正常に発達するだけの同化産物と栄養分が十分にないために果実品質も低下する。

トマトの着果特性は変化に富んでいる。非心止まり性の小玉トマトは，それぞれの茎に連続的に花房をつける。このようなトマトの場合，果実が，栄養生長を抑制するシンクになるまでには長い時間が必要であるため着果期間が長くなる。そのため，植物体は通常は大型になり，果実の発達と成熟に時間がかかり，複数回にわたっての収穫が必要になる。非心止まり性のトマト品種は生食用として利用される。逆に，加工と生食用のブッシュタイプ（低木性）のトマト品種は，心止まり性を持つために植物体の大きさは制限され，相対的に短期間で開花し着果する。また，多数の果実が一斉に成熟するため，その後の栄養生長は阻害され，植物体はコンパクトで小型になり，ブッシュタイプになる。栽植密度を高くした場合，着果負担が大きくなり，栄養生長が制限される。果房内の大部分の果実に同時成熟性があれば，機械収穫や一斉収穫が可能になる。

1　成熟の分類

トマトの生果市場で伝統的に使われている果実のステージは，果実表面の緑から赤色への変化（これは**クロロフィル**の分解と**リコペン**の生成による）に基づいて6つに分類されている（カラー口絵2）。果実の緑の濃さ（クロロフィル含量）は，品種や産地によって異なる。強く遮光された果実では白っぽくなり，反対に果実が日光にさらされると濃い緑になる。果実の部位によっても緑の濃さは異なり，肩側は濃く，先端部は薄くなる。

果実が最終的な大きさの8割くらいになると，株から切り離しても正常に成熟する機能を有するようになり，このステージを緑熟期と呼ぶ。緑熟期（ステージ1）の果実表面に赤色化した部分はないが，先端部は白く変色している。品種にもよるが，外見上の変化（例えば果実表面上の光沢や毛，へた部分のコルク，表面のワックスなど）もこの時期に現われる。緑熟期以前の未熟期の果実を切り離しても，赤

表5-1　果実表面の色と内部の色および硬さの変化に基づいた生食用トマトの成熟ステージの分類

ステージ	説明
0. 未熟期（immature）	果実は商品的な品質のレベルまで成熟することができず発達中である。多くの未熟な果実はやがて赤く変色するが品質は劣る
1. 緑熟期（mature-green）	果実が商品として販売できるレベルまで成熟している。表面全体が緑もしくは白色で赤色はない。緑熟期はさらに以下のように分類できる 　　MG1—硬くしまったゼリー組織で，種はナイフで切ることができる 　　MG2—ゼリーが軟らかくなり，種がナイフで切ることができない 　　MG3—ゼリーが軟らかいゲル状になるが，赤く着色していない 　　MG4—ゼリーがほとんどゲル状になり，先端部分が赤く着色する
2. 催色期（breaker）	果実の先端部分が緑から黄色，桃色もしくは赤色に明確に着色した状態
3. 転換期（turning）	果実表面の10%以上30%未満が黄色，ピンク，赤もしくはその混合色に明確に変化した状態
4. 桃熟期（pink）	果実表面の30%以上60%未満が黄色，ピンク，赤もしくはその混合色に変化した状態
5. 明赤期（light-red）	果実表面の60〜90%が赤色
6. 赤熟期（red-ripe）	果実表面の90%以上が赤色

く変色することがあるが，品質的に劣るため商品にならない。適切な温湿度条件下では，トマト果実は表5-1に示した6のステージを経て，赤熟期まで順次変化する。

　成熟期間中に，果実内の色素が明確に変化する段階が3つある。緑熟期までの果実中の主な色素はクロロフィルである。果実中クロロフィル/**カロテノイド**の割合は，この時期までおよそ10：1である。次の段階は緑熟期から催色期で，果実ではクロロフィルが分解され，カロテノイドが増加し，クロロフィル/カロテノイド

クロロフィル…日本語では「葉緑素」と訳される。植物体の緑色の部分の細胞中のプラスチドに含まれる緑色の色素のことを示す。葉の細胞内で，葉緑素を多く含み，膜状の構造をとるものは，葉緑体と呼ばれる。光合成において，光エネルギーを吸収する重要な役割を果たす。

リコペン…赤色の色素であり，カロテノイドの一種である。細胞中のプラスチドの中で合成，蓄積される。抗酸化作用があり，機能性成分として注目されている。水に不溶性であり，油などと共に食べることで，体内に吸収される。

カロテノイド…生物中に存在する黄色，赤色，紫色などの天然色素群である。ニンジンなどの緑黄色野菜に含まれるβ-カロテン，トマトに含まれるリコペン，カボチャなどに含まれるルテインなどがある。緑黄色野菜は，料理を色彩豊かにし，我々の健康にも貢献する。

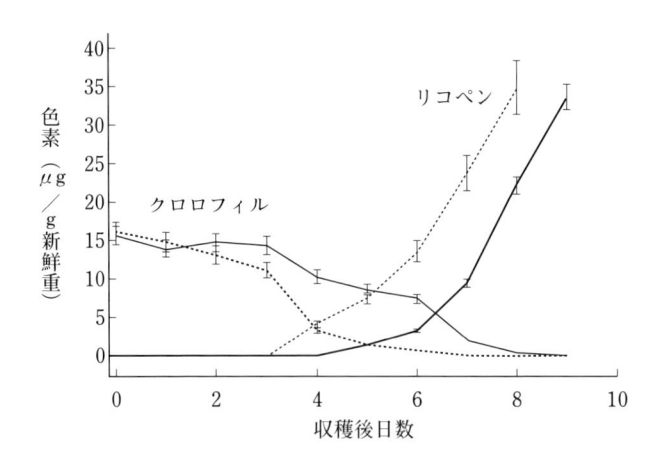

図5-1　大気中（実線）とエチレン（100μℓ/L）を含んだ空気中（点線）で保存した成熟中のトマト果実中のクロロフィル含量とリコペン含量の変化

の割合は約1：1となる。3つ目は催色期から赤熟期で，クロロフィル含量は0に落ち込み，リコペンの合成が急上昇する（図5-1）。

2　果実成熟度の測定

成熟に伴う果実の変化

　成熟という現象には，色，硬さ，香り，味といった特徴の変化を伴う（Grierson・Kader, 1986；Doraisら, 2001；Kader, 2002）。緑熟期の果実を収穫した場合，成熟までの必要時間によるグループ分けが重要である。成熟の進んだ果実は地域の近場市場へ，成熟の進んでいないものは離れた市場へ，未熟果は処分する。

　果実が成熟するとき，表面の色は特徴的に変化する。ほとんどの品種の果実では，成熟するとき均等に緑色から赤色に変わるが，2，3の品種では黄色（リコペン含量が低いか合成が不完全であるため）もしくは特異的な色に変わる。通常，果実の色は，緑熟期から赤熟期に，明るく薄い緑色から，赤色が濃くなっていき，黄色が薄くなり，青みがかるようになる（「5　品質を左右する要素（1）色素」を参照）。

果色を測定する機器

　果実表面の色の変化は，着色程度とその分布として，カラーチャートや写真で比較することで主観的に評価できる。果実の包装時に，果色を測定する機器が開発されている（Abbottら，1997）。色づき始めた果実は，成熟が進み，軟らかくなりすぎるため，遠くの市場への輸送に耐えるだけの品質を維持できない。果色による選別機器は，ここ数年で大幅に進歩した。自動色選別機はヨーロッパやアメリカでトマトを包装するときに使用される。表面の色を測定できる携帯測定器（例：ミノルタ色差計）も利用されている。これらの機器による測定値は，果実から抽出した色素の量を分光光度計で測定した値と高い相関がある。成熟する果実で先端部分にリコペンが現われるとき，果実内の色の変化を測定できる機器は，果皮の色を測定する機器よりも成熟のステージを早く識別できる可能性がある（カラー口絵2）。

硬度の測定

　一定の圧力をかけて果実の圧縮を測定することによって非破壊的に果実の硬さを測定する機器が多数開発された（Abbottら，1997）。圧縮試験は，通常，果実の硬さ（果実硬度）を測定することに使用される。トマトの果実内部の組織は，果皮や子室に分かれており，均一ではない。したがって，果実硬度を正確に評価するためには果実の多くの部分を測定する必要がある（写真5-1）。例えば，500g重の力は，中玉サイズ（直径6cm，115g）の完熟した果実を20秒で1.5mm圧縮できる。厚い外皮と中果皮を有する果実（例えばリンゴ，キュウリ，ナシ，モモ，メロンなど）でよく使われる硬度測定は，穴を開ける貫入タイプであり，トマトにおいても有効である。トマトでは皮の有るなしにかかわらず，成熟ステージと貫入する力との間に密接な関係があり，皮のないトマトよりも，皮がついているトマトを測定した方が硬さとより一致する。

物理的変化を指標とした機器

写真5-1　圧縮試験機により測定されるトマトの硬さ

果実の成熟度を測定する指標として，他の物理的変化（例えば音響，赤外線反射，NMRイメージ，振動の音による評価）が利用できるかどうか研究されてきた。これらは実験室レベルでは成功しているものの，計測装置が非常にデリケートかつ高価であったり，測定速度が遅かったりするため商業的には今のところ利用されていない。

3 呼吸とエチレンのクライマクテリック

(1) クライマクテリックとノンクライマクテリック

収穫したトマトは，成熟に合わせて進むクライマクテリック上昇を示す。これはエチレンの生産と呼吸（酸素の吸収と二酸化炭素の放出）が増える現象である。（Hobson・Davies, 1971；Biale・Young, 1981；Grierson・Kader, 1986）。呼吸は，炭水化物（糖類）と有機酸を酸化してエネルギーを生み出し，中間的に合成される炭素化合物を経て，二酸化炭素と水に分解する反応である。成熟期間中に呼吸が上昇するクライマクテリック上昇は，組織が肥大するのに必要なエネルギーや，成熟に依存する合成反応に必要な中間化合物を供給するために必要と考えられている。しかし，ノンクライマクテリック果実では，呼吸量を著しく上昇させることなく，成熟中に変化する。

呼吸上昇の大きさは，種間や品種間で20％から100％の間で変わるため，クライマクテリック（リンゴ，バナナ，トマトなど）とノンクライマクテリック（レモン，オレンジ，イチゴなど）の違いは必ずしも明確ではない。緑熟期と転換期のトマトの呼吸量の範囲は同じであるとされているが（Hardenburg, 1986，表5－2），別の報告では転換期のトマト果実から放出されるCO_2の量は緑熟期の約2倍である（Grieson・Kader, 1986；Saltveit, 1986）（図5－2）。

これらの2つの矛盾する結果は，成熟

表5－2　異なる気温での緑熟期と転換期のトマト果実の呼吸速度
(Hardenburgら, 1986)

温度（℃）	呼吸速度（$mgCO_2$/kg/h）	
	緑熟期	転換期
10	12-18	13-16
15	16-28	24-29
20	28-41	24-44
25	35-51	30-52

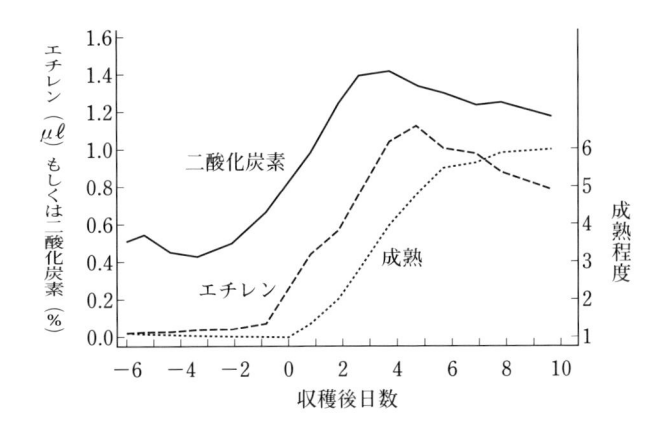

図5-2　成熟中のトマト果実の呼吸パターン

の間に進むクライマクテリックによる呼吸量の変化の幅が，品種や生育環境や個体の違いによる呼吸量のばらつきと同程度であるためである。

　クライマクテリックを示す呼吸量の上昇は，ひとつの成熟中の果実では簡単に測定できるが，たくさんの果実を一緒にして集団で定量することは難しい。生物的（虫や病気）と非生物的（傷，乾燥，温度）ストレスは，クライマクテリック呼吸と成熟の開始や程度に重大な影響を与える。一般的に適度なストレスは成熟を促進し，過度なストレスは成熟を遅らせる。

　成熟中の適度な呼吸上昇は，トマトの成熟に伴って生産される植物ホルモンであるエチレンの上昇に比べて10から100倍も増加する。エチレン生産のクライマクテリック上昇は，樹上の果実でも切り離した果実でも起きるが，呼吸の上昇は樹上で成熟する果実では小さい（Saltveit, 1993）。クライマクテリック前の未成熟や緑熟期の果実と，成熟中のクライマクテリック果実において，エチレンは，メチオニン→S-アデノシルメチオニン（SAM）→1-アミノシクロプロパン-1-カルボン酸（ACC）→エチレンからなる経路により合成される（Abelesら, 1992）。

クライマクテリックとノンクライマクテリック…果実の成熟過程において，急激な呼吸の増加が生じ，呼吸が激しく変化する現象をクライマクテリックと呼び，リンゴ，モモなどが含まれる。呼吸量の変化がみられないものをノンクライマクテリックと呼び，カンキツ，ブドウなどが分類される。

(2) エチレン処理と効果

　エチレンクライマクテリックは，果実全体における一様な成熟となるように調整し，かつ促すものであると考えられる。クライマクテリック前の緑熟期の果実に，エチレン（もしくはエチレンの類似体であるプロピレン）処理を行なうことで，成熟とクライマクテリックの開始を促進できる。反対に，エチレン生合成阻害剤（アミノエトキシビニルグリシン〈AVG〉で処理，もしくは周辺空気の酸素濃度低下処理〈3％程度〉）やエチレン作用阻害剤（メチルシクロプロペン〈1-MCP〉処理，あるいは周辺空気中のCO_2濃度増加処理〈5％程度〉）は，果実の成熟を遅らせる（Leshuk・Saltveit, 1990；Abelesら, 1992；Saltveit, 2001, 2003）。果実中のエチレン濃度が閾値を超えると，エチレン自身の生合成が促進され，組織中でのエチレン生産と蓄積が急速に進む（Abelesら, 1992）。

　トマト果実内部の空気は，クチクラと不透水性の表皮によって周りの空気から隔離されているため，内外のガス交換の95％はへたの部分を通して行なわれる。それゆえ，エチレンが，クライマクテリックによる正のフィードバックに伴う濃度上昇をいったん始めると，果実外部からの処理によって，エチレン合成やエチレンにより影響を受けている成熟反応を制御することはほとんど不可能となる。気温低下処理や低酸素空気処理は，全体の代謝を遅延させるが，成熟は緩やかに進行する。これに対し，エチレン活性の明確な阻害剤（例えば1-MCP，エタノール蒸気）は，いずれの成熟ステージにもかかわらず，エチレンで促進された果実の成熟を止めるように見える（Saltveit・Sharaf, 1992）。しかし，これらの化合物の阻害効果が消えると果実の成熟は進行する。

4　品質と熟度，温度

(1) 加工用と生食用での収穫時の熟度

　トマトは，さまざまな目的のために，異なる熟度で収穫される。加工用トマトは，赤熟期に機械収穫され，直ちに加工工場へ輸送される。生食市場用の果実は，緑熟期，部分的成熟期もしくは完熟ステージに，作業者の手によって収穫される。

緑熟期の果実を収穫する理由は，果実が遠く離れた市場に輸送する際のストレスに耐えられ，長期の貯蔵でも十分硬いままで流通の間に成熟し，十分な品質を確保するためである。収穫した果実を強制的に成熟させるためのエチレン処理は，未成熟果実の品質的劣化が起こらないよう注意深く行なう必要がある。生食用果実の品質の特徴は，加工用トマトと似ている面もあるが，消費者に色，大きさ，形，硬さ，香りといった明らかに異なる優位性をアピールできることが重要である。

(2) 温度による食味など品質の変化

果実の品質は，温度の影響を強く受ける（Doraisら，2001）。温度は，果実の代謝に直接影響し，間接的には細胞の構造や大きさ，色や食感といった人の感覚に関与する形質，その他の果実品質の構成要因に影響する。適温23℃で生育したトマトは低温の17℃で生育した果実と比べて食味は良くなり，果実の乾物量とK：Ca比は増加する。さらに，軟化果や銀粉果（ゴールドスペック）の割合は減少する（Janse・Schols, 1992）。

低温の17℃で生育すると，果実は軟らかく，果汁が少なく，香りがなくなる。これらの果実は，高い還元糖濃度と低い滴定酸濃度に加え，クチクラ抵抗が小さいという特徴を持つ（Janse・Schols, 1992）。気温が上昇すると，冬季には空洞果，夏季には着色不良果の発生が促進され，乱形果や軟弱果（受粉阻害）の数も増える。

生育適温を外れると，萼（がく）が離れ，胎座が露出して乱形果になる場合がある。例えば，12℃以下の低夜温は，果実成熟を遅らせるとともに，子室（例えば胎座の発達阻害や欠損，種子やゼリーの消失）の変形を伴った，先のとがった変形果実の発生を増加させる（Tomerら，1998）。また，夜間を通して10℃以下の場合，花の発達や開花に異常が現われる。トマトの花と果実の発達は，昼/夜の気温が26/18℃と比べて，17/7℃では大きく影響を受ける（Lozanoら，1998）。雄しべや花弁が葉に変化するような形質変化や，器官の規則性が乱れる場合には，MADSボックス遺伝子（植物の発生過程にかかわる転写因子）の発現が関与している。その結果，経済的価値のない異常果が生産される。一方で，GentとMa（1998）は，果実の発達初期に昼夜間の気温差が大きいとき（例えば5℃差に比べて14℃差），果実の成熟は早まり果実サイズは大きくなり，異常果の発生が減少すること

表5-3　トマトの緑熟果実と赤熟果実の組成
(Jones, 1999)

成分	緑熟果実	赤熟果実
水（％）	93.0	93.5
カロリー	24	22
タンパク質（g）	1.2	1.1
脂質（g）	0.2	0.2
炭水化物		
総量（g）	5.1	4.7
繊維（g）	0.5	0.5
灰分（g）	0.5	0.5
カルシウム（mg）	13	13
リン（mg）	27	27
鉄（mg）	0.5	0.5
ナトリウム（mg）	3.0	3.0
カリウム（mg）	244	244

100gあたり

を報告している。

(3) 成熟に伴う組成成分の変化

　果実全体の化学組成は，緑熟期から赤熟期の成熟中にわずかに変化する（表5-3）。高品質の赤熟果は，93％の水分と5～8％の乾物を含んでいる。炭水化物の濃度（主にグルコースとフルクトースが同量）は，成熟過程で次第に増加し乾物の約50％を占める。赤熟果は，ビタミンAやビタミンC，カリウムの優良な供給源である。**ステロイド配糖体**のトマチンは，緑熟果には0.08％存在するが，赤熟果では0％になる。トマチンは，ほ乳動物には毒性があり苦味がある。

5　品質を左右する要素

(1) 色素

色素の種類と生成

　果実の色は，品質全体を決める最も重要な特徴である。トマトが緑熟期から赤熟期に成熟するとき，多くの変化が起きる（表5-4）。最も目立つ変化はクロロフィルが消失し，リコペンの蓄積が起こることである（表5-1，カラー口絵2）。リコペンの蓄積は果頭部から始まり，やがて果柄部に向かって進む。そのため，成熟中の果実は，一部が緑色で一部が赤色になる。成熟すると表面全体が一様に赤くなるのが高品質果実である。着色が不完全であると，深刻な障害果とみなされる。リコペンとβ-カロテンは，成熟中に0から，それぞれ約48μg/gおよび約4.3μg/gに増加する（表5-4）。カロテノイド色素は，通常のイソプレノイド経路の拡大に

表5-4　異なる成熟ステージにおけるトマト果実の成分
果実は緑熟期，催色期，赤熟期に収穫された　　　　　　　　　　　　　　　　(Cantwell, 2000)

成熟ステージ	糖度(可溶性固形成分)(%)	還元糖(%)	pH	滴定酸度(%)	β-カロテン(μg/g)	リコペン(μg/g)	アスコルビン酸(mg/100g)
緑熟期	2.37	0.81	4.20	0.28	0.0	0.0	12.5
催色期	2.42	0.85	4.17	0.39	0.40	0.52	18.0
赤熟期	5.15	1.62	4.12	0.43	4.33	48.3	22.5

より，植物細胞のクロロプラストとクロモプラストの内部で合成される。いくつかの反応を経て8つのイソプレンユニットが合体しリコペンを形成し，その後カロテンを形成する反応へ続く。

　果実のリコペンとβ-カロテンを合成する能力は，樹上で成熟した場合も緑熟果を収穫して成熟した場合もほとんど同じである。緑熟期に収穫した果実に，エチレン処理を行なうと，リコペンとβ-カロテンの生成・蓄積を伴う成熟反応が刺激され，エチレン処理をせずに放置した果実と比べて成熟が進む。

　温度は色素の生成に効果的で，適温は16〜21℃である。しかし，30℃以上の温度はリコペンとβ-カロテンの合成を著しく減少させる。品種によってはカロテン合成よりリコペン合成が低いため黄色の果実になる。一方，クロロフィルの消失が遅延して，果実に部分的に緑色が残る場合もある。

　果実の色を良くする育種は，盛んに研究されている分野である。果実の色は消費者にとって視覚的に良く見えるだけではなく，カロテノイドが健康に寄与するためである（「6　ビタミン」を参照）。カロテノイドの生合成は複雑に制御されている。色素の多様性は，ほとんど染色体上の非対立遺伝子によって制御される。カロテノイド合成系や，果実成熟に関わるさまざまな経路に関する突然変異体が同定されている。また，成熟には他のステップも影響している（例えばクロロフィルの消失，クロロプラストからクロモプラストへの転換，果実軟化）。変異体のいくつか

ステロイド配糖体…配糖体は糖の水酸基が炭化水素やアルコールなどの非糖質化合物と結合（グリコシド結合）してできる天然化合物の総称であり，植物などに含まれ，薬用成分としても研究対象になっている。

β-カロテン…ニンジン，ホウレンソウ，ピーマン，カボチャなどの緑黄色野菜に含まれる天然色素であり，人間の体内でビタミンAに変わる。有害な活性酸素から体を守る抗酸化作用も有する。

は，成熟が遅い果実として商品的な系統として利用されてきた。

果色の評価法

　果実の色は主観的または客観的に評価することができる。成熟度が異なるステージの果実の色を表わす基準チャートが，果実の成熟度の主観的評価の精度を高めるために活用されている（カラー口絵2）。有機溶媒によって各色素を抽出し濃縮したものを，光学的に測定することで客観的な評価ができる。しかし，この手法は商業的に果実の成熟を判断するためというより研究室での実験に活用されている。

　色素濃度，見た目，成熟ステージは，果色の測定機が示す値と相関がある。これを活用して，トマトの果色を客観的に測定できる計測器がいくつか市販されている。「Hunterlab Color and Color Different Meter」がそのひとつで，XYZという3記号を使う3刺激値を測定するものである。これは，国際照明委員会CIEシステムによるXYZ（Yxy）表色系による色を測定するもので，最初の電子機器のひとつであった。現在，ミノルタ色彩色差計のような機器では多くの情報を数値化するが，よく使われているのはL*a*b*表色系であり，色を，明度L*（0＝黒，100＝白），クロマネティクス指数a*（赤〈＋値〉緑〈－値〉），b*（黄色〈＋値〉青〈－値〉）からなる均等色空間上の座標で表わしたものである（表5－5）。彩度（色強度の測定）は，成熟中に変化が少なく，色相は，クロロフィル含量の減少，リコペン含量の増加に伴い低下することが示されている。これらの値は，分光光度法により決定される特定の色素量と相関がある。

表5-5　トマト果実の成熟中の色の変化　　　　　　　　　　　　　　　　（Cantwell, 2000）

発達ステージ	成熟ステージ	L*	a*	b*	彩度	色相角
緑熟	1	62.7	−16.0	34.4	37.9	115.0
催色	2	55.8	−3.5	33.0	33.2	83.9
ピンク	4	49.6	16.6	30.9	35.0	61.8
明赤	5	46.2	24.3	27.0	36.3	48.0
赤熟	6	41.8	26.4	23.1	35.1	41.3
過成熟	6+	39.6	27.5	20.7	34.4	37.0

L*値は明（高い値）暗を示す；a*値は緑（マイナス値）から赤への変化を示す；b*値は青（マイナス値）から黄色への変化を示す。彩度と色相はa*値とb*値から計算され，それぞれあざやかさと色あいを示す。彩度は$(a^{*2}+b^{*2})^{0.5}$の式で，色相は$\tan^{-1}(b^*/a^*)$の式で算出される。色相値が低いほど赤いトマトとなる

クロロフィルとリコペン含量を測定する簡易法として，10gの果皮の組織を，10mlのアセトン中で破砕した混合物を遠心分離（例えば5,000Gで5分間）し，上澄み液を使用する方法がある。緑から赤までの果皮組織中のリコペン含量は，アセトン抽出液中の503nmの吸光度を測定することで決定できる。カロテノイド（473nm）の影響は無視してよいため，この波長がリコペンには最適である。破砕前の果皮を，非破壊でミノルタ/MINOLTAChromaMeterで測定した測定値は，リコペン含量の測定値と相関がある。最適な指数方程式（相関係数が最高となる）は，品種や組織の調整方法によって変わり（Beaulieu・Saltveit, 1997），それぞれの品種に適した個々の曲線の式に定期的に修正したほうがよい。

(2) 大きさと形

　トマトは球形なので，大まかには直径で大きさを推定できる。果実は丸い穴を通るかどうかにより選別され，直径18〜54mmの超小型，54〜58mmの小型，58〜64mmの中型，64〜73mmの大型，73〜88mmの超大型，88mm以上の最大型に分けられる（Sargent・Moretti, 2002）。

　特徴的な形をしている品種も多くある（ナシ型や楕円型状など）。これらの品種のトマトはその品種に特徴的な形をしていなければ高品質な果実とはならない。ひどく形のくずれたもの（キャットフェイスなど）だけでなく，標準的なものからかけ離れたもの（通常球形である品種でナシ型になるものなど）は奇形果として扱われる。

(3) 表面

　いくつかの品種では，成熟が進むに従い表面のブルームが消え，へた部分にコルクが発達する。選果や等級分け，包装の過程でできる表面の傷は，高湿度での保存中に赤褐色または水ぶくれ状となる。

(4) 硬さ

　果皮の硬さは，特に時間をかけて遠くまで輸送する場合には，加工用，生食用品種それぞれにとって重要な形質である。緑熟期の果実が成熟する過程で起きる軟化は，エチレンレベルの上昇と30℃以上の高温で促進され，35℃以上の気温では抑

制される。1～2日間35～40℃にした果実では品質に影響せず，成熟は2～3日遅れる。

　成熟したトマト果実の硬さを維持するため，収穫後の貯蔵方法や品種開発に関して多くの研究が行なわれている。果実が軟化するときの分子レベルの変化については未解明だが，組織の軟化と細胞間結合に関与するたくさんの細胞壁加水分解酵素が知られている（Fisher・Bennett, 1991）。大きな酵素群としてポリガラクツロナーゼ，ペクチナーゼ，ペクチンメチルエステラーゼ，カルボキシメチルセルラーゼを含むものがある。果皮の硬さは遺伝子によって量的に制御されている。遺伝的にポリガラクツロナーゼを低下させた果実は，成熟時にわずかに硬くなるものの，成熟に関するその他の指標は影響を受けない。

　収穫後に硬さを制御する手法としては，カルシウムに浸す方法や，CA貯蔵により成熟に影響を与える方法が開発されている。

(5) 食味とその組成成分

　可溶性固形物や**滴定酸**は食味の重要な要素である。例えば乾物の50%が可溶性固形物であり12%が滴定酸のように，含まれる量や割合も食味に影響する。すっぱい果実は低糖度で，味気のない果実の酸度は低いが，糖も酸も多く含む果実は非常に良い食味である（表5-6）。糖は，光合成をする葉から果実に運ばれ，収穫後には貯蔵されたデンプンが加水分解することで蓄積する（表5-4）。高温での果実の貯蔵は，成熟を早めるだけでなく，果実内の炭水化物を呼吸により消失させる。果実中の主要な糖はグルコースとフルクトースであり（それぞれ乾物重の22%），ショ糖をわずかに含む（1%）。アルコール不溶性固形物（例えばタンパク，ペクチン，ヘミセルロース，セルロースなど）は，果実乾物重の約25%を占める。ミネラル（主にK, Ca, Mg, P）は乾物重の8%強である。可溶性固形物の含量は，屈折率を換算した値であるBrixにより測定される。果実をニンニク絞り器などで潰し，潰した混合物から果汁を絞り，数滴を屈折計の光学プリズムにのせる。値は主としてサンプル中の糖の量により影響されるが，サンプル中のその他の水溶性

表5-6　生食用トマトの味および香りと糖酸度値との関係
（Kaderら, 1978）

酸度	糖	
	高	低
高	良い さっぱり	すっぱい
低		味がない

固形物(有機酸,可溶性ペクチンなど)も,Brix値に反映される。

　トマト果実のpHや滴定酸度の遺伝的変異は大きい。成熟したトマトには,酸味があり,pHは4.1〜4.8の範囲にある。貯蔵や出荷の過程では,赤熟した果実のpHはボツリヌス菌などの細菌の繁殖を防ぐため,4.7以下にしておくことが望ましい。高温での貯蔵は,pHの上昇を伴う有機酸代謝を促進する。菌類(例えばフザリウムなど)の感染も,感染した近傍の組織のpHを上昇させる傾向にある。滴定酸は主としてクエン酸(〜9% DW)とリンゴ酸(〜4%)である。有機酸は生果の0.4%を占めるにすぎないが,食味に大きく影響する。酸含量の品種による違いは,糖含量の違いよりも食味に強く影響を与える。

(6) 揮発性香気成分

食味の構成物と香気成分

　成熟したトマトの食味の主たる構成物は糖と酸である。また,400を超える揮発性香気成分がトマト果実で同定されてきたが,トマトの香りを特徴づける上で重要な成分は17に満たない(Buttery, 1993)。

　トレーニングされた経験のあるパネラーによって成熟果として判断されるものは,揮発性成分であるシス—3—ヘキセノール,可溶性固形物/滴定酸,ショ糖等価物/滴定酸度,滴定酸度との相関が高かった(Baldwinら, 1998)。

　トマト食味は,ゲラニルアセトン,2＋3—メチルブタノール,6—メチル—5ヘプテン—2オンと相互関係を示した。甘味は,ショ糖等価物,pH,シス—3—ヘキセノール,トランス—2—ヘキセノール,6—メチル—5—ヘプテン—2—オンや1—ニトロ—2—フェニルエタンと相関関係を示した。酸味は,可溶性固形物,pH,アセトアルデヒド,アセトン,2—イソブチルチアゾール,ゲラニルアセトン,β—イオノン,エタノール,ヘキサノール,シス—3—ヘキセノールと相関関係を示した。香気成分のレベルは,甘味と酸味の知覚に影響し,可溶性固形物の測定値は,甘味より酸味やエグミ,苦味と密接に関連する。

滴定酸…pHにより無色から赤色に変化するフェノールフタレイン中和滴定法で,加えたアルカリ(水酸化ナトリウム)の量により判別される。果実中のクエン酸やリンゴ酸などが総合され滴定酸度として表わされる。

香気成分の同定

可溶性固形物は屈折計で簡単に測定できる。滴定酸度の測定はそれよりも難しく，揮発性香気成分の測定は大変難しい。揮発性成分を集める簡単な方法が開発されているが，成分の同定には，揮発性標準物質と水素炎イオン化検出器がついているガスクロマトグラフが必要になる。カラムで分離された不明な化合物は質量分析装置で同定される。しかし，いくつかの香気成分を人が認識するときの閾値の濃度は何桁もの範囲にわたるため，たとえ，あるひとつの化合物が多く存在しても総合的な香りの構成に重要であるとは限らない。特定，あるいは他の香気成分の組合せを感覚的に調べる手法は，その物質の香りそのものや，香気全体に対するその物質の影響評価に用いることができるだろう。

緑熟期に収穫して成熟度が不十分な果実や，低温貯蔵された成熟果は，高品質のトマトに備わっている食味の特徴がない。生産物の能力を引き出し，最高の果実品質になるような成熟および貯蔵方法を考案するためにも，また，遺伝子組換えにより香りの主要成分の生合成経路を選択的に改造する面からも，カギとなるいくつかの重要な揮発性香気成分の同定が必要である。

6 ビタミン

成熟したトマトは，ビタミンAやCを多く含み，ビタミンの優良な供給源である（表5-7）。トマト製品（例えば生果，ソース，調味料など）の1人あたりの消費量が多いことによって，トマトがすばらしいビタミンの供給源となっている。植物にはビタミンAは含まれないが，人は一部のカロテノイドをビタミンAに転換することができる。ビタミンAとプロビタミンA（特別なカロテノイドなど）の生理活性は同じである。トマトのカロテノイドの中でもβ-カロテンは高いビタミンA活性を有している。ちなみにα-カロテンとγ-カロテンは，それぞれ55％，45％のビタミンA活性を有している。6mgのβ-カロテンは人の中で1mgのビタミンAと同等となる。さまざまなビタミンAの供給源の生理活性を比べるため，国際単位IUが使われる。ビタミンAの1IUは0.6μgのβ-カロテンに相当する。

トマトのビタミンA含量はカロテン含量に相当する。すべてにあてはまらないが，一般的に果実の色が良い品種（トマト全体が均一に濃赤色）は高いビタミンA

活性を有する。β-カロテン濃度の高い品種が開発されたが、それらはオレンジ色であり消費者受けが悪い。これらの品種が健康に良いことをアピールすることによって、消費者にも受け入れられるであろう。

リコペンとその他のカロテノイド色素には、ビタミンA活性はないが、人の健康にリコペンは有効である。リコペンは長い鎖状の不飽和カロテノイドであり、成熟したトマト果実の赤色の色素である。ビタミンCやEと同様に、カロテノイド類の中では強力な抗酸化物質であり、フリーラジカルを無毒化する。肺がん、膀胱がん、子宮がん、皮膚がん、消化器系の疾患を含むいくつかの病気の減少に、カロテノイドを含む食品の摂取が関係あるとされる（Stahl・Sies, 1996；Clinton, 1998）。これには約50mgのリコペンを毎日摂取することが有効であり、この量は完熟した中玉トマト7個分、スパゲティソース2皿分、トマトジュース2杯分で補給できる。リコペン含量の高いトマト品種も開発されている。

表5-7 成熟果実中のビタミン含量
(Davies・Hobson, 1981)

ビタミン	範囲（100gあたり）(μg）
A（β-カロテン）	540～760
B_1（チアミン）	50～60
B_2（リボフラビン）	20～50
B_3（パントテン酸）	50～75
B_6複合体	80～110
ニコチン酸（ナイアシン）	500～700
脂溶性ビタミン	6.4～20
ビオチン	1.2～4.0
C：アスコルビン酸	15～23
E：トコフェロール	40～1,200

トマト果実中のビタミンCも成熟するに従い増加する（表5-4）。エチレン処理により成熟させた緑熟期や催色期の果実では、エチレン処理なしに成熟させた果実よりも赤熟期の時点でのビタミンCが減少する。しかし両者とも、樹上で成熟した果実よりもビタミンC含量は少ない。

ビタミンC含量は、トマトの種類や品種により大きな変異があり、その範囲は8～120g/100gf.w.と幅広い。ビタミンC含量を増加させる品種開発には十分な遺伝資源がある。ビタミンC含量をかなり安定的に増加させた新しい品種が、ここ数十年間で開発されている。ビタミンCは水溶性であり生理的に2つの活性型が存在する（アスコルビン酸とデヒドロアスコルビン酸）。アスコルビン酸はいくつかの反応を経て、デヒドロアスコルビン酸に変わる。同時にデヒドロアスコルビン酸は、デヒドロアスコルビン酸リダクターゼかグルタチオンリダクターゼにより、2，3

の反応を経てアスコルビン酸に変わる。トマトの成熟と貯蔵過程でアスコルビン酸含量は減少するが，アスコルビン酸とデヒドロアスコルビン酸の総量であるビタミンC含量は安定している。

7 生理障害と果実の品質

　生理障害の多くは，生食用トマトの品質に影響を与える。生理障害は，環境要因や生産・出荷作業における物理的要因の組合せで起こり，遺伝的要因も関与する。高い飽差（低湿度）環境では，葉からの蒸散が多く，果実へのカルシウムを含んだ道管液の供給が制限され，尻腐れ果の発生が増加する。しかし，高い飽差（低湿度）環境で生産された果実は，低い飽差（高湿度）で生産された果実より硬く，みずみずしく，銀粉状にならず，糖度が高く，裂果やゴールドスペック（果実の表面にみられる白色の小斑点）などの障害は少ない。低い飽差（0.1〜0.3kPaもしくは0.6〜2g/kg）は，果実の色（模様）に影響を与え，銀粉果を増加させる。高湿度条件（飽差が低い場合）では，植物からの蒸散が少なく養分の輸送が減少し，根圧が高まりクチクラの裂開を引き起こす（Doraisら, 2003）。この場合，果実が小さく，軟らかく，奇形になる場合が多い。

(1) 葯の傷跡（チャック果）

　果実の先端部分に沿って長い傷跡があるのが特徴である。果実の発達初期で花が障害を受けることにより発生する。

(2) 水ぶくれ

　収穫後の過程で，緑熟果のクチクラや表皮がすりむけ傷つくと，貯蔵中に果皮の細胞の膨張を引き起こすことがある（写真5-2）。高湿度条件，長期間の貯蔵，未成熟果で，この障害の発生が多い。

(3) 着色不良果

　着色不良果では，萼に近い果実部分にクロロフィルが残り，リコペンが通常の赤色になるまで十分に蓄積せず，成熟が不十分になる。栽培早期と最盛期に特に発生

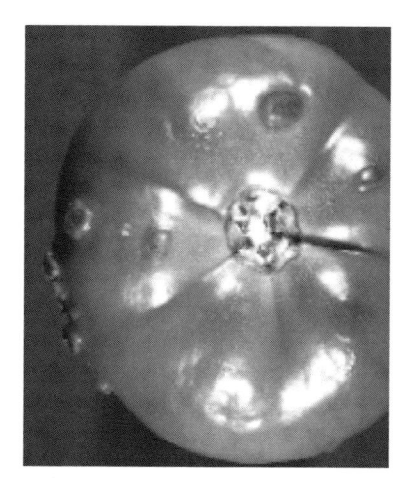

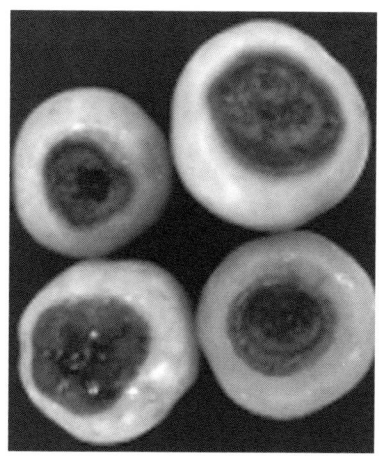

写真5-2　表皮が水ぶくれ状に
　　　　なったトマト果実

写真5-3　尻腐れ果

する。植物栄養の不適切，害虫による食害や環境ストレス（低温や強光など）が発生の一因となる。着色不良の部位は，窒素化合物，有機酸，デンプン，糖，乾物量が減少している。気温を30℃以下に維持すれば着色不良の発生は減少する。

(4) 尻腐れ果

　尻腐れ果では，果実先端の柱頭跡部分周辺が水浸状となり，乾いて茶色に変わり，やがて組織が壊死し黒くなる（写真5-3）。壊死した組織周辺が腐っていくのは2次的であり，生理障害であることから「尻腐れ」という名前は，本当は適当でない。果実の先端部分はカルシウム濃度が低く，特に感受性品種では発生しやすい。カルシウムは植物体内で相対的に動きにくい元素であり，茎や果実のへた部分と比較して，細胞の肥大が急速に起きている果実先端部分では，若い果実が生育中に，カルシウム濃度が希釈されて低下し，尻腐れ果を誘発する（Ho, 1999）。栽培中の土壌水分の変動，窒素肥料の過多，根のダメージなどは，カルシウムの吸収を減少させる。ハウス内で生育したトマトでは，カルシウムの吸収と輸送は，日中の低湿度と夜間の高湿度で増加する。日中の蒸散量の増加は，根からのミネラルの吸収を促進する。一方，夜間の根圧の上昇は，発達中の果実にカルシウムを含んだ道管液を送る要因になる。

尻腐れ果の発生は，果実中のカルシウム濃度が0.08％（乾物重）以下になると有意に増加し，0.12％以上になるとほとんど発生しない。

(5) 裂果

成熟中の果実の肥大が速すぎると，へた部分から同心円状に亀裂が発生する。また，果実基部から先端部にかけて，放射状に亀裂が発達する裂果もある（写真5－4）。養水分の急激な流入と果皮の弾力性と強度の低下が，深刻な裂果の一因である。この障害は発生の徴候がない上，表皮が破壊されるため，水分の消失を増加させ病原菌の感染を起こす。

裂果の発生は，水ストレスがない均質な灌水や，裂果が発生しにくい品種を選定することで減少できる。裂果のしやすさには遺伝的な傾向があり，発生程度は品種により異なる。微細な亀裂の発生は別の生理障害とされることもあり，ラセッティング（さめ肌，つやなし果，クチクラ裂果，クチクラ裂症）として知られる（(8)を参照）。

(6) グリーンショルダー（肩に緑色が残る果実）

成熟中の果実の萼付近や肩辺りに緑色が残ることがある（写真5－5）。一般的には好ましいとはいえないが，消費者に好まれる国もある。発生しやすい品種に「均質に成熟する」遺伝子を組み込むことで発生が抑えられる。カリウムやリンの施肥が不適切な場合や，過度な高温により発生しやすくなる。

(7) 形が悪い果実（空洞果，乱形果）

受粉が不完全なときや果実の部位によって生長速度が異なると，形が悪くなる果実，いわゆるキャットフェイス（猫の顔のような果実），空洞果のように品種が本来持つ形とかけ離れた形になる。受粉が少ないと果実は部分的に生長し目立った隆起を引き起こす。

キャットフェイス：いくつかの子室の生長速度が異なると，いびつな形となる。乱形果に含まれる（写真5－6）。

空洞果（puffiness）：空洞果では，いくつかの子室で種子ができず空洞になる。外観的に果実の表面は球形とならず，空洞のため子室の部分が扁平となる（写真5－

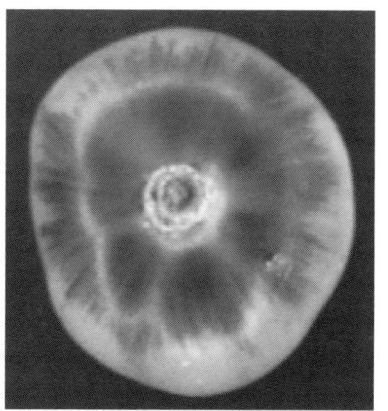

写真5-4　同心円状裂果と放射状裂果

写真5-5　肩口が緑の果実（グリーンショルダー）

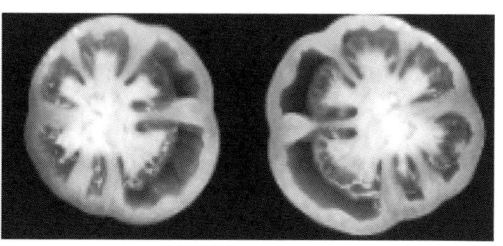

写真5-7　空洞果
子室のゼリーが消失している

写真5-6　キャットフェイストマト（乱形果）

7）。空洞果は良果よりも密度が低いため，水に浮かべることで選別できる。この障害では，品種や正常な種子の発達，受精，受粉を阻害するような生育条件が発生要因となる。早期（低温・寡日照）のハウス栽培で発生が多い。

(8) ラセッティング（さめ肌，つやなし果，クチクラ裂果）

　つやなし果，クチクラ裂果は通常の裂果とは異なり，表面に多数のミリメーター

単位の微細な亀裂を発生する障害である。微生物の感染は問題ではないが，水分の消失が増加し，見た目が悪くなる。オランダのハウス栽培ではこの障害が深刻な減収の原因となっている。

(9) シートピッティング
（表面の小さなへこみの広がり）

緑熟果を凍る寸前の温度（約2.5℃）で，7日間もしくは長い間貯蔵した場合，シートピッティングを発生する（写真5-8）。クチクラ層下の表皮細胞が崩壊し，へこみが形成される。

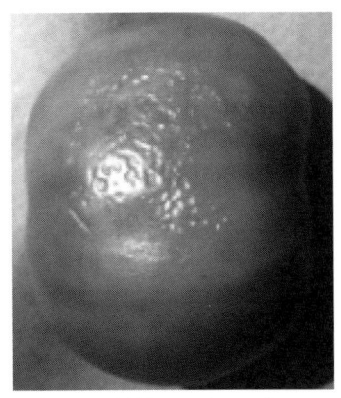

写真5-8　低温によりシートピッティング（表面の小さなへこみの広がり）を生じた果実

(10) 日焼け果

直射日光のあたる果実の組織は，周囲の組織より10℃かそれ以上温度が上昇する。2〜3時間30℃以上となると，通常の色素合成および成熟中の組織の軟化が阻害される。果実温度が40℃以上では致死的であり，組織は壊死し白く変色し，乾燥する。影響を受けた部位は羊皮様になる。緑の果実は，赤い果実より直射日光に弱く，強光障害を受けやすい。日焼け果防止には，生育中は葉で果実を覆うような草姿を作り，出荷や輸送中には蓋つきの箱で果実を覆う。

8　遺伝的改良

遺伝的改良の目標には，可溶性固形物が高い（特に加工品種で重要），着果が集中する（機械収穫のため），果実の香りがよい，均質に着色する，成熟がゆっくりである，長い貯蔵期間に耐える，ことなどが挙げられる。栽培されているトマトは遺伝的な変異幅が狭いが，野生トマトには広い遺伝的変異がある。耐冷性，耐病性，耐乾性，耐虫性，可溶性固形物の増加と貯蔵期間の延長などは，野生種から遺伝子を導入して改良されてきた。伝統的な植物育種家はナス科の種間交雑に成功しており，今後はさらに有効的な遺伝子供給源として役立つかもしれない。野生種の特別な遺伝子を商業品種の中に組み入れることで，耐病性の向上や高い可溶性固形

物の系統が育成された。今後も有用な遺伝子を十分に利用する必要がある。トマトにおける遺伝子組換え技術の応用は急速に進歩している。最新の情報は，最近のレビューや研究レポートを参照されたい（Powell・Bennett, 2002）。

成熟に関して利用価値のある変異体も多く，これらのいくつかの遺伝子は商業的に利用されてきた。rin（ripening inhibitor），Nr（never ripe），nor（non-ripening）のような単一遺伝子変異体が，成熟の生理研究に貢献した。rinとnorの交雑個体は成熟を阻害し，一方でrinとnorの交雑種では貯蔵性が向上した。

これらの遺伝子を組み入れたり，直接的な遺伝子操作によって導入したりすることによって，通常の品種よりも日持ちがよい品種が開発された（表5-8と表5-9）。これらの日持ちがよい品種では，CO_2の排出とエチレン生産のクライマクテリ

表5-8　成熟トマト果実の成熟と品質の特徴
　果実は催色期に収穫され，20℃で赤熟期まで成熟した　　　　　　　　　　　　　　　（Cantwell, 2000）

形質	通常品種		棚持ちが長い品種	
	平均	範囲	平均	範囲
成熟生理				
催色期から赤熟期までの日数	6.3	5.3～7.3	7.2	6.0～9.3
呼吸速度（最高）（$\mu\ell\ CO_2/g/h$）	20.9	16.4～27.5	19.6	14.9～29.7
エチレン生成（最高）（$n\ell\ C_2H_4/g/h$）	4.8	2.3～9.4	2.8	1.5～9.6
硬さ				
圧縮値（mm）	1.58	1.11～2.40	1.30	0.98～1.95
色				
L*値	43.1	36.6～46.6	43.3	36.8～46.9
a*値	24.0	21.2～26.7	22.5	19.3～26.5
b*値	19.2	16.3～23.4	19.8	16.3～22.7
彩度	30.8	34.7～46.9	30.1	27.4～35.3
色相	38.5	34.7～46.9	41.4	36.0～46.2
成分				
糖度（%）	4.47	4.07～5.11	4.46	1.00～5.10
酸度（pH）	4.36	4.13～4.65	4.39	4.18～4.57
滴定酸度（%）	0.33	0.28～0.45	0.36	0.28～0.46

硬さは20秒間0.5kg重の力をかけた果実のひずみ（mm）として測定された。
L*値は明（高い値）暗を示す；a*値は緑（マイナス値）から赤への変化を示す；b*値は青（マイナス値）から黄色への変化を示す。彩度と色相はa*値とb*値から計算され，それぞれあざやかさと色あいを示す。彩度は$(a^{*2}+b^{*2})^{0.5}$の式で，色相は$\tan^{-1}(b^*/a^*)$の式で算出される。色相値が低いほど，

表5-9 通常品種と棚持ちが長い品種の品質特性
果実は催色期に収穫され、20℃で6日間成熟を過ぎるまで貯蔵された

(Cantwell, 2000)

品種	新鮮重 (g)	催色期から成熟期までの日数	呼吸速度(最高) ($\mu \ell\ CO_2/g/h$)	エチレン合成(最高) ($n\ell/g/h$)	色 (a^*) [a]	硬さ[b] (果実のひずみ 〈mm〉)
通常品種						
Shady Lady	193	6.5	20.6	5.4	26.7	1.67
Sunbelt	189	6.8	20.1	4.6	27.3	1.85
XPH 12109	168	7.3	17.4	2.3	26.6	1.28
棚持ちが長い品種						
T 1011	170	11.5	21.0	1.6	24.8	0.99
FMX 209	172	>14	17.6	2.3	20.5	1.36
Longevity	113	>18	12.5	3.2	8.8	1.58

a) 表5-8の脚注を参照
b) 硬さは20秒間0.5kg重の力をかけた果実のひずみ (mm) として測定した

ックピークが小さくなり、催色期から赤熟期までの時間が長い。果実は通常の品種より硬くなるが、色や成分には有意な差はみられない。他の品種では、催色期から赤熟期の日数が有意に増加し、成熟の一番遅い品種では、最高呼吸速度に著しい影響がみられた(表5-9)。エチレン生成量の最高値は成熟の一番遅い品種で低く、通常の品種と比べて着色は進まないが軟らかさは同等となる。以上のように異なる反応を示すことは、成熟や品質に関する要素が、複雑に相互に関係していることを示しており、それらを意のままに操作することは未だできない。

エチレンについては、生合成経路とシグナル経路の両方が詳細に解明されている。しかし、果実を軟化させる原因となる分子、エチレンに依存する反応と独立した反応の識別については解明されていない。最近の分子生物学的手法により、成熟の遺伝的分子的基盤を網羅的に解明することで、トマトの品質と成熟に関する形質を目的どおりに改良できるようになることが期待される。

(翻訳:鈴木克己)

第6章

灌水と施肥

M. M. Peet

要約

　適量の水や肥料の供給は，土壌張力，蒸散量，日射量などを基準にした手法，また，排液量の計測や含まれる元素の分析などのモニタリングによって可能である。尻腐れ果のような生理障害を防ぐためには，肥料中のイオンのバランスを保つのがよいことが次第に明らかにされつつある。しかし，養分と環境には複雑な相互作用があるため，実際には常に障害を防止できるとは限らない。

　果実品質に関わるイオンのバランスやECの役割は理解されつつあるが，果実品質と収量の向上を両立するにはさらに研究が必要である。将来的に適切な収量と果実品質を維持するのと同時に，窒素やリンの流出を低減できるようなシステムが開発されるであろう。

はじめに

　この章で述べる養水分管理の原則は，ハウスと露地栽培で共通である。制御の標準化や精度向上のための灌水や施肥条件の詳細な情報は，露地よりもハウスでの養液栽培で有効である。しかし，トマトに対する必須元素，pHや塩類濃度の影響のように，養液栽培で得られた情報は，土壌特性が把握された露地栽培にも適用できる。

ハウスの養液栽培や露地での施肥方法は，定期的に一定量の肥料を供給する点滴灌水法（灌水同時施肥）になりつつある。露地のトマト栽培でも，プラスチック栽培（マルチと点滴灌水を用いた栽培）を中心に点滴灌水は増えつつある。

　この章では，トマトの発育ステージごとの養水分要求や養分要素間の相互作用を取り上げる。問題として生じる生理障害として，尻腐れ果やゴールドスペック（果皮などにみられる白色または黄色の斑点，蓄積されたカルシウムが結晶化したものとされ，多肥などの条件で発生しやすい），イディーマ（水腫，Oedema），裂果，褐色斑点症またはつやなし果などを取り上げる。さまざまな生理障害に関連する水と養分の相互作用を中心に述べる。灌水や施肥の基準はこの章でも述べるが，第8と9章にも詳細を示した。

1　水質

(1) pH

　根域のpHは養分の可給度に影響する。Ca, P, Mg, Moは酸性土壌では非常に欠乏しやすい要素である。ほとんどの作物に好適なpHは6.0程度だが，露地栽培トマトでは，土壌酸性に対してある程度の耐性があり，養液栽培トマトではさらに低いpHに対しても耐性がある。

(2) 塩類濃度

　水が良質（表6-1，クラス1：クラス数が大きいほど水質が悪化する）なことは，土耕，養液栽培のどちらでも必須である。土壌の塩類濃度はmmho/cm, dS/m, mS/cm（Sはジーメンス）などの単位で示される電気伝導度（EC）によっ

表6-1　ハウス作物に使用する原水の最低基準（OMAFRA, 2001）

原水のクラス	EC* (dS/m)	Na (ppm)	Cl (ppm)	S (ppm)
1	<0.5	<30	<50	<100
2	0.5〜1.0	30〜60	50〜100	100〜200
3	1.0〜1.5	60〜90	100〜150	200〜300

*電気伝導度または塩類濃度レベル

て測定される。これらの単位は，同等のものであり，塩化ナトリウム640mg/Lが1dS/mになる。

　塩類濃度が高いと植物の養水分吸収は減少する。塩類（EC），Na，Cl，S成分を含んだ水（クラス2）でも，根域から水が流れていく（水の下層への移動によって塩類が除去される）培地耕や土耕では利用できる。例えばロックウール栽培では，頻繁に灌水すれば，根域の塩類を流し，その蓄積を防ぐことができる。

　ロックウール栽培では，果実の品質を向上させるために塩類濃度を推奨レベル以上に上げることがある。これにはいくつかの方法があるが，最も簡単なのは培養液のすべての成分濃度を上げる方法である。しかし，この方法ではコストがかかり，NやPなどの肥料成分の外部への流出量も増える。すべての養分濃度を上げる以外の方法としては，培養液に塩化ナトリウムを添加し，同時に，養分バランスに注意しながら一定の水を供給する方法がある。トマトの場合，塩素濃度が100ppmの培養液では過剰障害はないが，ナトリウムは50ppm，塩素は70ppm以下がよい（OMAFRA, 2001）。可能であればクラス2以上の水を使用すべきである。原水に含まれているその他の要素や微量要素を施肥量から差し引くことも重要である。

　クラス2の水をNFTや他の循環式システムに使用するには，前処理をしなければならない（OMAFRA, 2001）。クラス3の水は，水質が悪すぎるので，いかなるタイプの養液栽培でも使用すべきではない。

　土壌水分が減少すると，塩類濃度は急速に上昇する。高塩類濃度に高温や乾燥条件が加わると，深刻な萎れや回復不可能な障害を引き起こす（写真6-1）。また，植物にイオン毒性を生じる高い塩類濃度に達する可能性もある。土耕トマトは他の野菜と比べて土壌の塩類濃度に対する感受性がやや敏感であり，2.5dS/mで収量の減少が始まり，それ以上になると1dS/mあたり10％の収量低下になる

写真6-1　高温や塩類ストレスを受けたトマト
葉にはCa欠乏の症状がみえる

(Maas, 1984)。養液栽培と同様に，極端な例を除き，土壌塩類濃度の上昇に伴って果実の可溶性固形物が増加し，果実品質は向上する。

2　給液の指針

(1) 播種時

まず，きれいな水あるいは低濃度の液肥（EC1.0～1.4dS/m）に浸漬したロックウールやオアシス（フェノール発泡樹脂が主成分の資材）培地に播種する。播種後はバーミキュライトで覆土し，培地にそっと給液をする。トレイは透明のポリエチレンシートで覆って乾燥を防ぐ。温度は25℃に維持する。苗が60～75％発芽した時点で，通常は，播種から60～96時間後にその覆いを外す。

本葉が出現した時点から液肥の供給を始める。液肥のECは最初2.0dS/mから始めて，3.0dS/mへと徐々に濃度を上げていく。このとき，水分過剰は根域の温度や通気性を低下させるとともに根の生育を抑制するため，水をやりすぎないように注意する。また，乾燥しすぎも生育や葉の大きさを低下させるとともに，培地ECを上昇させて，苗質が低下する原因となる（OMAFRA, 2001）。

(2) 定植後

①消費水量

グリンハウスの灌水システムでは，少なくとも1日あたり8L/m^2の水を供給できる。定常状態のトマト1個体は，晴天日には1日あたり2～3Lの水を消費する（OMAFRA, 2001）。図6－1はカナダのオンタリオ地域の標準的な灌水スケジュールで，この地域では，栽培期間中に約1,000L/m^2の水を使用した。植物は，使用した水のほとんど（90％）を蒸散として使い，生長に使われるのは10％のみである。この数字は水の使用量を示しており，水利用効率は露地栽培よりもハウス栽培の方が高い。1kgのトマトを生産するためには，イスラエルの露地栽培では60Lの灌水が必要だが，スペインの無加温ビニールハウスでは40L，イスラエルの無加温ガラスハウスでは30L，オランダの環境制御ガラスハウスでは22L，排液を再利用する環境制御グリンハウスでは，わずか15Lの水しか必要としない（Stanghellini

ら，2003)。

②日射比例による灌水

蒸散量は，日射，飽差（VPD），気流や加温パイプの位置などのハウスの条件によって決まる。図6-2は，オランダでのトマトの蒸散と年間の日射パターンとの間に密接な関係があることを示している。1日の蒸散も外部の日射変化と同様に推

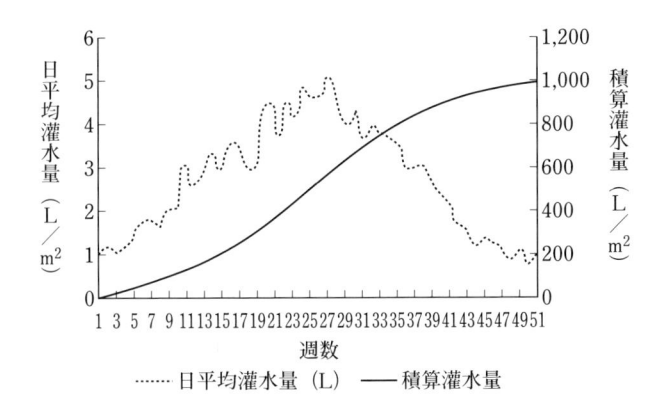

図6-1 施設野菜の灌水スケジュール（OMAFRA,2003)
測定場所：Greenhouse and Processing Crops Research Center, Harrou, Ontario, Canada

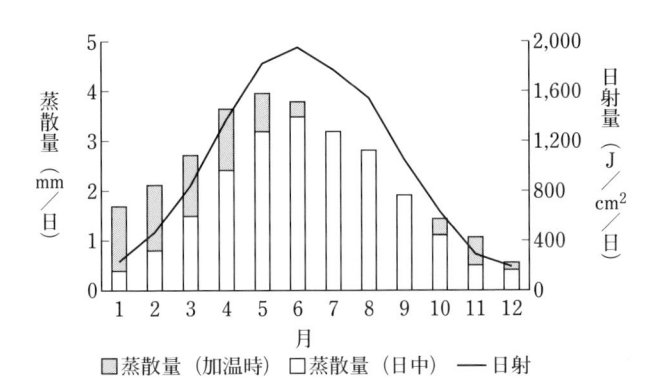

図6-2 オランダにおけるグリンハウストマトの年間蒸散量の推移
(KWIN, 2001より)
蒸散に対して日射と加温が重要であることを示している

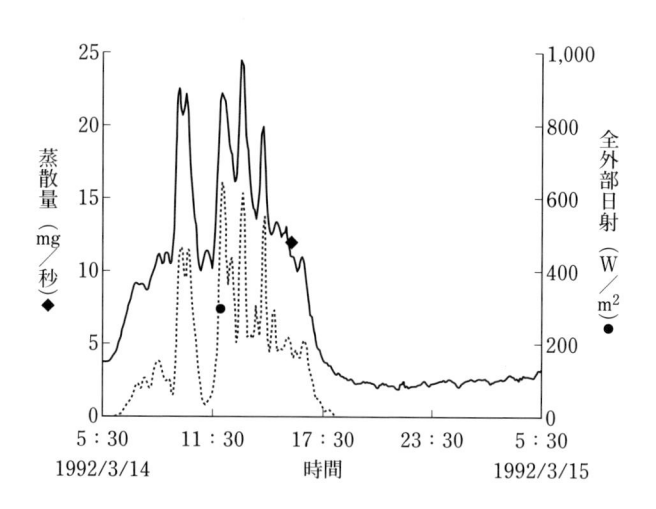

図6−3　1日の蒸散は日射と強い相関関係にある（オランダでのハウストマト）
(*Journal of Experimental Botany* 45, 56, Van Ieperen and Madery, 1994)

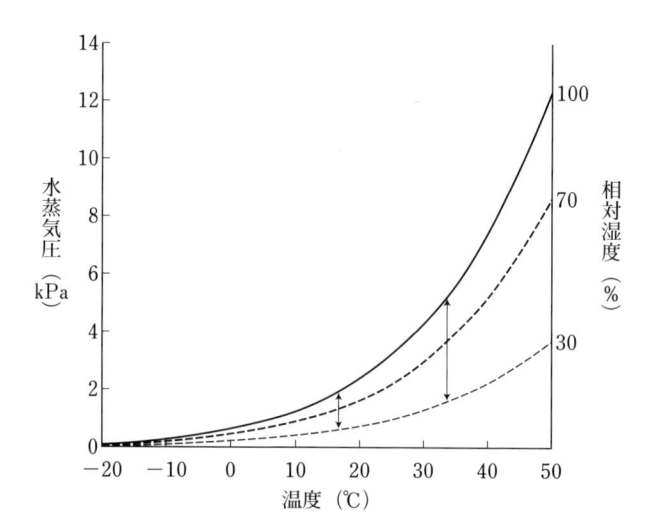

図6−4　温度に応じた水蒸気圧
飽差と蒸散は2つの矢印が示すように，同じ相対湿度（RH）では温度とともに上昇する

移する（図6-3）。日射が高くなると葉温は上昇し，飽差や蒸散も同様に増加する（図6-4）。

ハウスに入ってくる日射と蒸散による水の消費との間には密接な関係があるため，商業生産を行なうグリンハウスでの灌水は日射量（ジュールでの測定値）に基づく場合が多い。ただし，気温，生育ステージ，栽植密度や培地条件のような要因も考慮される。

ロックウールシステムでは，一般的に1回の灌水で100mlの水を供給するが，総供給量はその日の一定時間の受光量によって調整される。多くの場合，朝の灌水は，積算日射が150〜200Jに達すると開始される。日射の3倍がおおよその灌水量の目安である。例えば1日の日射量が1,000Jの場合，3,000ml/m^{2}の水を供給する。強日射（2,000J以上）の場合，日射あたりの灌水量はより多くなる。

③液肥の濃度と灌水の頻度

ハウスの灌水でもうひとつ考えなければいけないことは，液肥の濃度である。気温が上昇すると，水の吸収速度は養分の吸収速度よりも大きくなる。このため根域に残っている液肥の濃度が上昇し，塩類濃度が上昇する。この影響を制御しないと，水か養分のどちらかの吸収が抑制され，結果的に萎れや生長速度が低下する。このような問題を解消するため，根域の温度と養分吸収が低下する冬季には濃い液肥を，吸収速度の高い夏季には薄い液肥を与えるのが一般的である。

灌水頻度も栽培管理の手段のひとつである。頻繁な灌水によって水分状態はより安定するため，植物はほとんどストレスを感じない。しかし，エミッターが圧力補正されていない場合に頻繁な灌水を行なうと，エミッターごとの吐出量の誤差が蓄積されて徐々に大きくなる。また，このことにより根域全体が洗い流されることがなくなり，ECが上昇しやすくなることがある。養液栽培では生育制御が可能になり，例えば，定期的に水分不足や高塩類ストレスを与えて生殖生長を促すことができる。また，有効水分レベルを高く維持し，ストレスを低減し，栄養生長を促すこともできる。

④排液情報に基づいた灌水

培地耕の灌水は排液量に基づいて行なう（余剰排液または排液率に基づくものも

含める)。点滴灌水では，多少の過剰な灌水が必要であり，植物の個体差と場所による差など，灌水システムの不均一が補われる。例えば，ハウス内で端にある列はより多くの水が必要である。一般的にハウス内のロックウール栽培では，晴天日で30〜50％，曇天日で10〜20％，平均で20〜30％の余剰が出るような灌水が望ましい。

　排液に基づく灌水を行なうためには，毎日，同じ時刻に排液を測定する必要がある。通常，灌水サイクルは，日の出から1，2時間後に始まり，日没の1，2時間前に終了する。これは病気発生の抑制だけでなく，夏季のつやなし果や裂果の低減に有効である（OMAFRA, 2001）。冬季には暖房システムが働いて相対湿度が低くなるため，夜間にも灌水が必要になることがある。場合によっては，昼間の光が強く，温度も高い夏季にも夜間の灌水が必要なことがある。

　排液のほとんどは明期のピーク時（12〜16時）に発生し，早朝の排液はわずか（1〜2％）である。しかし，3回目の灌水の後でも排液が出なければ，培地が乾燥しすぎである。その場合は，灌水プログラムを夜間まで延長するか，灌水の開始時刻を早めるべきである。スラブが乾きすぎると，根にダメージを与えるとともに，ECが高くなりすぎ，Caの吸収が抑制され，尻腐れ症などの障害も発生し，植物の生長が困難になる。このような場合，茎が細くなり，葉は小さく，濃い色になる。もし，1回目の灌水の後に排液が出るようであれば，培地は加湿状態であり，灌水の開始を遅らせるか終了時刻を早めるべきである（OMAFRA, 2001）。スラブの過湿は，通気性が低下して根の病気の発生のおそれが高まり，栄養生長を抑制して発根が悪くなる。

　水の供給量を植物の必要量に合わせることで，肥料の流出量と水の利用量を最小限にすることができる。植物に必要な量以上の灌水は，環境に悪影響があるだけでなく，根域で有効な空気の量を減らすことになる。土耕と養液栽培のいずれにおいても，低酸素状態（3mg/L以下）は，養分吸収だけでなく生長や収量も低下させる（Adams, 1999）。この問題は，露地で透水性が悪い土壌や粘土質の表層で最も頻繁に起きている。養液栽培では，根域の温度が上昇すると培養液中の有効酸素が減少するため，暑い季節に低酸素状態が起こるのが一般的である。根域温度が23℃以上になると，ハウストマトの収量は低下する。根域の低酸素状態は露地でもハウスでも起こりうるが，ハウスでは，ピート培地でよく起こる。その理由は，ピー

トの保水能力がロックウールやパーライトに比べて高いためであり，また排水が悪いためである。ピート培地での過剰灌水はFe欠乏の原因になるので，灌水量を減らすかFeを添加するなどの調整を行なう（Adams, 1999）。

(3) 蒸散に対する湿度の影響——飽差（VPD）の考え方と活用

　湿度も吸水に影響を与える。湿度は，絶対湿度（g/m^3），比湿（g 水蒸気質量/kg 湿潤空気質量）そして相対湿度（RH）（空気中の飽和水蒸気量に対する水蒸気量の比率）などで表現される。ある体積の空気中に保持できる水蒸気量は温度によって決まり，温度が10℃上昇するごとにおよそ2倍になる。蒸散速度は，葉内の飽和蒸気圧（100% RH）と葉の外側の水蒸気圧との差が大きくなると増加する。この差を蒸気圧差または飽差（VPD）と呼び，乾球温度と湿球温度を比べることによって測定する。水蒸気を圧力で表現すると，飽差（VPD）の単位は圧力の単位で

表6-2　温度，湿度と飽差（mbar）との関係　　　　　　　　　（OMAFRA, 2001）

温度 (℃)*	相対湿度（%）									
	50	55	60	65	70	75	80	85	90	95
15	8.5	7.7	6.8	6.0	5.1	4.3	3.4	2.6	1.7	0.8
16	9.1	8.2	7.3	6.4	5.5	4.6	3.6	2.7	1.8	0.9
17	9.7	8.7	7.8	6.8	5.8	4.9	3.9	2.9	1.9	1.0
18	10.3	9.3	8.3	7.2	6.2	5.2	4.1	3.1	2.1	1.0
19	11.0	9.9	8.8	7.7	6.6	5.5	4.4	3.3	2.2	1.1
20	11.7	10.5	9.4	8.2	7.0	5.9	4.7	3.5	2.3	1.2
21	12.4	11.1	9.9	8.7	7.5	6.2	5.0	3.7	2.5	1.2
22	13.2	11.9	10.6	9.3	7.9	6.6	5.3	4.0	2.6	1.3
23	14.1	12.6	11.2	9.8	8.4	7.0	5.6	4.2	2.8	1.4
24	14.9	13.4	11.9	10.4	9.0	7.5	6.0	4.5	3.0	1.5
25	15.8	14.3	12.7	11.1	9.5	7.9	6.3	4.8	3.2	1.6
26	16.8	15.1	13.4	11.8	10.1	8.4	6.7	5.0	3.4	1.7
27	17.8	16.0	14.2	12.5	10.7	8.9	7.1	5.4	3.6	1.8
28	18.9	17.0	15.1	13.2	11.3	9.5	7.6	5.7	3.8	1.9
29	20.0	18.0	16.0	14.0	12.0	10.0	8.0	6.0	4.0	2.0
30	21.2	19.1	17.0	14.8	12.7	10.6	8.5	6.4	4.2	2.1

＊気温ではなく，植物体の温度である
太字はハウス作物に最も適した範囲である4～7mbarを示す
1 mbar＝0.1kPa，　0.1kPa＝0.7g/m^3＝3% RH

あるミリバール（mbar）あるいはキロパスカル（kPa）となる。

飽差（VPD）と相対湿度および温度との関係を図6-4と表6-2に示した。相対湿度が同じであれば，VPDは高温で高くなり，蒸散は増える。養分吸収と光合成には4〜7mbar（表6-2の**太字**部分）が好適である。VPDが低すぎると蒸散は減少し，葉は厚く，大きくなる。茎も太くなるが，根系は貧弱になり，病気に感染しやすくなる（OMAFRA, 2001）。蒸散は特にCaの吸収に重要であり，これはCaが主に木部を通して移動するためである。そして，Ca欠乏は尻腐れ果（BER）をもたらし，特に他のストレス要因と組み合わさった場合に発生しやすい。この問題については，生理障害の節で詳細に述べる。湿度が低い（VPDが高い）場合，蒸散が過剰になり，植物にストレスを与える。ハウストマトでは，蒸散が激しい場合，葉と茎が小さく薄くなるが，一方で，根の生育が旺盛になる傾向がある（OMAFRA, 2001）。ハウスでVPDを完全に制御することはできないが，温度，換気，空気循環で上昇させることができる。逆に，灌水や細霧，煙霧によってVPDは減少させることができる。

3　施肥

(1) 施肥の原則

施肥の目標は，土耕でも養液栽培でも，肥料の供給量をできる限り作物の養分吸収に合わせることにある。これにより塩類蓄積と養分欠乏とともに，過剰な肥料の流出も防ぐことができる。

しかし，これまで生産者は，根域の養分濃度が薄くなることを避けるため，植物が利用できる量よりも多くの窒素（N），リン（P）を施用してきた。これは，露地作物では基肥を入れることによって，また，養液栽培では培養液濃度を高く維持することによって行なわれてきた（Nでは200ppm以上，Pでは30ppm以上）。現在，露地栽培でも施設の養液栽培でもNとPの投入量の削減を強いられている。NやPは，地下水や地表水の両方に対して重大な汚染物質となるためである。

(2) 環境への配慮

　土壌分析は過剰施肥を減らす重要なツールといえる。表6-3と表6-4に示すように，土壌中の濃度がすでに高いときには，PやKを減らす。一般にN肥料の標準施用量は，冬季に土壌からN成分のほとんどがなくなると想定して決められてい

表6-3　ニューヨーク州の裸地に定植する場合の施肥基準　　　　　　　　（Reinersら，1999）

N (kg/ha)	P$_2$O$_5$ (kg/ha) 土壌中リン酸レベル			K$_2$O (kg/ha) 土壌中カリレベル			備考
	低	中	高	低	中	高	
112.5	168.75	112.5	56.25	202.5	135.0	67.5	総施肥量
56.2	168.75	112.5	56.25	202.5	135.0	67.5	全面および局所施肥[a]
56.2	0	0	0	0	0	0	第1果房着生時[b]

a：必要に応じて，PとKの施肥量の半分は，定植する列から10cm離れた深さ10cm部分に帯状に施用する
b：Nは時期を分けて施用してもよい。半分は着果時に，残り半分は果径が2.5cmの時期に施用
(Integrated Crop and Pest Management Recommendations for Commercial Vegetable Production, 1999, Cornell Cooperative Extension, Ithaca, New York, p.273)
pHは6.0～6.5に矯正すべきである。有機物が少なく，pHが7以上の場合はZnが必要である。その場合，定植時に0.2%（50g/100L）液の硫酸亜鉛を与える

表6-4　ニューヨーク州のマルチ栽培での土壌調査に基づいた養分の施肥基準

（Reinersら，1999）

N (kg/ha)	P$_2$O$_5$ (kg/ha) 土壌中リン酸レベル			K$_2$O (kg/ha) 土壌中カリレベル			備考
	低	中	高	低	中	高	
112.5	168.75	112.5	67.5	202.5	135.0	67.5	総施肥量
45.0	101.25	45.0	0	135.0	67.5	0	全面および局所施肥[a]
22.5	22.5	22.5	22.5	22.5	22.5	22.5	定植1週後に施用
22.5	22.5	22.5	22.5	22.5	22.5	22.5	果径が2.5cmの時に施用
22.5	22.5	22.5	22.5	22.5	22.5	22.5	第1果房の果実が着色時に施用

a：必要に応じて，PとKの施肥量の半分は，定植する列から10cm離れた深さ10cm部分に帯状に施用する
pHは6.0-6.5に矯正すべきである。有機物が少なく，pHが7以上の場合はZnが必要である。その場合，定植時に0.2%（50g/100L）液の硫酸亜鉛を与える
（Reinersら，1999）

表6-5 トマトの葉柄汁中のNO₃-NとK濃度に関するガイドライン (Sanders, 2004～2005)

生育ステージ	葉柄汁中の濃度 (ppm)	
	NO₃-N	K
出芽時	1,000～2,000	3,500～4,000
開花時	600～800	3,500～4,000
果径25mm時	400～600	3,000～3,500
果径50mm時	400～600	3,000～3,500
1果目収穫時	300～400	2,500～3,000
2果目収穫時	200～400	2,000～2,500

表6-6 トマトの新しい展開葉(葉柄を含む)内の養分含量の適正範囲と過剰値 (Hochmuthら, 1991)

サンプル時期	状況	%				ppm							
		N	P	K	Ca	Mg	S	Fe	Mn	Zn	B	Cu	Mo
5葉展開時	適正範囲	3.0	0.30	3.0	1.0	0.30	0.30	40	30	25	20	5	0.2
		5.0	0.60	5.0	2.0	0.50	0.80	100	100	40	40	15	0.6
開花時	適正範囲	2.8	0.20	2.5	1.0	0.30	0.30	40	30	25	20	5	0.2
		4.0	0.40	4.0	2.0	0.50	0.80	100	100	40	40	15	0.6
	過剰値(>)	—	—	—	—	—	—	—	1500	300	250	—	—
着果初期	適正範囲	2.5	0.20	2.5	1.0	0.25	0.30	40	30	20	20	5	0.2
		4.0	0.40	4.0	2.0	0.50	0.60	100	100	40	40	10	0.6
	過剰値(>)	—	—	—	—	—	—	—	—	—	250	—	—
1番果熟期	適正範囲	2.0	0.20	2.0	1.0	0.25	0.30	40	30	20	20	5	0.2
		3.5	0.40	4.0	2.0	0.50	0.60	100	100	40	40	10	0.6
収穫期	適正範囲	2.0	0.20	1.5	1.0	0.25	0.30	40	30	20	20	5	0.2
		3.0	0.40	2.5	2.0	0.50	0.60	100	100	40	40	10	0.6

る。土壌調査に加え、モニタリングや新しい施肥法によって、生産者は'適時'、'適量'の施肥を実施できるようになる。点滴灌水による露地のトマト生産では、従来の基肥、追肥の体系ではなく、葉柄汁液指針(表6-5)や組織の養分分析(表6-6)、週間液肥管理指針(表6-7)によって、作物が必要な時期に肥料を与えることができる(表6-3、表6-4)。

従来のロックウール栽培やパーライト栽培のような培地耕では、総給液量の20～30%が余剰排液となるように給液する必要がある。これらの培地耕でも、NFT

表6−7　アメリカ南東部の低K土壌における露地トマトのための推奨施肥スケジュール

(Sanders, 2003〜2004)

定植後日数	1日N量 (kg/ha)	1日K_2O量 (kg/ha)	積算N量 (kg/ha)	積算K_2O量
定植前			56	140
0〜14	0.56	0.56	64	148
15〜28	0.78	1.575	75	170
29〜42	1.13	2.25	90	202
43〜56	1.69	3.38	114	249
57〜77	2.81	5.6	173	367
78〜98	3.38	6.75	237	495

マルチをする前に，土壌pHは6.5に矯正し，土壌診断基準に合わせてN, P_2O_5, K_2Oをそれぞれ56kg/haを与え，十分な肥料を施用した。低K土壌では，追肥としてK_2Oを84kg, 140kg/haを施用する必要がある。すべての肥料は完全に混ぜ込む。最初の液肥，トマトを定植後1週間以内に点滴灌水システムを利用して施用する。その後，最後の収穫まで給液を続ける。低B（ホウ素）土壌では，給液プログラムに0.23kgのホウ素を入れる

で行なわれるような循環システムを用いれば排液を減らすことができる。循環式システムでは，ECやpH，養分濃度を常時モニタリングし，必要養分を培養液に添加する。すべてのイオンが同じ比率で吸収されることはないため，養分の補充やpHの調整を行なったとしても，培養液を永久に再利用することはできない。吸収されない要素は時間とともに培養液内に蓄積する。培養液のECだけで欠乏した肥料成分を決定できない理由はこのためである。紫外線，オゾン，熱処理，緩速砂ろ過などを利用した殺菌処理によって，長期間の循環式栽培は可能である。しかし，病気感染や養分のアンバランス，根からの自家中毒を起こす分泌物のため，いずれは培養液を廃棄し，更新することになる。オランダで最も一般的な殺菌方法は加熱やUV処理だが，完全に殺菌してしまうシステムよりも，微生物相を定着させて病原をコントロールできる緩速砂ろ過が注目されている（van Os, 2000）。

(3) 作物の要求量に基づく施肥

　追肥の施用基準については第8章と9章で述べる。ガイドラインとしてアメリカ南東部土壌（表6−7）での液肥の施用基準とニューヨークの裸地（表6−3）およびマルチ（表6−4）栽培における基肥の施用基準を示す。露地栽培では，裸地お

表6-8 ロックウール栽培におけるトマトの施肥スケジュール　　　　（OMAFRA, 2001）

	養分 (kg/ha)													
	N	NH$_4$	P	K	Ca	Mg	Fe	Mn	Zn	B	Cu	Mo	S	Cl	HCO$_3$
スラブ浸潤時	200	10	50	353	247	75	0.8	0.55	0.33	0.5	0.05	0.05	120	18	25
定植後4～6週	180	10	50	400	190	75	0.8	0.55	0.33	0.5	0.05	0.05	120	18	25
通常時	190	22	50	400	190	65	0.8	0.55	0.33	0.5	0.05	0.05	120	18	25
着果負担時	210	22	50	420	190	75	0.8	0.55	0.33	0.5	0.05	0.05	120	18	25

表6-9 露地とハウストマトによる吸収や損失を含めた養分需要
（Halliday・Trenkel, 1992 ; Jones, 1999 ; OMAFRA, 2001）

養分 (kg/ha)	露地トマト (収量40～50t/ha)	施設トマト (収量100t/ha)
N	100～150	200～600
P$_2$O$_5$	20～40	100～200
K$_2$O	150～300	600～1,000
Ca	-	45*
MgO	20～30	290*

＊データはOMAFRA（2001）より

　よびプラスチックマルチ栽培ともに，最初の土壌pH値を6.5～6.8に上げておく。また，基肥前には必ず土壌分析を行ない，液肥による点滴栽培であっても，その分析結果をもとに定植前に窒素（N），リン（P），カリウム（K），マグネシウム（Mg），カルシウム（Ca）を施用する。定植前の施用は，広く散布した後に耕耘するか，定植する列から10cm離れたところに10cmの深さで帯状に施用する。場合によっては，この2つの施用方法を分けて行なう。

　ハウス栽培では，トマト苗はpH 5.5，EC 1.5～2.0dS/mの液肥に浸した7.5cm角または10cm角のロックウールキューブに移植する。植物の根がスラブ全体を利用できるように湿潤剤でバッグ内全体を湿らせ，完全に飽和させる（OMAFRA, 2001）。

　定植24～48時間後に，排水のため，バッグの下から上の方向に切れ込みを入れる。30分間水のみを与えた後，天候にもよるが，培養液は2，3日間与えない。これは，根をスラブ内へ急速に侵入させ，スラブの水抜きを確実にするためである。

2, 3日後，15分間水のみを与えた後，再び2, 3日間水を切る。その後の給液では，光条件，生長速度，植物の活力，湿度，温度状態に応じてECを徐々に上げ3.0～3.5dS/mにする（OMAFRA, 2001）。表6－8は，その後の生育期間ごとの培養液管理のスケジュール，表6－9はトマトによる吸収，損失を含めた養分需要を要素ごとに示している。ハウスでは，収量も多いが養分の消費量も多い。

4 養分の欠乏と過剰

(1) 窒素（N）

適正な施用量と吸収 高温，強光条件下では，適正な量の窒素を与えると植物は急速に生長する。窒素（N）濃度が高いと栄養生長が助長され，弱光下では生殖生長を妨げる可能性がある。通常，着果までは窒素濃度を比較的低く維持し，その後，濃度を上げることにより生殖生長が促進する。養液栽培では，生産者が作物の要求を認識して生殖生長と栄養生長の両方を促進させるとともに，他の養分に対するNの割合を緻密に調節する。

トマトでは生育ステージごとにN吸収率が異なる。第2～3花房が形成される間，N吸収とKの吸収はほぼ同じである。着果負担が増えるにつれて，Kの吸収が増加し，結果的にK：N吸収比は2：1になる。このときに弱光下でNが過剰であると，病気の発生しやすい栄養生長過多な植物になり，花の発育，着果，果実肥大が劣る（OMAFRA, 2001）。この期間中にN供給を低めに制御すると生育の調節が容易になり，着果しやすい個体になる。肥料のK：N比を高めたり，低頻度・少量灌水によってECを高めたり，相対湿度を低下させることによって，植物の生長を抑制できる。植物の生育調節の詳細は第9章で述べる。

欠乏症 N欠乏は比較対照がないと見分けにくい。N欠乏により生長は全体的に衰え，発育が阻害されるが，葉は通常よりも薄緑になることを除けば健全に見える。Nは移動性が高い元素であり，古い組織から新しい組織に移動するため，まず下葉に症状が現われ，そこから顕著になっていく。地上部の症状として，濃い黄色であった花色が薄い色になり，主茎が上部で細くなって全体が細長くなる。多汁で繁茂するはずの葉は，小さく硬く，立性になる。時間が経つと個体全体が黄化し，

花は落ち，果実は小さいままになる。植物は早めに成熟するかもしれないが，果実の収量と品質は低下する。N欠乏は，水分を多く含む土壌（例えば重粘土で吸収困難な場合）や砂質土（窒素が流亡してしまう場合）で現われる。また，大量のワラや他のC：N率の高い有機物を使用することでも誘導される。

障害と過剰症　濃緑色で厚くてもろい葉はN過剰の症状である。植物の先端部でも，茎は太く，新しい葉はボールのように巻き，葉が上に立ち上がるような状態になる。花房は大きくなるが着果は劣る。葉の生長は最初は促進されるが，最終的にはN過剰のために抑制され，病虫害も発生しやすくなる（Jones, 1999）。

Nの施用の形態（アンモニウム態または硝酸態窒素）を考慮することも障害を防ぐ上で重要である。トマトに対するN障害は，硝酸態窒素よりアンモニウム態窒素によって出やすく，弱光下でより顕著になる。アンモニウム毒性の初期症状は葉に小さい斑点が生じ，その後，斑点の部分が壊死（褐変して枯死）する。斑点は大きくなり，葉脈と葉脈の間全体に広がる。葉は枯れ上がり，葉縁が巻き上がる。茎にも症状が現われることがある。植物が大きくなるにつれて植物の基部の維管束組織は退化し，日中，蒸散が多くなる時間に萎れが起こり，その後，枯死する（Jones, 1999）。

(2) リン（P）

Pの役割と吸収の特性　Pの供給量は，NやKよりかなり少なくてよいが，Pは継続的に供給しなければならない。Pは，初期の根の生長に重要である。また，土壌が低温となる場合には吸収が抑制されるため，特に重要となる。Pは，後の栄養生長や着果にも必要となる。Pは土壌中に蓄積しやすいが，ピート培地では溶脱しやすく，また高いpH条件では利用されにくい。

欠乏症　Pは篩管部移動性の元素なので，P欠乏の症状はNと同様に下位葉や茎から発生する。P欠乏植物の生育は抑えられ，葉は著しい暗緑色になる。特徴的な赤や紫色の症状が古い葉の裏側（葉脈も含む）に現われ，後には茎にも広がり，葉は小さくなり，下垂する。深刻な場合，葉は黄化（クロロシス）し，その後，壊死（ネクロシス）する。茎は細く，花房の発達が劣り，植物全体が細長くなる。根は，褐変し側根の分岐はほとんどなくなる。根域の温度や気温が低い場合，Pの吸収が著しく抑制され，葉にはP欠乏に典型的な紫色の色素が現われることになる。

過剰症 Pの過剰症はめったに見られないが，Zn欠乏に関連した症状として，生育低下として現われることがある。これらの症状が深刻になると葉が大きく褐変し，焼けたような状態になる。この症状は根が嫌気的な条件におかれた場合に顕著になる（Jones, 1999）。

(3) カリウム（K）

Kの役割と吸収の特性 Kは果実品質を良くし，生長を調節するために必要である。Kは，陽イオンの多量元素として，硫酸，塩酸，硝酸塩のような陰イオンや，細胞中に生成される有機酸の陰イオンとのバランスを保つ。定植時のK濃度は，その後の生長を調節し，発育障害を防止するために重要である。後述するようにNとKとの比率も生長調節に重要である。

欠乏症 Nが制限要因でない場合，Kの追肥は増収に最良の方法である。K欠乏では，まず葉が暗緑色になり，その後，紫褐色に変わる。下葉から葉縁の黄化（クロロシス）と壊死が現われ，上部に進行する。KもNやPのように篩管部移動性が高いため，若い葉が影響を受けるのは最後になる。クロロシスは古葉の葉縁から発生するのがほとんどで，葉は下垂する。クロロシスは，その後，葉の中央部に向かって葉脈間の部分へと進行し，葉縁には壊死（ネクロシス）が発生する。さらに進行すると，細い葉脈は退色し，古葉が枯れ落ち，若い葉は小さいまま黄化する。植物全体の生長が抑制され，果実の成熟にはむらができ，収穫後の品質も悪い（Jones, 1999）。

葉脈間の黄化はMg欠乏によっても起こることから，2つの欠乏はしばしば混同される。Mg欠乏に比べて，K欠乏は葉縁部に発生する場合が多く，えそ斑点に発展することが多い。果実の着色がまだらになったり，角のある果実（空洞果）や肩の部分に緑が残ったりする。果実品質の問題は，低濃度Kと関連しており，ほとんどの場合，Kの施用を増やすと解消できる（OMAFRA, 2001）。根域が嫌気条件や低温条件になる場合，Kの吸収は抑制される。

過剰症 本来，Kの過剰症はほとんどない。しかし，K濃度が非常に高い場合には，競合によるCaやMgの欠乏，高塩類による障害を引き起こすことがある。Ca欠乏は尻腐れ果（欧米では尻腐れ果はBERと略される）につながる。K濃度が非常に高い場合，例えば，K：N率が高すぎたり，NとKの両方が高すぎたりする場合，

収量は低下する。収量低下の主な原因は培地内の塩類濃度の上昇である。高濃度のKによって総収量は若干減少するが，果実の形状はむしろ良くなる。果実サイズは小さくなるが，空洞果（弱光下の初期生育に伴う障害）の比率は下がる。

(4) カルシウム（Ca）

Caの役割と吸収の特性　Caは2次要素であり，NやKほど大量には必要ない。CaはN，P，Kとは対照的に篩管部内で移動しにくく古葉から新葉への移動はほとんどない。Caは水とともに導管部を通して移動する。Caの吸収は，培地の低温や乾燥，高塩類濃度で抑制される。何らかの理由で，若い茎（あるいは根）の分裂組織へのCaの供給が短期間でも中断されると，局所的な欠乏や枯れ症状が生じる。Caは葉から果実にほとんど移動しないため，尻腐れ果の原因となる果実のCa不足の診断の指標として，葉の分析値はあまり役に立たない。

欠乏症　局所的なCa欠乏は，葉やその先端部の黄化や枯れ症状（写真6-1），尻腐れ果として現われる。尻腐れ果の生理障害は後で詳しく説明する。Ca欠乏の地上部での典型的な症状は，①生長が抑制される，②膨圧が低下する，③葉が小さく暗緑色になり，後に黄色やオレンジ，紫色などに変わる，④節間が短くなる，⑤葉が下と内側に巻き込む，⑥葉縁が枯れる，⑦生長点が枯れる，⑧根の発育が低下して褐変し，細根が減り，その先端が枯れる，⑨花房は貧弱になり，着果や果実成熟が悪くなる，である。

Ca欠乏は，ほとんどの場合，土壌が原因ではなく，栽培的な要因や環境要因によって誘導される。最も考えられる要因は水ストレスである。水ストレスは，①灌水が不十分あるいは不均一であること，②相対湿度が頻繁に大きく変化すること，③塩類濃度が高いこと，によって引き起こされる。

過剰症　根によるCa，Mg，Kの吸収は相互に競合し，ひとつの元素の吸収が増えると，他の元素の吸収は減少する。

(5) マグネシウム（Mg）

Mgの役割と吸収の特性　MgもCaのように2次要素ではあるが，トマトには平均290kg/haのMgが必要である（OMAFRA, 2001）。Mg欠乏はよく現われるが，それによって収量が減少することはあまりない。通常，欠乏の原因は，他の陽イオ

ン（特にK^+）との競合や，土壌pHが低いこと，根域条件が劣悪なことである。劣悪な根域条件には，土壌が圧縮されていることや湛水，水分ストレス，さらに水耕の場合では通気不足がある。Mg欠乏は着果負担が大きくなったときにもしばしばみられる。これらの条件のいずれかによって，植物は十分なMgを吸収することができなくなる。Mgは移動性が大きいため，蓄えられたMgは古い葉から新しい葉に移動する。Mg欠乏の問題は，液肥のMg量が最低限の濃度以下になった場合や，他の陽イオン（K^+，Ca^{2+}，NH_4^+，H^+）とのバランスが崩れた場合であり，つまり，養液栽培でも起きる可能性がある。

欠乏症 まず，下位葉の葉縁が黄色に変わる。この黄色い部分は下位葉の葉脈間へ急速に発達する一方，大きな葉脈は緑のままである。MnやFe欠乏はまず新葉に現われるのに対し，Mg欠乏は下位葉や中位葉から現われる。下位葉が葉脈間にえそ斑点を形成しているうちに，黄化は徐々に先端へと広がっていく。症状が激しくなると，下位葉は完全に枯れ，植物全体が黄化し，衰えて枯死する。ただし，Mgは果実生産に対する影響が少ない元素であり，植物の光合成能を抑制するほどの著しいMg欠乏の場合のみ果実生産に影響する。一方，果実品質の低下（OMAFRA, 2001）や果実の尻腐れ果の発生にはMg欠乏が関係する（Jones, 1999）。Mg欠乏は，根域の低温と同様に，培地の高pH，高K，低N濃度によって促進される（OMAFRA, 2001）。

過剰症 高濃度のMgは，KやCa欠乏をもたらす可能性がある。これは吸収時の競合が原因であり，KやCa欠乏の結果，生長が遅延する。

(6) K：N比

Nは，他の要素と比べて植物の生長速度に大きく影響する要素である。ある程度までは，N供給が多ければ多いほど植物の生長は速い。また，KとNの比率も重要で，この比率が高いほど生長は遅くなる。

Nに対するKの好適比率は生育段階によって変わる（Adams, 1999）。トマトでは，第1花房開花時のK：N比は，ほとんどの植物が栄養生長期間中に好適とされる，1.2：1がよい。植物の着果負担が大きくなるにつれて，吸収されたKの70％が果実に移行するため，好適なK：N比も大きくなる。第9花房の開花する時期には，この比率は2.5：1がよいとされる。着果負担の大きい期間中にKの濃度が低

いと，トマトの品質，特に風味が落ちる。

他の要素は一般的に一定の比率で供給される。

(7) Nの形態と各養分の相互作用

供給するNの形態は重要である（Adams, 1999）。アンモニウム態N（NH_4-N）が多すぎると作物のCa含量が大幅に減り，生長が抑制され尻腐れ果が発生する。アンモニウム態Nの害は，特にNH_4-NからNO_3-Nへの変換が遅い季節に生育初期の植物で発生しやすい。生育中期以降は，N源の10％まではアンモニウム態で供給しても大丈夫だが，養液栽培で20％以上の割合で与えると尻腐れ果が発生する（Adams, 1999）。

過剰施肥もアンバランスを引き起こす。例えば高KにするとCaとMgの吸収が抑制される。一般的にNとPは拮抗作用を持ち，K欠乏を招いたり，悪化させたりする。Ca吸収を抑制する条件は，他に，NaやMgが高濃度の場合がある。Ca（影響は小さいがMgも）の吸収は，Kの吸収と拮抗して，抑制される。また，アンモニウムはK吸収を大幅に減少させる。そして，K欠乏はFe欠乏を招くとともに，Fe欠乏症状を強める傾向がある。

5 　灌水と施肥による生育調節

定植直後のトマトは急速な栄養生長をみせる。ある時点からはトマトはそのエネルギーを果実生産，つまり生殖生長に振り向けなければならない。詳細な灌水や施肥方法などの多くの手法は，生殖生長と栄養生長のバランスをとるために利用できる。この制御の考え方は第9章で詳しく解説するが，灌水と施肥による影響の概略を表6-10に示した。

(1) 葉面散布

根域の状態を緊急に補正する対策として，葉面散布が行なわれる場合がある。しかし，葉面散布は，高温の晴天日には障害の発生する可能性がある。また，この場合，葉からうまく吸収されないこともあり，避けるべきである。

例えば，深刻なN欠乏の対策としては，2.5g/Lの尿素を葉面散布する。また，P

表6-10　栄養生長と生殖生長を調節するための灌水と施肥の方法

	生育への影響	
	栄養生長	生殖生長
湿度レベル	高湿（低い飽差）	低湿（高い飽差）
培養液とスラブ内のEC	低く	高く
灌水間隔	短く	長く
灌水頻度	頻度を多く	頻度を少なく
朝の灌水開始時間	早く	遅く
午後の最終灌水時間	午後あるいは夜遅くまで続ける	午後あるいは夜の早期に中止

欠乏の対策としては，リン酸カリウムあるいはリン酸アンモニウムの葉面散布が有効である。しかし，葉に障害をもたらす可能性がありあまり推奨できない。K欠乏への対策としては，20g/Lの硫酸カリウムを散布する。さらに，Ca欠乏を速やかに改善するには，2〜7g/Lの硝酸カルシウムか，0.3%の塩化カルシウムを散布する。このような散布は尻腐れ果の対策としてはあまり有効ではない。先に述べたように，葉から吸収されたCaは果実へ転流されにくいからである。したがって，果実表面に付着したCaだけが有効である（Adams, 1999）。Mg欠乏にはエプソム塩（硫酸マグネシウム：イギリスの地名エプソムの井戸から採取されたことが名前の由来）の散布が有効である。

(2) 有機物の施用

有機物を用いたときにNの必要量を予測することは難しい。有機物は，微生物の活動によって分解するNを固定する傾向にある。そして，生育初期では，有機物に含まれるNよりもさらに多くのNが必要になる。生育後期では，有機物を含む土壌や有機培地や添加された堆肥から，固定されたNが植物に対して放出される。ほとんどの有機農家は，「植物への供給より土壌への供給」という，いわゆる土づくり主義に従い，即効的よりも，長期間利用される形態で養分を加えようとする。

6　灌水と施肥に関連した生理障害

(1) 尻腐れ果（Blossom-end rot, BER）

症状　解剖学的レベルでの尻腐れ果の最も初期の症状は，子室細胞が白または褐色に変色することである。次の段階では，内部の尻腐れ果では果実の胎座に，外部の尻腐れ果では果頂部の果皮に病徴が現われる（Adams・Ho, 1992）。外部からみると，障害は緑色果実の花落ち付近から小さな水浸状の点となって始まる。その点が大きくなるにつれて，その部分の組織は乾燥し，暗褐色に変わり，徐々に明確になって（写真5−3），陥没し，皮革のような染みに発達する。内部尻腐れ果では，若い種子や胎盤組織末端周辺の柔組織に黒い壊死組織が現われる（Adams・Ho, 1992）。これらの内部の尻腐れ果は，外部の尻腐れ果が発生したのと同じ果実に現われることが多い。

発生の要因　果実の木部組織の発達と日射，気温，水利用，塩類濃度，根域の養分要素の比，地温（根の温度）および湿度との間の相互作用はすべて尻腐れ果の発生原因になる（Dorais・Papadopoulos, 2001）。尻腐れ果は果実の先端組織にみられ，果実内でCa濃度の勾配があることが示されている（Adams・Ho, 1992）。しかし，DoraisとPapadopoulos（2001）は，果実内のCa含量や陽イオンの分布は尻腐れ果とは直接には関係していないことを示した。むしろ，急速な細胞拡大（同化産物の果実への大量の流入）に対してCa供給が追いつかないことが（果実内の木部の発達不良による），尻腐れ果の発生に結びついていると報告している。

一般的に尻腐れ果は，Caが果実の先端部で不足するとき，つまり，初期に果実が急速に生長する時期に現われる。培養液の高塩類濃度や水ストレスによる浸透圧ストレスは，Caの吸収や果実先端部への移動を抑制するため（Guichardら, 2001），果実のCa欠乏をもたらす。高塩類濃度によって果実収量の低下や尻腐れ果のリスクは高まるが，逆に，果実の乾物含量，糖濃度，酸，日持ちのような果実品質は向上するので，養液栽培では高塩類濃度がよく使われる。Nederhoff（1999）は，昼間のECを通常のままで（2dS/m），夜間のECを高くすることによって（8dS/m），収量低下を最小限にして果実品質を向上できることを明らかにした。し

かし，この処理によって尻腐れ果は減少しなかった。一方，Van Ieperen（1996）は，昼間を低EC，夜間を高ECにすることによって尻腐れ果が減少したことを報告している。

対策 現在，尻腐れ果については理解は比較的進んでいるが，対処法はまだ確立されていない。以下の一般的なガイドラインが役に立つはずである。

1）すべての生理障害は，品種ごとに感受性が異なることから，問題がある場合は別の品種を選択する。
2）根域でのCa吸収を促すため，高塩類濃度や湿害，干害，その他の制限となるようなストレスを与えないようにする。
3）水とCaの移行は，葉だけでなく果実まで到達させる必要がある。このため，昼間の高温，高飽差（乾燥）を回避する。ハウス内に，適切にミスト（細霧）を噴霧することによって尻腐れ果発生は減少する。
4）根域へのCa供給は適切に行なう。培養液のKやMgの濃度が高いとCaの代わりに吸収されるので，競合する陽イオンの濃度を過剰にしない。

　Caの割合がKやMgに比べて低い場合には，果実内の有機酸濃度が増加するため，尻腐れ果が発生しやすい。このようなK，Maの高濃度はCaの吸収や利用を抑制する。果実品質向上のために高塩類濃度を利用する際には，葉のK：Ca比が高くなることを避け，Kに対するCaとMgを合わせたイオン濃度（mol/L）の比を0.1とする。また，根域のMgとCaのイオン活性比を0.3に維持することによって尻腐れ果が抑制できる（Dorais・Papadopoulos, 2001）。また，尻腐れ果の抑制対策として，根系の高温（26℃以上），低酸素濃度，過剰な蒸散を避け，果実：葉の比率を適切に維持する（例えば，対策としては，摘葉，遮光，屋根散水，ミスト噴霧が考えられる）。そして，肥大開始直後の若い果実に対して0.5～0.65％の塩化カルシウム液を散布する（Dorais・Papadopoulos, 2001）。Bertinら（2000）によると，最初の着果負担が小さいと，その後，果実サイズが増加し，尻腐れ果も増加するとしている。つまり，最初に着果負担を高く維持しておけば，尻腐れ果が減少することを示唆している。

(2) ゴールドスペック（銀粉果）

症状 ゴールドスペックは，萼の周辺や果実の肩部分にみられ，特に夏季に多

い。果実が緑のときには，斑点は白く，それほど多くない。しかし，これらの斑点は果実の外観の評価を下げるとともに，日持ちが著しく短くなる（Janse, 1988）。Den Outerとvan Veenendaal（1988）によって，金色に見える細胞にはカルシウムの結晶（シュウ酸カルシウム）の粒状塊を含むことが確認されている。

これらの斑点は果実内のCa過剰によると考えられる。湿度とCa：K比率の高い条件では，果実に転流するCaが多くなり，ゴールドスペックの発生が増加する（De Kreijら, 1992）。P濃度が高くなっても，Caの吸収速度が増加し，ゴールドスペックも増加する。また，ゴールドスペックの発生は，培養液中のNO_3を増やすか，Cl，NH_4，KおよびECを減らすことによって減少した（Hoら, 1999）。おそらく，これらの処理がCaの吸収を抑制するためである。

ゴールドスペックは，栽培期間中，温度上昇につれて増加する。特に，ハウスの平均温度が通常より高い場合に増加する。このときに果実内のCa量は増えていないことから，高温条件では，シュウ酸塩として果実内に蓄積されるCaが増加するためと考えられる（Hoら, 1999）。

対策 感受性品種を使わないことでこの障害には対応できる（Ilkerら, 1977）。尻腐れ果に対する抵抗性品種は，逆にゴールドスペックになりやすい傾向がある（Hoら, 1999）。SonneveldとVoogt（1990）は，培養液のECを上げると，K：Ca比とMgが増加するため，ゴールドスペックの発生が減ることを見出した。おそらく，これらのメカニズムは過剰なCa吸収の抑制にある。Hoら（1999）は以下のようなゴールドスペックの対処方法を示した。

①培養液中のCa濃度を200mg/Lから120mg/Lに低下させる，②果実温度を下げる，③Nの施用量を不足のない濃度で低下させる（180mg/L），④Kを十分に与えるが（400mg/L），高くなりすぎないようにする。⑤P濃度が5mg/L以下にならないようにする。これらのガイドラインに従えば，尻腐れ果が避けられるのと同時にゴールドスペックを減らすことができる。

(3) 裂果とつやなし果（ルセッティング，クチクラ裂果）

症状 裂果（写真5-4）は，果実の萼部分の周りに円状（同心円状裂果）に発生するか，萼部分から放射状（放射状裂果）に発生する。つやなし果（Russeting：ルセッティング，クチクラ裂果）はトマト果実表面の障害であり，

肉眼では見えないほどの極めて小さい毛状のひびが果実表面を最大25％まで覆う（Bakker, 1988）。つやなし果には，ひび果，膨張性ひび果，収縮性ひび果，網状ひび果，クチクラ汚斑など，さまざまな症状や呼び名がある（Emmons・Scott, 1997）。症状としては，果皮が粗くなり，よく見ると表面は滑らかではなく，ひび割れがある。これは果皮の仕上がりが悪いと表現され，日持ちは著しく悪い（Hayman, 1987）。細かいひび割れは，着果後6～7週後の成熟果に近づくと現われる場合が多く，栽培期間の初期と末期に発生が多い（Bakker, 1988）。多くの論文では，裂果とつやなし果の2つのタイプの裂果を区別しておらず，前者の裂果を誘発する条件と後者の裂果（つやなし果）を誘発する条件が同じであるとしている。

裂果の要因　裂果は複雑な障害である。成熟期間中に雨の多い地域では，裂果した果実を市場に出すことができないため，大きな損害になる。障害と関連する環境や栽培要因についてはPeet（1992）によって次のようにまとめられている。裂果が発生するのは，成熟やその他の要因によって果皮の強さや弾力性が低下する時期に，溶質（特に水）が果実へ急速に流入するためである。果実温度が上がると，果実表面の果肉のガス圧や静水圧が上昇し，その結果，熟した果実に目に見えるひび割れが即座にできる。ハウスでは，灌水が過剰であると放射状裂果の発生が増加する。また露地トマトでも，土壌含水率が高いときに裂果が増える（Peet・Willits, 1995）。

裂果に対する抵抗性品種の育種は難しいとされるが（Stevens・Rick, 1986），出荷時や輸送時の損失を減らす目的で改良された北米の露地トマト品種は，しばしば裂果に対して非常に強い。おそらく，出荷や輸送に強いという形質が，裂果に対する抵抗性要素でもあるためである。さらに果実の収穫は，成熟しているものの緑色の果実ステージに行なわれ，裂果は起こりにくい。雨が多い地域で完熟トマトの生産が増えているが，裂果は露地生産において大きな問題となる。

つやなし果の要因　Doraisら（2004）は，つやなし果やクチクラ汚斑の原因は，遺伝，環境，栽培方法の相互作用であるとした。ハウスの条件によって収穫果実の10％から95％の果実が影響を受ける。Guichardら（2001）は，網状のひび割れや裂果の発生の原因は，果実の肥大速度が速いことに加えて果皮の弾力性が低下していることによると結論づけた。EmmonsとScott（1997）は，フロリダの露

地トマトでは葉や果実の除去によって，つやなし果が増加することはなかったが，収穫前2週間の総降水量とつやなし果の発生との間に相関があることを明らかにした。

　裂果の対策　土壌含水率を比較的低く維持し，果実を均一にゆっくり生長させることが，裂果の予防策となる（Peet, 1992）。特に，露地栽培の裂果の原因は，供給される水量の変動にある。典型的な発生条件としては，干ばつが続いた後に大雨が降った場合である。また，果実温度の日変化を小さくすることによって裂果を減らすことができる。このためには，露地の場合，植物によって果実を覆う。ハウスでは，昼夜温の差を最小になるように維持し，夜温から昼温まで徐々に温度を上げていくとよい。裂果を防ぐ最良の対応策は，露地でもハウスでも，赤熟期の前（完熟前）に収穫することと，抵抗性品種を導入することである。

　つやなし果の対策　養液栽培でつやなし果を抑制するには，以下の方法が推奨される。①抵抗性品種を選ぶ，②急激な果実生長を促す条件を避ける（不定期的な大量の灌水），③昼夜温較差を小さくする，④1日の湿度の大きな変動を避ける，⑤葉/果実比を高くする（Guichardら, 2001）。さらに，Doraisら（2004）は，次のような方法により，つやなし果が減少するとした。①着果負担を高く維持する，②BやCaを散布する，③高温，昼夜温較差，高い相対湿度，果実への日射，果実水分状態の変動を回避する。さらに，④品種選択や植物の水分要求に供給量を合わせることによっても改善できるとした。露地の場合，EmmonsとScott（1997）は以下のような管理を勧めている。①支柱栽培，②収穫期の果実を葉で保護し直射日光があたらないようにする，③抵抗性品種を使用する，④可能であれば雨の前に収穫する。

(4) イディーマ（水腫，Oedema）

　症状　この障害は，しばしば細菌性あるいは真菌性の病気と間違われる。初期症状の葉の膨れは，未分化のカルス（細胞塊）の生長と似ている（写真6-2）。粒状の水腫のような外観は，表皮が割れることによるものであり，おそらく葉内の圧力に原因がある（Grimbly, 1986）。水の充満した柔細胞は膨らみ，最後には噴出する。細胞が破裂するまでの期間に，葉はねじれて歪み，細胞の乾いた壊死部分が形成される。

要因 この障害はトマトだけでなく，キャベツ，ジャガイモなど多数の作物でみられる。原因は，本来，数日の蒸散で使われるような，過剰な水分が短期間に葉に供給されることにある。SagiとRylski（1978）は，高湿度と灌水過剰の条件で光強度が弱くなると，この症状が増えることを明らかにした。これには，おそらく植物の蒸散能力の低下が関係している。彼らは，また，北欧のハウス用に選定された品種よりもイスラエルの露地用品種のほうがこの障害が発生しやすいことを示した。

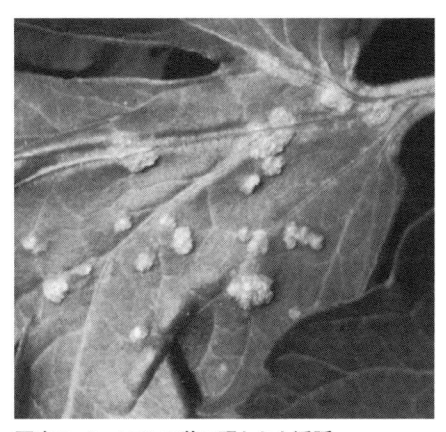

写真6-2 トマトの葉に現われた浮腫

対策 ハウスやグロースチャンバーでは，この障害は予防あるいは軽減できる。つまり，灌水量を減らし，換気，温度，光量を高めるなど，蒸散を促進させるのが効果的である。露地では，長期間にわたって過剰灌水と低温が続く場合のみこの障害が現われる。露地でできる対策は，灌水を止めることか，違う品種を試す以外にはない。

（翻訳：安　東赫）

第7章

病害虫管理

A. A. Csizinszky, D. J. Schuster,
J. B. Jones and J. C. van Lenteren

要約

雑草防除技術では，個別技術だけではなく，個別技術を組み合わせるための雑草管理の基本理論が重要である。線虫と害虫防除技術では，主要な種類の加害様式と生態について情報を把握するとともに，適切な防除法を採用する。病害防除では，発生する病害の種類と診断を適切に行ない，防除法を選択する。ヨーロッパでは，IPM（総合的病害虫管理）がハウス栽培で成功を収め，広く普及している。

はじめに

安定した生産性と果実品質を確保するためには，以下のような生物を適切に防除することが重要である。すなわち，1）細菌，糸状菌，ウイルスといった病原微生物と，それを媒介する昆虫，2）茎葉などを加害する昆虫，3）根に寄生する線虫，4）養分と水分をトマトと競合する雑草である。これらの生物からトマトを保護するためには，耕種的，生物的ならびに化学的防除を組み合わせた総合的な病害虫管理（IPM）を採用し，栽培期間を通じて実施する必要がある。

IPMプログラムの第1段階は，十分な収量が期待できる，抵抗性もしくは耐病性品種を選択することである。次に，生育に適した温湿度環境にすることと，十分

写真7-1 うどんこ病感受性トマト品種の葉に形成された多量の
　　　　うどんこ病菌（*Oidium lycopersicum*）の胞子
　　　　　　　　　　　　　　　（Dr. W. H. Lindhout撮影）

な養水分を含む土壌に定植することである。そして，栽培期間中は病虫害の発生を監視するともに，除草をこまめに行なう。また，ハウス栽培の病害防除には，湿度制御が最も重要である。例えば，乾燥すると，うどんこ病，アザミウマ，ハダニが発生しやすくなり，湿度が高いと灰色かび病，べと病，葉かび病が発生しやすくなる。高湿度では葉が結露しやすく，病原菌の胞子が発芽してすぐに発病する。他方，うどんこ病（写真7-1）は相対湿度80％で最もよく発生し，湿度の上昇に伴って発生は徐々に減り，相対湿度95％で発生量が最も少なくなる。

　農薬による防除は，害虫の場合は発生量が一定のレベルを超えたときに実施し，病害の場合は，初発生が確認され，予測される気象条件からさらに病害が拡大する懸念がある場合に行なう。一方，天敵のような生物農薬，フェロモン剤，昆虫生長制御剤などの環境に優しい農薬の場合は，害虫を発見したら直ちに施用してよい。

　すべての殺虫剤は，添付してあるラベルに記載してあるとおりに使用する。誤った方法での農薬使用は作業者の被爆につながるとともに，果実で基準値以上の残留や環境汚染をもたらすことになる。タイプの異なる複数の農薬が利用できる場合には，農薬のローテーション散布により，害虫や病原菌が特定の薬剤に対する抵抗性を発達させる機会を減らすことができる。

1　雑草防除

(1) 雑草のタイプと防除プログラム

　雑草は，養分や水，光を作物と奪い合う。また，病害虫の宿主になる上に収穫の妨げともなる。さらに，ある種の雑草ではアレロパシー物質を土壌中に放出し，他の植物の生育に有害な影響を与える場合がある。

　雑草は1年生，2年生および多年生に分けられ，それぞれにイネ科牧草型（単子葉植物）と広葉型（双子葉植物）がある。種子を作って有性繁殖するものもあれば，栄養体繁殖で無性的に増えるものもある。

　このように雑草には多くの種類があり，生育特性や繁殖方法もさまざまであるため，1つの方法ですべての雑草を防除することはできない。雑草が種子から発芽する場合は，1年生，2年生，多年生のいずれの場合も，無性繁殖している多年生雑草よりも防除が簡単である。トマトの栽培初期での除草必要期間は，移植栽培では定植後28～35日で，種子を直接播種する場合は49～63日である。この時期であれば1～2回の除草で十分な雑草防除効果があり，減収もない。

　雑草防除プログラムを立てる場合は，まず，圃場の雑草マップ作成のために雑草のタイプとその密度を把握することである。雑草は1年のうちのさまざまな時期に発芽するので，雑草マップを作るための調査は，栽培期間ごとに2～3回は実施しなければならない。この調査では，前作の作物の種類や使用した除草剤の種類も記録する必要がある。トマト栽培では，そのつど，土壌に残留している除草剤の影響を考慮しなければならない。残留が疑われる場合は，その土壌にトマトを播種して発芽試験を行なえば，トマトの栽培に影響しないかどうかを確認することができる。

(2) 作付前の管理で防除

　ワルナスビ類のように，トマトと同じナス科の雑草をトマト圃場で防除するのは難しい。穀類，トウモロコシ，ニンニク，タマネギあるいはヒマワリを含む輪作体系の中でトマトを栽培することにより，ワルナスビ類やその他の広葉雑草の発生量

を減らすことができる。また，ワルナスビ類に有効な除草剤はあるが，ワルナスビと同じナス科のトマトには選択的な除草剤として使用できない。もっとも，トマトの前作時にその除草剤を使用して，次作以降に発芽してくるこぼれ種を作らせないことで，ワルナスビ類の発生を抑えることは可能である。

　作付しない期間には，土壌を耕起して，雑草の埋土種子を発芽させて除草する必要がある。砕土・耕起することにより，種子や多年生雑草の栄養繁殖体が地表近くに移動して発芽するようになり，トマト栽培時の雑草量が減少する。栽培期間中に手作業で除草することは面倒であり経費もかかるので行なわれなくなっている。

　マルチなしで栽培すると除草作業が不可欠になり，その場合，機械による除草が行なわれている。機械除草は，雑草が本葉を2～4枚発生した時点，高さにして10～15cmになったときにするのが最も効果的である。この段階では，まだほとんどの雑草はトマトと競合しておらず，トマトに損傷を与えずに除草することができる。鍬による除草でも機械除草でも，耕起は雑草防除に十分な深さにする必要があるが，深く耕起しすぎるとトマトの根を傷め，また土壌の乾燥を早めることになりかねないので注意する。

(3) 除草剤使用のポイント

　除草剤を使用するときは，どのようなタイプの除草剤であれ，トマトに薬害が出ないように，希釈倍率と散布のタイミングに注意する必要がある。また散布量が適切になるようにノズルのタイプを選び，噴霧量を適切にしておく。高圧で茎葉に散布された除草剤は，霧滴となってすぐに乾燥するので，茎葉の内部にまでは除草剤は浸透しない。さらに展着剤などの補助剤を使うことで，除草剤が雑草の葉によく付着するようになる。

　土壌に施用する除草剤（土壌処理剤）には，土壌表面に散布する薬剤と土壌に混和する薬剤とがある。ナプロパミド（訳者注：日本ではトマトに対して未登録である）などの表面散布剤では，散布直後に降雨やスプリンクラーによる灌水を行なうと効果が上がる。降雨の少ない地域では，ペブレート（訳者注：日本では未登録である）やトリフルラリンのような土壌混和剤が広く使われている（表7-1）。

　土壌混和剤は，発芽する雑草の種子が埋まっている深さまで混和されると，高い除草効果が得られる。例えばペブレートは，カヤツリグサ類の防除のためには7～

表7-1 トマト用除草剤（成分名および商品名）

除草剤	処理時期	対象雑草	摘要
グルホサート（ラウンドアップ）	播種前または定植前	1年生雑草 多年生雑草	多年生雑草の防除では，春作定植前の秋に散布する
メトリブジン（センコル水和剤）	出芽後（直播）定植活着後〜定植14日後まで	1年生雑草	直播栽培では，苗が第5〜第6本葉期で雑草がまだ小さいうち
パラコート（グラモキソンS）	播種前または定植前 生育期畝間処理では収穫14日前まで	1年生雑草	3〜15cmの雑草は直接噴霧する。非イオン系展着剤を使用する。生育期処理では，ドリフトを避けるため圧力を落として散布する
セトキシジム（ナブ乳剤）	雑草生育期	1年生イネ科雑草	パラフィン系の補助剤を使うと効果が高い
トリフルラリン（トリファノサイド乳剤）	定植前（植穴掘り前）定植後（畝間土壌表面散布）	1年生雑草	10cmの深さまで耕起する

10cmの深さまで混和しなければならないが，ワルナスビ類の場合は2〜5cmの深さで十分である。

(4) 除草剤以外の防除法

栽培前の除草剤の土壌混和処理とマルチを組み合わせた栽培が，フロリダの亜熱帯の気候条件下で行なわれている。黒マルチあるいは白・黒多層マルチが光を遮ると同時に，生育の物理的障壁となって，カヤツリグサ類以外の雑草は枯死する。殺虫スペクトルが広い移植栽培用の殺虫剤とマルチを組み合わせると，雑草だけでなく土壌害虫も防除できる。

被覆されていない畝間については，除草剤，機械または手作業による中耕，あるいはそれらを組み合わせて用いる。除草剤を散布する場合は，作物が傷まないように，噴霧器に保護カバーなどをつける必要がある。植物残渣を利用する有機マルチやリビングマルチ（トマトを移植あるいは播種するまで，畝にマメ科植物や穀類を植えておく）によっても除草は可能だが，まだ試験段階であり，生産者への普及には至っていない。

天敵生物による雑草の生物防除は，研究段階であり実用化には至っていない。天

候がよく気温が高い条件では，除草剤の代替技術として，土壌消毒のひとつの方法である化学農薬を使わない太陽熱消毒の利用が検討されている。太陽熱消毒の除草効果は，降雨や曇天などを含めた季節的要因と土壌の深さに依存している。したがって，太陽熱消毒後に，生き残った雑草の種子が土壌表面に移動・発芽して再び蔓延することを防ぐには，耕起は最小限にするのがよい。

トマト栽培地域の経済状況と技術的発達程度に応じて，さまざまな方法を組み合わせることで雑草防除を実施することがポイントである。また，環境保全の観点から，雑草防除に利用できる除草剤は，将来的には現在より少なくなるであろう。化学農薬を使わない代替の除草技術はまだ試験段階であるが，完成させてトマトの雑草防除に利用できるようにしなければならない。

2 線虫

(1) トマトでの被害

　線虫は，湿った培地や皮膜内に生息する顕微鏡サイズの回虫である。植物寄生性の線虫は土壌中に生息し，植物の根を加害する。線虫によって収穫量が低下するのは，寄生された植物で養水分吸収が減少した結果である。さらに線虫は，植物病原体を媒介し，植物が弱ったところに病原体が感染して病害を引き起こすこともある。

　線虫による地上部の病徴には，クロロシス（退色，白化），生長阻害，萎ちょう，早期の老化，果実数の減少と矮小化などさまざまある。線虫は圃場で均一に分布するわけではなくランダムにパッチ状で被害が発生し，線虫の感染が広がるにつれて，そのパッチも大きくなる。

(2) 種類

　世界全体では，数多くの異なる属や種の線虫がトマトを加害する。一般に，線虫の発育は21〜26℃の土壌中で最も早く，16℃以下では不活発である。このため，線虫は熱帯や亜熱帯地方では非常に重大な害虫である。

　トマトを加害して収穫に打撃を与える線虫のうち，最も広範囲に分布するのは

ネコブセンチュウ *Meloidogyne* spp.で，植物を土から引き抜き，根部にこぶ（根こぶ：gall）があるかどうかで確認できる。ネコブセンチュウによって作られたこぶは，根からこすり落とすことができないほど，しっかりとしたものである。他にトマトを加害する植物寄生性の線虫としては，イシュクセンチュウの一種 *Belonolaimus longicaudatus*，ニセフクロセンチュウ *Rotylenchus reniformis*，ネグサレセンチュウ *Pratylenchus* spp.，ニセネコブセンチュウ *Nacobbus* spp.，ジャガイモシストセンチュウ *Globodera* spp.，イシュクセンチュウ *Tylenchorhynchus* spp.，オオハリセンチュウ *Xiphinema* spp.，ユミハリセンチュウ *Trichodorus* spp. などがある。線虫は栽培植物と雑草にまたがる広い寄主範囲を持ち，寄生された植物の移植，農業機械，動物，堆肥，地表の流水によって拡散する。幼苗期に線虫が寄生すると収量の損失はより大きい。

(3) 生物的，耕種的防除

抵抗性品種の利用

作物を播種あるいは定植した後に線虫を防除することは難しいので，栽培前の防除が肝要である。防除計画での重要な第一段階は，線虫抵抗性の品種を選択することである。サツマイモネコブセンチュウ *M. incognita*，アレナリアネコブセンチュウ *M. arenaria*，ジャワネコブセンチュウ *M. javanica* に対して抵抗性を有する生食用および加工用トマト品種はいくつか存在する。線虫に対するトマトの抵抗性は26℃より高くなると徐々に低下し，33℃より高い温度では完全に消失する。それにもかかわらず，線虫抵抗性トマト栽培後の土壌では，線虫個体数は減少する。

土壌のクリーニング管理

作物栽培の合間に行なう土壌のクリーニング管理は，線虫防除に効果的な手法である。前作の作物における線虫の増殖を抑え，線虫を太陽光や風の乾燥作用にさらすため，プラウ耕あるいはディスク耕は収穫後，できるだけ速やかに実施すべきである。作物栽培の合間に，最低2～3回の圃場耕耘を行なえば，線虫の寄主になる雑草も除去できる。

線虫抵抗性の被覆作物との輪作

線虫抵抗性の被覆作物とトマトの輪作によっても線虫個体数を減少させることができる。いくつかの被覆作物は，1種類の属の線虫にだけ抵抗性を持っていて

も別の属に対しては寄主となりうる。こうした場合には，最も防除が困難な線虫に対抗する被覆植物を選択すべきである。例えばソルガムはネコブセンチュウとニセフクロセンチュウの密度を減少させるが，イシュクセンチュウの一種（Sting nematodes）の密度は増加させる。ソルガムとスーダングラスの交配作物もネコブセンチュウの個体数を減少させるが，ユミハリセンチュウを増加させる。

太陽熱消毒

　太陽熱消毒でも線虫個体数を減少させることができる。これは湿った土を透明なプラスチックフィルムで覆い，太陽エネルギーで6〜12週間加熱した場合に有効である。太陽熱消毒が最も有効なのは，6〜12週間，強い日射が続く乾燥した環境下であり，かつ，重壌土（壌土の中でも，砂を感じないでよく粘る）ないしは粘土質土壌の場合である。一方で，亜熱帯環境下であっても，砂質土壌では，太陽熱消毒の効果は降雨や曇天に左右されやすい。

生物防除

　寄生性細菌，糸状菌，ダニなどの生物的な要因により，植物寄生性線虫を防除しようという試みもなされてきた。しかし，現時点では，線虫を防除する確実な生物的手法はない。有機質土壌改良資材（堆肥化した植物素材と汚泥）を保水性が低く有機物含量2％未満の砂質土に処理すると，高いネコブセンチュウ密度にもかかわらずトマトの収量を増加させることができた。しかし，この改良資材による収量の増加は，堆肥による線虫の防除効果というよりも，トマトにとって養水分環境が良好になったためとされた。線虫個体数を減少させるため，作物栽培の合間に，土壌の湛水と乾燥を2〜3週間おきに繰り返すことも試みられている。

臭化メチルとそれ以外の薬剤による防除

　圃場でトマトの生産を繰り返し行なう集約的栽培では，一般に線虫は，移植前の殺線虫剤処理によって防除される。殺線虫剤は，総合防除体系において，非化学的な手法と組み合わせて作物を保護するために使用される。トマトへの悪影響を避けるため，殺線虫剤の処理法は表示ラベルに従い，薬剤処理と作物の定植までの間に推奨された待機期間を維持する必要がある。薬剤が線虫に対し効果的に働くためには，植物残渣がなく適度な湿り気を持った，よく準備された土壌が必要であり，土壌温度は15℃より高くなければならない。

　線虫防除に最も効果的な薬剤は土壌燻蒸剤（臭化メチル-クロルピクリン）であ

る。モントリオール議定書によれば，臭化メチルの生産と使用は先進国では2005年以後禁止されており，発展途上国でも2015年から禁止されることになっている。適切かつ，広く消費者や生産者に受け入れられる代替手段が利用できない場合には，不可欠用途のための例外的使用が認められる。

　臭化メチル以外に，燻蒸剤や非燻蒸剤，単剤あるいは非化学的な手法との組合せなどさまざまな薬剤の利用が，大規模な圃場試験によって検討されている。線虫に対する臭化メチル処理の代替手法として最もよいのは，これまでのところ，1,3-dichloropropene＋17％ chloropicrinの単剤あるいは太陽熱消毒との組合せであることが判明した。これ以外の定植前土壌燻蒸剤，dichloropropene-dichloropropene（D-D）や二臭化エチレンethylene dibromide（EDB），ethylene dibromide-chloropicrin（訳者注：日本ではEDB剤と呼ばれた。発がん性が強く，現在は登録失効）などは線虫防除の効果は低い。非燻蒸型の殺線虫剤の中では，顆粒状の有機リン剤fensulfothionが線虫防除に使用される。この剤はディスクハローや他の耕耘器具で10～15cmの深さの土壌中にすき込む必要がある。オキサミル剤（訳者注：日本では粒剤の登録があり，定植前の土壌混和や育苗期の株元処理に使用）は，土壌が線虫により汚染された場合，定植後の土壌灌注剤として植物の周囲に処理される。収量の低下を避けるためには，この剤による土壌処理は，線虫の感染を発見したら，直ちに開始する。

3　昆虫とダニ

(1) トマトでの被害

　昆虫とダニは，トマトを加害する代表的な節足動物である。被害のタイプは，加害する生育段階の口器のタイプで異なる。多くの昆虫は咀嚼型，あるいはそれが変化した口器を持ち，その被害は葉や茎，果実の穴，葉の潜孔，葉巻などとして現われる。ダニ以外のいくつかの昆虫も，葉に穴を開け突き刺す口器や，口器が変形した器官を持つ。

　これらの節足動物による被害は，通常，斑点，シミあるいは葉や茎や果実の変形として現われる。ときにダニなどが媒介する病原体や生理障害と区別が難しいこと

もある。加えて，穴を開けて突き刺す口器を持つ昆虫は，いくつかの深刻な病気のウイルスの媒介者になる重要害虫である。したがって，被害の認識が，その原因を特定し，最終的にその防除戦略を開発するための最初の一歩になる。以下，被害のタイプに応じて害虫を紹介する。

(2) 複数の手法を総合的に組み合わせる防除戦略

　トマトを加害する節足動物類は多様な集団である。また，多くの節足動物が，殺虫剤に対する抵抗性を発達させる能力を持つ。このため，成功の可能性が最も高く，その状態を長期間維持できる防除計画は，複数の手法を総合的に組み合わせることであろう。トマトの下位葉は，開花前には30％まで，開花後には50％までの摘葉に耐えられる。つまり，ある程度までの食害を許容するIPM（総合防除）計画は，防除計画としてもトマトに適しているといえる（Keulartsら, 1985）。

耕種的防除

　耕種的な操作は最も古い害虫管理の手法であり，その中には，多くの場合，通常の栽培で得られてきた共通認識としてある知識の適用も含まれる。ある特定の害虫だけに対応しているものもあるが，大半の手法は，多くの害虫を抑制するのに使用される。

1）目合いが細かい網を，出入口や空気の取り入れ口に張ることで，植物の栽培施設から害虫を閉め出すことができる。
2）露地栽培では，畝を被覆することで，ある程度害虫を排除できる。
3）圃場内とその周辺の十分な衛生管理と，収穫後の適切な作物残渣の処分により，害虫の隠れ場所を減らして，それらが媒介する病気も減らせる。休閑期に特定の植物を被覆植物として使用せず，前作と次の作付の時期や場所を切り離すことでも，害虫の隠れ場所を減らすことにつながる。
4）栽培を遅らせることは，作物のない時期を作り出したり延長したりできると同時に，越冬または越夏した害虫の初期の移動を避けることができる。
5）紫外線を反射し，色がついたフィルムを植物下の土壌被覆に使用すれば，特定の昆虫の定着を妨げることができる。定着阻害効果は，昆虫がそれを認識する場合に限られるので，フィルムはできる限り広く地表面を覆うほうがよい。ただし，プラスチックフィルム表面に殺虫剤の薬液がこびりつくと，マルチ本来の効

果を低下させる場合もあるので注意が必要である。

抵抗性品種の利用

　抵抗性品種の育種は，昆虫そのものと，それが媒介する病気の管理にも効果的である。残念ながら，節足動物害虫に対するトマトの抵抗性品種は市販されていない。

天敵の活用

　節足動物害虫のほとんどは，数多くの寄生蜂や捕食者に攻撃される。これらの天敵類を保護するには，広範囲な殺虫効果を持つ殺虫剤の使用を抑制し，選択的もしくは生物学的な機構を利用する殺虫剤を使用する。天敵を利用した防除は，特にその目的のために飼育された天敵を放飼する場合に増強される。雑草地や圃場を天敵の隠れ場所や保全場所にする場合もある。

　殺虫剤の散布は，節足動物害虫の防除に最もよく使用される方法である。適切な薬剤の選択と防除のタイミングを決める上で，害虫と天敵の密度を確かめる調査が週2回は必要である。不必要な殺虫剤散布をやめて散布回数を減らし，選択的殺虫剤を使用すれば，殺虫剤抵抗性が発達する可能性は低下する。結果として，天敵も保護され，害虫密度が低下するという好循環が生じる。

4　食害する害虫

(1) 育苗時に問題になる害虫

①コオロギ類

　Acheta（=*Gryllus*）*assimilis* Fabricius（訳者注：学名で記した種は日本未生息）のような草地に棲むコオロギの仲間は時としてトマトの苗を食害することがある。褐色または黒色の昆虫で，体長は2〜3cm，飛び跳ねるために大型化した1対の後脚と長い触角を持つ。草が茂ったゴミ捨て場や倉庫などから圃場周辺へ移動し，地表面より上で苗をかみ切る。場合によっては植物の地面より下の部分も加害される。

　Scapteriscus vicinus Scudder，*S. borellii* Giglio-Tos，*Gryllotalpa gryllotalpa* L.，*G. hexadactyla* Pertyなどのようなケラの仲間はコオロギと似ているが，体長がやや長く（4cm），淡褐色で，穴を掘るためのかぎ爪のような1対の前脚を持つ。ケラも苗を加害するが，植物の地表面あるいはそれより下の部分をかみ切る。地表のすぐ

下に特徴的なトンネルを掘り，その中に切り取った苗を引き入れて食べ尽くすので痕跡を残さない。茎が完全に切断されない場合でも，食害されると植物は萎れてしまう。

　もしコオロギが圃場周辺のすぐそばに生息しているのであれば，雑草を刈り取り，ゴミや瓦礫を片付けて取り去る。産卵後のコオロギの卵を減らすには，深耕し，雑草を除草する。土壌を湿潤状態に保ち，ケラを地表近くに留まらせる。そして，昆虫寄生性線虫 Steinernema scapterisci Nguyen & Smart を含む粒剤やベイト剤で処理する。土壌燻蒸剤は殺虫範囲が広く，その処理によってケラを防除できるが，燻蒸剤が分解されると再び圃場へ戻ってくる。

②ネキリムシ類

　一般にはネキリムシと呼ばれる，多くの種類の鱗翅目幼虫がいる。最も目立つ種類は，Peridroma saucia（Hubner），タマナヤガ Agrotis ipsilon（Hufnagel），Agrotis subterranean（Fabricius）などである。幼虫は苗の発芽時または定植時に食害する。植物は地表面あるいはそのすぐ上で切断される。幼虫は日中隠れているため，しばしば見すごされる。幼虫は体長約4cmにまで生長し，外見は濃い灰色から黄色もしくは灰色がかった焦げ茶色に変化する。また，異なる長さの縦線と斜め線模様を持つ。ネキリムシ幼虫は滑らかで油を塗ったような状態に見え，刺激を与えると強く体を丸める。

　ネキリムシの防除には，少なくとも定植の10～14日間前には餌となる植物がなくなるように，十分早い時期から圃場の準備を行なう必要がある。もしネキリムシが生息する場合は，昆虫寄生細菌 Bacillus thuringiensis Berliner を含むベイト剤や，殺虫剤を含む粒剤またはベイト剤を処理するとよい。殺虫範囲の広い土壌燻蒸剤は，処理した土壌区域内であればネキリムシを防除する。

(2) 葉を食害する害虫

①ノミハムシ類

　ノミハムシの仲間は体長3～4mmで光沢があり，飛び跳ねるのに適した大型の後脚を持つ。主に Epitrix 属と Phyllotreta 属の焦げ茶色ないしは黒色の甲虫で，春に越冬場所からトマト圃場へと飛来する。葉をかじって小さなくぼみや穴を開け

る。大きく育った植物に対する加害は経済的な損失に至らないが、苗の食害は枯死や生長の遅れにつながる。春の早い時期に定植すると最も影響を受けやすい。幼虫は土壌中で発育するが、通常はトマトを食害しない。*Epitrix*属のノミハムシはナスのモザイクウイルスを媒介することが知られている。目合いの細かな網または不織布で畝全体を被覆することで、ノミハムシ成虫の侵入から苗を守ることができる。畝の被覆の代わりに1回の殺虫剤散布も有効である。

②ハモグリバエ類

トマトハモグリバエ*Liriomyza sativae* Blanchard、マメハモグリバエ*L. trifolii*（Burgess）、ナスハモグリバエ*L. bryoniae*（Kaltenbach）、アシグロハモグリバエ*L. huidobrensis*（Blanchard）の4種類がトマトに最も被害を与える。成虫は体長2〜3mmで、背面が黒色、頭と両側面および下側が黄色である。雌は鞘状の産卵管を使って葉に小さな穴を開け、葉面直下に産卵する。また、雌は産卵管でより大きな穴を開け、葉からしみ出した内容物を摂食する。後者の穴は壊死状態になり「摂食痕」とも呼ばれる。トマトハモグリバエとマメハモグリバエ、ナスハモグリバエは卵を主に葉の上層部に産むが、アシグロハモグリバエはより下層に産卵する。幼虫は黄色みがかった体長2〜5mmのウジ虫で、葉の組織を解体する黒い鎌状の鉤口を持つ。前3種の幼虫は決まったパターンを持たない曲がりくねった潜孔を作るが、後者の幼虫は中肋や横方向の葉脈に沿った潜孔を形成する。幼虫は潜孔の末端

写真7-2　マメハモグリバエの成虫（a）と幼虫の食害によるトマト葉の潜孔被害（b）

に穴を開けて地表へ落下し，堆積物の中で蛹化する（写真7-2）。

通常，ハモグリバエ類は多くの種類の寄生蜂によって発生を抑制できるが，寄生蜂が他の害虫の防除を目的とした殺虫剤によって減少すると，ハモグリバエの個体数は被害をもたらすレベルまで増加する。このため，殺虫剤を散布する場合にも，寄生蜂に影響が少ない選択的な殺虫剤をタイミングよく処理するように注意する。

③ウワバ類

世界の各地で異なる種類のウワバ類がトマトを加害するが，最も普通に見られる種類はイラクサギンウワバ Trichoplusia ni（Huber），Pseudoplusia includes（Walker），Autographa californica（Speyer），Chrysodeixis chalcites（Esper）などである。卵は1個ずつ葉裏に産み付けられる。イラクサギンウワバの卵はタバコガ類の卵によく似ているが，より平たく，表面に細かい隆線が多数ある。若齢幼虫は葉の表皮を窓のように食べ残すが，老齢幼虫はかじって不規則な形の穴を開ける。ごくまれに未熟な果実表面の食害が起きる。幼虫は体長3.5cmまで発育し，淡い緑色で，場合によっては側面あるいは背面に白い縞模様を持ち，移動するときは体を尺とり状に折り曲げる。一般的に経済的な被害を引き起こすほどウワバ類の個体数は多くない。

B. thuringiensis 剤（いわゆるバチルス剤）の散布が防除に有効である。これらの製品は芽胞（訳者注：細菌が不適な環境を生き延びるために作り出す休眠胞子）を含みウワバ類に細菌の感染を引き起こすが，死亡の大半は細菌が発酵の際に生産し芽胞の中に封入した内毒素による。B. thuringiensis の異なる亜種（kurstaki や aizawei など）をベースにした製品やDNA導入や組換え技術から作り出された製品をローテーションで使用すれば，特定の内毒素に対する抵抗性を回避できる。また，卵寄生蜂 Trichogramma pretiosum Riley（訳者注：アメリカでは天敵資材として販売される）の大量放飼によりウワバ類の個体数を50％まで減らすことができる。

（3）果実と葉を食害する害虫

①ヨトウムシ類

世界中で多くの種類の Spodoptera 属ヨトウムシがトマトを食害する。その中で，最も共通する種類はシロイチモジヨトウ S. exigua（Hübner），S. littoralis

Boisd, *S. eridania* (Cramer), *S. ornithogalli* (Guenee), *S. praefica* (Grote), ハスモンヨトウ *S. litura* (Fabricius), *S. frugiperda* (J. E. Smith), そして *Lacanobia oleracea* (L.) などである。すべての種が葉裏に50個かそれ以上の卵塊を産み付け，多くの種の雌は卵塊を毛状の鱗粉で保護する。孵化幼虫は小葉の裏面に集合して食害し，葉の表皮を食べ残すため，窓状になる。幼虫が大きくなると同じ植物や隣接した植物に分散し，葉を食害して穴を開けるため，散弾で撃たれたような外見になる。

果実が食害部位になると大きな問題であり，幼虫が果実に出くわすとその表面を食べる。多数の幼虫が存在する場合，1株に着果するすべての果実が加害を受ける場合もある。食害を受けた部位では二次的に果実へ微生物が侵入し，腐敗を引き起こす。多くの種類の幼虫は，体表が滑らかに見え，側面は黄色で，黄褐色または白い縞模様がある。背面に黒い三角形の模様がある種もいくつかある。成熟幼虫は，種類に応じて体長2.5～5cmに達する。

ほとんどのヨトウムシの幼虫は細菌 *B. thuringiensis* に感受性であるが，最も高い効果を得るためには，卵が孵化する時期に合わせて散布を行なう。Cry1C内毒素を持つ *B. thuringiensis* 製品がより効果的である（*B. thuringiensis* 製品の使用に関する追記については，「(2) ③ウワバ類（220ページ）」の項目も参照されたい）。核多角体病ウイルスの多角封入体を含む製品が，シロイチモジヨトウ幼虫の防除に利用できる。細菌 *Saccharopolyspora spinosa* から作られた化合物のグループのスピノシン（訳者注：日本ではスピノサド水和剤として農薬登録されている）は多くの種類のヨトウムシ幼虫に対して効果があり，天敵生物種の多くに対しては毒性が低い。

② タバコガ類

少なくとも3種類のタバコガ類，*Helicoverpa zea* (Boddie)，オオタバコガ *Heliothis armigera* Hübner，*Heliothis virescens* (Fabricius) がトマトに加害する（写真7-3）。通常，卵は，

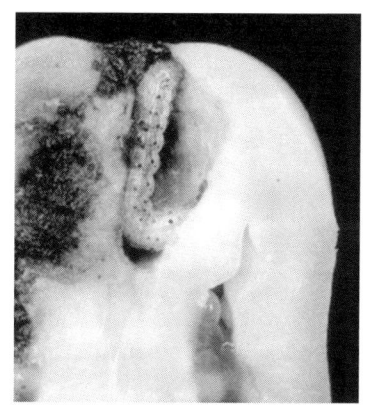

写真7-3 *Helicoverpa zea* の幼虫とトマト果実の食害

花に近い先端部の小葉や小さな果実に単独で産み付けられる。孵化幼虫は果実を好んで食入するが，蕾や花，茎も食害する。熟した果実はほとんど食害されない。また H. virescens は特に茎を好むようである。幼虫は主に柄の末端部で果実に深く食入し，果実が十分に大きい場合は，その中で発育を完了できる。食害された果実は多くの場合，二次的に起こる微生物の侵入によって腐敗する。幼虫の大きさや外見は，ヨトウムシ類と似ているが，ルーペでも見える剛毛状の刺毛やパッチ状の短い刺毛がある。幼虫が速やかに果実に食入し，殺虫剤の効果が及びにくくなるため，卵や孵化直後の幼虫での防除が効果的である。卵は，花や緑の小さな果実がついた果房近傍の葉で観察できる。卵寄生蜂 T. pretiosum の大量放飼により，50〜85％の寄生率が達成されている。B. thuringiensis 製品は，幼虫が速やかに果実へ食入するため，タバコガ幼虫の防除にはあまり効果的ではない。Cry1A（c）毒素を含む製品が最も効果が高い（B. thuringiensis 製品の使用に関する追記については，「(2) ③ウワバ類（220ページ）」の項目も参照されたい）。

③スズメガ類

　スズメガの仲間 Manduca quinquemaculata（Haworth）と M. sexta（Linnaeus）は，下位葉の表面に滑らかで淡い緑色の卵を産み付けることが多い。孵化幼虫は淡い緑色で，尾端に特徴的な角状突起を持つ。老齢幼虫は角状突起に加えて，側面に斜めの白色の縞模様を持つ。幼虫は体長10cmにまで発育し，小さな茎や葉全体をむさぼり食う。大きな果実も食害されるが，葉に対する食害のほうが甚大である。

　スズメガの卵や幼虫は天敵によってたいてい激しく攻撃されるため，通常，防除の必要はないが，天敵による抑制が働かない場合は植物全体が丸坊主になる。卵寄生蜂 T. pretiosum の大量放飼により，70％の寄生率が達成されている。B. thuringiensis を含むほとんどの製品もスズメガ幼虫には効果がある（B. thuringiensis 製品の使用に関する追記については，「(2) ③ウワバ類（220ページ）」の項目も参照されたい）。

④ジャガイモガ

　ジャガイモガ Phthorimaea operculella（Zeller）は，後に述べるトマトピンウォームよりも広く分布し，似たような方法でトマトを食害する。卵は単独で葉裏に産

み付けられる。ほとんどの幼虫は孵化した場所で斑点状の潜孔を形成して、最終的には茎へと移動する。果実はトマトピンウォームと同様の方法で食害されるが、幼虫は末端部の茎まで食害し、先端部の枝枯れを引き起こす。幼虫はトマトピンウォームより大きく、体長約13mmで、灰色がかった白からピンク色である。ジャガイモガの発生は、加害されたジャガイモの近くにトマトの苗を定植しなければ回避できる。殺虫剤による防除は、卵の状態斑点状の潜孔内の幼虫のような初期を対象にすべきである。

⑤トマトピンウォーム

　トマトピンウォーム *Keiferia lycopersicella* (Walsingham) は、アメリカ南東部と南西部、メキシコそしてカリブ海のいくつかの島におけるトマトの重要害虫である。小さな網目模様のある直径0.5mmの白い卵が単独で葉の裏面に産み付けられる。孵化したばかりの幼虫は明るい色をしており、葉に食い込んで斑点状の潜孔を作る。老齢幼虫は体長8mmまで育ち、赤紫色である。幼虫は葉を巻き、通常は萼の下側で緑や赤色の果実に食入する。萼の下で食害し、幼虫が侵入口を絹糸でふさぐことが多いため、果実の被害に気づきにくい。食害された果実は腐敗しにくい。そのため潜在的な被害果の混入問題を引き起こす。古い作物は収穫終了後直ちにに処分すべきであり、新しいトマト圃場は、トマトピンウォームの卵や幼虫のついていない苗で栽培を開始する。

　卵寄生蜂 *T. pretiosum* の大量放飼は、トマトピンウォームの個体数減少に役立つ。性フェロモン成分の処理を用いた交信攪乱は、圃場内の個体群を制御する上で極めて効果的である。フェロモン処理は、フェロモン誘引粘着トラップを設置した場合に、一晩にトラップあたり5個体の蛾が捕獲されたときに利用できる。侵入した雌成虫はすでに交尾しているかもしれないので、圃場の周辺部分で殺虫剤のスポット散布が必要である。なお、一般に、*B. thuringiensis* 製品は、トマトピンウォームへの防除に対して効果が低い。

　トマトリーフマイナー *Scrobipalpula absoluta* Meyrickはトマトピンウォームと似ているが、経済的に最も重要な被害は、果実の食害よりも、曲がりくねった葉の潜孔によるものである。この害虫は、南米諸国、特にペルー、チリ、アルゼンチン、ブラジルで発生する。

5 吸汁する害虫

(1) 果実を吸汁する害虫

①カメムシ類

　トマトは，ミナミアオカメムシ *Nezara viridula*（Linnaeus），ブラウンスティンクバグ *Euschistus servus*（Say），コンスパーススティンクバグ *E. conspersus* Uhler，セイスティンクバグ *Chlorochroa sayi*（Stål）などを含む多くの種類のカメムシ類に加害される。緑色または茶色の成虫は体長10～15mmで，盾型の外形をしている。小さな樽状の卵が，10個かそれ以上の塊で葉上に産まれる。幼虫は成虫と似た外形で，わずかに丸みを帯びて翅がなく，黒や緑，オレンジ，白の鮮やかな色彩を持つことがある。手でつかんだとき，多くの種類が強い臭気を出す。幼虫も成虫も果実を吸汁し，緑色の果皮下に明るい色の斑点を発生させ，これが果実の着色とともに黄色く変化する。

　カメムシ類はマメ科植物で増殖することが多いため，トマトをダイズなどマメ科作物の周辺やツノクサネム属 *Sesbania* やコマツナギ属 *Indigofera* などマメ科の被覆作物が生育する休閑地の近傍にトマトを栽培すべきではない。カメムシ類のいくつかの種は捕食性であるため，適切な同定が重要である。

②ヘリカメムシ類

　Leptoglossus phyllopus（Linnaeus），*Phthia picta*（Drury）などのヘリカメムシ類はカメムシ類とよく似たヘリカメムシ科の昆虫で，体側が平行で少し細長く（20mm），より暗色である。卵は金属光沢を持つ卵形で，側面がやや平たく，通常は葉の上に卵塊で，時には茎に沿って列状に産み付けられる。カメムシ類と同様に成虫と幼虫は果実を吸汁するが，摂食による刺し傷はより深く，果実が生長肥大する際にゆがみや変形を引き起こす。

　L. phyllopus を含むヘリカメムシ類は，ヌスビトハギやタヌキマメ（クロタラリア）などのマメ科被覆作物やナス科雑草に誘引されるため，これらの植物を含む雑草地や休閑地付近でトマトを栽培すべきではない。

(2) 葉や花を吸汁する害虫

①アブラムシ類

　トマトを加害するアブラムシ類で最も普通にみられる種類は，モモアカアブラムシ *Myzus percicae*（Sulzer），ワタアブラムシ *Aphis gossypii* Gloverそしてチューリップヒゲナガアブラムシ *Macrosiphum euphorbiae*（Thomas）である。いずれも洋ナシ型の外形で，腹部後方の体表から上方および後方に向けて一対の角状管が突き出ている。

　モモアカアブラムシは体長1.5mm，緑色あるいは暗緑色である。チューリップヒゲナガアブラムシはこれよりもサイズが大きく（体長3mm），緑色あるいはピンク色である。ワタアブラムシは大きさと外形がモモアカアブラムシに似るが，体色が一般に暗い。有翅型と無翅型の個体はいずれも雌で，生きた幼虫を産出する。葉の裏側を吸汁し，寄生個体数が多ければ植物の生長阻害や萎れ，落花を引き起こす場合もある。チューリップヒゲナガアブラムシは茎や葉柄を吸汁して，吸汁斑やクロロシス（退色，白化）症状，葉の変形などを引き起こす。

　アブラムシ類は篩部を摂食し，必要とする以上の篩管液を吸汁する。甘露と呼ばれる糖分が排出されて葉の表面や果実に蓄積し，すす病の原因となる。

　またアブラムシ類は，深刻な衰弱病を引き起こすジャガイモYウイルスやタバコetchウイルス（訳者注：ジャガイモYウイルスは日本でも発生するが，あまり問題にはなっていない。タバコetchウイルスは日本未発生。6　トマトの病害（4）ウイルス病③タバコetch ウイルス」「240ページを参照）など，植物病原ウイルスの媒介者として最も大きな被害を引き起こす。

　アブラムシ類は多数の天敵に攻撃されるため，通常は直接的な被害をもたらすことはない。防除するには，他の害虫に対しても同様だが，天敵類を保護するような殺虫剤を選択すべきである。ほとんどの殺虫剤散布は，飛来した有翅アブラムシによるウイルスの1次感染を防止する効果はないが，圃場内の2次感染の低下に有効である。植物の株元の地面を紫外線が反射するアルミニウムプラスチックフィルムで被覆すると，アブラムシ数を減らし，ウイルス病の発症を減少させることができる。

②ダニ類

　トマトの害虫となるダニ類には2つのグループがあり，*Tetranychus*属のハダニ類，特にナミハダニ*T. urticae* Kochとフシダニ科のトマトサビダニ*Aculops lycopersici*（Massee）である。いずれのグループも突き刺し吸汁する口器でトマトを食害するが，外見やトマトに与える被害は異なる。

　ハダニ類は体長0.3～0.5mmで卵形をしている。彼らは下位葉の葉裏で産卵し，摂食する。寄生された小葉の裏面には絹状の網が張られ，一方，葉表には小さな黄色斑や点刻が生じる。増殖したハダニ個体群は先端部の葉へと移動し，絹状の網を形成する。一見するとクロロシス（退色，白化）症状があり，養分欠乏症にも見える。ハダニ個体群は高温で乾燥した条件でよく増殖する。

　サビダニ類はハダニ類より小さく細長く，識別には14倍以上の拡大鏡か解剖用実体顕微鏡が必要である。サビダニ類も下位葉の葉裏を摂食するが，食害された葉の表面は銀色や黄化を呈し，最終的にはえそ症状となる。増加した個体群が植物の上部へ移動すると，茎や葉柄は赤褐色（サビ色）となり下位葉は乾燥して枯れ上がる。高温で乾燥した条件が個体群の増殖に好適で，結果としてすべての葉が褐色となって枯れ上がる。被害は養分の欠乏や不均衡，水分ストレスにも見える。

　通常，野外条件下ではダニ類は捕食性カブリダニをはじめとする多くの捕食者によって自然に制御されている。他の害虫に対する殺虫剤の散布が自然制御を破壊し，特に高温で乾燥した条件下で突発的なダニ類の増殖を引き起こす。硫黄はサビダニ類の防除に効果的だが，ハダニ類に対する効果は低い。後者に対しては選択的なダニ剤の使用を勧める。なお，殺虫効果のある石鹸や洗剤（訳者注：天然の石鹸には界面活性効果があるので，気門封鎖剤として働く）は短期的な防除効果があるが，万遍なく散布することがポイントである。しかし，毎週1％以上の濃度で処理すると植物の生長や収穫に悪影響を与える。

③アザミウマ類

　数多くの種類のアザミウマ類がトマトの害虫である。特に*Frankliniella*属の種類が最も多く花に発生し，主な種類はミカンキイロアザミウマ*F. occidentalis*（Pergande），タバコスリップス*F. fusca*（Hinds），フラワースリップス*F. tritici*（Fitch），*F. schultzei*（Trybom）などである。*Echinothrips americanus* Morgan,

ネギアザミウマ Thrips tabaci Lindeman，グリーンハウススリップス Heliothrips haemorrhoidalis（Bouché）など他の種類も花に発生するが，Frankliniella属と異なり，通常は葉を加害することが多い。

アザミウマ類は微小で体長0.2～0.5mmの細長い昆虫である。成虫は多くの場合，黄色，褐色または黒色で，長い毛に縁取られた羽毛状の細い翅を持つ。花部，特に雌しべに加害すると，落花，果実の壊死線（通称ジッパー線）や奇形（キャットフェイス）などを発生させる。小さな果実での摂食や産卵は，果実肥大時に花床部に小孔を生じさせる。ミカンキイロアザミウマによる産卵は，結果として産卵痕の周囲に白い斑点を生じさせる。

トマト黄化えそウイルス（TSWV）は9種類のアザミウマ類によって媒介されるが，中でも最も重要な種類はミカンキイロアザミウマ，F. schultzei，F. fusca，ネギアザミウマである。このウイルスは，幼虫だけが保持している一方，成虫が葉を摂食する際に媒介される。

1花あたりの個体数が5を超えると落花数は増加するが，低い密度で存在している場合は，むしろ受粉が良好になることもある。アザミウマ類は果樹やクローバなどの植物に開花数が減少したとき，雑草地あるいは牧草地が枯れ上がった後にトマトへ移動してくる。つまり，防除のためには，トマトを栽培する際にはこうした状況から時間的にも空間的にも隔離することである。

殺虫剤の散布は，トマト黄化えそウイルスの圃場内での2次感染を減少させる効果はあるが，移入したアザミウマによる1次感染を減らす効果は一般的に低い。紫外線を反射させるアルミニウムプラスチックフィルムを植物下の土壌に被覆することによって降下するアザミウマ数を減少させ，植物の黄化えそ症の発生を減少，遅延させることができる。

④コナジラミ類

トマトを加害する最も一般的なコナジラミ類は，タバココナジラミ Bemisia tabaci（Gennadius）とオンシツコナジラミ Trialeurodes vaporariorum（Westwood）である（写真7-4）。後者はハウス温室で多く発生するが，野外でも被害を及ぼすレベルにまで増加することがある。成虫は小さな白色の蛾に似ており，体長は約1～1.5mmである。成虫は，植物体の上部3分の1に位置する葉の裏面に好んで静

写真7-4 オンシツコナジラミに寄生されたトマト
コナジラミ幼虫の排泄した甘露に発生したすす病に葉が覆われる
（Dr. W. H. Lindhout撮影）

止し，産卵する。幼虫は，固着したカイガラムシ状で，体長は0.3～0.7mm程度である。1齢幼虫は唯一動き回る幼虫期で，通常は卵から孵化した場所の数ミリ範囲内で摂食のために定着する。その後の齢期の幼虫は無脚で移動しない。

成虫による吸汁は，多くの場合直接的な被害をもたらさないが，タバココナジラミ（*B. tabaci*）のバイオタイプB（シルバーリーフコナジラミ）が小さな果実に淡い斑点を発生させることがある。タバココナジラミの成虫は，非常に深刻な病気を引き起こすジェミニウイルスを媒介することがある。特記すべきはトマト黄化葉巻病の病原ウイルス（TYLCV）で，新たな生長を激しく抑制し，その後の収穫が皆無となるほどである。タバココナジラミの幼虫が葉を吸汁すると，特に縦方向の筋ばった不規則な着色不良を特徴とした，トマトの着色異常を引き起こす（写真7-5）。幼虫の摂食に伴って果実内にも白色組織が増加し，高温条件で発生がさらに激しくなる。

（訳者注：2000年代になって，タバココナジラミのバイオタイプBに加えて，新たにバイオタイプQが世界各地に分布を拡大し，被害を引き起こしている。バイオタイプQはバイオタイプBと同様にトマト黄化葉巻病を媒介し，ネオニコチノイド系を始めとする多くの殺虫剤に対して抵抗性を発達させているため，ハウス栽培トマトにおける殺虫剤に依存したコナジラミ防除は困難になりつつある。バイオタイプQは日本でも2005年に発生が確認され，トマト黄化葉巻病の媒介者としてトマト生産の重要な阻害要因となっている）

栽培されているトマトはコナジラミ類の発生源となるだけでなく，コナジラミが媒介するウイルス病の発生源にもなる。そのため，収穫完了後は，速やかに古い植物を処分し，圃場への定植を遅らせて，トマトが圃場に存在しない期間をより長くすることが防除の有効な手段となる。さらに，新しいトマト圃場は，前作がトマト

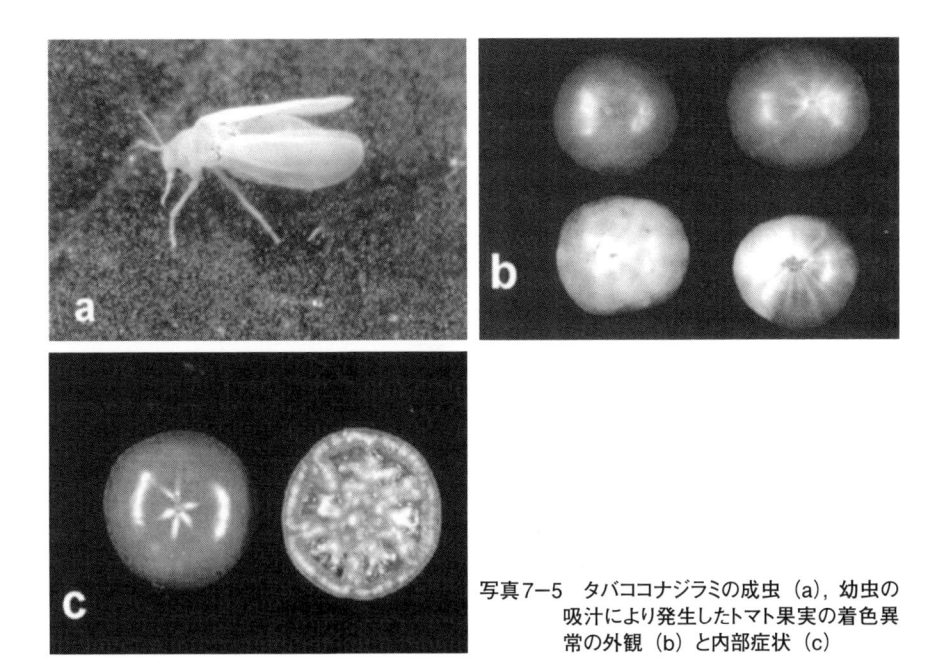

写真7−5 タバココナジラミの成虫（a），幼虫の吸汁により発生したトマト果実の着色異常の外観（b）と内部症状（c）

の圃場もしくはコナジラミ類に寄生された他の作目（ジャガイモ，キャベツ，観賞植物など）と，時間的にも空間的にも隔離したほうがよい。

　育苗用施設は露地のトマト生産圃場から離れた場所に設置すべきで，すべての開口部に細かい目合いの防虫ネットを張って成虫の移動を防ぐ。露地で紫外線を吸収するフィルムで覆って栽培するように，育苗用施設でも同様の資材を使用して栽培できる。

　また，黄色粘着板を設置したり，紫外線を反射するアルミニウムプラスチックフィルムで植物の下の地面を被覆したりする。これらのフィルムによってコナジラミ類の成虫数を減少させ，植物のウイルス症状の発生を減少あるいは遅れさせる。

　トマト黄化葉巻病に対する抵抗性品種の利用も可能である。また，イミダクロプリドのような浸透移行性の殺虫剤の使用は，防除に加え，移入したコナジラミ成虫によるウイルスの1次感染の範囲を限定することができる。その他，昆虫生長制御剤，殺虫効果のある石鹸，オイル，伝統的な殺虫剤などは，コナジラミ類の防除や圃場でのウイルスの2次感染を減少させる上で役立つ。

6 トマトの病害

　植物の病気には，伝染する病気（伝染性病害）と伝染しない病気（非伝染性病害）があり，大多数の病害は伝染性病害である。トマトの伝染性病害では，細菌，糸状菌，ウイルスおよび線虫などが病原体である。糸状菌は，細胞壁と核を有する分岐した糸状の菌糸を持つ微生物で，無性生殖と有性生殖の2種類の生殖様式を使い分けて増殖する。

　細菌のサイズは0.2～2μmと糸状菌よりさらに小さく，そのゲノムは膜で包まれずに細胞質中に核様体として存在する。ウイルスは，ゲノムである核酸（DNAあるいはRNA）が外被タンパク質の殻で包まれた核タンパク質の粒子で，電子顕微鏡でないとウイルス粒子の形態は確認できない。ウイルス種の同定は，宿主範囲，伝搬方法，粒子の形態，外被タンパクの生化学的および血清学的特徴，ゲノムの分節構成および分子生物学的特徴に基づいて行なう。

　非伝染性病害は，土壌や気象条件，植物の栄養状態が不良時，また，農薬による薬害や他感作用（アレロパシー）などで発生する。さらに，小斑点などの遺伝的な不良形質も非伝染性病害の範疇に入る。症状が伝染性病害と類似している場合には，病因の特定は容易ではない。

(1) 糸状菌病害

①炭疽病

　炭疽病は，Colletotrichum属のC. coccoides（Wallr.）Hughes，C. gloeosporioides（Penz.）Sacc.，C. dematium（Pear. ex Fr.）Grove.の感染によって発生する。C. coccoidesによる場合が多く，黒点根腐病を起こすのはC. coccoidesだけである。炭疽病菌は，水分があれば10～30℃の温度でトマトを侵害し，感染適温は20～24℃である。微少菌核と分生子は雨滴や頭上灌水で飛散して広がる。病果や被害茎葉が次作の1次伝染源となる。

　炭疽病は主に成熟果で発生する。果実表面に少し窪んだ円形の病斑ができた後，病斑内に黒色の小粒点が形成される。幼果は感染しても無症状で，熟すまでは発病しない。茎葉や根が侵されることもあり，葉では黄色のハローを伴う褐斑症状を示

す。根の症状は果実成熟期に進行し，褐斑した根が老化していくとともに，被害根上には微少菌核が形成される。大きめの被害根では皮層が簡単に剥がれ，2次根は生長を止め，枯死寸前となる（訳者注：これらの根部の症状については黒点根腐病と呼ばれる）。

炭疽病の防除では，第1果房着果後の定期的な殺菌剤の散布が有効だが，1）ナス科以外の作物との2年周期以上の輪作，2）頭上灌水を最小限に留める，3）こまめな除草，4）誘引やマルチ，などの耕種的防除も重要である。

②疫病

疫病は，藻菌類（現在はクロミスタ界の卵菌類と分類されている）の一種 *Phytophtora infestans* (Mont.) de Bary によって起こされる被害の大きな病害である。トマトの地上部すべての部位で発病する。

はじめ茎葉に不整形で水浸状の病斑を生じ，拡大して灰緑色から暗褐色の大型病斑となる。

多湿時には，葉裏の病斑表面に白色から灰色のカビを生じ，大きな病斑ではリング状のカビの生育が肉眼で観察される。病気の進展につれ，茎葉は褐色となり，萎れて枯死する。果実では，暗褐色の病斑を生じ，多湿時には白色のカビを生ずる。

疫病菌は，野良イモやこぼれ種から発生したトマトや残渣置き場で生き残る。疫病菌は冷涼多湿な気象条件を好み，日中暖かく夜間は涼しくなるときは特に発生しやすい。疫病菌に感染した野良イモから分生子が風で運ばれて感染源になる。疫病菌は相対湿度91～100％，温度3～26℃の条件で分生子を形成し，その適温は18～22℃である。

耕種的防除法として，1）トマト圃場の近辺の残渣置き場の撤去，2）野良イモなどの自生宿主の除去，3）十分管理して生産された移植用苗の利用，4）気象条件が疫病発生に好適な条件では，殺菌剤を予防的に散布する。

疫病発生予察システムがいくつか開発されている。主なものとして，1）温度と降水量に基づいたHyreシステム，2）温度と湿度に基づいたWallinシステム，3）両システムをコンピュータプログラムとして統合したBlitecastシステムが知られている。

(2) *Pythium*属菌による病害

　各種の*Pythium*属菌は，トマトに種子腐敗，出芽前あるいは出芽後立枯れ，茎枯れ，果実腐敗などのさまざまな病害を起こす（訳者注：*Pythium*属菌も卵菌類の生物）。病原菌としては，*P. aphanidermatum*（Edson）Fitzp., *P. myriotylum* Drechs., *P. arrehenomanes* Drechs., *P. ultimum* Trowおよび*P. debaryanum* Hessetがある。*Pythium*属菌による被害は，雨がちな気候時や排水の悪い場所で，露地・施設を問わず発生する。数種の*Pythium*属菌は，未熟果・熟果のいずれでも果実の腐敗を起こし，被害果は'watery rot'（訳者注：水浸状の腐敗）あるいは'cottony leak'（訳者注：綿状のカビを伴う腐敗）の果実と呼ばれる（訳者注：日本では*P. aphanidermatum*による綿腐病がある）。

　*Pythium*属菌は，発芽して間もない苗や幼植物に感染しやすく，汚染土に殺菌剤で処理せずに播いた種子は腐敗する。出芽前に感染した苗では，苗全体に暗褐色から黒色の水浸状病斑がみられる。圃場で発病した植物では，黒っぽい水浸状病斑が根から地際部にかけて現われる。病斑が地際部全体に広がると，苗は倒れて枯死する。*Pythium*属菌は土壌中で際限なく増殖でき，土壌の自由水により発病が助長される。土壌水分が飽和に近いときに菌糸伸張と無性生殖が活発になる。

　*Pythium*属菌による病害の防除には以下のような対策をとる。1）高品質の種子を使用し，2）排水不良な培土を用いず，水のやりすぎに注意し，最適な生育条件で育苗する。また，3）ハウス栽培では滅菌された培土を使用し，4）露地では作用スペクトルの広い燻蒸剤で土壌消毒を行なう。さらに，5）作用スペクトルの広い殺菌剤で種子消毒し，6）果実と土壌との接触を避けるために，トマトを誘引してプラスチック資材により土壌を被覆する。

①輪紋病

　Alternaria solani（Ell. & Mart.）L. R. Jones & Groutの感染によって発生する輪紋病は，トマトが栽培されていれば普通にみられる病害だが，頻繁に結露が生じる場所では大きな被害となる。育苗温室や育苗ベッドで病気が蔓延して茎枯れの発生に至ると移植用苗が著しく減少する。

　輪紋病菌は，茎葉と果実に感染する。成苗の感染は比較的古い葉から始まり，黄

色のハローを伴う褐色の小班点が現われる。感染が進むと褐色の同心状の輪紋となり，葉全体が黄化する。幼苗では，はじめ茎に水浸状の暗褐色の小班点を生じ，拡大して同心輪紋となる。病斑が茎を包むように広がると苗は枯死する。果実では，はじめ果梗や萼に感染し，熟果・未熟果へと感染が広がり，同心輪紋となる。

輪紋病菌は土壌中に残るとともに，種子に付着して種子伝染する。また前作がナス科野菜であれば，植物残渣やこぼれ種子からの芽生えが1次伝染源となる。輪紋病は温暖（24〜29℃）で雨が多い気候で発生が多い。

以下の対策で防除できる。1）抵抗性あるいは耐病性品種の使用，2）健全な苗の定植，3）定期的な殺菌剤の散布，4）長期輪作栽培，5）雑草やこぼれ種子由来のトマトの除去，6）適切な肥培管理，7）消毒済み種子の使用，8）育苗土を蒸気あるいは燻蒸薬剤により消毒するか，無菌の園芸培土を使用する。

②萎凋病

Fusarium oxysporum Schlecht. f. sp. *lycopersici*（Sacc.）Snyd. & Hans. によって起こされる萎凋病は，世界の温暖な地域の重要病害になっている。冷涼な地域では，温度が制限要因となりハウス栽培でのみ問題となる。

感染すると生育が抑制され，下葉から萎れて黄化し，導管部は褐変する。黄化は植物の片側から始まり，病勢の進行に伴い全体の葉が黄化し，日中暑いときには株が萎れるようになり，ついには枯死する。感染した植物の導管組織は通常暗褐色である。導管の褐変は地上部の茎にまで広がっている。その様子は茎葉の断面で見ることができる。

萎凋病菌は土壌中に数年間生存し，汚染土に栽培したトマトの根から感染する。発病に好適な条件は，土壌温度と気温が28℃，トマトの生育に適した土壌水分条件および土壌pHが低いことである。萎凋病菌は種子伝染するほか，誘引資材，土壌および感染苗で伝搬する。

以下の対策で防除できる。1）抵抗性品種の使用，2）蒸気もしくは燻蒸剤による土壌消毒，3）土壌pHを6.5〜7.0に維持，4）窒素肥料はアンモニア態窒素ではなく硝酸態窒素とする，5）萎凋病菌の伝搬を招きかねない圃場の湛水，川あるいは池の水による灌水を避ける，6）育苗施設は圃場から離れた場所に設置，7）5〜7年周期の輪作を実施，これらの視点を取り入れ管理すれば，病害発生を大幅に抑制で

きる。

③斑点病

　斑点病の病原菌としては，*Stemphylium*属の3種の糸状菌，*S. botryosum* f. sp. *lycopersici*, *S. solani* Weber, *S. floridanum* Hannon and Weber が記載されている。斑点病は世界に広く分布しており，温暖で湿潤な条件で感受性品種を栽培すると大きな被害が出る。

　斑点病は主に葉に発生する。発病に適した条件では，まれに葉柄や若い先端部の茎にも病斑が現われる。葉では，はじめ円形から楕円形の黒褐色の微少な斑点がランダムに散在して現われる。斑点の中心部は乾燥するとさまざまなパターンで割れる。病勢が進むと，葉全体の黄化が明瞭となり落葉する。幼苗で病勢が進展すると，明瞭な黄化を伴わずに落葉することがある。

　苗生産施設や育苗圃では，第1本葉期以降から病気の発生がみられる。斑点病菌は被害植物の残渣で越冬する。そのほかにも，廃棄された圃場や育苗施設，こぼれ種から発生したトマトやその他の作物，雑草などが伝染源になる。

　抵抗性品種の栽培が最も有効な防除対策である。感受性品種を栽培する場合には，定期的な殺菌剤の予防散布が必要である。

④灰色かび病

　灰色かび病は，*Botrytis cinerea* Fr.によって起こされ，ハウス栽培だけでなく露地栽培でも発生する。一般に，灰色かび病による被害はそれほど大きくはないが，ときとして甚大な被害となることもある。市場流通過程で発生するような果実腐敗が，圃場で発生したときなどは特に被害が大きくなる。

　灰色かび病は，地上部のすべての部位で発生する。本病の最も特徴的な表徴は，壊死した組織に灰色のカビが密生し，灰褐色の綿毛状の外観を呈することである。葉に大型の病斑を形成し，病斑は小葉全体，葉柄，茎にまで拡大する。果実では花落部やへたから発生することが多い。果実に水浸状暗褐色の小型円形病斑が現われ，拡大して軟化，腐敗する。腐敗部は白っぽくなり，中央部分だけが裂け，灰色のカビが果実全体を覆い，やがてミイラ状になる。またゴーストスポットと呼ばれる黄白色で中心点のある小斑点が果実に現われることがある。ゴーストスポットが

現われた果実は腐敗することはないが，多数のゴーストスポットを生じた果実は外観が悪く商品価値がなくなる。

灰色かび病菌の宿主範囲は非常に広い。胞子は風で運ばれ，長距離伝搬する。また菌核や腐生菌としても生き残る。灰色かび病は，高湿度の条件が長く続かなくても，比較的冷涼な気候でも発生する。温度が高くなると病勢は衰えるものの発生し続ける。

対策としては，茎葉が密に繁茂する前に殺菌剤を予防散布することで，比較的容易に防除できる。酸性土壌ではカルシウム不足にならないように石灰を散布することが発病防止につながる。

⑤葉かび病

葉かび病は，*Passalora fulva*（Cooke）U. Braun & Crousによって起こされ，主にハウス栽培で，高湿度条件下で多発する。露地栽培でも深刻な被害になることがある。

葉かび病は主に葉に発生するが，葉柄，花柄，茎，花，果実にも発生する。まず，古い葉で最初に症状が現われ，その後に若い葉に症状が広がっていく。はじめは葉の上面に緑白色から黄色の病斑が現われ，その後黄色になる。病斑部の裏面には緑褐色のカビを生じる。カビは病斑の周囲から中央に向けてより密生しその色も濃くなる。感染が進むと葉は乾燥して巻き上がって枯れ，落葉に至ることもある。果実ではへた部分から感染し黒色の病斑を生じて腐敗する。

葉かび病は湿度85％以下では発生しない。発病最適温度は22～24℃だが，4～30℃の温度でも発生はみられる。葉かび病菌は被害残渣や土壌中で腐性的に生存している。葉かび病菌の胞子は雨，風などで広がる。また，汚染種子が1次伝染源になることもある。

防除では，栽培後に植物残渣を除去することが重要である。また，種子の温湯消毒や適切な時期の殺菌剤散布によって防除できる。ハウス栽培の場合は，栽培終了後に土壌を57℃で6時間の蒸気消毒を行なうことを勧める。また，夜温を外気温より高くし，誘引・摘心を適切に行ない，風通しをよくして葉の濡れ時間を最小限にすることで，葉かび病の発生を抑えることができる。また栽培後期に蔓延するようなときには，早めに定植することも有効な対策となる。

⑥白絹病

　白絹病は *Sclerotium rolfsii* Sacc. によって起こされる病害で，熱帯や亜熱帯で最も重要な病害である。寄生性が広く何百種もの植物に感染し，経済的に重要な多くの野菜，花卉，畑作物が寄主植物になっている。

　通常，地際部に発生し，茎が褐色から黒色に腐敗するのが典型的な症状である。病斑は急速に拡大して茎を取り巻き，ついには植物体が萎凋する。湿度が高いと病斑部に白色の菌糸を生じ，のちに黄褐色から赤褐色をした径 1〜2 mm の球形の菌核を形成する。菌核の状態で何年間も生存でき，土や植物体とともに運ばれる。感染組織中では有機物を基質として利用する。白絹病菌の生育適温は 30〜35℃で，湿潤な条件を好む。

　防除には白絹病に感染しないイネ科牧草との輪作，深耕による植物残渣の十分なすき込み，殺菌剤の植穴処理，土壌燻蒸剤による土壌消毒が有効である。また土壌中のカルシウム量を多くし，アンモニア態窒素を施用するなど土壌養分条件を適切に維持することも肝要である。

⑦半身萎凋病

　半身萎凋病の病原菌として *Verticillium albo-atrum* Reinke and Barthold と *V. dahliae* Kleb. の 2 種類が報告されている。トマト栽培地域で広く発生し，*V. dahliae* Kleb 両菌あわせて約 200 種の植物に病害を起こす。

　半身萎凋病の最初の徴候は，症状の程度が日変化する萎ちょう症状である。はじめ日中の一番暑い時間帯に軽い萎ちょう症状を示し，夜間には回復する。やがて下位小葉の葉縁や脈間が V 字型に黄白色となり，その周囲が扇型に黄化する。罹病植物の下の部分の茎を切ると維管束の変色が確認できる。

　2 種の半身萎凋病菌は，ともに土壌中の被害植物の残渣の中で生存する。半身萎凋病菌は比較的冷涼な温度（20〜24℃）と中性からアルカリ性の土壌を好む。

　蒸気もしくは燻蒸剤による土壌消毒で防除することができる。また，可能であれば抵抗性品種の栽培が望ましい。ただし，抵抗性を打破するレースが存在するので注意が必要である。半身萎凋病は，寄主範囲が広いので輪作による防除は難しい。菌密度の減少には，被害残渣の腐熟を促進するような処理が有効な場合もある。

(3) 細菌性病害

①かいよう病

　かいよう病は世界的に発生し，*Clavibacter michiganensis* subsp. *michiganensis*（Smith）Davis *et al.* により引き起こされる。はじめ葉縁が壊死して巻き上がり，先端から萎ちょうする。下葉からの萎ちょうが上位の葉に広がる。ただし，先端の芽を摘心した傷から感染した場合には，症状は上位の葉から下位の葉に広がる。茎に不定根を生じることもある。感染部位の茎の維管束組織に，淡黄色から褐色の条斑がみられる。条斑の色は感染が進むと赤褐色となる。維管束組織の変色は節の部分で観察しやすい。病勢がさらに進行すると，髄部も変色し，粉状となる。

　かいよう病の茎葉での症状は，後述する青枯病の症状と見分けるのが難しい。果実では，中心部が褐色のわずかに盛り上がった3～6mmの白色の斑点を生じ，「鳥目状斑点」と呼ばれる症状を呈する。

　健全な種子を用いて，汚染していない圃場で栽培すれば防除できる。土壌，培土，育苗ポット，苗箱は使用前あるいは定植前に消毒しておく必要がある。また2次伝染を防止するために用具類の消毒も欠かせない。

②斑葉細菌病

　斑葉細菌病は，*Pseudomonas syringae* pv. *tomato*（Okabe）Young *et al.* により引き起こされる。発生件数は多くはないが，発病に適した低温（17～24℃）で湿度の高い条件で発生すると被害の大きい病害である。罹病果は小斑点を多数生じ，商品価値が大きく低下する。

　葉では，はじめ褐色から黒色の円形斑が現われ，後にハローを伴った病斑となる。病斑は，葉のどちらの面からも見えるが，葉裏からのほうが明瞭である。果実には1mm以下の病斑が多数生じる。病斑周辺の組織は被害を受けていない健全組織よりも濃緑色となる。病斑は少し盛り上がっているが，くぼんでいることもある。

　斑葉細菌病は種子伝染し，雨滴やその他の機械的な方法で広がる。また作物残渣上でかなり長い期間（30日以上）生存する。

　一度，トマトを栽培した圃場では，その後2年間トマトの作付をしなければ発生

を予防することができる。また次のような衛生管理も重要である。種子消毒をして汚染種子が伝染原とならないようにし，トマト栽培が行なわれていない場所で健全な苗を生産する。残渣の捨て場は圃場の周囲には設置せず，圃場内の除草に努める。殺菌剤の散布が推奨されている地域では，適切な殺菌剤を使用する。

③斑点細菌病

斑点細菌病は，トマト栽培地域であれば必ず発生する病害であるが，熱帯および亜熱帯で特に被害が多い。病原菌の *Xanthomonas campestris* pv. *vesicatoria* (Doidge1920) Dye はトマトの地上部すべてを侵す。

葉，茎，果梗に暗褐色から黒色の円形小斑点を生じる。葉に生じる小斑点は，斑葉細菌病，斑点病，輪紋病，褐色輪紋病の症状に類似している。斑点細菌病の病斑は，輪紋病や褐色輪紋病のような同心状の輪紋になることはなく，斑点病よりも色が濃い小斑点を葉に生じる。明瞭なハローを伴う小斑点は，輪紋病や褐色輪紋病ほど多くは発生しない。病斑が多数生じると葉は黄化する。病勢が進むと葉が萎れ，激しいエピナスティー（上偏生長：エチレンなどの植物ホルモンの影響で生じることもある，葉の下垂や縮み）のため丸く縮こまったような外観となる。枯死した葉は落葉せずに残っていることが多く，感染葉は萎れて枯れたように見える。果実では，はじめ少し盛り上がった多数の小斑点を生じ，次第に拡大して褐色で中心部がやや隆起したそうか状の病斑となる。なお周囲が盛り上がって中央部がへこんだ病斑が現われることもある。

斑点細菌病菌は，こぼれ種からのトマト苗，被害植物の残渣で生存し，種子伝染もする。発病適温は24～30℃で降雨が多いとよく発生する。斑点細菌病菌は，雨滴やエアロゾルあるいは芽かき作業で広がる。

防除対策は，健全種苗を用いて輪作し，こぼれ種子由来の苗は除去し，適切な時期に有効な殺菌剤を散布することである。また残渣の捨て場は圃場から離れた場所に設けることも重要である。

④青枯病

Ralstonia solanacearum により起こされる青枯病は，温帯の温暖な地域，亜熱帯，熱帯で深刻な被害をもたらしており，海外では 'bacterial wilt', 'southern bacterial wilt', 'solanaceous wilt', 'sothern bacterial blight' など 国ごと，地域ごとにさまざまな病名で呼ばれている。

　はじめ先端の1～2葉が萎れ，発病に好適な条件が続くと2～3日で株全体が萎れるようになる。萎凋した植物の茎内は褐色を呈し，茎の表面に水浸状の病斑を形成することもある。罹病した茎を切断すると切断面から汚白色の液滴がしみ出す。

　青枯病菌は200種以上の作物と33科の雑草に感染する。最も経済的損失が大きい宿主はナス科植物である。青枯病菌は他の病原細菌とは異なり，宿主植物がなくでも土壌中で長期間生存できる。青枯病は高温高湿度条件で発病が多く，発病適温は30～35℃である。

　青枯病を防除するためには，発生履歴のある圃場を避け，宿主とならない植物を組み入れた輪作体系を立て，可能ならば抵抗性品種を栽培することである。

(4) ウイルス病

①キュウリモザイクウイルス

　キュウリモザイクウイルス（CMV）によるモザイク病は温帯地域の重要病害である。CMVはアブラムシで媒介され，宿主範囲が広く，多くの重要な野菜に感染する。

　CMVに感染すると，はじめは黄化し，やがて矮化・叢生するとともに葉は斑紋症状を呈する。葉のシュー・ストリング症状はCMV特有の症状である。感染が進むと果実収量は著しく低下する。

　多種の雑草がCMVの伝染源となっており，60種以上のアブラムシがCMVを媒介する。トマトに対するアブラムシの嗜好性は高くない。CMVは機械的にも伝搬するが，ウイルス粒子があまり安定ではないので機械的な伝搬頻度は高くない。また種子伝染することもある。

　CMVの防除において，主要な多年雑草および2年生雑草の根絶が重要である。CMVが感染しない丈の高い植物を障壁植物として植えたり，殺虫剤や鉱物油（訳者注：鉱物油はミネラルオイルあるいは流動パラフィンとして国内で販売されている。マシン油にも広く利用されているが，マシン油にはシリコーンオイルなどの合成油や動植物由来の油も利用されている。マシン油乳剤はトマトの殺虫剤として登録されている）を散布したりすることも有効である。

② **Curly top病**（訳者注：カーリートップ病：日本未発生につき病名の和名なし）

　Curly top病の病原は宿主範囲の広いビートカーリートップウイルス（BCTV）であり，ビートでもCurly top病を起こす。本病は乾燥・半乾燥地域で発生し，*Circulifer tenellus* Bakerというヨコバイだけが BCTVを媒介する。本病は'western blight'とも呼ばれている。加工用トマトでほとんど発生しないが，生食用トマトで大きな被害が発生することがある。

　幼苗が感染すると枯死し，成苗が感染すると黄化するとともに，先端部は直立し，株は萎縮する。罹病株の葉は分厚く，パリパリになる。葉脈が紫色となり，葉はくすんだ黄色となる。葉柄は湾曲して，葉が巻き上がる。本病の簡単な見分け方は，未熟果が熟す前に色がくすんで皺だらけになっていないかどうか調べればよい。

　BCTVは *C. tenellus*（*Circulifer tenellus*）によって，300種以上の双子葉植物に伝搬される。単子葉植物で感染する植物種はまだ報告がない。種子伝染は認められていない。BCTVのトマトへの侵害は，ベクターである*C. tenellus*の季節消長に依存する。BCTVが雑草間で長距離伝搬することが明らかにされている。*C. tenellus*はトマトをあまり好まないので，トマト圃場に留まる時間は短く，圃場内での2次伝染は少ない。

　完全な防除は困難だが，周辺雑草への殺虫剤散布（トマトへの散布効果がない）および除草によってある程度までは防除できる。またテンサイ圃場の周辺でトマトを栽培しないことも重要である。

③ **タバコetchウイルス**（訳者注：日本未発生）

　タバコetchウイルス（TEV）は，主に北米および南米で発生しているウイルスであり，トマト，トウガラシ，タバコなどのナス科作物を侵害する。TEVに感染すると，葉に激しい斑紋が現われて，葉が皺だらけとなる。幼苗に感染すると萎縮症状を示す。果実にも斑紋が現われ，出荷できる大きさにならない。種子伝染はしないが，10種のアブラムシで媒介される。

　ベクターであるアブラムシを防除してもTEVを有効には防除できない。トウガラシ圃場がTEVの最大の伝染源であり，アブラムシも多数生息しているので，トウガラシ圃場から離れた場所でトマトを栽培することが最も有効な対策である。ま

た鉱物油を毎週散布することで発生量を抑えることができる。

④黄化えそ病
　黄化えそウイルス（TSWV）の感染により発症する本病は，熱帯でよく発生する病害であるが，温帯においても深刻な被害が出るようになった。TSWVは，中東，北アフリカ，インドに広く分布している。
　TSWVに感染すると，若い葉が，はじめは赤茶色に変色し，その後病気の進行につれ黒色の小斑点が現われる。茎や葉柄の先端に，えそ条斑が現われ生長点が枯死することもある。生育初期に感染すると収穫量が著しく減少する。未熟果には少し盛り上がった薄い同心円状の病斑が生じる。熟果では赤色と白色あるいは赤色と黄色の同心円状の病斑になる。
　TSWVの宿主範囲は広いが，大部分は双子葉植物である。ミカンキイロアザミウマ，ヒラズハナアザミウマ，ネギアザミウマ，ミナミキイロアザミウマなどの9種のアザミウマによって媒介され，種子伝染も報告されている。
　TSWVは多年生の作物や雑草が伝染源となるので，防除は困難である。アザミウマを防除しても，ウイルスはアザミウマが死ぬ前に作物に感染するために被害は軽減されない。紫外線反射マルチの利用により発生が抑えられる。また，抵抗性品種が育成されている。

⑤黄化葉巻病
　黄化葉巻病の病原ウイルスであるトマトイエローリーフカールウイルス（TYLCV）は，ほぼ世界的に分布する重要ウイルスである。
　生育初期にTYLCVに感染すると，生長は停滞し，頂芽や腋芽は奇形葉となり直立するようになる。葉は葉脈部分が明瞭に残り，その他の部分が黄化し，ロゼット様の生育を示す。また，腋芽が分岐して叢生状となる。また草勢も衰え，商品価値のある果実にならない。生長した苗では，はじめ葉がコップ型に曲がり，感染後に展開する葉は縁が上にカールしてクロロシス（退色，白化）症状を伴う奇形葉となる。感染前に着果した果実はおおむね通常に熟すが，感染が進むと落花し結実しない。
　TYLCVはタバココナジラミで媒介されるが，オンシツコナジラミでは媒介されない。なお，一時，別種とされたシルバーリーフコナジラミもタバココナジラミ

（バイオタイプB）であり，TYLCVを媒介する。

　黄化葉巻病の発生はタバココナジラミの増殖量と相関している。伝染源は，はじめ外部からタバココナジラミによりもたらされ，トマトを周年栽培するとTYLCVが切れ目なく発生することになる。トマト以外の各種植物がTYLCVに感染して2次伝染源にもなる。タバコなどのいくつかの植物では感染していても症状は現われない。

　黄化葉巻病防除のためには以下の対策が有効である。①殺虫剤を鉱物油（マシン油）とともに散布する（コナジラミは薬剤耐性を発達させやすいので使用する殺虫剤の選択には注意する必要がある），②定植時期がコナジラミの増殖ピークに重ならないようにする，③伝染源となりそうな感染植物を除去する。

⑥ペピーノモザイクウイルス（訳者注：日本未発生）

　ポテックスウイルス属のペピーノモザイクウイルス（PepMV）は，ヨーロッパ，北米，南米のトマト栽培において重要なウイルスとなってきた。PepMVは日常の農作業で植物から植物へと伝染していく。トマト以外に数種のナス科作物が宿主範囲に含まれる。

　PepMVに感染したトマトでは，葉が激しい漣葉症状（火ぶくれ状の奇形を伴う激しいモザイク症状）を示し，小葉は細くなって上を向き，抽台したイラクサのような外観となる。病気がさらに進行すると，葉に黄色斑点あるいはモザイクが現われ，果実にはマーブル様の斑紋が現われて商品価値がなくなる。

　PepMVは，育苗および栽培施設で厳密な衛生管理を実施しなければ防除できない。灌水した水を再利用するときは，ウイルスを不活化するために加熱消毒する。病気が発生した場合は，発病植物とその隣の植物は抜き取り，直ちにポリ袋に入れて処分する。

7　ハウス栽培トマトで発生する病害虫の総合的管理

(1) ハウス栽培でIPMが導入しやすい要因

　ここまでの防除対策は，主として露地栽培トマトについて記述したものである。

露地圃場とハウスでの病害虫管理は共通面もあるが，ハウス栽培での病害虫管理は露地圃場の場合と大きく異なる状況もある。北欧での大型施設栽培において特にそうである。ハウスの中では雑草が深刻な問題になることはなく，機械的に除去すればよい。ハウスでは土を使わずに，生物活性のない培地でトマトが栽培されるので，線虫，土壌病害および土壌害虫による被害は通常発生しない。ハウスで発生する病害虫の種類は，野外の場合と比べ格段に少ない（前項までの記述と表7-2を比較）。最後に，ハウス内に放飼される天敵がほとんどトマトにしか飛来しないのに対し，野外では周辺の雑草や他の圃場にも散らばり，天敵の効果が低下するか，あるいは天敵放飼の努力が無駄になることすらある。

　ハウスで発生する病害虫が限られていることから，1970年代からトマトを含めた各種の作物で興味深いIPMプログラムが開発されてきた（Albajesら，1999；Van Lenteren, 2000）。ハウスと露地圃場とでは環境が違っていたことも生物防除が成功した一因であろう。ハウス内は閉鎖された空間であり，特に冬季はそうである。栽培が始まる前の冬季には，ハウス内には病害虫はおらず，栽培が始まってからも数カ月間は病害虫が発生しない。また栽培後期になって大量の病害虫が屋外に移動・分散してきても，施設内は隔離されているので病害虫から守られる。ハウスで発生する病害虫の種類が限られている理由として，ひとつには隔離された環境のためといえる。また1種類の作物を考えた場合，その作物に被害を与えるすべての病害虫うち，必ずしもすべての病害虫がその国に入ってきていないことも，その理由のひとつと数えることができる。ハウス内で発生する多くの病害虫は，野外の冬の環境では生存できないか，生育が非常に遅くなる。ハウスでの害虫の生物防除は，数種の害虫に対する天敵を放飼するだけなので比較的簡単である。またウイルス病や糸状菌病害に対する抵抗性品種は，重要な野菜では多数育成されており，殺菌剤をあまり頻繁に散布する必要はない。このため天敵が殺菌剤の影響を受けなくて済む。土壌での栽培から培地耕に転換したことにより，過去20年間の土壌病害と線虫による被害は著しく減少した。

(2) 加温で周年栽培する場合

　さらに，作物保護のための生物的総合的管理（IPM）がハウス栽培で実施しやすい理由として，栽培方法と病害虫管理プログラムを施設の棟ごとに区切って体系化

できることがある。また，周辺のハウスでの病害虫管理による影響も受けにくい。露地圃場では殺虫剤の天敵への飛散が問題となっているが，ハウス栽培では外からの殺虫剤の飛散はほとんど問題にはならない。

一方で，加温して周年栽培する場合には，病害虫防除は複雑になる。周年栽培することで，ハウス内に侵入した病害虫に格好の生息環境を提供することになる。ハダニなどのように野外では普通冬眠する生物でも，ハウス内の環境に慣れると，冬眠が誘導される条件に反応しなくなる。そのため野外にいるときよりも著しく増殖速度が速くなることも少なくない。このように状況が複雑になるからといって，生物防除を行なう上で特別な問題が生じるわけではない。ハウス内環境は一定の範囲内で制御できるので，害虫と天敵の増殖量を野外の場合より簡単かつ正確に予測することができる。また，天敵導入の時期，放飼する天敵の量や放飼する場所などを微妙に調整できるので，栽培期間を通して経済的な害虫管理ができる。

(3) ハウス栽培でのIPMプログラムの実際

天敵の利用

ヨーロッパのトマト生産は，IPMプログラムが成功した好例である。天敵の利用とともに，抵抗性品種の利用，環境の制御，耕種的防除が併せて実施されている（表7-2）。トマトを土耕する場合には，トマトモザイクウイルス（ToMV），フザリウム属菌，バーティシリウム属菌などの土壌伝染性病害の病原と，シロスジヨトウ Lacanobia oleracea，3種のハモグリバエ（Liriomyza spp.）などの害虫を防除するために，定植前に土の蒸気消毒が行なわれる。ナミハダニ Tetranychus urticae や Chrysodeixis chalcites（ウワバの一種）は温室で越冬し，蒸気消毒しても生き残る。土壌病害の問題は，培地耕が導入されて大幅に減少した。

土壌消毒が不要な養液栽培

西ヨーロッパでは，この20年間，ロックウールを用いた養液栽培でトマトが栽培されており，土壌消毒は不要である。土壌消毒を止めたため，ハモグリバエとその天敵やシロスジヨトウがハウス内で越冬し，発生するようになった。

抵抗性品種

以前はToMV抵抗性遺伝子を持たない品種が栽培されていたため，ToMVのマイルド系統を幼苗に接種して被害の低減が図られていたが（海外ではToMVの弱毒ウ

表7-2 トマトハウスの実施されるIPMプログラム（Van Lenteren, 2000）の適用例

		病害虫などの種類	防除法
昆虫および線虫	コナジラミ	タバココナジラミ オンシツコナジラミ	寄生天敵：ツヤコバチ類 捕食天敵：カスミカメムシ類 病原：*Verticillium*属菌 　　　*Paecilomyces*属菌 　　　*Aschersonia*属菌
	ハダニ	ナミハダニ	捕食天敵：カブリダニ類
	ハモグリバエ	ナスハモグリバエ マメハモグリバエ アシグロハモグリバエ	寄生天敵：コマユバチ類 ヒメコバチ類 土着天敵
	鱗翅類	ウワバ類, ヨトウ類	寄生天敵：タマゴヤドリコバチ類 病原：*Bacillus turingensis*
	アブラムシ	モモアカアブラムシ ワタアブラムシ チューリップヒゲナガアブラムシ	寄生天敵：アブラバチ類 アブラコバチ類 捕食天敵：ショクガタマバエ 土着天敵
	線虫	ネコブセンチュウ	抵抗性または耐病性品種 養液栽培
病害	灰色かび病	*Botrytis cinerea*	環境制御, 耕種的防除 選択的殺菌剤
	葉かび病	*Passalora fulva*	*Passalora fulva*
	うどんこ病	*Oidium lycopersicum*	選択的殺菌剤
	萎凋病	*Fusarium oxysporum* f. sp. *lycopersici*	抵抗性, 養液栽培
	根腐萎凋病	*Fusarium oxysporum* f. sp. *radici-lycopersici*	抵抗性, 養液栽培, 衛生管理
	半身萎凋病	*Vertcillium dahliae*	消毒済み種子, 耐病性品種 環境制御, 養液栽培
	かいよう病	*Clavibacter michiganesis*	消毒済み種子, 養液栽培
	ウイルス病		抵抗性品種, 養液栽培, 衛生管理 除草, 媒介虫の駆除
雑草			機械除草

イルスが開発されていない），現在では抵抗性品種が利用できる。さらにヨーロッパの多くの品種が，葉かび病，萎凋病に抵抗性であり，さらにいくつかの品種は半身萎凋病と根こぶ病に対する耐病性を持っている。したがって，トマトでは葉を食害する害虫と灰色かび病が主たる防除対象である。栽培初期の注意点は，育苗施設

で育てた幼苗を，病害虫のいない別の施設に定植することである。近年，マルハナバチによる受粉が行なわれるようになり，生物防除が盛んに導入されるようになってきた。

タバココナジラミ対策

新害虫のタバココナジラミバイオタイプB（シルバーリーフコナジラミ）*Bemisia tabaci*（バイオタイプB）の出現によって，アメリカや地中海諸国およびその他発生各国でのIPMプログラムは複雑なものとなった。北欧では，1980年代に単発的な侵入があった後，当初予想されるほどの問題とはならなかった。*Bemisia*属を寄主とする新しい天敵および病原菌が世界各地から探索され，現在ヨーロッパおよび北米では，オンシツツヤコバチ *Encarsia formosa* とサバクツヤコバチ *Eretmocerus eremicus* を併用してタバココナジラミの防除が可能となっている。地中海諸国では，サバクツヤコバチに替えてチチュウカイツヤコバチ *Eretmocerusmundus* が利用されている。これらの2種の寄生性天敵に捕食性天敵の *Macrolophus caliginosus*（カスミカメムシの一種）を加えることで，より長期間にわたる防除が可能である。（訳者注：最近発生が拡大しているタバココナジラミのバイオタイプQによって，タバココナジラミの防除は一層困難となりつつある。虫害の項も参照）

IPMエキスパートシステムとコンピュータの利用

いくつかの優れたIPMエキスパートシステムあるいはIPM支援システムが開発された。このようなシステムをハウス製造業界で積極的に導入してもらうには，コンピュータによる環境制御が広く普及しており，技術水準が十分に高くなければならない。最近開発されたIPMエキスパートシステムには，病害虫診断，個別作物についての総合管理体系，天敵放飼プログラムに関する情報，農薬の天敵に対する影響に関する情報が含まれる。このようなタイプの意志決定支援システムは，どんどん複雑になる生産システムを生産者が管理する手助けになる。しかし，意志決定支援システムが適切に稼働するのに不可欠なソフトウェアを常に更新し続けなければならい点が問題である。天敵生産メーカーが提供している，ハウス内害虫の生物防除と農薬の天敵や害虫に対する影響についてのオンラインサービス（英語のwebサイトではhttp://www.koppert.nl/などがある）では，更新がより簡単で速やかである。

（翻訳：本多健一郎／寺見文宏）

第8章

露地栽培

A. A. Csizinszky

要約

　トマトの露地栽培には3カ月間以上，霜が降りない温暖な気候が必要である。露地の栽培方法は，無マルチ栽培とマルチ栽培に大別される。施肥や灌水などの栽培管理はマルチの有無の他，土壌の物理性，化学性，気象条件などを考慮して行なう。被覆資材にはさまざまなものがあり，それぞれの特徴を踏まえて使用する。育苗にはセル苗の利用が進んでおり，本圃では倒伏を防ぐため支柱栽培が行なわれる。果実の収穫時期やその後の果実の選別，貯蔵法は，生食用や加工用といった用途，設備，市場，立地に応じて異なる。

1　栽培温度と期間

　トマトの露地栽培には，平均気温16℃以上，90～120日間の無降霜期間が必要である。12℃を下回るような低温では株の生育が停滞し，さらに温度が低いと低温障害が起きる。トマトの栄養生長や開花，果実の着色には，昼間25～30℃，夜間16～20℃が適温域とされている。

　第1花房の発達までの期間は品種によっても異なるが，心止まり性品種で播種後4週間，非心止まり性品種で7週間である（Geisenberg・Stewart, 1986）。その後，着果して果実が肥大する期間は，生食用トマトで約2カ月間，加工用トマトで

約1カ月間である。

2　圃場の準備

(1) 耕起

　最初の工程は，プラウやディスクによる圃場の耕起である。トマトの適正土壌pHは6.0～6.5とされ，定植の2～3カ月前に土壌のpHを調製する。pHが低い（＜6.0）土壌では石灰やドロマイト（マグネシウムとカルシウムの炭酸塩からなる物質）を，高い土壌（＞7.0）では石膏や硫黄を施用する。やむを得ず定植が近づいた耕起時にこれらの資材を施用しなければならない場合は，矯正が速やかに行なわれるように細粒のものを用いるようにする。

　土壌が重粘で水はけが悪い場合は，耕盤を破砕する必要がある。さらに，耕起作業では発芽や活着を良くするために表層土を細かくしておくこともポイントである。

(2) 施肥・畝立て

　耕起の次は施肥と畝立てである。無マルチ栽培では，追肥を前提とし，全生育期間の施肥量の半量程度を畝立て時に施肥する。また，殺虫剤や殺菌剤，除草剤を土壌に施用する場合は，施肥の前に施用しておかなければならない。畝立て後は，畝面をローラーで鎮圧するが，その際に中央を盛り上げるように畝を立てておくと機械での収穫が容易になる（Hartz・Miyao, 1997）。

　マルチ栽培では，必要な肥料をすべて基肥として施用するが，点滴灌水を導入すれば作付期間中の追肥が可能である。施肥後，土壌病害防除のための殺菌剤を施用してマルチを展張する。なお，砂質土壌での点滴灌水は，水が水平方向に染み渡りにくいので，肥料の溶出を高めるために点滴チューブの近くに基肥を施肥しておくとよい。

3　育苗と定植

　トマトの露地栽培では直播も行なわれるが，最近では移植苗の利用が増えている。簡易なトンネルやハウスで育苗するが，ハウスでの育苗は機械化が進んでいる。

　まず，苗はプラスチック製のセルトレイで育苗する。トマトで用いるセルトレイは，セル容量$27cm^3$の200穴セルトレイが一般的であり，専用の培養土が用いられる。培養土には，生育に必要な肥料成分や培地が水をはじかないよう親水性を高めるための界面活性剤が添加されている。苗はコンパクトで定植後の活着が良好であることが求められるので，苗の状態に応じて毎日，あるいは1日おきにそれぞれに栄養素の濃度がN：75〜100，P：32，K：70〜100mg/Lの液肥を施用する（Weston・Zandstra, 1989）。また，よくあることであるが，定植作業の延期などの理由で苗を維持しなければならない場合は，液肥施用を週1回程度に制限する。

　苗は，播種後4〜5週間で本圃に定植できるようになる。苗の移植は，第1本葉が埋まるぐらいの深植が望ましく，これにより25〜30％の初期収量の増加が見込まれる（Vavrinaら, 1996）。

　定植作業には，全自動移植機が開発されており（Shaw, 1997），マルチをした圃場でも裸地圃場でも，7,000本/時のペースで苗を植えることが可能である。

4　マルチと被覆

(1) マルチ

　ポリエチレンフィルムを使ったマルチ栽培は，1960年代から生食用トマトの栽培で行なわれている（Geraldsonら, 1965）。マルチの色は黒色，または白色の裏に黒色を重ねたものが一般的で，黒色マルチは冬季に，また，白黒マルチは夏季に使用する。マルチ栽培は支柱や棚を設けた栽培で利点が多く，雑草抑制や土壌処理剤の効果の持続，土壌水分の維持，肥料の溶脱防止，畝の崩壊防止などの効果がある。また，トマトの生育も早まり，開花促進や初期収量の向上も見込める

（Wien・Minotti, 1987）。

　また，慣行的な黒マルチや白黒マルチの他に，青色や赤色のカラーマルチや銀色の反射マルチなどがあり（Decoteauら，1989；Csizinszky・Schuster, 1995），それぞれ異なる効果がある。赤色マルチは黒色や白黒マルチに比べ地温上昇効果が高く，春季の栽培では有利となる。また，反射マルチは，地温上昇効果は低いものの，コナジラミの飛来に対して抑制作用がある。このため，コナジラミの被害が激しい時期には他のマルチより効果的である。このように，その時期の栽培で何が問題になるかということを踏まえた上でマルチの色を選択するとよい。

　一方，マルチ栽培の欠点としては，①専用の展張機が必要，②フィルム購入によるコスト増加，③使用済みフィルムの処分，がある（Brown・Splittstoesser, 1991）。

　使用後のフィルムの取扱いには，焼却や持ち出しなどいくつかの方法があるが，焼却については法令で禁止されている場合がある。また，持ち出しは労力を要することに加え，廃棄場所の問題がある。これらの問題を解決するために，圃場にすき込んでも問題がない生分解性フィルムやスプレーマルチの利用が検討されている（Stapleton, 1991）。

(2) 被覆

　風が強く気温も低い春先の栽培では，定植直後の苗を保護するために被覆を行なう。被覆には，ポリエチレンフィルムや通気性のあるポリプロピレン系，あるいは，ポリエステル系のスパンボンド不織布（訳者注：熱可塑性高分子を溶融させ，連続した長繊維状に吐き出しながら形成した，織り上げないで作った布の総称）が使われる。ポリエチレンフィルムは無色か白色で，トンネルにしたり，ひもで固定したりして畝に展張する。スパンボンド不織布はトンネルの他，べたがけに用いられる。不織布は光の反射率が低く，約80％の光透過率であるのが特徴である。

　被覆資材の厚さや密度は使用目的によって異なり，不織布の場合，生育促進には密度17g/m^{2}のものを，霜害防止にはさらに密度の高いもの（37〜60g/m^2）が推奨される（Geisenberg・Stewart, 1986）。被覆すると内部の気温が上昇しやすいので，換気には十分注意を払う。開花期，あるいは低温や風害の危険性がなくなれば，被覆資材は撤去する。

5 施肥と栄養管理

(1) 窒素

　一般的には，トマト果実1tを生産するために約2.5kgの窒素施肥が必要とされる（Feigin・Shakib, GeisenbergとStewartによる引用より，1986）。施肥する窒素の形態や量は栽培方法や灌水方法によって異なり，無マルチ栽培では，半量を畝立て時に施肥し，残りを降雨量に応じて追肥する。マルチ栽培では畝立て時に全量施肥が基本となるが，点滴灌水を導入すればマルチ栽培でも生育状況に応じた追肥が可能になる。

　栽培期間中の追肥は，葉の搾汁液中の窒素濃度を目安に行なう。葉中の窒素濃度は生育初期で4.0～4.5％，着果期で3.0～3.5％，収穫期で2.0～2.5％に維持することが望ましい。窒素濃度が高すぎると栄養生長に偏り，着果率は低下する。中性・アルカリ性土壌では硫酸アンモニウムを，酸性土壌では硝酸アンモニウム，硝酸カルシウムまたは硝酸カリウムを施肥する。砂質土壌や地温が低い時期，燻蒸した土壌は硝化作用が弱いので，施肥する硝酸態窒素の割合を多めにするとよい。

(2) リン

　トマトでは発育初期にリン要求度が最も高まるので，リンが少ない土壌には，作付前にリンを施肥しなければならない。生食用トマトを3回以上収穫する栽培では44～55kg/haのリン施肥が必要である。リンが豊富な土壌では，ごく少量（10～15kg/ha）を株元に施肥する程度とし，栽培期間中にリン欠乏の徴候が出たときに追肥する。葉中のリン濃度が0.2～0.4g/kg（乾物あたり）であれば良好な収量が得られる。

(3) カリウム

　果実品質を向上させるには，N：K比が1：1.2～1.7となるように土壌特性に応じてカリウム施肥を行なう。1作あたり3回以上の収穫を見込む場合，砂質土壌では235～360kg/haのカリウム施肥が必要であるが，ローム質土壌ではCECが比較

的高いことから60〜90k/haで十分である。葉中カリウム濃度は第1花房開花期で2.5〜4.5％，収穫初期で2.0〜3.0％が望ましい。

(4) その他の要素

　カルシウムは，株の正常な生育のためだけでなく，土壌のpHを適切に保つためにも施用される。土壌のpHを5.5から6.5に上げるためには，炭酸カルシウムを砂質土壌では1.3t/ha，粘土質土壌では5t/ha必要である。

　マグネシウムも株の生育に重要な要素で，葉中のマグネシウム濃度を0.35〜0.60％に保つように施用する。また，マグネシウムは苦土石灰としてカルシウムとともに施用されることが多い。

　微量要素欠乏はpHが高いまたは低い土壌や砂質土壌でみられることが多い。こういった土壌ではホウ素や鉄といった微量要素を基肥とともに施用する必要がある。また，栽培中に欠乏症が現われたら，適切に葉面散布を行なうのが有効である。

6　灌水

(1) トマトの水要求量と灌水

　生食用トマトでは作期を通じて継続的に灌水するが，加工用トマトでは果実糖度を高めるために収穫2〜4週間前から灌水を中止するのが一般的である（Hartz・Miyao, 1997）。作物の水要求量は，土壌や作物からの蒸発散による損失分を補うための水分量であり，作物の発育段階や天候によって異なる。また，栽培システムや灌水方法なども勘案しなければならない（Smajstrla, 1998）。一例として点滴灌水によるマルチ栽培では，1日あたり$5L/m^2$の蒸発散量がある場合，果実肥大期には53kL/haの灌水が必要となる。

　灌水頻度も土壌特性によって異なり，水分保持能が高い土壌では5〜7日おきの灌水でよいが，砂質土壌では着果期や果実発達期には毎日灌水する必要がある。

(2) 灌水システム

 灌水システムには，頭上散水（スプリンクラー），畝間（溝）灌水，微量（点滴）灌水がある。

 頭上散水は，他の灌水システムと併用して活着促進や高温期の葉の冷却に用いられることがあるが，散水時に病原菌を拡散させるおそれがある。

 畝間灌水は，低コストであるが水の利用効率が低い。土壌特性を踏まえて畝幅を決める必要があり，水の水平移動が少ない砂質土壌では畝間を狭くしなければならない。節水や肥料，農薬の流亡防止のためには水利用率の向上が重要な課題となる。

 点滴灌水は，水の利用効率が高く，作期を通じたきめ細やかな灌水が可能である。また，点滴チューブを通して肥料や農薬などの施用が可能である。ただし，導入コストが高く，点滴チューブの設置や維持・管理には，土壌条件などを勘案した高度な技術を要する。

7 栽培管理のポイント

 露地トマト栽培では多数の側枝を伸ばして用いるが，生食用としては果実サイズを大きくし，成熟を促進するために早めに摘心する。

 伸ばす側枝の数は品種によって異なり，非心止まり系で草勢が強い品種の場合，第1花房以下のすべての側枝は除去し，伸ばした側枝も強めに摘心する（Olson, 1989）。心止まり性品種では，草丈が90～100cmを超えることはほとんどないので，最初の2, 3本の側枝を取り除く程度にして，伸ばした側枝の摘心は弱めにする。

 支柱栽培の場合，定植2～3週間後に高さ140cm程度の支柱を立て，支柱に植物を固定する。植物が地面から離れることで農薬がかかりやすくなり，収穫も楽になる。最初の誘引（支柱への固定）は草丈が30～40cmに達したとき，あるいは植物の倒伏前に行なう。栽培期間中，誘引は25～30cm間隔で3回程度繰り返す。天候が不順な場合，株の生育や果実収量を確保するために植物生長調節剤や活性剤を施用することもある。ただし，適切に使用しないとトマトに障害をもたらす場合が

ある。また，株の生育が良好で施肥・灌水も適切に行なわれている場合は，生育調節剤や活性剤の効果はほとんどない（Csizinszky, 1996）。

8　収穫と調整の流れ

　生食用トマトは，用途，労働コスト，貯蔵設備の能力，市場からの距離，需要などに応じてさまざまな成熟ステージで収穫される。果実が傷つくと腐敗が早まり商品価値が失われるので，収穫作業やその後の調製作業では注意深く扱う。果柄にジョイント（離層）がある品種では萼や果梗が残り，それが果実に傷をつける原因になるので，収穫時に取り除く（訳者注：ジョイントのない品種では，萼や果梗は茎部についたままとなり，果実には残らない）。しかし，萼や果梗のついた果実の方が消費者に完熟と新鮮さを印象づけることから，つけたまま出荷される場合もある（訳者注：日本ではほとんどこの形で出荷する）。

　緑熟期の果実はカゴに収穫され，傷防止のために水を張った大型コンテナに集められる場合もある。そして，包装施設で洗浄されて等級ごとに段ボール箱に梱包される。梱包後は温度13～15.5℃，相対湿度90～95％で貯蔵される。この条件で4～7週間の保存が可能である。出荷状況に応じて果実の催色を促すためのエスレル処理を行なう。温度21℃で，大気中のエチレン濃度が100～150mL/m^{3}となるように維持しながら，果頭部分の着色が進むまで処理する。その後の貯蔵（温度）は果実を貯蔵する期間に応じて15.5～18℃の範囲で変える。

　加工用トマトでは，90％以上の果実が完熟期に達したときに機械を使って一斉収穫する（Hartz・Miyao, 1997）。着色果の割合を増やすためにエセフォンを散布して果実成熟を促す（Dostal・Wilcox, 1971）。収穫した果実は，コンテナトレーラーなどで検査施設に運び込まれ，果皮色や糖度，昆虫による食害やカビ，緑のままの果実などの不良果について評価した上で，正式に品質検査を受けて加工施設へと運ばれる。

（翻訳：佐藤文生）

第9章

グリンハウストマト生産

M. M. Peet・G. Welles（故人）

要約

　ハウス栽培でのトマトの果実収量は一般に露地栽培より高く，ハウスが37.5t/10aなのに対して露地は10t/10aである。ハウス栽培の中では養液栽培の方が土壌栽培より生産性は高い。トマトは，管理が行き届き垂直誘引で栽培されることで高い生産性を発揮するからである。最近のオランダで生産量は，房どりトマトの47t/10aから大玉トマト（Beef tomato）の53t/10aまでの幅がある。イギリスでも2000年の国の平均収量である44t/10aに対して，最高の収量を上げる農業者では80t/10aを達成している。さらなる生産増加には，さらに長い作付期間が必要で，それには補光やインタークロッピングが必要になる。また，より安いCO_2や，電気がCHP（熱電供給）や他のエネルギー源から周年供給されれば，さらに高収量になるであろう。グリンハウスにおけるトマト生産では，資本，エネルギー，労働そしてそれらのマネージメントが重要である。今後10年で生産のレベルは100t/10aを超えるであろうが，生産性の高い管理には，個々の生産工程における優れたマネージメントだけではなく，プロセス全体の緊密な連携と総合化の視点が重要である。

1　産業としての重要性

　世界のハウス野菜生産の規模に関する正確な数値は不明だが，プラスチックフィルムハウスおよびガラスハウスと大小のトンネル栽培を含めると，全世界の施設

表9-1 施設園芸の主要国における総ハウス面積　　　　　　　　　(Costaら, 2004)

地域および国名	面積 (ha)		
	グリンハウスおよび大型トンネル（ビニル）	小型トンネル（ビニル）	ガラスハウス
ヨーロッパ			
イタリア	61,900	19,000	5,800
スペイン	46,852	17,000	4,600
フランス	9,200	20,000	2,300
オランダ	400	-	10,500
イギリス	2,500	1,400	1,860
ギリシャ	3,000	4,500	2,000
ポルトガル	1,177	450	-
旧ユーゴスラビア	5,040	-	-
ポーランド	2,031	-	1,662
ハンガリー	6,500	2,500	200
計	160,000	90,000	-
アフリカ・中東			
エジプト	20,120	17,600	-
トルコ	17,510	26,780	4,682
モロッコ	10,000	1,500	500
イスラエル	5,200	15,000	1,500
計	55,000	112,000	-
アジア			
中国	380,000	600,000	-
韓国	43,900	-	-
日本	51,042	53,600	2,476
計	450,000	653,600	-
南北アメリカ			
アメリカ	9,250	15,000	1,000
カナダ	600	-	350
コロンビア	4,500	-	-
メキシコ	2,023	4,200	-
エクアドル	2,700	-	-
計	22,350	30,000	-
合計	687,350	885,600	-

面積は，2004年の時点でも161万2,380haとなる（表9－1）。この時点で最も広いハウス面積をもっている地域はアジアであり，中でも中国がハウス面積（日光ハウスや大型プラスチックトンネル栽培を含む）で全世界の約55％，小型のトンネルでは75％以上を占めている（Costaら，2004）。アジアの次に広い面積をもつのがヨーロッパで，プラスチックフィルムハウスと大型トンネルは世界の23％を占め，特にイタリアやスペインで多い。ガラスハウスはオランダに集中し，世界のガラスハウス総面積3万9,430haのうち，オランダが4分の1以上を占める。

　異なる地域，異なる栽培様式で比較した場合，光強度や温度などの気象条件，ハウス構造や設備は，栽培技術と同様に著しく異なる。その結果，株あたり，または単位面積あたりの収量で地域間差が生じることとなる。日射が多い地域では収量が高いと考えがちだが，必ずしもそうではなく，使用されている技術水準が重要な要素である。例えば，スペインとオランダを比較すると，冬季の日射量は前者が後者の5倍となり，年平均でも60％多いのにもかかわらず（Costa・Heuvelink，2000），トマトの単位面積あたりの平均収量は，スペインのアルメリア地方（28kg/m^2）よりオランダやカナダ（60kg/m^2）の方が多い。しかし，栽培面積の圧倒的な差から，全ハウスでの総生産量はオランダよりアルメリア地方のほうがはるかに多い。

2　生産コスト

　ハウス栽培での生産コストは，同じ作物を露地で生産するよりも高くなる。コストを決定する最も重要な要素は，ハウスおよび設備の減価償却費，賃金，動力光熱費および苗代や培地代，肥料代などの変動費である。2003年時点でのカナダのブリティッシュコロンビア州における高性能温室の建設費用（コンピュータ制御の環境制御装置，暖房設備，灌水装置，基本的な調製場を含む，土地代は含まない）は180万USドルであった（ブリティッシュコロンビア州農務省，2003）。1998年におけるカリフォルニアでのハウス本体と内部設備を含めた費用はおよそ52USドル/m^{2}で（Hickman，1998），1993年当時の最新の温室（養液栽培装置を含む）の建設費は土地代を除いておよそ90～100USドル/m^2（Jensen・Malter，1995）であった。これには骨材費，人件費，加温装置，パッド＆ファン冷却装置，灌水装置，井水整

表9-2 オランダでの2種類のハウストマト生産における生産費, 収量, 収益, 労働時間およびガス消費量
(ハーグ市レイのN.S.P. de Groot社における数値)

	房どり	大玉
面積あたり経営費 (USドル/m²)		
人件費	13.22	9.60
減価償却および利息	4.62	4.18
光熱動力費	6.31	5.94
種苗代	2.01	1.61
資材費 (種苗を除く)	2.27	2.48
輸送費	1.11	2.81
雑費	3.43	2.81
合計	32.98	29.43
面積あたり収益		
果実収量 (kg/m²)	46.7	53.4
売上 (USドル/m²)	31.94	30.00
収量あたり経営費 (USドル/kg)		
人件費	0.26	0.18
種苗代	0.04	0.03
輸送費	0.02	0.05
合計	0.70	0.54
労働時間 (h/m²)	1.09	0.77
労働時間あたりの収量 (kg/h)	45	71
天然ガス消費量 (m³/m²)	60.8	56.9

備, 電気設備などを含んでいる。一方, オランダにおける土地代を除いた温室建設費用は総合環境制御装置や運搬設備, 肥培管理装置を含めてもおよそ75USドル/m²である (Woerden・Bakker, 2000)。オランダのハウス建設費用がアリゾナ (カリフォルニア) と比べて安価なのは, オランダには高度に特化したメーカーが多いからである。

ハウス野菜生産は極めて労働集約的で, 北米では7〜12人/haの労働者しか必要でなく (Jensen・Malter, 1995), オランダではさらに, 購入苗を定植する場合には5〜8人/haの労働力で済んでいる (Woerden・Bakker, 2000)。カナダのブリティッシュコロンビア州農務省によれば, 経営費に占める主な項目は人件費 (25%), 光熱費 (28%) および流通経費 (25%) であるが, 大規模施設の場合はスケールメリットによって光熱費や人件費がさらに削減されるため, 経営費はそれよりも9〜10%低い。施設の大規模化に伴って, 機械化の実現性も徐々に高まっている。

オランダでの経営規模の下限は1.5haとみられている (Woerden・Bakker, 2000)。表9-2はオランダにおける房どり品種と大果品種の生産コストを示している。労働時間1時間および1人あたりの生産性は45〜71kgと高いが, 人件費が

全体の生産コストの37％と，依然高い割合を占めている。オランダでの流通経費（0.21USドル/kg）はカナダやスペイン（0.32USドル/kg）と比べても比較的安価といえる（Boonekamp, 2003）。

3 生産性の高いハウスの構造

　トマトはどのようなハウスであっても，管理が行き届き，かつ垂直誘引で栽培されることで高い生産性を発揮する。それには，高い光透過率が重要である。最近のグリンハウスは，70～81％という光透過率を持ち，内部は明るい。北緯50度以上の国では，3.2mスパン（間口）で1.5ha単位のフェンロー型のガラスハウスが多い（Atherton・Rudich, 1986）。軒高はハイワイヤー栽培や保温カーテン，補光装置に対応するため4～6mである。それ以外の国では以下に述べるように異なるサイズ，構造，被覆資材が用いられている。例えば中国ではほとんどが無加温ハウスである（Jensen, 2002）。

(1) 骨材のタイプとハウスの向き

①ハウスと骨材のタイプ

　骨材の材質は主にアルミもしくは亜鉛メッキされた鉄だが，2重被覆のハウスの妻面には木材が用いられることもある。ハウスの形状も以下の目的にあわせて多様化している（図9－1）。
　（ⅰ）積雪があるか，（ⅱ）自然換気か，（ⅲ）連棟か，（ⅳ）被覆資材はガラスかフィルムか，（ⅴ）どのような栽培方法か，（ⅵ）遮光カーテンや補光装置があるか
　側面が垂直で屋根面がアーチ状という構造が，2重被覆や連棟による栽培面積の拡大が可能な点から考えて，最も一般的な構造であろう。軒高は近年高くなり，最新のハウスでは6mにも達する。高軒高ハウス（写真9－1）では，栽培作物の群落の高さを高くすることができるほかに，環境制御機器（循環扇や遮光および保温カーテン，補光装置，加温設備など）を作物上部に設置できる。さらに，天窓による自然換気率も高い。
　壁面が垂直だと，かまぼこ型（図9－1c）と比べて側面付近のハウス利用率が高いという長所もある。ゴシックアーチ構造（図9－1d）では，強度を低下させるこ

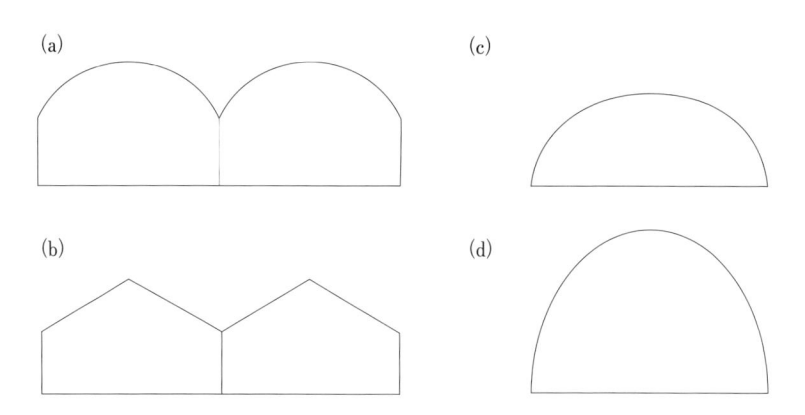

図9-1　ハウスの骨材の形状
(a) 壁面が垂直，屋根面がアーチ状の連棟　(b) 壁面が垂直な切妻屋根の連棟
(c) フープ状もしくはかまぼこ型　(d) ゴシックアーチ構造

写真9-1　オランダのグリンハウス内
高軒高，吊り下げ式栽培ベッド，つる下ろし誘引栽培，クリップによる固定，摘葉を採用している
（原図：斉藤章）

となく壁面近くまでの利用が可能で，連棟にすることもできる。2重被覆のゴシックアーチ構造の利点は，内張りからの結露が少ないことである。結露水を効率よく排出させれば，温室内湿度をうまく低下させることができる。

②ハウスの向き

ハウスは，かつては光環境の最適化という観点から南北棟で建てられ，北の壁面は遮光による植物の受光量低下の影響が小さい理由から，パッド＆ファン冷却装置や断熱材を備えていた。しかし，連棟型の大規模ハウスでは，棟の向きを決める決定的要因は受光量の最大化よりむしろ風向の最適化である。天窓による自然換気だけのハウスであれば，作期中の最も暑い季節を基準として，その時期に最も多く熱を排出できるように吹き付ける風の向きに直交するように建てるべきである。

さらに考慮すべきことは，陰になる部分とそうでない部分を1日の中で均一化することである。ハウス全体の光環境を24時間単位で均一化することで，植物の生育をそろえるのに有効である。

(2) 被覆資材

①種類と光透過率

ハウスの被覆資材はガラス，硬質プラスチック，プラスチックフィルムの3つのタイプに大別される。プラスチックフィルムは1重張りでも2重張りでも使用することができる。寒冷地では，エネルギー節約のために，2重張りの間に10cm程度の空気層を設けている。かつてはハウスの被覆資材といえばガラスであったため，"ガラスハウス（glasshouse）"や"グレイジング（glazing）"（ともにガラス温室の意味）といった言い回しがよく用いられてきた。

ガラスは，光透過率が最大化された素材であり，ガラス板の端の部分をシーリング（充填剤でふさぐこと）し，ガラス面の最低限の清掃だけで高い透過性を発揮することができる。ガラス以外のプラスチック素材は，熱，ほこりや砂，紫外線，大気汚染物質などによって耐用年数が縮まる。ポリエチレン製の被覆資材では2～4年で十分な光透過が得られなくなる。しかし，新素材の開発や成型技術の進歩によって被覆資材の寿命が延び，加えて，積層フィルムの利用によって温度に対する特性を変化させたり，結露を抑制したりすることが可能になった。それでもプラスチック資材では，放出熱量の20％削減を達成できていない（Jensen, 2002）。

②波長選択性資材

いくつかのメーカーが波長選択性を持つ被覆資材を開発しており，病虫害の抑制や植物の生育制御への応用が期待されている。UVカットフィルムはイスラエルで開発され，コナジラミやアブラムシ，アザミウマなどの飛翔性昆虫の密度抑制に効果があるとされている（Jensen, 2002）。しかし，UVカットにより，マルハナバチによる受粉活動などがどの程度影響を受けるのかは十分に明らかになっていない。導入コストの高さから，現時点では，光選択性のフィルムは十分普及しているとは言いがたい（訳者注：わが国ではUVカットフィルムは広く使われている）。

③1％の光量減少は1％の収量減少につながる（1％理論）

　ガラスは，陰をできるだけ少なくするように大型規格（1.8m×3.6m以上）が用いられる（Giacomelli・Roberts, 1993）。ガラスはポリエチレンフィルムと比べて高価であるが，性能が同等な硬質プラスチックより安価であることが多い。カナダ，オンタリオ州におけるトマトやキュウリの収量は，上記3種の被覆資材間で差がないという報告がある（Papadopulos・Hao, 1997）。これは，おそらくカナダでは，光環境がオランダほど収量を制限する要因ではないためであろう。オランダの研究で，1重および2重被覆ガラスハウスを比較した場合，栽培期間あたり1％の光量減少は1％の収量減少につながると結論づけられている（Van Windenら，1984）。どのような被覆資材であれ，光透過率を向上させることはハウスや被覆資材メーカーの優先事項であることに変わりない。

④硬質プラスチックと2重被覆

　ハウスの被覆資材として用いられる硬質プラスチックには，ガラス繊維で補強されたポリエステル，ポリカーボネート，アクリルならびにポリ塩化ビニルがある（Giacomelli・Roberts, 1993）。使用開始から少なくとも10年後までは光透過率が良好な素材もあるが，ポリエチレンフィルムと比べて高価である（Giacomelli・Roberts, 1993）。アクリルや繊維強化プラスチックは，ガラスと比べてほこりによる劣化が早く，火災の原因にもなるという欠点がある。しかし，ガラスと同様の強度があり，大型パネルにすれば，支持材を削減して陰を減らすことができる。

　硬質プラスチックの2重パネル構造はエネルギー節減の目的で採用されるが，ガラスやプラスチックフィルムに比べて融雪量が少なく，パネル上に積雪し，採光性の悪化やハウスそのものが倒壊するといった危険性がある。

　ポリエチレンフィルムの2重被覆も硬質プラスチック同様にエネルギー効率が高いが，融雪効果が小さいので積雪が多い場合には，その重さでハウスが倒壊する危険性がある。

　総合的に判断して，カナダやメキシコ，アメリカでは新たに温室を建設する際には，ガラスや硬質プラスチックよりは，プラスチックフィルム2重被覆が一般的になっている。一方，北西ヨーロッパでは，光透過の重要性からガラスを用いるのが一般的である。

2重被覆ハウスには丸屋根構造をとるかまぼこ型（図9－1c）が多くみられ，結露防止に貢献している。しかし，自然換気のために天頂部分を開放する構造にするのは難しい。これに対応するために，アクリルを用いたハウスと同様の天窓開放の構造（写真9－2）もこの2重被覆ハウス用に開発されている（Giacomelli・Roberts, 1993）。

写真9－2　カナダ，ケベック州におけるプラスチックハウスの天窓換気システム
誘引フックはつる下ろしの際に，そこからひもをのばしてトマト茎に巻きつける

(3) ハウス内の設備

　現在の一般的なハウスには，自動灌水装置，換気・暖房システム，遮光・保温兼用カーテンが備わっている。花卉生産では細霧装置や補光装置も導入される場合があり，鉢物生産では可動式ベンチも一部で導入されている。

　冷暖房には，オランダの新型グリンハウスでは換気に替わって帯水層利用型の冷却システムが試験されている（ECOFYS, 2002；Armstrong, 2003）。夏季に太陽エネルギーを集熱して地下の帯水層に貯留し，冬季に利用する。この方法によって，一般的な換気を利用したハウスと比べてエネルギーの30％削減，トマト果実収量の20％増加，病害発生の80％減少を達成したという成果が得られている。

　この方式による最大の利点は，温度の季節変動の影響を受けずに湿度とCO_2の周年制御が可能になるということである。夏季の高CO_2管理によって，少なくと

1％理論…オランダでは，施設生産において1％の光量減少は1％の収量減少につながると考えられている（Van Windenら，1984）。温度・湿度・CO_2などは比較的安価に補えるのに対し，光を人工的に補うのには高いコストが必要であり，2004年時点では投資に見合う収益の増加は困難である（Ho, 2004）。そのため，被覆資材の光透過率を可能な限り高め，受光体勢を最適化するような栽培技術を開発することで，よりよい光環境を得ることがオランダの最重要課題のひとつである。

も20％収量増加が可能になる（Nederhoff, 1994）。一方で，このような施設の導入コストは慣行のハウスと比べて50％割高になるが，高い収量性と高いエネルギー効率によって，8年で償却できると試算されている。

4 作型と栽培計画

(1) 生産停止期間の短縮

　トマトは多年生植物が短期間で栽培されるようなもので，好適な環境下におくことで1年間か，それ以上の連続栽培が可能である。しかし実際には，ほとんどの作型では残渣の片付けや病虫害の予防のために，少なくとも1カ月の作業期間が必要である。通常このような生産が停止される期間は，収穫物の単価が安い時期や，環境が不適な時期を中心に設定される。

　低緯度地方では，冷房コスト，着果や果実品質の低下，病害の蔓延，露地栽培との競合を避けるため，晩夏もしくは秋に播種し，翌年の初夏まで栽培する。一方，高緯度地方の大規模経営では，生産物の単位重量あたりのコストを低減するためにほぼ1年を通して栽培し，購買者がスペインのような南部地域産のトマトに移ってしまうのを防いでいる。さらに，夏場の生産停止期間をできるだけ短縮するため，一部では，次作の苗を前作の栽培期間中に，株間に定植する**インタークロッピング**（間作）が行なわれている（写真9-3）。

　オランダでは，補光を用いた成功事例（Marcelisら，2002）もあるが，補光の経済性についてはまだ明らかにはされていない。イギリスでは，今のところ補光はコストに見合う技術である

写真9-3　オランダのインタークロッピング　（原図：斉藤章）
畝ごとに新しい株に変える栽培方法

とはみなされていないが（Ho, 2004），新型の熱電供給ユニット（**CHP，コジェネレーションシステム**）の導入により，状況が変化する可能性もある。

アメリカ南東部やオランダの一部（約100ha）の生産者は，秋作と春作を分け，栽培期間を短くして盛夏期と厳冬期の栽培をやめている。アメリカ南西部での年2作栽培では，病虫害の次作への持ち越しが減少している。さらにこのような作型では秋作と春作とで異なる温度管理や補光，CO_2施用ができるというメリットもある。オランダではこのような作型では収益性が低いと判断され，専門の苗生産メーカーから高品質な苗を購入して収益性を上げる戦略がとられている。

(2) 有機栽培

ハウスでのトマトの有機栽培も非常に興味深い。しかし現在のところ，産業としては非常に小規模である。有機農産物では，肥料などの使用できる資材が国際機関などにより定義され，適切な認証が行なわれなければならない。また，土壌肥沃度の適切な管理，天敵の使用など生物機能を駆使し，健全な作物の生育と高品質な果実生産を達成することが求められている。化学肥料とほとんどの化学合成農薬の使用は認められていない。そのため，オランダのハウストマト生産で有機農法を行なっているのは1％に満たない。

ヨーロッパでロックウール栽培から土耕に変更した場合，農薬や化学肥料の使用が制限されるため収量は少なくても20％は低下する。そのため，有機農法による生産物の価格が慣行の20％以上高くないと経営は成り立たない（Welles, 2003など）。アメリカではナショナル・オーガニック・プログラムによって，固形培地耕や水耕による生産物は有機農産物として除外されていないが，ロックウール耕は有機栽培として認定されない。なお，日本では，改正JAS法により，土づくりを伴わない養液栽培の産物に関しては，減農薬・減化学肥料栽培である特別栽培農産物としても認められない（監訳者注）。特定の資材を有機農法で使用するためには，有機

CHP…熱電（供給）。Conbined Heat and Power（generator）の略。熱と電気を同時に得る方式のこと。燃料の燃焼により発電を行なう装置などが該当する。

コジェネレーションシステム…CHP（上記参照）ユニットにより熱・電気を供給し，排気ガスからNOxなどの有害物質を除去してCO_2を得る技術。トリジェネレーションとも呼ぶ。オランダではCHPユニットとしてガスエンジンが用いられ，得られた熱は温水として保温タンクに蓄えられ，暖房に利用される。

質肥料や殺虫剤に関連するガイドラインをクリアしなければならない。また，コスト効率の良い有機質液肥が選択されることは，現状では非常に限られる。

5 苗の生産

(1) 最適な大きさと質

　苗の品質は，病虫害がないことと，定植後の根の張りがよく生育が早いことで決まる。苗の生産には，気温や光条件にもよるが，3〜6週間を要する。発芽適温は25℃で，発芽後は最高昼温27℃，最低夜温18℃での管理が最適である。発芽率は最低でも80%は必要で，セルトレイにはセルあたり1粒の種子が播種される。理想的な苗のサイズは草丈15〜16cm，地上部のみの重さで100gである。草丈と同じくらい横方向にも展開し，さらに開花が始まっていない苗がよい。草丈が高く，新鮮重，乾物重ともに重い苗の定植は収穫開始が早くなるため，生産者は扱える範囲でできるだけ大苗を使用している（Atherton・Rudich, 1986）。ただし冬季の大苗は，開花が早まりすぎることから用いられない。育苗期間中の補光（15,000lx）やCO_2施用（800〜1000ppm）は生育速度を速め，苗品質を向上させる。

(2) 播種から定植まで

　パーライトやピートモスで発芽させた苗は，同じ培地の小さなポットに移され，その後そのまま定植される。施肥管理は定植後の管理とほぼ同じである。ロックウールシステム用の苗生産は，まずロックウールプラグ（写真9-4）のような殺菌された化学的に不活性な培地上で発芽させ，徐々に大きな容積のプラグ（キューブ）に移していく。プラグは播種前にあらかじめEC0.5dS/mの培養液に浸しておき，播種後4日目にもう一度培養液に浸す。発芽後はECを1.0〜1.5dS/mに上げる。

　第1本葉展開時に，苗を7.5〜10cm角のロックウールキューブ（写真9-4）に移植する。徒長苗を移植する場合は，茎を下向きに捻枝し，上下逆さにして移植することも可能である。その場合，茎はUの字になって上に伸びる。こうして草丈を短くできる。曲げた部分の茎から不定根がすぐに発生する。このように茎を逆転さ

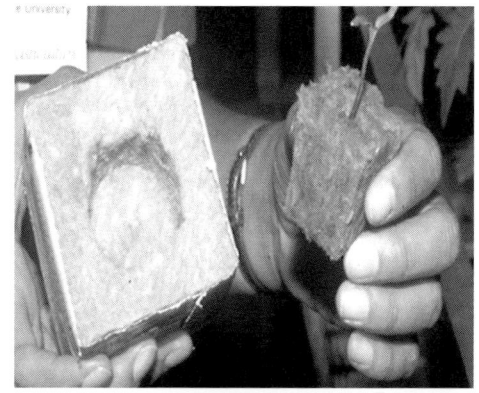

写真9−4　ロックウールプラグとトマト苗
（右）
これをロックウールキューブ（左）に挿入して移植する

写真9−5　オランダのハウス内のロックウールキューブ　　（原図：斉藤章）
ロックウールスラブ上で栽培される

せて移植を行なう場合，茎が切断されてしまうのを防止するために，移植前の24時間は灌水を控える。

　2次育苗期間中の栽植密度は，20〜22株/m²が適当である。これは経験的に，定植苗の葉が触れ合わない程度の栽植密度である。**ロックウールスラブ**に定植する前にロックウールキューブのECは3.0dS/mに上げる（写真9−5）。スラブは定植の前に培養液に浸しておき，温室の気温と同じになる程度に暖めておく。定植後すぐに植物への灌水を開始する。表9−3は発芽から収穫までの期間中で推奨される温度，EC，pH，灌水量である。

ロックウールスラブ…ロックウールは，玄武岩などを高温で溶解し生成される人造繊維で，主に，建築物などの断熱材として用いられている。スラブとは厚い板状の物体をいう。

表9-3　トマト生産において推奨される栽培条件　　　　　　　　（OMAFRA, 2001改）

	発芽まで	育苗期	定植後	収穫期	収穫後期
気温（℃）　昼温	25	19〜21	24	19	20〜22
夜温	25	19〜21	24	19	17〜19
EC（dS/m）	0.0〜0.1	2.5〜3.0	2.5〜3.0	2.7〜3.5	2.7〜4.0
pH	5.8	5.8	5.8	5.8	5.8
灌水量（L/日/株）	-	0.2〜0.3	0.2〜0.3	0.5〜1.5	0.5〜2.5

6　栽植密度と光強度に基づく側枝利用

　一般に，トマトは1ベッド2列，列間は0.5m，各ベッド間の通路幅は1.1mで栽培している。一般的な3.2mスパン（間口）のフェンロー型ハウスでは，スパンあたり4列のトマトと2列の通路が入る。栽植密度は，初期は株間を変化させることで，後期は側枝を伸ばすことによって調節している。場合にもよるが，前作のおわりにインタークロッピング（写真9-3）によって密度を増やすこともできる。

　北欧の気象環境下では一般に，2.5株/m^2が最も多収となる栽植密度である。北欧より低緯度の地域は受光量が多いので，より高い栽植密度（3.3〜3.6株/m^2）で栽培される（Atherton・Rudich, 1986）。

　栽植密度と同様に，仕立て本数や側枝の利用も光強度に基づいて管理すべきである。これは収量増加につながるだけではなく，食味を含む果実品質の最適化にも貢献する。また，補光により果実サイズが均一化する（Ho, 2004）。例えばカナダでは，冬季の光強度をオランダの2倍，春季では1.4倍になるように補光することにより，12月中旬の最適な株間を55cmから50cmに狭くでき，側枝を延ばす期間も定植開始9週間後から5週間後に短縮できる。また，春季の茎の間隔は，オランダでは44cmが推奨されるのに対し，カナダでは40cmである。

7　品種

　大果赤系品種で，子室が多く，心止まり性のない大玉トマト（Beef tomato）品種は，北米では業務加工用に用いられている。'Trust'がその中でも最も一般的な品

種で，大玉トマト（Beef tomato）の作付面積のおよそ80％を占めるといわれている。近年，それ以外に'Quest'や'Rapsodie'も増加傾向にある。'Rapsodie'はヨーロッパでも急速に広まっている。

　子室数が2〜3の丸型トマト（直径47〜57mm）やチェリートマト（同15mm未満）は，ヨーロッパで最も一般的に栽培されているタイプで，一部の地域ではピンク系や黄色系の品種も栽培されている。'Eclipse'や'Prospero'，'Aromato'はヨーロッパで広く栽培されている品種である。また，近年，北米では果柄が短いタイプの品種も栽培されるようになり，この品種群はトラスタイプもしくは房どり（TOV：truss tomato on-the-vine）トマトと呼ばれている（写真9-3，写真9-5）。例を挙げると，カナダのブリティッシュコロンビア州では，すべてのハウス野菜生産面積中24％が大玉トマト（Beef tomato）であり，34％が房どりタイプである（ブリティッシュコロンビア州農務省, 2003）。

　房どりトマトは，2つ折りのプラスチック容器や，箱，ネットなどの簡易包装で，果柄をつけたまま売られる。房どりやチェリータイプのトマトの収量は一般に大玉トマト（Beef tomato）と比べて低いが，高い場合（Hochmuthら，1997）もある。房どりトマトの特徴は，果房中の果実サイズが均一で，収穫後も新鮮な緑色の萼と果柄が残っていること，果房内の果実の成熟がそろっていることなどである。アリゾナやカナダでは'Campari'が広く栽培されているが，種子の利用には制限がある。ブリティッシュコロンビア州では房どり系に'Jamaica'，'Aranca'，'Tradio'，'Vitador'を推奨している。オランダで一般的な房どり系品種は'Clotilde'，'Aranca'，'Cedrio'である。

　ハウス栽培されるトマトの種子は，露地と比べてやや高価（0.20〜0.25USドルかそれ以上）である。露地用品種をハウスで栽培してもうまくいかない。それは露地用品種の生育特性が心止まり性であり，長期間の栽培や露地よりも弱い日射と高い湿度に適応できないからである。ほとんどのハウス用品種はいくつかの病害抵抗性が付与されている。土耕の場合や，抵抗性を持たないもしくは樹勢の弱い品種を用いる場合には，接ぎ木を利用することが可能である。これに関しては後の「15 病害虫管理　(7) 接ぎ木」で述べる。

8 栽培管理

(1) 誘引法

①ハイワイヤーシステム

1970年代から80年初頭まで，誘引線より上に伸びた枝を反対側に垂らすような誘引法（Uターン誘引）が行なわれていた。しかし，生長点が下に垂れて日陰になることで，収量への悪影響が明らかになったため，現在は行なわれていない。現在，オランダや北米で最も利用さている誘引法は，季節をまたいで作付を継続するハイワイヤーシステムである（写真9-1，写真9-2，写真9-3）。この方法は生長点が常に群落の最上部にあり，茎を下方に下げ，地面にはわせる。これによって若い葉の受光態勢が最大化され，それによる増収効果と，摘葉と収穫作業の労力軽減が実現した。しかし，この誘引法には，誘引線を張った上に遮光や保温用カーテンを設置できるだけの軒高をもつハウスが必要である。細霧装置やCO_2施用配管も群落上に設置される場合が多い。

ハイワイヤーシステムは主枝の早期誘引を必要とする。定植後できるだけ早く，主枝を3.2mの高さの誘引線から垂らされたプラスチック製の誘引ひもに固定する。ひもの先は株元に結びつけ，その後，果房あたり2～3周の頻度で巻きつける（写真9-3，写真9-5）。誘引ひもの長さは，巻きつける分に加え，さらに10～15mの余りを残すべきである。この余ったひもはワイヤーに吊り下げてあるワインディングフック（巻きつけ用の器具）で巻き取る（写真9-2）。茎にひもを巻きつける代わりに，約20cmごとにクリップで茎を固定する方法もある（写真9-1）。クリップは殺菌すれば再利用できるが，ひもは作ごとに廃棄した方がよい。もし，つる下ろし誘引（下記を参照）を実施しているのであれば，誘引ひものほうがクリップよりうまく茎を支持ができる。少なくとも下位の茎の支持には誘引ひもを巻きつける方がよい。また，今後誘引する方向に茎をあらかじめ曲げておくのも有効である。

②つる下ろし誘引法

　つる下ろし誘引法の目的は，受粉や受光態勢向上のために植物先端部を常に上に向けることである。これによりハウス内での長期栽培でも果房が作業者に都合のよい位置にくる（写真9－1）。株が誘引線の近くにまで達した場合，巻きつけ具（ワインディングフックあるいはボビン）から誘引ひもをほどき，ひもと植物を誘引線に沿って横にずらしながら下ろす。この作業を「つる下ろし」と呼び，茎を折らないように注意して作業する。作業を開始するのは，比較的樹勢が強く折れにくい第4果房開花期までがよい。また，この作業は7〜10日ごとに行なうのがよい。特に株元が高い位置にある場合などは，寝かせた茎を支えるためのホルダーを用いる場合がある。株が列の端にきたら反転して隣の列に誘引する。反転のため，ベッド端に棒を立てたり，ワイヤーを垂直に張ったりすることがあるが，茎が折れやすいので注意する。黒いドレンチューブなどの緩衝材（クッション）を棒と茎の間に当てることで茎を保護することができる。もし折れてしまった場合は，ダクト補修用テープなど（ビニルテープなど）を巻いておくと，回復できることが多い。

③インタークロッピング

　インタークロッピング（インタープランティング，写真9－3）はハイワイヤー誘引法で行なう栽培様式の一種で，1年に2作栽培する際，前作の収穫終了から次作の収穫開始までの時間を短くするのが目的である。一列分の古い株を片付け，そこに新しい株を定植する。残った列の葉は先端4葉を残してすべて摘除し，誘引高さを下げて新しい株に光がよくあたるようにする。このようにして作の最後の1カ月間に，新しい株の列と古い株の列を共存させる。場合によっては6カ月ごとに交互に栽培することもある。インタークロッピングと**吊り下げ式栽培ベッド**との組合せによって，高い生産性と周年生産が可能になる。

ハイワイヤーシステム…施設内上部に水平にワイヤーを張り，そこからひもを垂らして植物を誘引する技術。ハウス構造にもよるが群落の高さは3m程度となる。光合成が盛んな若い葉が上部にあり，群落の高さが高くなることによって葉面積を十分に確保しつつ，受光態勢が改善され，収量増加に結びつく。茎の伸長に伴って，つる下ろし誘引（本文参照）で高さを調整する。

吊り下げ式栽培ベッド（ハンギングガター）…栽培ベッド（ガター）を梁部骨材から吊り下げる方式。収穫や摘葉の作業で腰を曲げる必要性がなく，作業性が改善される。また，ガター下部に空間ができるため，摘除後の葉を一時的に置いておくなど，空間の有効利用も図れる。

インタークロッピングの欠点としては，ハウス内部の全面的な清掃が困難であり，新しく植えた株が窒素過剰になり，コナジラミの温床になることがある。また，病害を引き継いでしまうこともある。房どりトマト栽培の場合，株の成熟促進のために栽培終期にエチレンを散布することがあるが，それが新しく定植した株にとっては生育を抑制し，逆に成熟が遅延してしまうこともある。

(2) 腋芽の発生と腋芽かき

ハウス栽培用の品種は，いずれも心止まり系ではない。品種によって差はあるが，葉と茎の間から腋芽が伸びてくる。この腋芽は毎週取り除き，主茎の生長点だけを残す。間違って主茎の生長点を取ってしまわないよう注意する。もし誤って取ってしまうと，収量は減少し，収穫も遅れる（ただし，腋芽を残しておけば新たな主茎にすることができる）。そのため，腋芽は5cmぐらいの長さまで残しておくのが一般的である。消毒したナイフで毎週芽かきをすれば傷跡が小さくなり，灰色かび病発生のリスクが低くなる（写真9-6）。

「6 栽植密度と光強度に基づく側枝利用」でも述べたが，葉面積に対して光が十分強い場合は，側枝を伸ばすこともある。また，隣の株が取り除かれ隙間がある場合は，そのまま側枝を伸ばして，2本仕立てにすることもある。オランダでは，側枝の管理は転流の最適化と収量の最大化のための重要な手法である（De Koning, 1994）。Leutscherら（1996）は，モデリングの手法に基づいた最適な側枝の数について実用的に評価している。

腋芽かきは生育速度にあわせて1週間前後の間隔で行なう。ハイワイヤーシステムでは，腋芽かきなどの作業は電動リフトに乗って行なう（写真9-7）。

なお，イギリスでは，強光下では果房あたりの着果数を増やしたり，腋芽を取る時期を遅らせたりすることで，果実のサイズを均一に保つ（Ho, 2004）。イギリスの場合，光の弱い冬

写真9-6 ナイフで摘葉した切り口
（原図：斉藤章）
はさみより切り口がきれいになるので灰色かび病の侵入を防げる。また，葉を茎元で切除できるので腋芽が再度出てくることがない

春季は直径40～47mmクラスに分類される果実が半分以上を占め，47～57mmクラスに選別されるものは35％しかなくなる。逆に光の強い夏季は，多くの果実が大きすぎて望ましくない57～67mmサイズに選別されてしまう。この問題に対処するため，冬季は栽植密度を比較的低い2,000株/10aにしたところ，70％以上の果実が47～57mmクラスになった（Cockshull・Ho, 1995）。夏季は1株おきに側枝を伸ばして，栽植密度を3,000株/10aに高めることで，80％の果実が47～57mmクラスになった。

(3) 受粉

1990年代初頭以前は，最低でも週3回の果房ごとの振動受粉処理が必要であった。受粉が不十分だと落果や小果，空洞果，乱形果になる。初期生育に大きな影響を与える第3果房までの間は，適正な受粉によって確実に着果させることが特に重要である。受粉は日中に，好適湿度（50～70％）下で行なうのがよい。もし冬季の湿度が高すぎる場合，湿度を下げるために日中の温度を2℃上げればよい。しかし，夏季の高温下では，花粉の発達や放出が妨げられる（Satoら，2000）。温度が低すぎる場合（夜温16℃以下）も同様の影響を与える（Portree, 1996）。ただし，夜間の低温を日中の高温によって補うことは可能である。

現在，受粉にはマルハナバチが利用される。1匹の働きバチで40～75m²の受粉をまかなえるので（Portree, 1996），5～7.5個/haの巣箱が必要になる。人手による振動受粉と比べて労力が削減できる上，収量や品質も向上する（Portree, 1996）。巣箱は中央通路沿いの高さ1.5mの位置に配置し（写真9-8，写真9-9），棒状のスタンドを使うか周りに水を張ってアリよけをするとよい。巣箱は葉

写真9-7　カナダ，ブリティッシュコロンビア州におけるハウス内
作業者は腋芽かきや誘引のために電動リフトに乗って作業する。リフトは温湯管のレールに沿って列方向に移動する。吊り下げ式栽培ベッドにも注目したい。当地で最もよく使用される培地はおがくずである

写真9-8　アリゾナのハウスではハチの巣箱は写真のようなスタンドに置かれる
巣箱前面には出入口を開閉するためのスライドが設けられる

写真9-9　オランダのハウスでのマルハナバチの巣箱　　　　（原図：斉藤章）
この生産者では，補光ランプが導入されているため，マルハナバチの活動時間が長くなり巣箱の寿命も短くなるという問題がある。そのためマルハナバチの飛行時間を12時間以内に制限するため，入口には無線による自動開閉装置が取り付けられている

やカバーで日除けし，外に出たハチが正しい巣箱に帰って来られるよう，巣箱上と入口周辺に目立つ目印をつけておくとよい（Portree, 1996）。マルハナバチは，巣箱やハチ自体を刺激しない限りおとなしいが，念のため救急箱を常備しておく。

　マルハナバチの周年利用には，このほかにいくつかの注意点がある。巣箱にいる幼虫のために働きバチがトマトの花から花粉を集めるが，栽培初期は巣箱の維持のために少量の花粉を出入口に置いて与える。ただし，トマト花粉は炭水化物源とならないため，砂糖水も与える必要がある。通常，砂糖水交換の目安となるインジケ

ータが容器にある。砂糖水も残量は毎日確認し，汚れてきたら取り替える。巣箱を設置したら，殺虫剤は選択性や非残効性のものを使用する。使用するすべての農薬についてハチに影響があるかどうかチェックし，適用可能な農薬なら巣箱の入口を閉めてカバーをかけ，夜間に散布する。長くても2カ月以内にほとんどの巣箱は交換

写真9-10 トマトの花の受粉をするマルハナバチ

する。農薬によっては散布後3日間は放飼できないものもある。巣箱の健康状態を働きバチの活動（写真9-10）や，葯についた訪花の痕跡である茶色い痕（バイトマーク）を見て判断できる。少なくともしぼんだ花の75％に訪花の痕がなければいけない。

(4) 摘葉

　茎が床に横たわるようになれば，病害の抑制のために摘葉を行なう。灰色かび病予防のため，消毒したナイフや手で摘葉するとよい（写真9-6）。摘葉の量は品種によって異なる。'Trust'では18葉を残すのが一般的だが，樹勢の強い'Quest'は14枚程度でよい。樹勢の強い品種は1週間で0.8～1の果房と3枚の葉を発達させる。葉の数が予定している最大値に達したら，その時点から週に2～3枚ずつ下葉を摘除する。摘葉の枚数は1日の平均気温で決める。樹勢が強くなりすぎた場合，果房間にある3枚の葉のうち2番目の葉も摘除する。果房から出ている葉も腋芽かきと同時に取ってよい。作の最終月で，摘心した後の株では，それほど厳密に摘葉しなくてもよく，18～21枚程度残してよい。

　摘葉のもうひとつの目的は光透過と空気循環の向上である。普通は残っている果房以下の葉はすべて取り除くが，インタークロッピングによって新しい株が加わると，摘葉の基準は非常に複雑になってくる（写真9-3）。摘葉による光透過と収量の影響は第4章に記載した。

　なお，摘葉は病害虫や天敵などにも影響を与える。下位葉をハウス内から排出し

て処分することで，下位葉にいるコナジラミの幼虫を防除することができる。しかし，天敵を導入している場合は，コナジラミ幼虫に寄生している場合があるため，摘除した葉をハウス外に出すことによって天敵の羽化を減らす。寄生蛹（さなぎ）を確認した場合には，摘除した葉を天敵が羽化するまで温室内に数日間積み重ねておく場合もある。このように，摘葉と葉の処分にはコナジラミの発生，天敵の発生，摘除した葉からの病害の発生など状況に応じる必要がある。ただし，灰色かび病が発生している場合には，摘葉後すぐに処分する。

(5) 摘果による果実のサイズ，品質の確保

　摘果の目的は，果実を大きくして品質を高め，植物体と果実への炭水化物分配のバランスをとる（例えば，果実に同化産物が行き過ぎて植物体自体が弱ってしまわないようにする）ことである。また，果実サイズを一定に維持する目的で摘除することもある。奇形果や果房の先端の小果は，商品果として収穫できる可能性が低いことに加えて，同じ果房の他の果実の肥大を妨げてしまうことがあるので摘除する。場合によっては，果房の基部から4果を残して，他の果実をすべて摘除することもある。

　いずれにせよ摘果は，品種自身の適正なサイズや果房の正常果数，環境条件，市場が求める大きさなどに応じて行なう。大玉トマト（Beef tomato）は，株あたりの着果数が18果を超えないことが一般的な基準である。収量予測（環境条件や着果数による果実サイズ変化の予測）は，オランダの生産現場で利用されているような予測システム（http://www.LetsGrow.com/）として実用化されている。着果が良好な時期には，花の時点（開花3～6日後）で摘除できる。逆に着果がよくない時期は，奇形果だけを摘除する。'Trust'のような大果品種の摘果法は，最初の3果房までは合計で8～9果を残し，それ以後は，果房あたり4果を残すことが推奨される。着果負担が軽い場合は，果房あたりの着果数を5果に増やし，果実が小さい場合は3果に減らす。房どり系品種で最も重要なのは，果房内の果実が一様に発達することである。品種によっては，果房あたり着果数が8～10でも問題ないものもある。果実サイズに与える摘果の影響については，「第4章　5　作物生長モデル」を参照されたい。

　比較的弱光下のハウスでトマトを栽培すると，果柄が弱くなって果実の重さ

に耐えられなくなり果柄は折れたり，曲がったりすることがある（Horridge・Cockshull, 1998）。栄養生長期間が非常に高温になると，果房がほぼ垂直近くに伸びて，果柄の折れ（キンク）を起こす。果房フックは，重くなった果房が取れ落ちるのを防止し，果実の重さに耐えられるようにするために，一時的に茎と果房をつなげておく器具である。このような果房を保持する器具は，果柄が折れることによって生じる果実肥大の抑制を防止する。こうすることで確実に効果があるわけではないが（Horridge・Cockshull, 1998），いくつかの科学的根拠を示した文献もある。果柄が折れるのを防ぐ一般的な手法は，最初の8～10果房の果柄に果柄カバーをつけることである。果柄カバーは，果柄が硬くなっていない，果実肥大が始まる前にセットする。また，ある生産者は果柄の下側を，ざらざらにした塩ビパイプでこすって傷をつけている。しかし，この方法は，作業に熟練を要し果柄が折れる危険も伴う。

(6) 作付の最後の摘心

栽培終了が予定される5～8週間前に主茎摘心をする。その翌週には，すべての花を摘除する。開花から収穫まで6～9週間を要するため，花や小さい果実が十分に発達するための期間はないからである。夏季は果実の日除けと葉やけ防止のために，茎頂近くの側枝や葉は残しておいた方がよい。一部の生産者は上部の側枝を残す（もしくは摘心を行なわない栽培管理をする）と，果実が日陰になったり，蒸散量が増加したりすることによって，裂果やラセッティング（つやなし果，クチクラ裂果，さめ肌状果）を軽減する効果があると考えている（「第6章　6　灌水と施肥に関連した生理障害」参照）。なお，北欧やアメリカで利用されているハイワイヤーシステムでは，栽培期間中の摘心はまれで，12月から翌年の11月まで生産を続ける。

9 固形培地とそれを利用した生産システム

土耕と養液栽培

土耕栽培は，有機栽培農家などの特殊な事例を除き，商業的なトマト生産としてはほとんど行なわれていない。ヨーロッパやカナダそしてアメリカにおける大規模

ハウスでは，その95％が，生物的，化学的に不活性な人工培地を使用した栽培，いわゆる養液栽培が行なわれている。「ハイドロポニック」という用語は，養液栽培，あるいは固形培地を使用しないNFTのような栽培法に使われる。ちなみにこのNFTは，根を保持している容器あるいはベッドに培養液を流して栽培する方法である。

ロックウール

　ロックウールは，養液栽培では最も一般的な培地である（Sonneveld, 1988）。ロックウールは，玄武岩を加熱して作られ，通常は，繊維状のもの（スラブ）がプラスチックフィルムでラップされて販売されている。

　ロックウールの顕著な特性は，水分を十分に保持しつつ，気相も保持できる能力が高いことである。スラブには繊維密度が，通常のものと，高いものがある。高密度スラブは，構造の安定性が高く，保水力も高く，毛管力も強い。通常密度のスラブは，密度がやや低く，保水力も若干低い。しかし，構造安定性と毛管力は高い（毛管力はロックウール繊維の狭い隙間を通って水を下から吸い上げる能力であり，これによって植物は育つことができる）。しかし，殺菌して再利用するのであれば，高密度のスラブの方がよい。

　トマト栽培用には，ロックウールの密度は$10〜12L/m^2$が望ましい（Sonneveld・Welles, 1984）。この密度には，上は$16L/m^2$から下は$5L/m^2$まであり，密度が上がればコストも上がる。密度が下がると水分を供給する緩衝力が弱くなり，給液誤差の原因にもなる。スラブの大きさの選択は，植物の要水量，栽植密度，畝間によって決まる。一般には幅15×厚さ7.5cmのスラブでは長さ90cmの場合には2個体，120cmの場合には3個体が定植される。

　グリンハウスの床は，雑草の抑制や，反射によって作物に届く光量を増加させるため，白色のポリエチレンフィルムで覆う。もしグリンハウスの床面が加温されないのであれば，ロックウールスラブが冷えないように発泡スチロール板の上に置く。培養液を循環利用する栽培システムでは，スラブからの排液を受けるためのガターを，スラブの下に設置する。通常スラブは水平もしくは排液部に向かって2％程度の傾斜で設置される。

　吊り下げ型ガターシステム（ハンギングガターシステム）（写真9-1，写真9-5，写真9-7）のひとつの利点は，バッグを床に設置する場合に比べ，傾斜を正確

に制御できるため，給液量をより均一にできることにある。さらに，ハンギングガターは移動することができるので，植物の位置は作業者が管理しやすい高さに設置できる。そして既にグリンハウス内設備の項「3　生産性の高いハウスの構造」で述べたように，ハイガターは閉鎖型グリンハウスでにおいては，冷却や湿度制御のためのチューブも，吊り下げられる利点がある。

ロックウール以外の培地

養液栽培で最も広く使われる培地はロックウールであるが，パーライトやピートモス，軽石も使用されている。

パーライトは，溶岩が極めて急速に冷却されたときに形成される火山性ガラスであり，少量の水を含んでいる。この素材は砕かれて加熱されると，気化したガスによって膨張して泡状のペレットになる。パーライトの初期のpHはほぼ中性である。典型的な$0.03kg/m^3$の粗いパーライトは，2年間使えるように，UVカット性の光を通さない白黒のポリエチレンバックに詰められている。バッグは，通常，長さ110cm×幅20cmで，そこに3株のトマトを定植する。生産者によっては，コストを削減するために，バラのパーライトを大量購入して，自分でバッグに詰めている。バッグについては浅い培養液溜まりを設ける目的もあり，バッグの底から約2.5cmのところに排水のための穴を開ける。ロックウールスラブと同じく，植物の蒸散作用によって失われた水を補うために，この'溜まり'の部分から培養液が毛管力によって培地の上層に上がってくる。'溜まり'の部分に培養液がある限り，バッグ内の水分は維持されて植物に供給される。その他にも，パーライトはバケツのような容器に入れて使われることもある（写真9-11）。

ロックウールとパーライトには，多くの類似した利点がある。1) 優れた通気性と保水性，2) 初期の乾燥時には，無菌で軽い，3) 設置と片付けが簡単にできる，4) 両培地とも，包装を外して蒸気殺菌し，再パッケージすれば，もう1，2度は再利用できる。培地を殺菌せずに再利用する事例も報告されている。フロリダの例では，2つのブランドで調査した結果，袋栽培で横に寝かせたスラブタイプでも，ロックウールの1～2年使用したものは新しいロックウールと同等の収量となった（2銘柄のロックウールで比較）(Hochmuthら，1991)。同様な報告はオランダでも多数見られる（Sonneveld・Welles，1984）。

ロックウールは廃棄が困難であり，また再利用は限られている。また，ピートモ

写真9-11　北カリフォルニアでのBato Bucketsに詰めたパーライトでのハウス栽培

バケツからの排液を集めるための白いPVCパイプが見える。必要であれば，新たに水や養分を加えて循環させる。
黒いプラスチッククリップは上から垂れ下がる支持用の糸に茎を固定するのに使われる。
天井付近に見える糸巻きボビンから糸をほどくことにより茎を下げることができる。
植物の上には，水平方向に風を撹拌するファンや，コナジラミをモニターする黄色い粘着板が見える

スは，非再生資源であることから，枯渇が心配されている。近い将来，パーライトや軽石，他の培地に対する商業的な関心が高まる可能性がある。アリゾナ大学では（Jensen, 2002），5つの異なる培地（**ヤシ殻〈ココナッツコイア〉**，パーライト，ピート／バーミキュライト混合物，ココナッツコイア／パーライト混合物，ロックウール）で，トマトの収量に有意な差は認められないことを示した。

10　養分と給液

(1) 無機要素

　無機要素の欠乏症や過剰症，pHやEC，イオンの比率については，すでに第6章で述べた。表9-4，表9-5には，アメリカ南東部やカナダにおいて，ロックウールやその他の養液栽培システムでトマトを生産するときに推奨されている養分肥料やpH，ECが記載されている。カナダの推奨基準（表9-5）と比べると，フロリダの基準（表9-4）は低めであり，増加の程度も少ない。これはフロリダの研究者（Hochmuth・Hochmuth, 1995）による，「高い施肥レベルでは，光が多く温度が高い条件では，樹勢が強くなりすぎる」という発見に基づいている。
　点滴給液システムでは，通常原液タンクの中の濃縮培養液が通水中に注入されて

表9-4 ロックウール，パーライト，NFTでフロリダでトマトを栽培する場合の最終的な培養液濃度
(ppm)とEC　　　　　　　　　　　　　　　　　　　　　　(Hochmuth・Hochmuth, 1995)

養分	生育ステージ				
	定植から 一段果房まで	第1果房から 第2果房まで	第2果房から 第3果房まで	第3果房から 第5果房まで	第5果房から 最終果房まで
N	70	80	100	120	150
P	50	50	50	50	50
K	120	120	150	120	200
Ca	150	150	150	150	150
Mg	40	40	40	50	50
S	50	50	50	60	60
Fe	2.8	2.8	2.8	2.8	2.8
Cu	0.2	0.2	0.2	0.2	0.2
Mn	0.8	0.8	0.8	0.8	0.8
Zn	0.3	0.3	0.3	0.3	0.3
B	0.7	0.7	0.7	0.7	0.7
Mo	0.05	0.05	0.05	0.05	0.05
EC (dS/m)	0.7	0.9	1.3	1.5	1.8

太字で示している文字は初期値から変わるもの
CaとSの濃度は，使用する水のCaとMgの濃度やpHの調整に使う硫酸などの量によって異なる

液肥となる。これはファーティゲーション（日本では，灌水同時施肥または培養液土耕）と呼ばれる。リン酸カルシウムや硫酸カルシウムの沈殿を避けるために，肥料は通常少なくとも2つのタンクに分ける必要がある（写真9-12）。この図の場合3つ目のタンクはpHの調整に使用するものである。原液タンクの液肥を作る際に，給液が中断されることがないようにそれぞれ複数の原液タンクを用意するハウスもある。大きな商業レベルの栽培施設では，さらに細やかに培養液を管理するために，6つ以上の原液タンクを使用することもある。

(2) 生育制御

トマトでは，養分の欠乏や過剰を回避するためと同時に，栄養生長と生殖生長のバランスを制御することが重要である。バランスがよく取れた植物は，幹

ヤシ殻（ココナッツコイア）…ココナッツは，ココヤシの実のことであり，この実の皮からとる繊維のことをコイアという。養液栽培用の培地として使用される。

表9-5 ロックウールによりカナダのオンタリオ州でトマトを栽培する場合の最終的な培養液濃度
(ppm)　　　　　　　　　　　　　　　　　　　　　　　　　　(OMAFRA, 2001)

養分	生育ステージ			
	スラブの飽和養液	定植から4〜6週間後	通常の養液	着果を増やす場合
N	200	180	190	210
NH_4	10	10	22	22
P	50	50	50	50
K	353	400	400	420
Ca[a]	247	190	190	190
Mg	75	75	65	75
S[a]	120	120	120	120
Fe	0.8	0.8	0.8	0.8
Cu	0.05	0.05	0.05	0.05
Mn	0.55	0.55	0.55	0.55
Zn	0.33	0.33	0.33	0.33
B	0.5	0.5	0.5	0.5
Mo	0.05	0.05	0.05	0.05
Cl	18	18	18	18
HCO_3	25	25	25	25

[a]CaとSの濃度は，使用する水のCaとMgの濃度やpHの調整に使う硫酸などの量によって異なる

写真9-12　北カリフォルニアのハウスにおける培養液管理装置
AとB，2種類の培養液のほか，pHを調整するためのタンクが見える

が太く，葉は濃い緑になり，大きくてよく着花する花房が一定間隔で着いている（OMAFRA, 2001）。特に茎頂から15cm下の茎の太さは1cmであるのがよく，それ以上太い茎は栄養生長過多を示し，往々にして着花不良となって生産性が低くなる。逆に茎が細い場合は炭水化物が欠乏していることを示し，生長が遅くなり，最

表9−6　環境や栄養の調整による植物生育の制御

(「植物を読む」(Portree, 1996) からの抜粋)

植物の部位	徴候	対処法
生長点	厚くなる	栄養生長過多。特に明期のピーク時に、1～2℃日中の気温を上げる。1～8℃程度、それぞれ昼夜温度を変動させ、温度差をつける（昼夜の温度差があるほど、生殖生長に傾く）。
	薄くなる	生殖生長に傾きすぎ。昼夜温を近づける。例えば初春や晩秋など低日照のときは気温を下げる。開花果房下の完全展開葉の部分または、生長点から15cm下の茎の直径を10～12cmにする。
	生長点が混んでいる。葉は日中遅くにならないと展開しない	栄養生長の不均衡。夜間と明け方にかけての温度を上げることにより平均気温を上げる。巻いている葉は、午前11時から午後4時の間は展開している必要がある。午後の気温はやや高く（＋1℃で）設定し、目標気温は21℃。
	生長点部分が紫色	栄養生長の不均衡。わずかに紫色の場合は問題ない。夜温を上げる。
	生長点が灰色	高CO_2と高気温と低日照の組合せにより組織の温度が高くなった。換気が不十分な初春にみられる。CO_2濃度を下げて、日中の早い時期にCO_2はやらないようにする。
	生長点のクロロシス	生長点クロロシスは培地の液相、気相率のバランスが悪いと起こる。スラブが乾いていればECを上げ、スラブが湿っていれば微量要素のみ10％増やして与える。地上部と地下分の温度差を5℃以上に保つ。
花/果房	特に午前中の花の色が淡い黄色	花の色は鮮やかな卵の黄身の色がよい。多湿になると、午前中に飽差が2以下になる場合がある。その場合は、飽差を上げる。特に早朝は3～7の飽差にする。最低40℃の加温パイプを活用するとともに、1～2％の換気率で好適な環境にする。開花速度は1週間あたり0.8～1.0果房になるようにする。
	長くまっすぐな花柄（果柄が折れる）	低日照、高温で悪化する。日中の気温を下げることで1日の平均気温を下げる。飽差を＋3上昇させる。光が弱い（600J/cm^2/日以下）春先などでは栽植密度を上げすぎない。
花	萼がめくれないため、花が開かない	特に午前中の過湿環境で発生する。午前中にパイプ加温や換気により植物を活性化させる。もし対処しないとこのような花では果実の品質が劣る。日中の気温が高くなり、飽差が上昇すると花が開きやすくなる。
	花が生長点に近すぎる（生長点から10cm）	栄養生長過多。日中の気温を下げ夜温を上げる。すなわち、昼夜温の差を減らす。4月下旬と5月上旬には、夏に向けて十分な着果数を得るために、密に花が着生する方がよいかもしれない。
葉	先端の葉が短すぎる（35cm以下）	春のおわりに発生する。植物体が栄養生長の不均衡に陥っている。着果数が少ない（85果/m^{2}以下）。昼夜温の差をつける。

終的には生産性は低くなる。このようなバランスを制御するため，表9-6に要約される，ECや給液量の制御や，窒素とカリウムの比の調整など，植物の生長バランスに影響を与える多くの環境制御手法がある。

培養液ECは，植物の水分状態を介して生育に影響を与える（Heuvelinkら，2003）。根圏環境の塩類濃度を高く維持したり，給液間隔を長くとったり，給液を少量ずつ行なったりすることなどは，根の吸水を抑制する。そのため生育速度の抑制が起こり，生殖生長を促進することができる。気温が高く相対湿度が低い場合も，水利用効率は低下し，生育が遅くなって生殖生長が促進される。液肥の窒素濃度を低くしたり，K/N比を高めたりすることも，植物を生殖生長へ誘導する施肥管理法のひとつである（OMAFRA, 2001）。

(3) 培養液の循環利用

ここ10年間は，培養液再利用のための殺菌システムと無機要素の補給システムを備えた，培養液の循環利用システムへの関心が高まっている。このような培養液の循環利用は，肥料コストを30～40％，水使用量を50～60％削減できる（Portree, 1996）。培養液の循環を行なわない，いわゆる開放系システムでは，ドリッパーによる給液量のばらつきを補償するために20～50％多くの給液を行なう。多めに施用された培養液は，個々のバッグやスラブの底面に溜まり，その培養液が植物へと再び供給される。しかし，開放系の問題は，生産施設が密集しているところでは，肥料成分の環境への放出がかなりあるということである。培養液の再利用設備，あるいは少なくともハウスから外部への排液防止対策は，今後の栽培施設では組み込まれる必要がある。このような対策は既に多くの国で必要とされているが，既在の施設で排液を捕捉するシステムを組み込んで改良するのは簡単なことではない。

NFTシステムはどのような形のものでも，培養液を循環させて利用する。初期のNFTシステムでは，栽培開始時の培養液が植物に吸収されて減少したときには，'追加培養液'が補給されていた（Jones, 1999）。また，養分の不均衡を補正するために，培養液は2週間程度で廃棄・更新されていた。現行のNFTシステムは，培養液の無機要素濃度がモニターされ，不足した無機要素が補給される。同様のシステムは，閉鎖型の循環システムでも使われるようになっており，この分野の研

究は続いている。オランダでは（Voogt・Sonneveld, 1997），排液を回収するための最も一般的なシステムは，成形されたガターの上にロックウールスラブがのっているものである（写真9-13）。アメリカ南部では排液を集めるのにBato Buckets（登録商標）が使われ（写真9-11），このバケツの底に溜まった液は吸い上げられて，給液用塩ビパイプに流し込まれている。

　循環システムで重要な問題は，病原菌による培養液の汚染をいかに防ぐかである。その他の問題には，植物の吸収によって生じる無機要素組成の変動や，自家中毒物質の蓄積がある。池田らは（2001），培養液に関する制御方法を以下のようにまとめた。1）物理的・耕種的防除：熱処理，UV処理，膜ろ過処理，培養液温度やpH，ECの制御，そして衛生状態管理，抵抗性品種の利用，接ぎ木の利用，2）化学的制御：オゾン処理，塩素処理，ヨウ素処理，過酸化水素水処理，金属イオンや無機元素濃度，**非イオン性界面活性剤**混合，キトサン（エビやカニなどの甲殻類の殻にある多糖類で生理活性物質）混合，3）生物的制御：緩速ろ過，根圏微生物や拮抗カビ類，菌寄生菌，病原菌抑制物質，生物由来の界面活性剤などである。

写真9-13　オランダにおけるガターの上にのったロックウールスラブでの養液の循環
ロックウールからの排液はガター（溝）で集められ，再利用する

(4) 給液の方法

水の質と安定した量の確保

　植物が順調に蒸散するには，大量の高品質の水を供給することが必要である。蒸散は根から葉や果実へ養分を移行させる駆動力になるほか，葉を冷却する役目も

非イオン性界面活性剤…界面活性剤は，分子内に水になじみやすい部分（親水基）と，油になじみやすい部分（親油基・疎水基）を持つ物質のことであり，イオン化しない親水性部分を持つものが非イオン性である。ポリエチレングリコールやポリビニルアルコールのようなものがある。

ある。オランダではハウス栽培における1m^{2}あたりの年間水消費量は900Lと見積もられており，カナダのブリティッシュコロンビア州（BC）では800L（Portree, 1996）とされている。栽培施設を建設する前に，水質と十分な水量がまかなえるかを確認しておく必要がある。培養液栽培に適する水質は，ECは0.5dS/m以下，pHは5.4〜6.3，アルカリ度は2meq/L以下である。アルカリ度の低下やpHの調整などの水処理は，ある程度費用がかかるとしても通常可能である。しかしECを低下させるための逆浸透処理は，経済的には実現不可能であろう。オランダでは，雨水などを添加して，原水の質を向上させることが行なわれてきた。

給液の頻度とタイミング

給液の頻度は，根域の大きさや保水力によって変わる。ロックウール培地の場合，根域の大きさは非常に制限されたもので，スラブには1時間に5〜6回給液する必要がある。給液回数は，1日あたり夏季では30回にも及ぶ。Gieling（2001）は，基本的な給液制御装置を開発した。給液頻度は，パーライトシステムではロックウールシステムよりも少ないが，ピートモスのバッグカルチャーよりも多い。ピートモスの場合は，給液は1日3〜4回すればよい。

トマト植物体に必要な水量は，1〜14L/m^2/日（0.4〜5.6L/株）の間で変動する。これは生育の段階や気候の変化によるものである。日々の給液のタイミングも，植物の水の要求量に応じて変わる。例えば，夏季の夜間の蒸散量は，1日の約5〜8%程度なのに比べ，冬季に夜間加温される場合には，1日の全量の50%もの蒸散が夜間に起こる（Portree, 1996）。ロックウール栽培での給液は，病害や果皮のくすみや裂果などを減らすために，特に夏季では，日の出から1〜2時間後に開始し，日の入りの1〜2時間前には終了する。冬季に，夜間の加温によって湿度が下がる場合，あるいは，夏季においても暑くて乾燥する場合には，夜間でも給液を行なう必要がある（OMAFRA, 2001）。オランダでは，葉面積や気温，季節などに応じたバランスのとれた給液モデルが培養液のリサイクルシステム用に開発されてきた（De Graaf, 1988）。精密な重量測定装置が導入され，ロックウールスラブ中の含水率と植物の蒸散が毎時測定される。これにより，植物に水ストレスが生じないようになっている。

11　環境制御

(1) コンピュータの活用

　最近のコンピュータは性能が良い上に，使いやすく，手に入りやすくなった。そのおかげで小規模の施設でも，温湿度，CO_2濃度，光強度などを制御するのにコンピュータが使用されている。さらに，栽培期間を通じて環境を記録したり，装置の不具合を警告したりすることにも活躍している。コンピュータは，ハウス内の多くの装置（換気窓，加温機，ハウスファン，CO_2発生器，給液量や施肥量，遮光や省＊のためのカーテンなど）を，ハウス内外の気温，日射，相対湿度，風やCO_2濃度をもとに制御できる。

　さらに重要なことに，コンピュータは異なるセンサーのデータも統合して，生育を好適にするための温度や湿度の範囲を調整している。コンピュータ化されたグリンハウスでは，環境制御によって生育を制御することが容易になる。特に重要な給液や施肥のコンピュータ制御は「第6章　灌水と施肥」で詳しく取り上げている。

(2) 相対湿度と飽差

湿度と換気

　ハウス内の湿度は，植物からの蒸散と培地からの蒸発，そして被覆資材への結露や換気による蒸気の損失など，これら全体のバランスの結果で決まる。冬季には，蒸散量が低く結露が多いので，湿度は一般的に低い。一方，春遅くや秋は湿度が高い。ポリエチレンフィルムの2重被覆などによる省エネハウスでは，相対湿度が上昇する（Hand, 1988）。

　コンピュータによって高度な環境制御が可能になるが，湿度制御を効率的に行なうには限界がある。例えば，換気窓は温度や湿度を制御するために開閉されるが，それによってCO_2濃度も変化してしまう。もし湿度は高すぎるが気温は許容範囲にあるような場合に，湿度と気温を好適な範囲に維持するには加温と換気を同時に行なうことが必要となる。その場合，換気窓があるハウスでは，加温を開始してから換気窓を開けるべきである。一方，循環扇がある場合は，まずそれを2〜3分間

稼働して，その後加温する方がよい。

　外気温がかなり低く，湿度と気温を好適な範囲に維持するにはハウス内の空気よりも乾いているときには，換気は湿度制御に効果的である。冷たくて乾いた空気がハウス内で暖まると，水分を吸収して相対湿度を低下させる。外気導入によるハウス内湿度の低下は，外気が室内空気よりもかなり冷たい場合には外の湿度が比較的高い場合でも効果がある。しかし，換気のコストを考えた場合，外気は低温で乾燥している方がよい。閉鎖型ハウスでは，冷却は換気ではなくて，地下の帯水層との熱交換によって行なわれるので，他の環境要因に影響を与えることなく湿度の制御ができる（「3　生産性の高いハウスの構造」を参照）。

飽差による管理

　相対湿度は，飽差（VPD）に対応させて議論されることがある。つまり飽差は，その時の空気中の水分量とその温度で保持できる最大水分量（飽和量）との差で示される。飽差については，第6章で詳しく紹介している。

　オランダの研究では（Bakker, 1990），湿度が高すぎると（飽差が低すぎる），カルシウム欠乏を引き起こし，結果として葉面積が小さくなったり，気孔コンダクタンス（気孔を介した蒸散のしやすさ）は増加して，総生産量や平均果重が減少したりした。この実験は，日中は0.35～1.0kPa，夜間は0.2～0.7kPaと厳密に飽差の範囲を制限して行なわれたが，一方で水分が十分に与えられたときに，どれくらいの低湿度（高い飽差）が植物に対して有害なのかは不明な点である。一般的には飽差が1.0kPaを超えるような場合は，植物は基本的に乾燥ストレス状態にあると考えられる。北欧では飽差が1.0kPaを超えることはほとんどないが，北米の一部や南欧のかなりのところで飽差が1.0kPaを超えることがある。例えば，ハウス内の気温が26℃のとき，相対湿度が60％であれば飽差は1.35kPaになる。乾燥気候では，ハウスの飽差は3～5kPaにも高まる。もし，植物が根から水分を供給される以上に蒸散すれば，気孔は閉じ，生育は抑制され，尻腐れ果が発生する。第6章では湿度と温度の相互作用について述べ，適切な飽差の範囲を示している。

葉の表面を乾燥状態に保つ方法

　湿度を低下させて葉の表面を乾燥状態に保つことの最も重要な目的は，病害の抑制である。飽差が0.2kPa以下になると，病気は急速に広がる。カビの胞子の発芽は，湿った葉の表面で増加する。このような状況が起こりやすいのは，暖かい晴れ

の日に葉の蒸発散が増加し，水蒸気が室内に保持されて，夜になって気温が露点以下に低下するときである。水蒸気が冷たい葉や，ハウスの内張りの表面に結露し，結露は植物体にも落ちる。湿潤剤(液体の表面張力を小さくして，湿りやすくする化学物質）を内張り資材に噴霧したり，内張り資材の製造時に混合したりすれば，水分が内張り資材に保持され，結露水が植物を濡らすことは避けられる。このとき結露水は葉に落ちず，遮光資材の開閉で湿気として外部に逃がすことができる。

　葉への結露水の落下は，かまぼこ型の2重被覆ハウスで重要な問題である。それは，丸いアーチ状の構造では，結露水を集めて排液として逃がすことができないからである。ガラスやアクリルパネルのハウスでは，屋根がより鋭角なので，そもそも湿度がこもりにくい。これはゴシックアーチ構造でも同じで，結露は集められて外に排出される。

　ハウス内の風速を1m/s（葉が少し動く程度）まで上昇させると，葉面と空気の温度差がなくなり，葉面が露点以下に冷えることはなくなるので，葉面への結露を防ぐことができる。暖房装置でも鉛直方向の空気の流れを引き起こすファン（HFA）でもこのような空気の流動を増すことができる。小型攪拌扇（写真9-11）はハウスの側面に沿って設置され，ひとつの方向へ空気を押し流す。攪拌扇は，排気ファンが稼働するとき以外は連続して運転される。この攪拌扇は，ゆっくりとした鉛直方向の空気の流れを生み出し室内気温を均質にする。オランダでは生産者が利用できる加温のやり方として，日の出時（この時間に典型的な水分凝結が生じる）の果実温度を測定して，水分が果実に凝結しないようにする基準が開発された（Rujsdik, 1999）。結露は果実表面で起こる。それは水分が多い果実の温度上昇は，空気の温度上昇より遅いからで，果実表面は空気よりも低温になる。葉よりも果実の方がゆっくり温まるので，葉温よりも果実温度を測定して果実で結露が起きないようにすれば，葉でも結露が起きないようにできる。

(3) 温度：加温と冷房

最適温度の維持

　作物の生育段階別の最適昼夜温を表9-3に示した。10～20℃の範囲では気温上昇と生育との間には直線的な関係がある。平均気温が適範囲に入っていれば，日中の気温が高い場合には，エネルギーを節約するために夜温を下げることができる

(第4章参照)。

　オランダのハウストマト生産で用いられる温度総合管理の戦略は，昼夜温をそれぞれ別々に維持するというよりも，日中の平均気温を目標にする（De Koning, 1990）。日中が高温の場合，夜間を低温にすると10〜15％の省エネを実現できる。Papadopoulosら（1997）の研究では，植物は1日から数日間までの期間内であれば，平均温度が同じであれば，温度変化に影響されない。具体的に述べると，トマトでは，6日間，標準より3℃低い温度となった場合，次の6日間で3℃高ければ，12日間の平均気温は同じになる。すなわち，6日間の平均気温が同じであれば，6℃の変動にも耐えることができる（De Koning, 1990；Portree, 1996）。

省エネルギー対策

　省エネルギーのための手法は，暖房コスト削減のために，高緯度地域のハウス生産で広く活用されている。多孔質ポリエステルフィルムやアルミ繊維の保温カーテンを夜間に用いると，年平均で20〜30％の熱損失を軽減できる。軽い可動式のカーテンは，夜間の省エネルギー対策と昼間の遮光に併用される。スペインやアメリカ南部などの南の生産地域では，保温カーテンは，日中にサイド側に巻き上げていても遮光により生産性が低下するため，省エネルギー資材としてはコストに見合わないかまぼこ型（クオンセット型ともいう）のハウスでは，上面に水平張りにする十分な空間がないため，内張りカーテンはあまり実用的ではない。

冷房と換気

　ハウストマト生産における温度管理は確立されているわけではなく，低緯度地域では，夏季のトマト生産は高温のため制限される。特に，湿度が高いため気化冷却の効果が低い。ハウスの冷房には，1）自然換気，2）**パッド＆ファン冷却**，3）細霧冷房という3つの方法がある。オランダではハウス内温度を下げるため，蓄熱とヒートポンプと熱交換と冷却板を使用した新しいタイプのトマト育苗システムが試験されている。これらの閉鎖型ハウスでは温度が26℃以下に維持される（De Gelderら, 2005）（「3　生産性の高いハウスの構造」を参照）。

　高温になる日がほとんどない地域では，ハウス天頂の部分からの自然換気が一般的である。自然換気ではハウスの天窓や側窓を開閉し，ハウス内に空気を導入する。手動または自動巻き上げの側窓は，ポリエチレンフィルムの2重被覆ハウスでは容易に設置できる。自然換気の場合，害虫の侵入を抑えたり受粉昆虫や益虫が外

に出ることを抑えたりするために，換気開口部にネットが必要である。これにより換気効率は約20％減少する。

　植物の蒸散作用やパッド＆ファン，そして細霧冷房による冷房は，いずれも気化熱が奪われることを利用した冷却方法である。そのため乾燥した環境に比べて湿度の高い環境では蒸発が起こりにくく，冷却効果を得にくい。自然換気は，温暖な気候下のハウス栽培で使われるが，外が暖かく風が少ない状況では効果が低下する。アメリカ南東部では，病虫害や高温・高湿度対策のために，パッド＆ファンを組み込んだ機械的な冷却が盛んで，低圧のプロペラ式換気扇が空気の流入口の反対側に設置される。空気の流入口はセルロース製の蒸発冷却パッドで覆う。そこでは，よろい窓タイプのカバーが冷却パッドの外に設置され，換気しないときは閉じる仕組みである。ノースカロライナやイスラエルの研究者は気化冷却と組み合わせた場合，速度を増せば冷却効率が上がることを報告しているが，このような換気扇では通常1分間に1度空気が入れ替わる（Willits, 2000）。

　暖房費用を削減するための温度を平均化する手法は，冷房コストが高額になる温暖な地域にも適応できる。この件について直接述べているわけではないが，Peetら（1997）は，日平均気温25～29℃を超えるような場合，昼夜の温度や昼夜の気温差は，着果率や果実重量，果実数，外観品質などに対して，日平均気温ほどは重要ではないとしている。このことは，1日の平均気温が着果などに重要であり，夏の夜温が低い場所では，日中の気温が最大温度を超えても栽培には支障がないことを意味する。反対に，夜温が高い場所では，日中の温度を下げるのが有効であるが，冷房コストがかかるので現実的ではない。着果を促進させるために，温度の平準化を行なうことは試されていないが，夜間空調の実験はアメリカ南東部で行なわれている（Willits・Peet, 1998）。これによると，着果時期の夜間冷房が有効である可能性が示されている。一方，着果後は，高温に対して感受性が低下する。

(4) 温度制御による植物の生長調節

　温度制御によって，特定の生長パターンを示すように植物を管理することがで

パッド＆ファン冷却…ハウスの一方の側面に水で湿らせたパッドを設置し，もう一方の側面にファンを設置して強制換気することにより，蒸発の際に奪われる気化熱によって冷却する。

きる（表9-6）。ハウスでの長期作型では，栄養生長が過剰となった後に生殖生長が過剰になり，この周期が繰り返されることがある。作物の生産性を安定かつ平均化させるためには，このような生長の変動を適切に制御する必要がある。温度管理は，開花や果実肥大，一定期間の収量を制御する最も重要な手法である。開花や着果，果実生育や生産量に関する定量的なデータ（De Koning, 1994）は，オランダでは収量予測に使われている。このモデルは2002年にはインターネットでのエキスパートシステム（専門家の判断をコンピュータプログラムとして記述したもの）へと改良された（http://www.LetsGrow.com/）。

12　二酸化炭素（CO_2）

効果的な施用法

　CO_2のハウス内での施用方法はさまざまある。ひとつは，天然ガスやプロパンガス燃焼型でセンサー付きのCO_2発生器である。$1m^3$の天然ガスまたは1Lの灯油やプロパンを燃焼させると，それぞれ1.8kg，2.4kg，5.2kgのCO_2が発生する（Portree, 1996）。また温湯ボイラーで天然ガスを燃焼させ，その排ガスをトラップして再循環する場合もある。ただし，このような場合，熱と水蒸気のほかに汚染物質がハウスに流入してしまう可能性がある。排気ガス中のNOx：窒素酸化物（NO：一酸化窒素やNO₂：二酸化窒素）の低減が可能な燃焼機は，汚染物質による収量低下を最小限に留めることができる。最も高価だが安全性が高いのは，ボンベに封入された圧縮CO_2や液体CO_2を利用する方法である。この場合，汚染物質の流入はなく，ハウス内に熱や水蒸気が排出されることもない。

　CO_2施用を行なう場合，制御のためのCO_2センサーを調整して植物の頂端部近くに放出パイプを設置する。ハウス内の収量のむらをなくし効率的に利用するためには，施用したCO_2をハウス内に均質に分布させた方がよい。CO_2は空気よりも重く，ハウス内の床に滞留するため，効率的に利用するためには群落上部に配管した方がよい。CO_2濃度を750〜800μmol/molまで上昇させると，通常の標準的な外気（340μmol/mol）の場合より，収量は30％増加する。CO_2濃度を増加させるために，一般的には，天然ガス燃焼暖房の副産物として発生するCO_2を利用し，800μmol/molになるようにハウス内に注入する（Nederhoff, 1994）。換気率が低

い場合（＜10％以下）では，CO_2濃度は500 μ mol/molまで低下する。さらに，換気率が上がると最低濃度である350 μ mol/molを維持するのも難しくなる。近年，オランダで，CO_2施用を最大濃度に設定して管理を行なうのは，5～9月以外の時期である。また，最大濃度に設定しない5～9月であっても，ハウス内のCO_2濃度は外気のCO_2濃度に維持する。

効果とコスト

果実の価格形成モデルと生物学的プロセスをリンクさせて，CO_2施用によって促進された光合成同化産物を，果実販売から期待される経済収益へと変換するコンピュータ制御モデル（Aikmanら，1996）が開発されている。ただし，果実の価格は予想が難しいので，このようなモデルの効果は限定的である。Bailey（2002）は，液化CO_2あるいは暖房やCHPからのCO_2，またはその両方による施用方法について考察している。これによると，生産物価格と液化CO_2や天然ガスコストについて，それらを組み合わせて経済的な収益基準を考えてみると，最も経済的なCO_2施用方法は，液化CO_2の価格によって変わる。一方，燃焼CO_2やCHPユニットによるCO_2施用の場合，昼間の余熱の貯蔵の有無で，その経済性が変化する。

低緯度地域では，ハウスの換気を頻繁に行なう必要があるため，CO_2施用は実用的ではない。北カリフォルニア州のローリー郡や北コロンビアでは，ほとんどの栽培期間で，日中の2,3時間しかCO_2施用はできない（Willits・Peet, 1989）。アメリカ北部（Portree, 1996）では，多くの場合，気温が25℃を超えるとCO_2施用の経済的な効果はなく，気孔の閉鎖により蒸散が抑制される。一方，閉鎖型ハウスの考え方を適用すれば，年間を通じてCO_2濃度を最大値に維持できる。

13　光強度と補光，遮光

ハウス内の光強度は，被覆資材やハウスの骨格構造によって異なるが，屋外に比べて20～30％は減少し，群落内部ではさらに減衰する。そのため，多くの地域で，最大収量の制限要因になっているのがCO_2と日射（光強度）である。冬季の極めて短い期間に限定すれば，補光が経済的に成り立つ地域もある。オランダでは，補光による55％の収量増加が報告されている（Marcelisら，2002）。補光に関する問題のひとつは，光源を群落の上に設置した場合，照明装置（反射板，変圧器

など）が日射を遮ってしまうことである。しかし，補光装置は，可能な限り光を遮らないように設置されるようになり，北欧やカナダでは，補光の高輝度放射ランプ（HID）がハイガターやインタークロッピングに組み込まれて，収量が最大化するシステムとなっている。

　遮光布やカーテンは，南の地域では植物体の上部をカバーし，日焼けや高温による裂果の防止や，ハウス内の温度を低下させる目的で使われる（これらの障害の原因については第6章を参照）。しかし，遮光に伴って気孔が閉じ，蒸散が抑制され，葉の冷却が抑制される。この際，気温の低下よりも葉温の低下が小さくなる。北米では，遮光による3％の光の減少は1％の収量の減少つながるものの，品質は向上するとされている（Portree, 1996）。オランダの夏季のトマト生産では，1％の光の減少によって約1％の収量が低下することが示されている（Van Windenら，1984）。

14　空気中の汚染物質

発生の仕組みとガスの種類

　ハウス内で生じる最も一般的で深刻な汚染は，熱交換機の不具合や，排気部の汚れ不完全燃焼によって発生するガスである。気密性が良くエネルギー効率の高いハウスでは，逆に外部との空気交換が低いという問題がある。低濃度の一酸化炭素（CO）でも，温室内で働く人に頭痛やめまいを起こす。50ppm(0.005％)以上では障害を起こし，場合によっては死に至る。プロパンやメタンなどの燃料漏れは人間にとっても害があるが，これらのガスは少量でも植物に障害を発生させる。同様にエチレンは5ppmで人にとって危険であるが，トマトにとっては0.05ppm以下で葉の下垂を生じさせる（上偏生長：エピナスティー，写真9–14）。低濃度の0.02ppmでも慢性的に暴露する

写真9–14　10ppmのエチレンで一晩処理した植物
茎がよじれ，葉が下を向き，花の黄化と落花が生じる

表9-7　人および植物が許容できる一般的な施設における空気汚染物質の濃度

（「さまざまな発生源」，Portree, 1996を引用）

ガス	人	植物	植物 （長時間さらされる場合）
二酸化炭素（CO_2）	5000	4500	1600
一酸化炭素（CO）	47	100	
硫黄酸化物（SO_2）	3.5	0.1	0.015
硫加水素（H_2S）	10.5	0.01	
エチレン（C_2H_4）	5.0	0.01	0.02
亜酸化窒素（NO）	5.2/5.0	0.5/0.01〜0.1	0.250
二酸化窒素（NO_2）	5.0	0.2-2.0	0.100

と，茎が太くなり，枝分かれが増え，蕾は落ち，奇形果が生じる。

　エチレンの長期に及ぶ低濃度被曝の症状は，暴露されていない植物と比べないとわかりにくい。診断が難しいのは，エチレンの被曝とその症状が発生するまでに時間差があるからでもある。多種類の汚染物質を直接検出する装置は，実際のハウス内では実用的ではない。北米の生産者は燃焼ガスのモニターに廉価なCOモニターを使っている。30ppm以上のCOが検出される場合，不完全燃焼と何らかの汚染の可能性がある。表9-7ではハウスで認められるガスの人や植物に対する危険な濃度を示している。

対処法

　問題の多くは，冬季に入って最初に暖房施設を稼働したときに生じる。定植前に，試しにいくつかのトマト苗をハウス内に運び入れてみるとよい。もし葉の下垂（エピナスティー）が認められたら，本格的にトマトを入れる前に，暖房システムを今一度徹底的にチェックする。空気汚染は加熱パイプの塗装や洗浄剤，新しいPVCなどからも発生する（Portree, 1996）。安全を確保するための対処法は，エネルギー効率を少々犠牲にしてでも換気を適切に行なうことである。

　また，平年より寒く，秋口から暖房する場合，最初に加温するときには，植物に障害の徴候がないか観察する。このような適切な管理によって問題を回避できる。

HID…High Intersity Discharge（高輝度放電）ランプのことで，非常に明るく野球場などの夜間照明に使われている。点灯から100％の明るさに達するまでに非常に時間がかかる欠点がある。

加温機や燃料の開口部は少なくとも1年に2度は掃除をし，定期的に炎の状態を検査する。例えば，プロパンの炎は先端が小さな黄色になる。一方，天然ガスはくっきりとした内部の炎の外に淡い青がある状態になる。暖房のシーズンが始まる前に暖房機の調整とガス漏れのチェックを，専門の技術者に依頼することをすすめる。

15 病害虫管理

(1) 問題になる病害虫

　第7章ではトマトの病害虫の全体像を解説した。ハウスにおける典型的な害虫には，コナジラミ類，ダニ類，アザミウマ類，アブラムシ類，チョウ目害虫，キジラミ類，そしてハモグリバエ類などがある。典型的な糸状菌病としては，立枯病（*Pythium*属による根腐れ），灰色かび病（*Botrytis cinerea*），うどんこ病（*Erysiphe*属），葉かび病（*Fulvia fulvum*，かつては*Cladosporium*属とされた），萎凋病（*Fusarium oxysporum*）がある。ウイルス病の多くもハウスで発生する。トマト黄化えそウイルス（TSWV），トマトモザイクウイルス（ToMV），タバコモザイクウイルス（TMV）。ビートシュードイエロースウイルスやさまざまなジェミニウイルスである。ペピーノモザイクウイルスは，最近，北米でみつかったが，それほど広がってはいない。これらのシュードイエロースウイルスやジェミニウイルスからトマトを保護するためには，ミカンキイロアザミウマが媒介するTSWVの場合のように，まずは媒介昆虫（タバココナジラミ）を防除する必要がある。ヨコバイ，ウンカ，キジラミは，あるいはコナジラミも，かつてはマイコプラズマとして知られていた病原体（ファイトプラズマ）の媒介昆虫である。コリネバクテリウム（*Corynebacterium*：自然界のさまざまなところに分布している桿菌）は気温が高い産地で蔓延する可能性がある。南米や地中海沿岸地域では，露地栽培で典型的な輪紋病やシロイチモジヨトウがハウスの側面の開放部分で発生する。

(2) 生物的防除

　北米や北欧では，殺虫剤を使わないで生物的防除によってトマトを栽培する。ハウス内で発生する害虫に対して利用できる天敵昆虫は多い。生物的防除を成功させ

るためには経験と忍耐と良質の安定した供給が必要である。しかし，現場では天敵昆虫をハウスに導入する前に問題が発生することがある。出荷時点で天敵の量や生育ステージを間違えることもある。また，輸送段階で暑すぎたり寒すぎたりすると生物資材としての効果がなくなる。

　導入した天敵昆虫のロットナンバーや日付などの記録は有用な情報となる。また，天敵昆虫の到着から2，3日はハウスの中において昆虫の活力を，ルーペを使って確認する，加えて，その天敵昆虫の利点や欠点などの特性を知ることも重要である。そして，天敵の到着後の取扱いもまた極めて重要である。天敵昆虫はすみやかに放飼すべきではあるが，暑熱環境や，冷蔵庫のような10℃以下の温度にさらしてはいけない。また，天敵昆虫は通常の殺虫剤ほどの速効性はないので，効果が出るまでにどれくらいの期間が必要なのかは，一概には言うことはできない。生物農薬の主要なグループは，1）コナジラミの寄生蜂，2）アブラムシの寄生蜂（アブラバチ Aphidiusm atricariae）と捕食昆虫（ショクガタマバエ Aphidoletes aphidimyza），3）ハダニに対する捕食性のダニ（チリカブリダニ Phytoseiulus persimilis，ククメリスカブリダニ Amblyseius cucumeris とホソトゲダニ Hypoaspis），4）キノコバエに対する寄生性線虫，5）いくつかの広食性捕食昆虫（例えばクサカゲロウ類〈英名：lacewings〉，ヒメハナカメムシ類 minute pirate bug）である。これらの天敵がすべての害虫を制御するわけではない。例えば，捕食性ダニは，ハダニは抑えるがサビダニを抑えることができない。コナジラミの制御も複雑で，オンシツコナジラミ（Trialeurodes vaporariorium）一種しか存在しない状況でなければ，オンシツツヤコバチ（Encarsia formosa）による抑制は難しい（写真9-15）。タバココナジラミ（Bemisia tabaci）の制御はさらに難しくサバクツヤコバチ（Eretmocerus eremicus，かつてはE. californicusと呼ばれていた）やチチュウカイツヤコバチ（Eretmocerus mundus）が必要である。タバココナジラミは樹勢を衰えさせるだけでなく甘露を分泌

写真9-15　トマトの葉の裏側に発生したオンシツコナジラミのかたまり
黒い点はオンシツツヤコバチ（Encarsia formosa）により寄生されたオンシツコナジラミの幼虫

写真9-16 ススカビに覆われた葉
コナジラミやアブラムシに食害された結果，蜜が溜まり，そこにカビが生えている

し，さらにウイルスを媒介するとともに果実の成熟を不揃いにさせるので，発生を抑制する必要がある。コナジラミやアブラムシの甘露は，葉や果実表面ですす病や他の糸状菌の発生を助長する（写真9-16）。コナジラミの発生状況によっては，タイプが異なる捕食性の天敵を放飼する必要があり，1種類の生物農薬よりも多くの種類を使うのが効果的である。環境や害虫の発生状況により必要なタイミングも異なる。

天敵昆虫は害虫よりも農薬に対して敏感である。つまり，一度，天敵昆虫をハウスの中に入れると，使用可能な農薬は制限される。使用できる農薬のリストは農薬の販売業者から入手できる。

(3) 生物農薬

生物農薬は，"生物的農薬"や"低リスク農薬"といった新しいカテゴリーの製品である。人に対して安全なのはもちろん，対象外の生物に対してはほとんど影響がないとされる。このカテゴリーには，*Bacillus thuringiensis*（Bt）のような微生物農薬，昆虫に対するタンパク毒素，昆虫寄生性線虫，バキュロウイルス，植物由来の農薬，交信撹乱に用いる昆虫フェロモンが含まれる。これらの農薬の登録は通常の農薬に比べて簡素化され，特にハウストマトのような作物で登録が進むようになっている。生物農薬として役立つ昆虫病原性糸状菌ボーベリア・バッシアーナ *Beauveria bassiana* に由来する資材は，コナジラミ類を防除するいくつかの処方で利用できる。これらの資材は慣行の農薬と同様に散布できるが，繰り返し処理する必要がある。昆虫生長制御剤や**ニームオイル**などの天然殺虫剤由来の製品は，別のタイプの生物農薬だが，マルハナバチや天敵昆虫に対して極めて有毒な場合がある。

(4) 化学合成農薬依存から総合的病害虫管理（IPM）へ

世界的に見てもトマトのハウス栽培専用のものとして登録された農薬はほとんどない。露地栽培トマトで登録されている農薬のいくつかは，ハウス内での使用を禁止していることがラベルに記述されているが，それ以外の農薬はハウス内でも使用できる。生産者は，どの農薬がハウストマトで使用でき，どのぐらいの頻度で，収穫何日前まで使用してよいのかなどを，国や地方の農薬登録機関に確認する必要がある。ほとんどの農薬は，マルハナバチやハウスに導入した天敵昆虫に有害である。農薬は，栽培後にハウスを清浄にしたり，天敵昆虫を導入する前に害虫の個体数を減らしたりするのに有効であるが，農薬だけに頼るのではなく総合的病害虫管理（IPM）の導入を図るべきである。

表9−8 スペインとオランダにおけるハウストマトの収量と農薬の使用量

地域	収量 (kg/m^2)	農薬使用 面積あたり (kg ai/ha)	収量あたり (mg ai/kg)
スペイン，アルメリア	9	26	289
オランダ	50	7.7	15

ai：active ingredient 殺虫有効成分，情報源はVan der Veldenら，2004

スペインでは，病害虫対策として主に予防的に農薬散布を実施する。生物的防除を行なっているのは生産面積の5％以下しかない。スペインのアルメリアでは，生物的防除に化学農薬を組み合わせて用いるオランダに比べて単位面積あたりの3〜4倍の成分濃度の農薬が使われている。アルメリアでのトマトの収量あたりの農薬使用量は，土壌消毒用の農薬を除いても，オランダと比べて20倍も多い（表9−8）。

(5) 病害虫の耕種的防除

トマト生産を始める前には，全く害虫がいないか，害虫とその天敵昆虫のバランスがとれていることが重要である。苗や鉢花などをハウスに持ち込むときには，それらがアザミウマやハダニ，コナジラミなどの侵入源にならないように細心の注意

ニームオイル…ニームはセンダン科アザディラクタ属（*Meliaceae Azadirachta*）の熱帯・亜熱帯性常緑樹で，和名はインドセンダン（栴檀）。ニームの実を絞って採った油には，害虫の防除効果があるとされる。

が必要である。

　ハウスの空気の入口や人の出入口からも害虫は侵入する。しかし，害虫の侵入を防ぐために空気の流入口に直接ネットをかけると空気の流動を極端に減少させてしまう。パッド＆ファンによる気化冷却システムのような強制換気システムの場合，高圧部分により（ネットをかけた空気が入る部分），ネットの素材によって起こる圧力低下を抑えることもできる。防虫用ネットの生産メーカーの出した性能表によって，空気取込量に基づいて，必要となる網室の容積が計算できる。害虫が作業者に付着してハウス内に侵入するのを防ぐ最良の方法は，ハウス内を陽圧（内部の圧力が外部の圧力より高い状態）にして，入口を2重扉にすることである。

　ハウス内では，害虫の数を黄色粘着板やテープで調査した上で，成虫がみつかり次第，防除対策をとる。青色粘着板は，特にミカンキイロアザミウマを誘引することから，過去にこの虫が問題になったことがある場合には用いるとよい。一方で黄色粘着板はコナジラミ，アザミウマ，ハモグリバエ，キノコバエ，有翅のアブラムシを誘引する。

　害虫の抑制に効果的なもうひとつの方法は摘葉である。しかし，そのときに寄生蜂などの天敵昆虫の幼虫も一緒に取り除いてしまうこともあるので注意する。畝間に摘葉を積み重ねておくことで天敵の成虫が出現する。しかし，その残渣に病気が発生している場合はおすすめできない。

　病害を抑制するための最良の方法は，環境制御のところで述べたように，まずは，室内環境を良好に保つことである。つまり，ハウス内の空気を適度に循環させ，植物にとって適切な温度に維持し，低い湿度にして結露水が植物葉に滴下しないようにする。さらに，基本的には植物残渣を速やかに除去し廃棄することである。

(6) 地下部の病害

　最初に述べたように，培養液を循環させる養液栽培システムでは，病原菌の拡散は解決しなければならない問題である。熱処理（95℃で30秒間処理）やUV照射が最も広く使用される殺菌方法である。いずれの方法も高価だが，かならずしも効果的ではない。多くの場合，殺菌されて栽培槽に戻ってくる培養液は部分的に殺菌されているにすぎない。培養液の循環システムにおいて，培養液をかなり効率的に

殺菌する手法として，最近，緩速砂ろ過法が注目されている。熱処理やUV照射などの高価であるがその割には除菌が不完全なシステムに比べて，緩速砂ろ過では，常在している微生物相が*Pythium*や*Phytophthora*などの病原菌を抑制するため，病原菌の爆発的な増殖を防ぐことができる。培養液非循環型システムでも，根腐萎凋病や*Pythium*などの土壌病害が問題になるが，抵抗性品種（根腐萎凋病の場合）や殺菌によって多くの場合制御できる。

(7) 接ぎ木

　養液栽培で接ぎ木を導入する主な目的は，高い収量を得ることにある。接ぎ木は1920年代から*Fusarium oxysporum*などの土壌病害を抑制するために土耕で使われてきた。当初，ハウスのトマト生産では接ぎ木は用いられていなかった。しかし最近は，接ぎ木によって植物体の樹勢が良くなるため，*Verticillim*などによる病害やウイルス病に高い抵抗性を示すことが明らかになった（Heijens, 2004）。台木用品種にトマトを接ぐと，高温耐性（Riveroetal, 2003），乾燥耐性（Bhattら, 2002），そして耐塩性（Fernandez-Garciaら, 2002）が高まることが知られている。接ぎ木をしたときの植物の能力は，台木と穂木の組合せによって変わることがある。例えば，台木の耐塩性は地上部の遺伝子型に依存する（Santa Cruzら, 2002）。このような相互作用は，台木と穂木のさまざまな組合せにより異なるので，台木の効果を予想することは難しい。ZijlstraとDen Nijs（1987）は，台木と穂木それぞれ9品種で合計81の組合せを試して，低温条件での根の生育が早まるかどうかを評価した。その結果，低温下でも生長がよく早生性の遺伝型を持つトマト品種を台木として使用した場合でも，期待に反して低温下では台木の能力が接ぎ木後に現われることはなかった。

　オランダでは，ハウス栽培で接ぎ木苗を利用するのが一般的になっている。台木として最も広く使われているのが'Maxifort'（De Ruiter Seeds）で，'Eldorado'（Enza Zaden），'Beaufort'（De Ruiter Seeds），'Big Power'（Rijk Zwaan）も使われている（Heijens, 2004）。接ぎ木によって生育に数日の遅れが生じるので，定植予定日に，接ぎ木しない場合と同等な苗にするには，播種日を前倒しする必要がある。具体的には，台木は穂木よりも，7〜10日は早く播種する。そして，穂木は，接ぎ木をしない場合に比べて5日早く播種する。接ぎ木したトマトの第1花房以下の葉数は，接ぎ木しないものよりも1枚多くなる（Heijens, 2004）。接ぎ木苗の価格は50

〜100％高くなるので，元を取るためにしばしば1株に2つの枝を出させる。2本目の茎は，第1，第2または第3花房の下の側枝を伸ばすか，子葉の上で摘心を行ない，子葉の腋から出る2本の側枝を用いる。

　後者は，3月中旬以降の定植など，2本の側枝が同等に伸びるだけの十分な光がある条件に限られる。子葉の上での摘心は，摘心しない植物で側枝を伸ばす場合と比べて，約14日間の生育の遅れを生じる。3番目の方法は，第2葉上で摘心する手法である。ただし，上から出る側枝の方が下の側枝よりも草勢が強すぎて，2つの茎の生育が不均衡になるのが問題である（Heijens, 2004）。

16　収穫と販売

(1) 収穫適期

　ハウス栽培トマトが，露地トマトに比べて味や食味で優れるのは，樹上で長期間生育させることと，圃場から消費者まで速やかに届けることができるからである。直接販売する場合は，果実は赤熟してから収穫される。海外輸出など大規模な流通の場合は，大玉トマトは，より早く収穫される。しかし，催色期（花落ちの部分に最初の赤みが出る時点）より前には収穫しない。写真9-17では萼がついたままの大玉トマトを示しているが，実際には果実が傷むのを避けるため萼と茎の部分は収穫時に取り除くことが多い。房どりトマトでは，主茎から房ごとにトマトが収穫され，1箱に重ねないで詰めるか貝殻のようなパックやビニール袋または網袋に詰められる。

　房どりトマトの生産者は，色づきを促進し，揃いをよくするためにエチレンを使用することがある。エチレン処理は，次作のトマトの栽培に入る前，晩秋の収穫時に作付をおわらせるときに限って使用する。この場合，新しく定植するトマトに対してエチレンの残留による落花や奇形を生じさせないように注意が必要である。また，エチレン処理は棚持ちを悪くさせる。そして自然に成熟したトマトは，エチレンの発生源となる。したがって，ブロッコリーやレタス，キュウリなどのエチレンに感受性の高い野菜とトマトを一緒に貯蔵するのは避ける。

(2) 収穫後の箱詰めと貯蔵

　大規模なグリンハウスでは自動化された包装ラインがあり，収穫したトマトは1段積みの箱に詰められる。露地トマトの包装も同様の包装ラインが使われる（写真9-17，写真9-18）。ハウス栽培トマトは，一般には貯蔵されず，北米では2～3日以内に市場に輸送される。しかし，このような短期間であっても，好適な温湿度（温度10～13℃，湿度90～95％）を維持する必要がある。トマトは催色期かそれ以降に収穫されるので，エチレンを使用した人工的な成熟は不要である。いずれのタイプでも販売にはパッキングが重要である。ハウス栽培トマト品種の薄い皮は軟らかく，消費者に対してアピールできるが，逆に収穫から箱詰めの間に傷がつく原因になる。ハウストマトは，一般に，積み重ねるのではなく，1層で箱詰めにする（露地トマトでは積み重ねる）。多くの大規模ハウスでは，収穫工程で果実に傷がつくのを避けるため，また，収穫労働にかかわる経費を減らすために，合理的に作業場所が配置されている。このようなシステムには，列に沿って収穫台車が移動するシステムの導入や作業者が収穫したトマトを水路に落とし込むカナル型運搬システム

写真9-17　トマトは積み重ねないで箱詰めする。包装ラインを通過するとき個別標識が自動的に貼りつけられる
これらのトマトには萼（へた）がついている

写真9-18　トマトを熟度ごとに自動的に分ける梱包ライン
箱に重ねないでトマトを詰める

（水路による果実運搬システム）などが含まれる。

17　年間単収100tの可能性も

　トマトの収量は，より良い品種や，さらなる技術の集約的な利用により，世界的に見ても増加している。収量を比較する場合には，生産される時期や栽植密度，年間の作付回数に注意を払うことが重要である。一般にハウスの収量は露地と比べて高く，平均的にみると，露地が10t/10aなのに対して施設は37.5t/10aである（Jensen・Malter, 1995）。生産性については比較が難しい面もあるが，ハウス生産でも養液栽培の方が土壌を使用した生産システムよりも高い。土壌を使用したハウス栽培システムでは養液栽培と比べて経費や資本が少なく，市場も小さい。さらに，生産ならびに管理コストも低く，生育期間も短いため，総じて生産システムが集約的ではない。ハウスで土耕を行なう生産者は，量販店や仲介業者へ商品を売るというよりも，地元に販売する（訳者注：例えば，有機農産物を販売するような感じである）。つまり，大規模生産者がターゲットとする市場と競合しなければ，小さな生産者でも利益を上げることができる。例えば，アメリカ南西部のように光が強い場合，7〜8カ月の栽培で個体あたり18kg/株もの高い収量を得ることができる（Jensen・Malter, 1995）。一方アメリカ南東部では，栽培期間がより短く，日射が少なく，生産技術も集約的ではないため，収量は9〜10kg/株程度である。ブリティッシュコロンビア州（BC）やカナダの目標収量は，栽培期間全体でm^2あたり65kg（65t/10a），または275〜350果である（Portree, 1996）。一方オランダのトマト収量は，1985年の25t/10aから1994年には40t/10aになった。最近では，オランダの収量は，房どりトマトの47t/10aから大玉トマト（Beef tomato）の53t/10aまでの範囲である（表9－2）。ハイガターシステムやHID補光により，一層，収量が高まる可能性がある。イギリスでは2000年の平均収量は44t/10aであるが，最高の収量を上げた生産者はすでに80t/10aを達成している（Ho, 2004）。さらなる収量増加には，作付期間の長期化が必要であり，これには補光やインタークロッピングが必要になる。補光やインタークロッピングのような技術が普及するには，CO_2の周年供給が安価になり，CHPや他のエネルギー源から電気が供給できるようになる必要がある。これらの技術が総合的に活用されれば，収穫できない期

間のない,いわゆるノンストップ周年生産により年間100t/10a以上の収量が達成できるであろう。

それに向けた育種家,エンジニア,園芸家,植物生理学者は,ハウストマトの収量と品質の向上に努めると同時に,労力も含めたコストや環境負荷の低減に向けた技術開発にも取り組む必要がある。

トマトのグリンハウス生産には,資本,エネルギー,労働そして管理の点が必要である。今後10年で収量レベルは100t/10aを超えるかもしれないが,生産性の高い管理には,個々の生産工程における優れたマネージメントだけではなく,個々の工程の緊密な連携と総合化の視点が極めて重要になる。

(翻訳:河崎　靖／中野明正)

第10章

ポストハーベストの生理学と収穫作業

M. E. Saltveit

要約

　生食用のトマトでは，収穫から消費者の手に渡るまで，いわゆるポストハーベストに多くの工程がある。ポストハーベストでは，各工程での品質の維持が最大の目標である。なぜなら，一つひとつの工程における物理的な損傷，衛生上の問題，温度や湿度の不適切な管理は累積されて，品質低下が加速するからである。

　適切な成熟状態で収穫されることはもちろんであるが，収穫，輸送，箱詰め，販売に至る各過程で適切に取り扱われて初めて高品質なトマトが提供できる。果実の色の変化は，ほとんどすべての品種で成熟状態の指標となる。一般に，無限花序（心止まりが生じない）の生食用品種では手作業によって繰り返し収穫が行なわれるが，有限花序（心止まり性）の品種ではたいてい機械による一斉収穫が行なわれる。

　低濃度のエチレン処理は緑熟期の果実の成熟を促進し，成熟度の斉一化に利用される。果実がいったんブレーカーステージ（催色期）に達すると，たとえ外生のエチレンのレベルが0に低下しても，内生のエチレンの合成が促進されて維持される。果実の品質保持では温度管理が最も重要で，10℃以下になると低温障害を発生し，25℃以上となるとリコペン生成が阻害されて着色不良となる。保存期間中の空気組成の変更は品質維持に一定の効果はあるが，気温や物理的な損傷，相対湿度，衛生の適切な管理と比べると効果は小さい。

はじめに

　トマトは，もともと無限花序（3葉1花序の単位で半永久的に花房をつけていく）の生長パターンを持つ植物で，生長に伴い花と果実が連続的に出現する。支柱やワイヤーに誘引して栽培し，収穫は長期間にわたる。生食用のトマト品種では，ひとつの植物に成熟段階の異なる果実があるため，熟した果実から手作業で収穫する必要がある。手作業による収穫は，生食用のトマトでは経済的にも妥当な方法である。しかし，加工用のトマトでは，機械による一斉収穫で高収量を達成する必要がある。

　加工用トマトや露地栽培の生食用トマトの多くは有限花序になるように育種され，心止まりになった花序の側枝を伸ばし，ブッシュ状の草姿となる。有限花序の品種は機械による一斉収穫に適し，加工に適する。エチレンを放出する物質を収穫前に葉面散布することで，トマトの成熟を早め，果実成熟のばらつきを小さくすることができる。

　加工用トマトは完熟で収穫され，圃場から加工場へ速やかに輸送される。加工前の数時間に実施される**ポストハーベスト処理**は，遮光処理や簡易な予冷処理ぐらいである。一方，生食用トマトは完全に熟す前に収穫され，遠くの市場へ輸送する間にも輸送した後にも果実の成熟を慎重に制御する必要がある。

　グリンハウスでのトマトは，土，ピートモス，おがくず，ロックウールなどの培地やNFTや他の水耕方式で栽培される。ハウスでは，環境に関係する多くの設定値を制御することで収量を高め，品質を向上させることができる（Doraisら，2001）。週に2,3回，適当な生育ステージになった果実を収穫する。温暖な時期には収穫回数は多くなる。完熟前に収穫された果実は，果実表面のワックスの発達が不十分なため，物理的な損傷を受けやすい。出荷作業や等級分けといった作業を軽くするため，また，ポストハーベスト処理を均一にするため，収穫果実の生育段階は揃っているほうが望ましい。ハウスのトマトは，露地栽培の生食用のトマトよりも，成熟が進んだ段階で収穫を行なう場合が多い。

1 収穫

(1) 利用目的に対応した収穫適期

トマトは利用目的によって異なる成熟ステージで収穫される（Hardenburgら，1986；Kader, 2002；Sargent・Moretti, 2002）。

①加工用トマト

加工用トマトは赤く熟したものを収穫し，直ちに加工工場へ輸送される。生食用のトマトは緑熟期（mature-green stage）に収穫され，赤熟期（red-ripe stage）まで追熟させる（Cantwell, 2000）。緑熟期の果実は，長距離の輸送によるストレスに耐え，卸売や小売などの売買の間に商品性を保てるだけの十分な硬さと品質が必要である。輸送期間が短い近場の地方市場には，熟した果実を収穫する場合がある。

②ハウスのトマト

ハウスのトマトは露地栽培より成熟が進んだ段階で収穫する場合が多く，緑熟期に収穫した果実と比べて軟らかく，棚持ちが悪く，物理的な障害には弱い。消費者は，ハウス用トマト品種に対して，表皮や心室の壁が薄いものを求めており，これも物理的な障害に弱い要因となる。グリンハウスで育てたトマトを**ブレーカーステージ**（催色期：breaker stage）に房ごと収穫すると，5〜6果の果房として出荷できる。収穫後，**ピンクステージ**（桃熟期：pink stage）になったトマトは'vine-riped'（木についたまま熟したトマト）と呼ばれる。将来的には緑熟期に収穫する果実やvine-ripedの果実は取扱いが減るであろう。なぜなら，副作用なしでエチレ

ポストハーベスト処理…農業生産物を収穫した後に，農業生産物の品質を保つために実施される処理。殺菌，果実の成熟制御を目的として，農薬を処理したり温度管理を行なったりする。
ブレーカーステージ…果実の大部分は緑色であるが，果頂部の一部にごくわずかに発色している状態であり，果実着色の始まりを示す。
ピンクステージ…果頂部より，桃色から赤色が果腹部まで広がり，全体として，50%程度着色した状態の段階を示す。

ンの働きを止めるガス（例えば，1-methylcyclopropene，1-MCP）が開発されたからである（Sislerら，1996）。さらに成熟初期の果実の硬さが維持できるような品種ができたためである。

(2) 収穫の方法

　工業化が進んだ多くの国では加工用トマトは機械収穫される。機械収穫は一斉に破壊的に行なわれる。収穫後の植物体からさらに果実を収穫することは考えないから植物体が傷んでもよいのである。このような機械収穫は少なくとも90%以上の果実が熟した段階で行なわれる。収穫時期は定期的な圃場の見回りによって判断する。色づいた果実の割合を高めるために収穫の数週間前に成熟を刺激する物質（例えばエチレンを放出する物質）を処理する場合がある。植物全体を地面から収穫機で刈り取り，機械的に果実を取り外す。茎葉は処分され，果実は機械検査の後，大きなゴンドラや貯蔵場所に移される。速やかに加工されれば，機械収穫によって果実に生じた傷が加工物の品質を低下させることはない。

　一方，収穫から消費まで長期間になる生食用トマトでは，果実からの水の蒸発や病害の感染のおそれがあるため，果実の表面に傷がつきやすい機械収穫には適さない。果実内部に影響がないような小さないたみやキズであっても，消費者には受け入れられない。

(3) 求められる品質と育種

①加工用トマト

　加工用トマトの製品は，皮をむいたホールトマト，サイコロ状にカットしたもの，ケチャップ，ジュース，ペーストやスープなど多様で，特に，濃縮した加工品の市場は巨大である。生食用トマトの重要な品質が見た目や質感，味であるのに対し，加工用トマトの主要な品質は可溶性固形物，pH，滴定酸度，粘度，色である。他の質的な特性として，果実の色（例えばリコペン含量が高いことやクロロフィル含量が低いこと），腐敗がないこと，硬さがある。可溶性固形物には，糖や有機酸，ペクチン，その他の乾物成分などが含まれる。トマトを濃縮したり，ペーストにしたりするためには，果実中の水を除く必要があり，エネルギーが必要になる。したがって，可溶性固形物の高い果実を濃縮するほうが経済的である。粘度や濃度

は，加工生産物中の固形物の懸濁状態や量，ペクチンの大きさやペクチンのつながり，さらに塩，タンパク質，糖，有機酸濃度の影響を受ける。トマト加工品の色は，主にリコペンとβ-カロテンの2つの脂溶性の色素によって決まる。

　長年，育種家は，加工用トマトの可溶性固形物と粘度を高め，色を濃くするように取り組んできた（近年は，遺伝子組換え技術によっても）。しかし，可溶性固形物含量を高めることは，多くの遺伝子が関与するため難しい。また，遺伝子の発現には環境の影響も大きく，高収量や均一成熟といった形質と可溶性固形物含量との間には負の相関がある。このため，収量と可溶性固形物含量（Brixで表現される）との積は加工用トマトの生産性を示す指標とされる。過去に比べて収量は大幅に増加したが，果実の可溶性固形物含量の増加はわずかであった（Stevens, 1994；Zamirら, 1999）。可溶性固形物含量の増加が小さい原因には，遺伝資源の中に糖度が高い形質を持つものが少ないことにある。野生種の *L. chmielewskii* や *L. cheesemanii* などからの形質導入によって可溶性固形物含量を増加させようと試みられたが，成功しなかった。その理由は，園芸品種に遺伝子を導入しても，固形物含量を高める能力の多くが消えてしまったからである（Stevens, 1994）。最新の遺伝子導入技術によれば，可溶性固形物含量を増加させる特定の遺伝子や遺伝子群の導入が可能になるかもしれない。しかし，そのためには植物体内での光合成産物の分配，果実での可溶性固形物蓄積のメカニズム，さらに収量に影響する多様な要因との関係について深い理解が必要である。

②ブッシュタイプの生食用トマト

　生食用の市場では，商業的な収益を上げるために無限花序の品種を栽培して手作業によって何度も収穫する必要がある。有限花序でブッシュタイプの品種を栽培すれば，無限花序の品種で必要になる支柱によって植物体を支持する作業が省略できる。ブッシュタイプ品種のトマトでは，主な収穫時期の作業がおわった後は，植物の活性が著しく低下し，その後，収穫物はほとんど得られない。しかし，富裕層向

1-MCP…果実の鮮度保持用の植物調整剤。1996年にアメリカで開発されたもので，日本でも2010年11月にリンゴ，ナシ，カキ果実を対象に登録となった（商品名：スマートフレッシュ燻蒸剤，有効成分：1-メチルシクロプロペン3.3%）

けの市場では高品質果実のニーズがあり，ブッシュタイプ品種の成熟果実を手作業によって繰り返し収穫しても経済的に成り立つ。

(4) グリンハウスでの収穫と運搬のシステム

ハウスで栽培したトマトは室内にある箱詰め作業場に運ばれ，小さなカートに乗せられ，果実収集センターに運ばれる（Doraisら，2001）。大規模グリンハウスでは，果実をダメージから守り，収穫に必要な労働費を削減するため，搬送システムを導入する場合がある。この場合，収穫から箱詰めの場所まで，ハウス床下に配置された水路を利用して果実を流す。果実の収穫作業者が用水路に収穫物を落とし込むと，水路に流れる水により，箱詰め施設のローラーエレベータまで運搬される。果実は等級分けや箱詰め作業が行なわれる前に乾燥室に移される。この方法は効率的なシステムだが，果実が水の中に6時間以上とどまっていると，裂果が発生したり，棚持ちが悪くなったりする。

レールを利用した搬送システムがたくさん開発されており，経済性に優れ，効率的である。収穫時のみの仮設のレールシステムの設置も可能であるが，他の生産作業にも利用可能なため，恒常的に設置される。収穫物を入れるカートや作業台車は畝の間に設置された専用のレールや加温用兼用のパイプの上を走る。作物の上部空間を利用するシステムでは加温用パイプやレールは畝の間に設置されている。吊された台車はそれに沿って移動する。レールシステムでは果実の入ったかごを電動台車にのせて箱詰め作業場所まで移動させる。上部からぶら下げるシステムではレールは箱詰め場所までつながっている。頭上のワイヤーケーブルを利用して収穫用のかごやバスケットを収穫場所から箱詰め場所まで何度も移動させる。ハウスの床に設置した位置検出用の線に沿って自走する'ロボット'カートを利用するシステムもある。このカートは，手動操作をしなくても温室内のある地点から別の地点へ移動するようプログラムされている。的確に設計されていれば，このようなシステムを利用すれば収穫から箱詰めまでの時間を短縮できるであろう。

(5) 収穫時の注意点

露地の生食トマトは緑熟期に手作業で収穫される場合が多い。また，無限花序の品種では，露地，ハウスのいずれでも，支柱やネットを利用して植物を誘引し，よ

り成熟が進んだ段階で果実を収穫する。生食用果実の収穫を楽にするために収穫機の開発が進められてはいるが，まだ利用されていない。収穫作業者は果実を容器に入れるか，またはトレーラに果実を運ぶコンベヤベルトに乗せる。果実が高温になることを避けるため，箱詰め作業所に輸送するまでは遮光することが望ましい。遮光しなければ，日射が果実に直接あたることによって加熱される。組織が障害を受けるような高温になる場合もあり，さらに果実の成熟が進む。

多くの品種では，熟すと果実は果柄の部分で離脱する。しかし，緑熟期には，果柄と果実は接続されたままである。節は果柄の離層が発達してきたときに形成される。房ごと収穫する果実では，収穫から箱詰めまでの作業や輸送期間に，果柄などのとがった部分が他の果実を傷つけないように注意する。市場によっては，果柄がついていたほうが高品質とみなされる。また，房どりのトマトでは，房全体が主茎から切り離され，ひと房ごとにケースかメッシュの袋に入れられる。

果実の品質は品種の特性だけでなく，ポストハーベスト処理によっても影響を受ける（Kadarら，1978；Sargent・Moretti，2002）。収穫や箱詰め作業時には目に見えない外傷（トラウマ）を受けている。果実の成熟や販売時の温度は果実の棚持ちや品質に大きく影響する。

2 パッケージング（包装）

(1) 選別と等級分け

果実は，箱詰め作業所に到着した後，塩素で殺菌された水を利用した果実運搬用の水路で運ばれる。小規模な圃場の生産物は手作業で荷降ろしされたり，ていねいに水の中に移されたり，軟らかい台の上に置かれたりする。圃場で受けた熱は冷水を利用してできるだけ早く取り除くべきであると思うかもしれないが，実際には果実より数℃高い水を利用する。冷水は果実内の気体の温度を下げ，静水圧の影響で果実は水中深くに沈んでしまう。そのため，果柄部分などの切り口を通じて水が侵入しやすい。果実内への水の侵入は，化学的もしくは生物学的な汚染の原因になるため避けるべきである。

本格的な選別作業の前に，小果を取り除くことがある。果実は塩素殺菌水で洗浄

された後，乾燥させ，目視によって過熟果や奇形果，その他の不良果を取り除く。食品に利用可能なワックスが果実に処理される場合もあるが，消費者の多くはワックスや殺菌剤を嫌う。

果実は，色やさまざまな異常によって選別した後，さらに重さや直径によって分類される。徐々に直径が増えていく穴を持つ電動ベルトローラーを利用して，果実をサイズ分けできる。一方，スプリングで固定されたカップを利用して重量によって選別することも可能である。選別用のベルトには垂直に果実を移動させるベルトがあり，サイズ分けした果実で見た目に少し問題がある果実を集めるエリアに配送する。

等級分けの工程は，軟らかい果実にとっては好ましくない。そのため成熟した果実のパック詰は主に手作業で行なう。パッキング作業室が小さい場合には，フィールド用のかごを選抜を行なうラインに下ろすことができないため，催色期や転換期（turning stage）の果実は手作業で分別する。手作業の作業室ではより成熟した果実を選択し，パック詰めして出荷することができる。

(2) 外観品質の測定

外観の色を測定する装置が開発されているが，測定できるのは緑熟期の果実の中心部分（columella）のリコペン含量のみである。緑熟期の果実のクロロフィル含量は非常に変動幅が大きいため，果実の成熟状態を正確に評価できない。しかし，果実の品質や成熟状態を非破壊で測定することは食品サービス関係者や一定規格の果実のパッキングには必要である。

非破壊測定の利用により，多くの特性を評価できる（Abbotら，1997）。果実内部のリコペン量の増加，エチレンの発生，子室のゼリー化などの果実内部の発達程度は成熟段階の指標であるとされてきた。しかし，箱詰め作業時にこれらを素早く測定できる機器はいまだに開発されていない。

(3) パッケージング時のCO_2の濃度の維持

緑熟期やピンク色に着色する時期の果実は，大まかに重さや大きさをもとにパック詰めされたり，段ボールの中のトレイに詰められたりする。緑熟期果実はエチレン処理され，容器内で成熟するため，容器に耐湿性が要求される。ある程度の通気

が可能なように容器には適度な穴が必要である。果実が成熟することによって急激に生じる熱，湿気，CO_2は，果実の自然な成熟を刺激するのに使用される低濃度のエチレンを含んだ新鮮な空気と入れ替える。

　果実の成熟を阻害するCO_2の濃度を2％以下のレベルに保つように空気を置換する必要がある。高濃度のCO_2はエチレンによる成熟作用を抑制することが一般に知られている（Saltveit, 1997）。箱詰め後の冷却，エチレン処理時の気温や空気の状態を適切に維持するため，送風処理が行なわれる（Sargent・Moretti, 2002）。

3　成熟制御

(1) 成熟の過程と果実の取扱い

　トマトの果実は，クライマクテリック型の成熟パターンを持ち，果実の呼吸が急激に上昇して，エチレンの生成が開始されるのとほぼ同時に果実が色づき始める（図10-1）。果実が熟し始めると同時に起こる多くの変化については第5章を参照されたい。ここではポストハーベスト時のエチレンによる成熟の誘導と果実の取扱いとの間にどのような関係があるかを中心に述べる。

　受精から成熟までの生育期間は品種や気候によっても異なるが，約45〜55日間である。完熟は成熟の最後のステージで，果実の色，味，質感，芳香が発達し，望ましい形質になる。完熟がエチレンによって誘導された場合でも自然に開始した場合でも，呼吸による熱の生成量が増加するなど，多くの変化を伴う。パレット上に積み上げられた箱の中のすべてのトマト果実に適度な風があたるようにすることが重要である。

　そのため，貯蔵施設の換気や冷蔵の能力は，呼吸によるクライマクテリックの上昇の間に発生する熱の増加に対応できるものでなければならない。呼吸による熱の発生によって生じる完熟果実からの蒸散速度の増加は，トマトと周囲の空気の間の飽差を小さくすると抑制される。完熟処理を行なう施設内は，相対湿度（約85〜95％）を高く管理する。

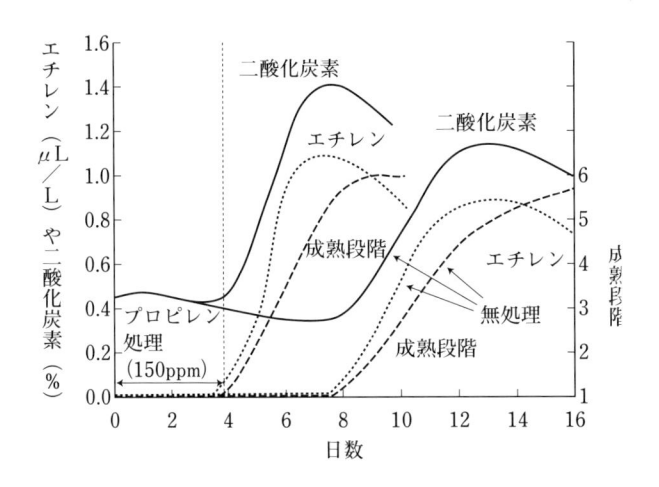

図10-1　20Cで4日間，150μℓ/Lのプロピレンを処理した果実と無処理の果実のエチレン生成と呼吸のクライマクテリックな上昇

(2) 低濃度エチレン処理

①エチレンの作用機作と使用法

　緑熟期に収穫した果実は，箱詰め調整場，卸売市場，流通センターなどに順次配送されて最後にエチレンで処理される。成熟を促進し，均一化するために加工用，生食用を問わずに利用される。エチレン処理は箱詰め前でも可能だが，多くの場合は箱詰め後に行なわれる。

　果実を，ppm（μℓ/L）レベルのエチレンを含む空気で処理したり，エスレル（化学名2-クロロエタンホスホン酸（2-chloroethyl phosphonic acid）の植物生長調節剤。植物の生長や花成誘起に効果があるといわれる。植物の組織内に吸収されると，分解してエチレンをつくり，その作用によって植物ホルモン的な働きをすると考えられている）のようなエチレンを放出する物質に浸したりすると，緑熟期のトマトを望ましい品質にする時間を短縮できる（表10-1）。エチレンはクロロフィルの崩壊とリコペンの生成を促進し（第5章），未熟で低品質とみられるような果実でも完熟（リコペンの生成や果実の軟化）させることができる。

　ある生食用品種では最終的なサイズの約90%程度の果実のときに（開花後42日

表10−1 エチレン処理（10ppm（$\mu \ell$/L）のエチレンもしくは2000ppm（$\mu g/g$）のエスレル溶液に浸漬）が緑熟期の果実の成熟速度に及ぼす影響

処理日数	催色までの日数	催色期から赤熟期までの日数	赤熟期から過熟期までの日数	総日数
0	10.9	6.9	15.9	33.7
1	7.8	6.3	17.1	31.2
2	8.1	7.2	16.4	31.7
4	5.9	5.8	22.2	33.9
対照	4.4	6.3	15.2	25.9

目以降に相当），自然にクライマクテリック期に至り，収穫後に十分な品質のレベルまで熟する。それより未熟な状態で収穫した果実では，十分な時間をかければ赤く軟らかくはなるが，果実品質は良くない。また，開花31日目以降の果実はエチレン処理なしでも色づくが，それより若い果実では色づきや果実の軟化のためにエチレン処理が必要である。開花から17日の未成熟果に1,000ppmのエチレンを含んだ空気を処理すると，呼吸やエチレンのクライマクテリックが誘導され，着色し軟化する。

催色期が始まり，いったん成熟し始めると，内生のエチレンレベルは上昇し，エチレンは自己触媒的に生成され続けて成熟が進む。外気のエチレンを取り除いても，成熟のパターンを変えるほどの効果はなく，果実内部の細胞で連続的に合成されるエチレン量を下げることはできない。

エチレンの作用を阻害する物質（二酸化炭素や1-MCP）を用いれば，冷蔵を行なって温度を下げたときと同じ程度に成熟を遅らせることが可能である。また，数時間，エタノールの蒸気にさらすことで，品質に影響を及ぼすことなくさまざまな成熟段階のトマトの成熟を抑制することができる（Saltveit・Sharaf, 1992）。

温度18〜22℃，100〜150ppmのエチレン処理は，緑熟期の果実成熟を促進させるためによく利用される（図10−2）。この方法で処理した緑熟期の果実は，温度にもよるが24〜36時間で催色期に達する。このような成熟促進に用いる空気を作り出すには多くの方法がある。

例えばショット法は，成熟処理を行なう部屋に圧縮ガスを利用して比較的多量のエチレンを処理するものである。そのときのエチレン濃度は3.1％から32％の間である。この濃度は推奨レベルの200倍以上で，メーター故障時に到達するような

高レベルである。触媒変換器は，ある種のアルコールをエチレンに変換する金属触媒を利用したものである。この装置により貯蔵庫に低濃度のエチレンガスを導入し続けることができる。

②エスレルの利用

エスレルのような水溶性化合物の分解によってもエチレンを発生させることができる。エスレルは酸に対しては安定だが，pHや温度が上昇すると速やかにエチレンに分解される（表10-2）。

エスレルは分解されると，エチレンおよび無害の物質になる。分解速度はpH，気温，処理濃度，植物への浸透程度によって変化する。10～20℃の間では温度係数Q_{10}（温度が10度上がったときに反応速度がどのように変化するかを示す係数。値が大きいと温度が上昇したときの反応速度が速い

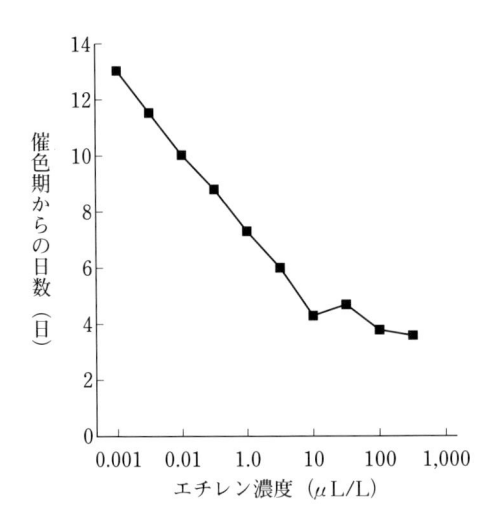

図10-2 エチレン処理濃度と緑熟期のトマトが催色期に達するまでの日数との関係

表10-2 pHと温度条件の違いによるエスレルのエチレンへの分解に要する半減期

温度 (℃)	エスレルが分解してエチレンになる半減期		
	pH6	pH7	pH8
10	70日	14日	7日
20	10日	2日	1日
30	30時間	10時間	5時間
40	10時間	2時間	1時間

ことを示す）は6だが，30～40℃の間では5となる。異なる温度やpHの条件でエスレルの半分が分解するまでの時間を表10-2に示した。2,000ppmのエスレル溶液のスプレーまたは浸漬処理は，10ppmエチレンの気体処理と同等の効果がある。

エスレルも収穫前の加工用または生食用のトマトに利用されるが，アメリカではポストハーベスト用には許可されていない。無限花序の生食用トマトではたいてい，継続的に収穫作業を行なうため，収穫前のエスレルの処理は実用的ではない。なぜなら，生成されたエチレンが落花，落葉，植物の老化を引き起こすからである。ただ

し，この問題を解決するため，エチレンを放出する物質のペーストをひとつの果房（例えば施設栽培した無限花序の品種で）に限定的に処理することがある。

　また，エチレンを放出する物質（例えばエスレル，エセフォン，2-クロロエチルホスホン酸など）を含む水溶液のスプレーやペーストの塗布処理は，まだ樹上にある果実の成熟を促進する。

③処理後の注意点

　高温多湿下で成熟させたときに腐敗が進んだ果実は箱詰め前に取り除く。また，成熟処理終了後も，あまり熟していないものをより分けて成熟段階の揃った果実を出荷する。

　エチレンガスの処理によって果実の成熟は促進され均一化されるが，それでも緑熟期の成熟段階にばらつきがあると，結果として多くの果実の成熟ステージが揃わなくなる。そのため，箱詰めされたトマトは追熟処理後，まるで'チェッカーボード（格子縞模様）'のようになり，成熟ステージの果実が混在することにある。このような場合，小売人の多くはより均一にするために箱詰めを再度行なう。しかし，箱詰めのやり直しは費用がかかるとともに，成熟が進んだ果実にダメージを与える。

(3) 温度管理

①圃場で受けた熱の除去と温度の維持

　箱詰めや貯蔵前に圃場で受けた熱の除去，販売までの適切な温度の維持は品質保持に重要である。日中の気温が高いと果実温も上昇するので1日の内でも早い時間帯に収穫を行ない，果実への熱の蓄積を抑制する。適度に葉があると，その遮光により太陽の熱から果実を守ることができる。収穫後，すぐに果実に送風して冷却することで，熱を取り除いて果実を望ましい温度にすることができる。箱詰め作業所で，水槽に果実を投入することも果実を冷却する効果がある。しかし，微生物で汚染された水や何らかの化学物質が切り口から侵入するおそれがある場合は避けるべきである（Bartz, 1988；Kadar, 2002）。温度の変動は，果実の縮みに起因する水の流出や，果実組織の損傷を促進する果実表面での水の凝縮の原因になる。収穫から消費までのコールドチェーンの中で適切な温度を維持することは，収穫後の品質

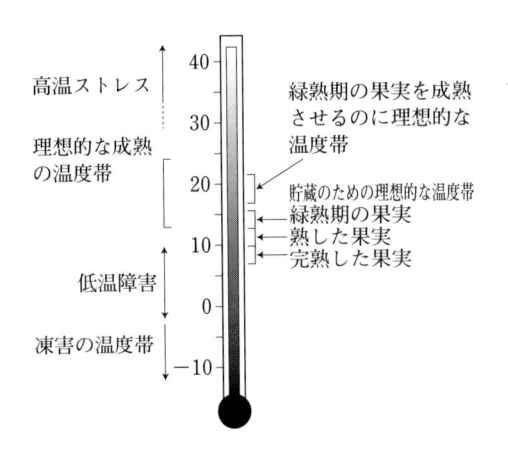

図10-3 生食用トマトの適切な成熟と貯蔵のための温度条件

（温度目盛り）
- 高温ストレス
- 理想的な成熟の温度帯
- 低温障害
- 凍害の温度帯
- 緑熟期の果実を成熟させるのに理想的な温度帯
- 貯蔵のための理想的な温度帯
- 緑熟期の果実
- 熟した果実
- 完熟した果実

保持と棚持ちを延ばすことに結びつく。

収穫後にゆっくりと成熟させながら，果実の品質を維持するために適切な温度は成熟ステージによって異なる。緑熟期の果実は12〜15℃，熟した果実は10〜12℃，完全に熟した果実は8〜10℃で保存する必要がある。緑熟期の果実を追熟させるためには20〜25℃が最良であろう。温度管理が不適切だと，収穫後に発生する多くの病気や生理障害の原因になる（Snowdon, 1992,「第5章 7 生理障害と果実の品質（172ページ）」を参照）。トマトの果実は低温に対して感受性があり，凍結に達しない温度でも10℃以下で生理障害を受ける（図10-3）。

②低温による障害と対策

低温による障害は成熟遅延等の原因になり，腐敗性の微生物によって引き起こされる病気に罹病しやすくなる。その他にも果実酸度の低下や蒸散の促進，果実表面の陥没が低温により生じる。他の作物も同じだが，低温に対する感受性は季節によって変わる。収穫前や収穫時の温度が，その後の低温に対する感受性に影響する。高温下で育ったトマトは低温下で育ったトマトより低温に弱く，高温時に収穫したトマトも低温に弱い。

緑熟期の果実の低温耐性を高めるために，低温障害を受けない程度の低温と高温（熱ショック）にあてる前処理が利用される。温度を高める前処理によって熱ショックに対する耐性ができ，低温に対する抵抗性を与えることができる。しかし，前処理の35℃，3日間の高温によって棚持ち期間が短くなるため，低温によって保存期間を延長できても，その効果は相殺される。

③エチレン処理後の最適な輸送・貯蔵温度

エチレン処理後の最適な輸送・貯蔵温度は13～21℃である。この範囲では温度の高いほど成熟が早くなる（表10-3）。緑熟期の果実の成熟は10℃以下ではばらつきが大きく正常に進まないが，21℃以上では成熟速度が速くなりすぎて腐敗が広がりやすい。緑熟期の果実が最初に生育障害を受けると，その後の成熟にも影響は及ぶ。ピンク色以上に成熟した果実は緑熟期の果実より低温に対して強い。ピンク色の果実の輸送時の温度は輸送期間の日数や受け取る側が望む熟度によって異なる。

表10-3 緑熟期の果実が消費時の熟度（ステージ5）に達するまでの日数と温度条件との関係 （単位：日数）
(Kader, 1986)

成熟ステージ	温度（℃）					
	12.5	15.0	17.5	20.0	22.5	25.0
緑熟期	18	15	12	10	8	7
催色期	16	13	10	8	6	5
転換期	13	10	8	6	4	3
桃熟期	10	8	6	4	3	2

④高温による障害と対策

高温（30～35℃）は成熟を阻害する。この範囲の高温で保存した場合には果実は赤くならずにオレンジ色になる。30℃以上ではリコペンの合成が阻害されるためである。ただし，果実がまだ樹上にあって高温が短期間の場合（高温時には果実は遮光しても30℃になる），低温で正常な成熟をさせれば，高温の影響は打ち消される。この温度以上の高温に遭遇した場合（太陽光の直射日光にさらされるような場合），障害は後まで残り，細胞が壊死して日焼けとなる。このような直射日光による障害は，収穫した果実に覆いをかけることにより避けることができる。

(4) 空気組成の制御

組成を調整した空気は輸送や短期間の貯蔵に対して多少の効果があるが，温度管理を補完する程度のものである。トマトでは12℃で3～5％の酸素と0～3％の二酸化炭素を含む空気に保存すると効果がある（Leshuk・Saltveit, 1990；Saltveit, 2001, 2003）。酸素濃度を低下させると呼吸速度も低下し，エチレンの生成と感受性も低下し，成熟が抑制される。酸素濃度が2％以下，CO_2濃度が5％以上では障害が発生する。ただし，これらの値はさらに精査する必要がある。CO_2濃度を高め

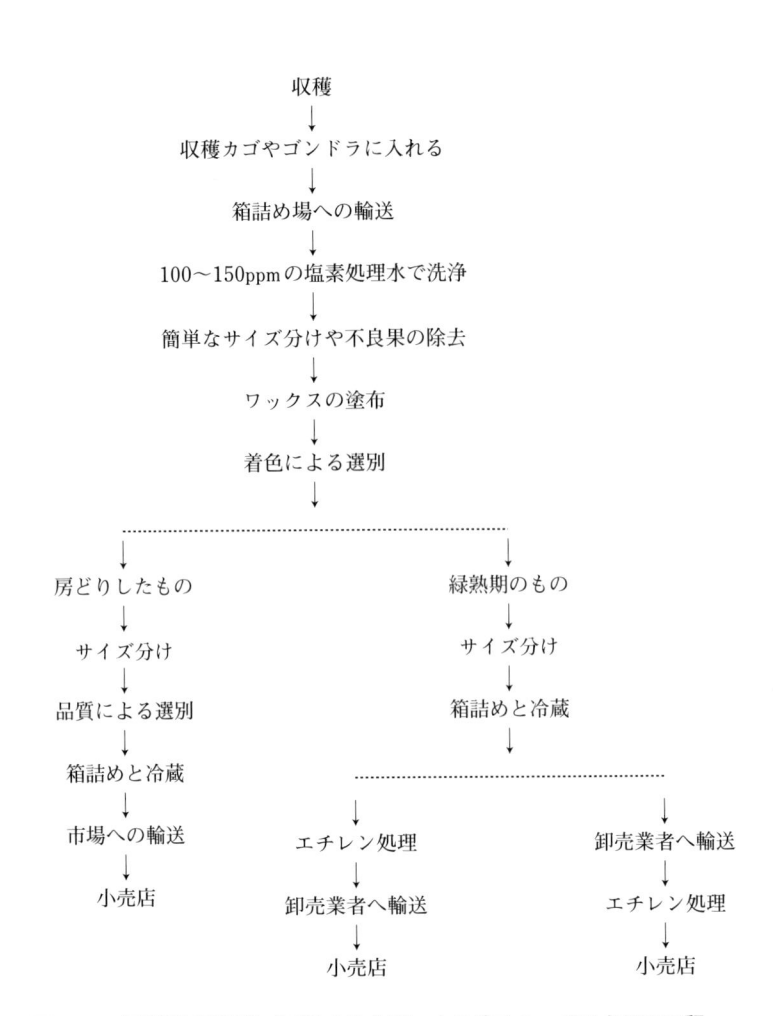

```
                     収穫
                      ↓
           収穫カゴやゴンドラに入れる
                      ↓
              箱詰め場への輸送
                      ↓
         100〜150ppmの塩素処理水で洗浄
                      ↓
           簡単なサイズ分けや不良果の除去
                      ↓
                 ワックスの塗布
                      ↓
                着色による選別
                      ↓
        ┌─────────────┴─────────────┐
        ↓                             ↓
     房どりしたもの                  緑熟期のもの
        ↓                             ↓
      サイズ分け                    サイズ分け
        ↓                             ↓
     品質による選別                 箱詰めと冷蔵
        ↓                             ↓
     箱詰めと冷蔵          ┌─────────┴─────────┐
        ↓                  ↓                     ↓
     市場への輸送        エチレン処理         卸売業者へ輸送
        ↓                  ↓                     ↓
       小売店          卸売業者へ輸送          エチレン処理
                          ↓                     ↓
                         小売店                 小売店
```

図10−4　房どりや緑熟期に収穫した生食用トマトのポストハーベスト処理の工程

ることには問題があり，CO_2が2％以上の空気では果実の軟化や成熟の不均一がみられる。空気組成の制御の効果は，適切な気温や湿度を維持した環境が前提にある。

他の果菜類では，CO_2などの気体の拡散は主に果実の表面で行なわれるが，トマトでは，まず茎との切り口を通して行なわれる。過度のワックス層やコルク質の異常な発達によって，果実内のガス濃度が影響される。空気の組成を変えてトマトを貯蔵すると，処理した空気と拡散，呼吸，代謝の結果として生じた果実内の気体によって異なる結果が生ずる可能性がある（Saltveit, 2001）。

低酸素濃度と高CO_2濃度の空気は，成熟を遅らせ，棚持ちを長くするため，箱詰め時に利用される。パッケージには半透過性のプラスチックフィルムがよく使われる。フィルムを通したガスの拡散と果実の呼吸が組み合わさり，空気組成が変化し，また，それが維持される。成熟に伴って生じる呼吸や温度の変化によってパッケージ内の空気組成が変わる。そのため，適切な成熟段階の果実を選ぶことと適切な温度管理が重要である。

半透過性フィルムの利用によってエチレンが蓄積し，湿度は飽和する。エチレン濃度の上昇は成熟を刺激し，せっかく空気組成の調整によって成熟を抑制しても，その効果は打ち消されてしまう。また，パッケージ内の高湿度は果実からの蒸発を抑制するが，微生物の生長を助長する。この対策として，パッケージ内にエチレンと水分の吸収剤を用いるのが有効であるが，コストがかかるのが問題である。

5～10％の一酸化炭素を含む空気は病害の抑制に効果があるが，毒性が強いため商業的な利用は限定されている。一酸化炭素はエチレンのような活性が若干あり，緑熟期の果実の成熟を促進する（図10－4）。

（翻訳：安場健一郎）

著者一覧

J. M. Costa, Instituto Superior da Agronomia, Dep. Botânica e Engenharia Biológica, Universidade Técnica de Lisboa, Tapada da Ajuda, 1349-017 Lisbon, Portugal
コスタ, J. M. リスボン工科大学, 植物・生物工学部, 農業高等研究所, ポルトガル.

A. A. Csizinszky, University of Florida, IFAS, Gulf Coast Research and Education Center, 5007-60th Street East, Bradenton, FL 34203, USA
シジンスキー, A. A. フロリダ大学, 湾岸研究教育センター, アメリカ合衆国.

M. A. Dorais, Horticulture Research Centre, Envirotron Building, Room 2120, Laval University, Quebec G1K 7P4, Canada
ドリス, M. A. ラバル大学, 園芸研究センター, カナダ.

J. B. Jones, Department of Plant Pathology, University of Florida, 2553 Fifield Hall, PO Box 110680, Gainesville, FL 32611-0680, USA
ジョーンズ, J. B. フロリダ大学, 植物病理学部, アメリカ合衆国.

E. Heuvelink, Department of Plant Sciences, Horticultural Production Chains Group, Wageningen University, Marijkeweg 22, 6709 PG Wageningen, The Netherlands
フゥーヴェリンク, E. ワーヘニンゲン大学, 植物科学部, オランダ.

P. Lindhout, Laboratory of Plant Breeding, Wageningen Agricultural University, PO Box 386, 6700 AJ Wageningen, The Netherlands
リンド, P. ワーゲニンゲン農業大学, 植物育種研究室, オランダ.

M. M. Peet, Department of Horticultural Science, North Carolina State University, Box 7609, Raleigh, NC 27695-7609, USA
ピート, M. M. ノースカロライナ州立大学, 園芸科学部, アメリカ合衆国.

M. E. Saltveit, Department of Vegetable Crops, Mann Laboratory, University of California, Davis, CA 95616-8631, USA
ソーベ, M. E. カリフォルニア大学デービス校, 野菜部, アメリカ合衆国.

D. J. Schuster, University of Florida, IFAS, Gulf Coast Research and Education Center, 5007-60th Street East, Bradenton, FL 34203, USA
シャスター, D. J. フロリダ大学, 湾岸研究教育センター, アメリカ合衆国.

J. C. van Lenteren, Laboratory of Entomology, Wageningen University, PO Box 8031, 6700 EH Wageningen, The Netherlands
バン・レンテン, J. C. ワーゲニンゲン大学, 昆虫学研究室, オランダ.

G. W. H. Welles, Applied Plant Research, PO Box 8, 2670AA Naaldwÿk, The Netherlands
ウエールズ, G. W. H. 応用植物研究所. オランダ.

監訳・執筆・翻訳者一覧

[監訳]
中野明正（ナカノ　アキマサ）農業・食品産業技術総合研究機構（農研機構）本部
東出忠桐（ヒガシデ　タダヒサ）農研機構　野菜茶業研究所
福田直也（フクダ　ナオヤ）筑波大学
池田英男（イケダ　ヒデオ）千葉大学

オランダの最新のトマト生産と本書の意義
[執筆] 株・誠和　斉藤　章（サイトウ　アキラ）

[翻訳]
1. まえがき・作物としてのトマトとその産業　Preface Introduction
農研機構　本部　中野明正（ナカノ　アキマサ）

2. トマトの遺伝資源と育種　Genetics and breeding
農研機構　野菜茶業研究所　松永　啓（マツナガ　ヒロシ）

3. 発育過程　Developmental process
農研機構　野菜茶業研究所　東出忠桐（ヒガシデ　タダヒサ）
農研機構　野菜茶業研究所　中野有加（ナカノ　ユウカ）

4. トマトの生長と収量　Crop growth and yield
農研機構　野菜茶業研究所　東出忠桐（ヒガシデ　タダヒサ）

5. 果実の成熟と品質　Fruit ripening and fruit quality
農研機構　野菜茶業研究所　鈴木克己（スズキ　カツミ）

6. 灌水と施肥　Irrigation and Fertilization
農研機構　野菜茶業研究所　安　東赫（アン　ドンヒョク）

7. 病害虫管理　Crop protection
農研機構　中央農業総合研究センター　本多健一郎（ホンダ　ケンイチロウ）
農研機構　野菜茶業研究所　寺見文宏（テラミ　フミヒロ）

8. 露地栽培　Production in the open field
農研機構　野菜茶業研究所　佐藤文生（サトウ　フミオ）

9. グリンハウストマト生産　Greenhouse tomato production
農研機構　野菜茶業研究所　河崎　靖（カワサキ　ヤスシ）
農研機構　本部　中野明正（ナカノ　アキマサ）

10. ポストハーベストの生理学と収穫作業　Postharvest biology and handling
農研機構　野菜茶業研究所　安場健一郎（ヤスバ　ケンイチロウ）

トマト　オランダの多収技術と理論
──100トンどりの秘密

2012年3月15日　第1刷発行
2018年5月20日　第5刷発行

　著　者　エペ・フゥーヴェリンク編著　他
　監訳者　中野明正・池田英男　他

発　行　所　一般社団法人　農山漁村文化協会
郵便番号　107-8668　東京都港区赤坂7丁目6-1
電話　03(3585)1141(代表)　03(3585)1147(編集)
FAX　03(3585)3668　　振替　00120-3-144478
URL　http://www.ruralnet.or.jp/

ISBN978-4-540-10149-6　　DTP製作／(株)農文協プロダクション
〈検印廃止〉　　　　　　　　印刷／(株)光陽メディア
©中野明正・池田英男 2012　　製本／根本製本(株)
Printed in Japan　　　　　　定価はカバーに表示
乱丁・落丁本はお取り替えいたします。

農文協図書案内

トマト栽培の本

トマト・メロンの自然流栽培
多本仕立て,溝施肥,野草帯で無農薬

小川　光 著　A5判　132ページ　　　1,700円＋税

トマトもメロンも1～2本仕立てという常識を覆す。わき芽や側枝を活かし,食味のよい果実を長期間,安定的に収穫できる。低コスト省力的な超疎植で株数3分の1,溝堆肥で無肥料・無かん水,野草帯で無農薬を実現。

新版 夏秋トマト栽培マニュアル
だれでもできる生育の見方・つくり方

後藤敏美編 著　A5判　148ページ　　　2,800円＋税

葉色,草姿,芯の動静,果実形状,障害など,トマトのいま・このときの生育を読み解く診断ポイントを,豊富な写真とイラストで解説。むずかしい追肥,かん水管理,ホルモン処理などを的確に導く。プロからアマまで。

高風味・無病のトマトつくり
不耕起でPesp苗の力を生かす

養田　昇 著　A5判　138ページ　　　1,457円＋税

しめづくりで全国に名を馳せた養田昇さんのトマト栽培技術の集大成。購入苗（PeSP）の力を不耕起によって生かす養田さんの技術は,高品質のトマトをできるだけ農薬を使わずに作りたいという願いに応えてくれる。

野菜園芸大百科第2版　トマト

農文協 編著　B5判　574ページ　　　12,381円＋税

生理生態から高糖度・食味栽培のための施肥や水管理,生育の見方や課題,作業のポイントを詳解。

原色　野菜病害虫百科　第2版
1　トマト・ナス・ピーマン他

農文協 編　A5判　872ページ　　　14,286円＋税

トマト・ナス・ピーマン・トウガラシの病害虫防除の最新データを満載。被害の部位や症状を図解した絵目次や鮮明なカラー写真で病害虫を的確に特定し,適期防除ができるプロ農家や家庭菜園愛好家の座右の書。

（価格は改定になることがあります）

―― 農文協図書案内 ――

年1回発行の最新農業技術

野菜 vol.1　国産野菜は頑張る！
　　　　　　　　　　　農文協 編　B5判　376ページ　　　5,714円＋税

急増する輸入に対抗して，省力化を実現するネギ，品質の高さで需要が高まる夏秋イチゴ，多彩な品種と高品質・多収技術を確立するアスパラガスなど。

野菜 vol.2　ニンニク・サトイモ・アスパラガス・ニガウリ
　　　　　…元気な野菜の高品質・安定技術
　　　　　　　　　　　農文協 編　B5判356ページ　　　5,714円＋税

ニンニク，サトイモ，アスパラガスなど再び元気を取り戻してきた野菜。ニガウリ，食用ホオズキ，アイスプラントなど直売所を賑わせてくれる12の新顔野菜。「業務・加工用野菜」の規格やそれに対応する各種栽培技術。

野菜 vol.3　トマト　オランダ・日本の超多収技術
　　　　　ナス　授粉作業不要の単為結果性品種
　　　　　　　　　　　農文協 編　B5判　330ページ　　　5,714円＋税

ナスは最新で最高のナスの生理・生態の解説書と授粉作業が不要な単為結果性品種。トマトは日本とオランダの多収技術。イチゴ，アスパラガス，サトイモの省エネ・省力技術と軟弱野菜のシュウ酸・硝酸の低減法。

野菜 vol.4　新規就農者，直売経営の人気野菜
　　　　　　　　　　　農文協 編　B5判　318ページ　　　5,714円＋税

作業を楽にしたり，端境期に出荷して収益を挙げる方法も開発されるナス。直売で周年販売する生産者も登場するトマトは最新の研究がコンパクトに盛り込まれる生理・生態と多彩になった品種情報。ブロッコリーも充実。

花卉 vol.3　「日持ち保障販売」で変わる小売現場と栽培技術
　　　　　　　　　　　農文協 編　B5判　308ページ　　　5,714円＋税

北海道札幌市・フルーロン花佳など元気な花店から打開策を学ぶ。日持ち保証販売，安心安全な切り花栽培，花の新たな役割を提案する緑化や園芸療法。ダリアや切り花栽培も始まるシクラメンなど元気のある花の特集。

花卉 vol.4　香りと新花色の魅力で消費者をひきつける
　　　　　　　　　　　農文協 編　B5判　292ページ　　　5,714円＋税

ダリアはウイルス病対策や日持ちを伸ばす方法と新作型など。ヒマワリとシャクヤクは多彩になった品種の特性と作りこなし方。世界との競争に対抗する育種力，新光源の活用などコスト削減策と実践的な温暖化対策。

（価格は改定になることがあります）

― 農文協図書案内 ―

> 百科，専門書

野菜園芸大百科2版　養液栽培・養液土耕
農文協 編　B5判　530ページ　　　10,000円＋税

養液栽培の現状と各種システムの紹介から，培地や養液管理，病害防除などの実際技術まで。近年注目の養液土耕栽培の基礎と応用を各野菜ごとに詳述。

野菜園芸大百科2版　施設・資材・産地形成事例
農文協 編　B5判　382ページ　　　8,095円＋税

各種被覆資材の被覆方法と生育環境，生分解性被覆資材や防虫ネットの利用，点滴など灌水資材，セル苗など育苗資材と育苗方法，移植機の特徴と移植方法など詳解。

天敵活用大事典
農文協 編　B5判　824ページ　　　23,000円＋税

害虫防除に活躍するハチやクモ，菌類など，海外からの導入種から土着天敵まで190種の生態や活動が豊富なカラー口絵で手に取るようにわかる。使いこなし方，保護・飼育・増殖法も詳解。

天敵利用の基礎知識
M・マライス著／矢野栄二 監訳　A5判　136ページ　　　2,524円＋税

数カ国で翻訳されている天敵利用のテキストの日本語版。ハダニ，コナジラミ，アザミウマ，ハモグリバエ，アブラムシの天敵の行動，生活条件を利用の立場から描く。日本の施設の天敵，天敵利用の防除体系などの付録つき。

自然と科学技術シリーズ
天敵利用と害虫管理
根本　久 著　B6判　184ページ　　　1,657円＋税

欧米で盛んな天敵資材利用の実態と，日本での導入を成功させるための基礎知識を提供し，在来天敵を生かした防除体系の必要性を提起。害虫を制御して減農薬を実現するための研究成果と課題を豊富なデータを元に解説。

（価格は改定になることがあります）

養液栽培の病害と対策　出たときの対処法と出さない工夫
草刈眞一 著　A5判　160ページ　2,300円＋税

養液栽培はこれまで土壌伝染性の病害や連作障害が発生しないとされていたが，実際には土壌伝染性病原菌による根部の病害の発生に悩まされることが多い。病害発生の仕組みを解明し的確な防除戦略を立てる。

DIF（ディフ）で花の草丈調節　昼夜の温度差を利用する
大川清，古在豊樹 監訳　A5判　96ページ　2,476円＋税

DIF（ディフ）とは昼温と夜温の差。これをゼロ・マイナスに，つまり夜温を高くすると，植物はわい化する。薬剤使用制限の世界的な動きの中で，米国で開発され，世界中に急速に広まっている画期的な草丈・成長の調節技術。

環境保全型農業大事典(1)　施肥と土壌管理
農文協 編　B5判　870ページ　14,286円＋税

圃場からの肥料流亡の回避などによる環境への負荷削減と，生産力維持を両立させるための肥料・有機物の効率的な利用技術を，研究成果に基づいて集大成。併せて地域循環型農業に取り組む16の先進事例も収録。

環境保全型農業大事典(2)　総合防除・土壌病害対策
農文協 編　B5判　856ページ　14,286円＋税

圃場環境（生態系）と作物の体質（病害抵抗力）の両面から脱化学農薬の課題に迫る。天敵・拮抗微生物や物理的手段による減農薬，それらを組み合わせた総合防除体系，土壌病害に対する脱臭化メチル技術も徹底網羅。

土壌診断・生育診断大事典
簡易診断からリアルタイム診断，生理障害，品質の診断
農文協 編　B5判　1220ページ　19,048円＋税

精密診断で家畜糞尿を活かし，肥料代を減らす。自分でできるリアルタイムな診断でムダなく肥料を効かせる。品質診断で生産物の健康・流通価値をアピール。複雑化する生理障害を正確に診断，的確な対策が立てられる。

最新 農業技術事典　NAROPEDIA
独立行政法人　農業・生物系特定産業技術研究機構 編　B5判　2012ページ　36,190円＋税

農業生産技術を中心に経営，流通，政策・制度から食品・食料，資源・環境問題まで網羅し解説。カラー写真2,100枚，豊富な図表，5つの索引（総合，英和，和英，略語，図版【写真・図表】）が理解を助ける。

（価格は改定になることがあります）